# MARCO ⊕ POLO

# ITALIEN

MARCO POLO KOAUTORINNEN
**Stefanie Buommino und Stefanie Claus**
Die Journalistin Stefanie Buommino (o.) schreibt seit bald 20 Jahren auf *www.portanapoli.de* über Kultur und Attraktionen in Süditalien, im Blog „Italien im Herzen" greift sie Themen rund um den ganzen Stiefel auf. Stets aufs Neue begeistert von der Vielfalt der Landschaften, Küchen und Sprachen erzählt Stefanie Claus (u.) auf *www.azzurro-diary.com* vom Leben und Reisen in Italien.

# DIE TOUREN-APP

zu den Erlebnistouren zeigt, wo's langgeht:
inklusive Tourenverlauf und Offline-Karte

# EVENTS & NEWS

Schnell die wichtigsten Infos auf dem Smartphone:
Events, News, neue Insider-Tipps und ggf. aktualisierte
Erlebnistouren als PDF zum Downloaden

| | | | |
|---|---|---|---|
| 6 | **INSIDER-TIPPS**<br>Von allen Insider-Tipps finden Sie hier die 15 besten | 34 | **DER NORDWESTEN**<br>35 Aosta  39 Genua<br>42 Riviera di Levante<br>45 Riviera di Ponente  46 Turin |
| 8 | **BEST OF …**<br>● Tolle Orte zum Nulltarif<br>● Typisch Italien<br>● Schön, auch wenn es regnet<br>● Entspannt zurücklehnen | 52 | **DER NORDOSTEN**<br>52 Bozen  56 Padua<br>58 Trient  61 Triest<br>61 Venedig  63 Verona |
| 12 | **AUFTAKT**<br>Entdecken Sie Italien! | 66 | **POEBENE & SEEN**<br>66 Bologna  71 Mailand<br>77 Oberitalienische Seen<br>79 Parma  82 Romagnaküste |
| 20 | **IM TREND**<br>In Italien gibt es viel Neues zu entdecken | | |
| 22 | **FAKTEN, MENSCHEN & NEWS**<br>Hintergrundinformationen zu Italien | |  |
| 28 | **ESSEN & TRINKEN**<br>Das Wichtigste zu allen kulinarischen Themen | | |
| 32 | **EINKAUFEN**<br>Shoppingspaß und Bummelfreuden | 84 | **DIE MITTE**<br>85 Florenz  91 Marken<br>95 Perugia  100 Siena<br>104 Toskanische Küste |
| | | 106 | **ROM & DER APENNIN**<br>106 L'Aquila  112 Rom<br>120 Viterbo |

**SYMBOLE**

 Insider-Tipp
★ Highlight
 Best of …
 Schöne Aussicht
 Grün & fair: für ökologische oder faire Aspekte

**PREISKATEGORIEN HOTELS**

€€€ über 150 Euro
€€ 100–150 Euro
€ bis 100 Euro

Durchschnittliche Preise für ein Doppelzimmer ohne Frühstück. In der Hochsaison z. T. erhebliche Aufschläge

**PREISKATEGORIEN RESTAURANTS**

€€€ über 16 (12) Euro
€€ 10–16 (8–12) Euro
€ bis 10 (8) Euro

Preise für ein Hauptgericht bzw. (in Klammern) für ein Nudel- oder Reisgericht ohne Beilagen (ab ca. 3 Euro)

Titelthemen: Matera: Europas Kulturhauptstadt 2019 S. 130 | Fico Eataly World in Bologna S. 67

# INHALT

## 122 DER SÜDEN
123 Bari 129 Basilikata
131 Kalabrien 135 Lecce
und Salento 137 Neapel

## 146 ERLEBNISTOUREN
146 Italien perfekt im Überblick
151 Entlang der Via Francigena nach Rom
154 Mit dem Rad in den Dolomiten
157 Die Bergwelt der Abruzzen
159 Höhepunkte am Golf von Neapel

## 162 SPORT & WELLNESS
Aktivitäten und Verwöhnprogramme zu jeder Jahreszeit

## 166 MIT KINDERN UNTERWEGS
Die besten Ideen für Kinder

## 170 EVENTS, FESTE & MEHR
Alle Termine auf einen Blick

## 172 LINKS, BLOGS, APPS & CO.
Zur Vorbereitung und vor Ort

## 174 PRAKTISCHE HINWEISE
Von A bis Z

## 180 SPRACHFÜHRER

## 184 REISEATLAS

## 197 REGISTER & IMPRESSUM

## 200 BLOSS NICHT!

---

**GUT ZU WISSEN**
Geschichtstabelle → S. 14
Spezialitäten → S. 30
Die „ombra" → S. 58
Aperitivo oder Apericena? → S. 74
Dorfschätzchen mit Charme → S. 92
Lesehunger & Augenfutter → S. 95
Kunstgärten und Gartenkunst → S. 102
Über den Dächern von Rom → S. 120
Pasta antimafia → S. 129
Viva la Pizza napoletana! → S. 142

**KARTEN IM BAND**
(186 A1) Seitenzahlen und Koordinaten verweisen auf den Reiseatlas
(U A1) Koordinaten für die Karte von Rom im hinteren Umschlag
(0) Ort/Adresse liegt außerhalb des Kartenausschnitts

Es sind auch die Objekte mit Koordinaten versehen, die nicht im Reiseatlas stehen

(*A–B 2–3*) verweist auf die herausnehmbare Faltkarte
(*a–b 2–3*) verweist auf die Zusatzkarte von Rom auf der Faltkarte

**UMSCHLAG VORN:**
Die wichtigsten Highlights

**UMSCHLAG HINTEN:**
Karte von Rom

# Die besten MARCO POLO Insider-Tipps

**Von allen Insider-Tipps finden Sie hier die 15 besten**

### INSIDER TIPP Freundliche Riesen auf Häuserwänden

Hier hätten Sie sich allein nicht hinverirrt? Turins Viertel *Barriera* ist quasi eine Open-Air-Galerie, in der Street-Art-Künstler wie Millo ihre witzigen Visionen des Menschen in der Stadt zeigen → S. 46

### INSIDER TIPP Vom „Mäuschen" zum Spider

Kultautos von Alfa Romeo und Lancia oder der erste Fiat-„Topolino" von 1936: die Sammlung des *Museo dell'Automobile* in der Fiat-Stadt Turin → S. 48

### INSIDER TIPP *Mare e Monti* am Golf von Policastro

Berge, Sandbuchten und schöne Hotelvillen: die 26 km lange Traumküste von *Maratea* am Golf von Policastro in der Basilikata → S. 130

### INSIDER TIPP Österreich in Italien

Triests Buffets und Kaffeehäuser: ganz traditionell genießen, etwa in der *Pasticceria Pirona* → S. 61

### INSIDER TIPP Durch Schilf- und Seerosenmäander

Der Fluss Mincio staut sich vor Mantuas Altstadt zu drei romantischen Seen, die Sie auf *Bootsausflügen* erkunden können (Foto o.) → S. 81

### INSIDER TIPP Zwischen Kamelien und Rosenlauben

Von der Caféloggia des romantischen *Giardino Bardini* haben Sie den schönsten Ausblick auf Florenz → S. 87

### INSIDER TIPP Antike Kunst vor Stahlturbinen

Wunderbar ausgeleuchtete Statuen aus den unermesslichen Schätzen des Römischen Reichs im aufgelassenen Elektrizitätswerk *Centrale Montemartini* in Rom → S. 113

### INSIDER TIPP In Höhlen schlafen

Einst waren die *sassi* von Matera die Behausungen der Armen, heute sind sie faszinierende Kulisse von charmanten Unterkünften wie der *Fra i Sassi Residence* → S. 130

**INSIDER TIPP** **Wandern auf dem „Götterpfad"**
Der spektakuläre *Sentiero degli Dei* oberhalb der Amalfiküste ist einer der schönsten Wanderwege ganz Italiens → S. 143

**INSIDER TIPP** **Aristokratisches Städtchen in wilden Bergen**
*Pescocostanzo* überrascht mit eleganten Palazzi und feinen Geschäften inmitten der rauen Bergwelt der Abruzzen → S. 159

**INSIDER TIPP** **Italienische Fußballmythen**
Auf dem Grün des eindrucksvollen *Giuseppe-Meazza-Stadions* in Mailands Stadtteil San Siro konkurrieren die beiden Superclubs AC Milan und FC Inter → S. 168

**INSIDER TIPP** **Zauberhafte Krippenstraße**
In der *Via San Gregorio Armeno* in Neapels Altstadt reihen sich die Geschäfte der Krippenbauer aneinander (Foto u.) → S. 141

**INSIDER TIPP** **In die Stadt unter der Stadt**
Schon die Etrusker gruben in den Tuff unterhalb der alten Stadt Orvieto ihre Keller, Brunnen, Zisternen und Tunnel, heute lockt hier ein spannender *Untergrundspaziergang* → S. 99

**INSIDER TIPP** **Südtiroler Bilderbuchstädtchen**
Idylle pur erwartet Sie in dem winzigen und entzückenden Festungsdorf *Glurns* mit seinen stämmigen, gut erhaltenen Stadttürmen und gemütlichen Laubengassen, durch die es sich wunderbar spazieren lässt → S. 56

**INSIDER TIPP** **Es begann mit einer Quelle**
Nach der zweistündigen Wanderung von Portofino zur herrlich am Strand gelegenen Abtei *San Fruttuoso* mit ihrer wiederentdeckten heiligen Quelle haben Sie sich Ihr Bad verdient! Die Bucht ist auch per Boot zu erreichen → S. 42

# BEST OF ...

## TOLLE ORTE ZUM NULLTARIF
Neues entdecken und den Geldbeutel schonen

**SPAREN**

● *Dolomitensound*
Solisten der Berliner Philharmoniker oder Italiens berühmter Cellist Mario Brunello laden sich ihre Instrumente auf und wandern auf die Höhen und Berghütten in den Dolomiten des Trentino. Gehen Sie mit bei den *I Suoni delle Dolomiti* und lassen Sie sich völlig kostenfrei mit herrlichen Klängen der Profis belohnen → **S. 60**

● *Thermalquellen Cascate del Molino*
Die heißen Quellen Italiens sind weitgehend von Kuranlagen erschlossen, doch mancherorts wie in der Toskana bei *Saturnia* genießen Sie noch in freier Natur das ursprüngliche Thermalbaden (Foto) → **S. 105**

● *Magna Graecia in Metaponto*
Längs der süditalienischen Küste liegen die gratis zugänglichen Ausgrabungsfelder der antiken Städte, die die Griechen im 8. Jh. v. Chr. bei ihrer Kolonisierung Italiens errichteten; besonders eindrucksvolle Reste sehen Sie vom alten *Metapontum* → **S. 131**

● *Höhlenstadt Matera in der Basilikata*
Genießen Sie völlig umsonst Kunstgeschichte pur, wenn Sie durch die Gassen, über die Terrassen und steilen Treppen der über einen Felshang verstreut liegenden *sassi* streifen und die vielen Felsenkirchen mit wunderbaren Fresken bestaunen → **S. 130**

● *Via Appia Antica in Rom*
Die uralte Straßentrasse führte von Rom bis an die Adria. Von dem Musterbeispiel für das hervorragende Straßennetz des Römischen Reichs können Sie sich heute noch im weitläufigen archäologischen Park ohne Eintritt ein Bild machen → **S. 116**

● *Festumzug und Feuerwerk*
Ein Gratisschauspiel mit Platzkonzerten, Feuerwerken und grandiosem Festzug nah am Lebensgefühl der Italiener bieten die großen Traditionsfeste: z. B. im September das Fest *Trasporto della Macchina di Santa Rosa* zu Ehren der hl. Rosa in Viterbo → **S. 171**

●●●● Diese Punkte zeichnen in den folgenden Kapiteln die Best-of-Hinweise aus

# TYPISCH ITALIEN
## Das erlebe Sie nur hier

● *In die Berge*
Italien hat nicht nur die mit 7600 km längste Meeresküste Europas zu bieten, sondern auch einige der höchsten Berge, z. B. das naturgeschützte *Gran-Paradiso-Massiv* im Aostatal, mit Gipfelspitzen von 4016 m Höhe, wo Bergwiesen und Wälder voller Wild locken → S. 38

● *Am See*
Die oberitalienische Seenlandschaft ist so schön, dass Sie sich fragen mögen, welcher See in dem milden Klima, mit der üppigen Vegetation und den prachtvollen Villen am Ufer der schönste ist. Vielleicht der *Lago di Como* mit zauberhaften Uferstädtchen wie Bellagio und Varenna? → S. 77

● *Deltalandschaft*
Italiens längster Fluss, der *Po,* verästelt sich in seinem Mündungsgebiet an der Adria zwischen Chioggia und Comacchio in zahllose Haupt- und Nebenarme. Die flache Lagunenlandschaft verströmt ein einzigartiges Flair und eignet sich wunderbar zum Radfahren → S. 63

● *Prunkvolle Paläste*
Die mächtigen Seerepubliken, Stadtstaaten und Fürstentümer in Nord- und Mittelitalien häuften große Reichtümer an und hinterließen prächtige Paläste – etwa die *rolli* in Genua (Foto) → S. 39

● *Kunst und Glaube*
Im Land der großen Heiligen hat auch die Kunst ihre Inspiration aus dem Glauben bezogen, z. B. Giottos Fresken zum Leben des Franz von Assisi in der dortigen *Basilika* → S. 97

● *Der Atem der Antike*
Vor 2000 Jahren der Hafen Roms, vermittelt Ihnen die Ruinenstadt *Ostia Antica* im Schatten großer Schirmpinien eine Ahnung vom alten Rom → S. 119

● *Strandbäder*
Ob Adriastrand, ob ligurische, toskanische oder kalabrische Küste: Sommer in Italien – zumindest im August – heißt Strand, und zwar im Lido, dem typisch italienischen Strandbad mit Liegen und Sonnenschirmen, z. B. am *Lido di Venezia* oder in *Rimini* und Umgebung → S. 63, 83

# BEST OF ...

## SCHÖN, AUCH WENN ES REGNET
Aktivitäten, die Laune machen

● *In der Tropfsteinhöhle*
Unter der Erdoberfläche ist es kalt und feucht, doch nass werden Sie nicht auf Ihrem Streifzug tief unten im Gestein. Überall in Italien finden sich große Tropfsteinhöhlen mit faszinierenden Erosionsgebilden, die größte ist die *Grotta Gigante* bei Triest → S. 61

● *Aquarium in Genua*
Das abwechslungsreiche Unterwasserszenario des landesweit größten Aquariums ist genau das richtige Ausflugsziel, wenn es am ligurischen Strand regnet – stundenlang faszinieren Haifische oder Pinguine (Foto) → S. 166

● *Galleria Vittorio Emanuele II in Mailand*
Unter dem tonnenförmigen Glasdach, das Italiens eleganteste und größte Einkaufspassage überwölbt, wandeln Sie über kunstvoll gelegtem Marmorboden vorbei an edlen Boutiquen und Buchläden und genießen bei einem Espresso den Blick auf den Domplatz → S. 72

● *Die Hauptkirchen Roms*
Die vier römischen Hauptkirchen, darunter natürlich der *Petersdom*, sind so riesig und voller Kunst, dass Sie sie bei Regen ausgiebig und voller Muße erkunden können → S. 114

● *Napoli Sotterranea*
Die Stadt Neapel ist auf Tuffstein gebaut; im Lauf der Jahrhunderte haben ihre Bewohner mit Kellern, riesigen Zisternen, Kultstätten, Katakomben eine Unterstadt geschaffen, die Sie auf einer spannenden *unterirdischen Tour* entdecken können → S. 140

● *Designer Outlet-Center Serravalle*
Auf Schnäppchenjagd im Regen? Nichts entspannter als das! Über 170 Läden locken im größten Outletdorf Italiens → S. 33

**REGEN**

# ENTSPANNT ZURÜCKLEHNEN
## Durchatmen, genießen und verwöhnen lassen

● *Heubad in Südtirol*
Legen Sie sich ins feuchtwarme Heu! Die ätherischen Öle der Bergkräuter von der Seiser Alm in Südtirol werden von Ihrem Körper aufgenommen und entspannen und erfrischen ihn auf sanfte Weise im *Hotel Heubad* in Völs am Schlern → S. 54

● *Auf dem Brentakanal zu prachtvollen Villen*
Mal ausspannen und dabei doch etwas sehen? Die gemächliche Fahrt auf dem Ausflugsschiffchen Burchiello führt Sie von Padua nach Venedig vorbei an dicht am Ufer stehenden venezianischen Villen → S. 56

● *Auf der Piazza*
Wo kann man besser entspannen als im Straßencafé auf einer italienischen Piazza? Beim Espresso schauen Sie dem Treiben vor grandioser Palazzi- oder Kirchenarchitektur zu, z. B. in *Cremona* oder in *Ascoli Piceno* → S. 80, 92

● *An der Uferpromenade*
Schlendern Sie in Reggio di Calabria über den vielleicht schönsten *lungomare* Italiens und genießen Sie den Sonnenuntergang! → S. 134

● *Fangokur in den Euganeischen Hügeln*
Wegen ihrer einstigen Vulkantätigkeit bringen die Hügel bei Padua mineralienreiche Quellen und Tonerden hervor, die seit Urzeiten heilen und entspannen. Jetzt sind Sie dran – z. B. in *Abano Terme* → S. 57

● *Auf dem Rilkepfad*
Über kaum einen anderen Weg gelangen Sie so bequem an ein derart atemraubendes Panorama, wie es Ihnen die spektakuläre Triestiner Felsenküste an der Adria bei Duino darbietet → S. 61

● *An den Stränden des Cilento*
An diesem weitgehend naturbelassenen Küstenabschnitt im Süden von Neapel baden Sie herrlich entspannt an besonders schönen Sandstränden (Foto) → S. 145

# AUFTAKT

# ENTDECKEN SIE ITALIEN!

Einmal in Italien angekommen, gehört der erste Gang auf die Piazza: Empfangssalon, Mittelpunkt urbanen Lebens, Bühne für die Italiener. Setzen Sie sich dort in das Café mit dem besten Überblick, bestellen Sie einen Espresso, einen Campari oder auch einen hausgemixten Fruchtaperitif und schauen ganz einfach den Italienern zu: Dort sieht man ein paar ältere Herren stehen und heftig über Gott und die Welt (und den Fußball) diskutieren. Elegante *signore* flanieren über die Piazza und führen ihre neuesten Kleider vor – **bella figura** in der Öffentlichkeit zu machen hat einen hohen Stellenwert in Italien. Gruppen von Jugendlichen ziehen vorbei, **lebhaft gestikulierend**, alle modisch gestylt und mit dem allgegenwärtigen *telefonino* in der Faust.
Die Preise für Hotels und Strandleben sind besonders in touristischen Regionen beachtlich, sodass eine Italienreise zu einem kostspieligen Vergnügen werden kann. Allerdings bieten viele Restaurants **preiswerte Mittagsmenüs** an und die flexible Onlinebuchung der Unterkunft macht es möglich, auch in sonst hochpreisigen Hotels ausgesprochen günstige Tarife zu finden. Zudem steigt in den letzten Jahren – neben Nepp und liebloser Abfertigung, die es natürlich auch, wie überall auf der Welt, gibt – die Qualität von Hotels und Restaurants. Gerade im Gastgewerbe tut sich einiges:

Bild: Vernazza in den Cinque Terre in Ligurien

Die wohl berühmteste Treppe Roms: Scalinata Trinità dei Monti („Spanische Treppe")

In Küstenorten und in den mittelalterlichen Städtchen öffnen *locande,* kleine, individuell geführte und hübsch hergerichtete Gasthäuser; in den großen Städten haben Sie die Wahl zwischen **charmanten Boutiquehotels, schicken Designhotels** oder sorgfältig zurechtgemachten B-&-B-Zimmern, oft in schön restaurierten Altstadthäusern. Aber auch Stadturlaub in einer Ferienwohnung wird immer beliebter.

Abends trifft man sich zum **Aperitif in den Bars**, in den Städten gern in den großen Nobelhotels, im Sommer in den Strandbädern, die sich bei Sonnenuntergang in Loungebars oder Open-Air-Discos verwandeln. Neue, stylishe Boutiquen mit Kleidung, Schuhen und *ausgefallenen Designerstücken* öffnen allerorten; oft machen sie sich das spektakuläre Ambiente eines Altstadtpalazzos zunutze.

Anlässe zur Verschönerung und Instandsetzung heruntergekommener Viertel und Gebäude gibt es immer. Zu den heiligen Jahren 2000 und 2016 hat man für Millionen

**Ab 1000 v. Chr.**
Hoch entwickelte Kunst und Technik der Etrusker

**8.–5. Jh. v. Chr.**
Griechen gründen über 40 Städte in Süditalien

**4.–1. Jh. v. Chr.**
Rom herrscht in ganz Italien und im Mittelmeerraum

**5. Jh.**
Germanen, Langobarden, Vandalen und Hunnen dringen nach Italien ein

**11. Jh.**
Die Normannen erobern Kampanien, Apulien, Sizilien

**14./15. Jh.**
Herausbildung selbstständiger Herzogtümer, Stadt-

14

# AUFTAKT

Besucher halb Rom restauriert und die Infrastruktur modernisiert, ebenso in Mailand anlässlich der Expo 2015. Auch Neues kommt hinzu: etwa in Rom und Venedig zeitgenössische Kunstaktionen und supermoderne Museen, in Neapel sehenswerte *Kunst-U-Bahn-Stationen*. Die vormals sehr von Fiat geprägte Stadt Turin hat mit ambitionierten Kulturprojekten erfolgreich den *Sprung ins postindustrielle Zeitalter* geschafft und in der faszinierenden Hafenstadt Genua sind viele Palazzi und prachtvolle Museen neu herausgeputzt worden. Mit der Pflege der *historischen Stadtzentren* kontrastiert die manchmal bedrückende Zersiedelung an der Peripherie der Städte. Und obwohl die Italiener den Umweltschutz etwa durch die Einrichtung von Naturschutzgebieten und die stark zunehmende Landbestellung nach Biokriterien immer ernster nehmen, erschrecken an manchen Stränden, in Waldstücken und an Flüssen die Müllhinterlassenschaften – vor allem, aber nicht nur im Süden.

Es sind die Italiener selbst, die ihr Land am schärfsten kritisieren, vor allem dann, wenn nicht alles so läuft wie erwünscht. Verkehrschaos, fehlender Parkraum in den Städten, schlechter Service, überfüll-

> **Abends trifft man sich zum Aperitif in der Bar**

te Züge: Da können die Italiener an sich und ihrem Land verzweifeln. Oder wenn im August die Fabriken schließen und damit auch gleich viele Restaurants und Geschäfte in den großen Städten: *Ganz Italien fährt ans Meer*, drangvolles Chaos und hohe Preise sind programmiert. Natürlich ist eine Notreserve garantiert, für Touristen und alle, die nicht in Urlaub fahren. Dabei gibt es nichts Schöneres, als diese sonst sehr lebhaften Städte einmal mit weniger Verkehr und Lärm genießen zu können.

und Seerepubliken, des Königreichs Neapel/Sizilien und des Kirchenstaats

**1556–1799** Aufteilung Italiens unter Bourbonen, Habsburgern und Frankreich

**1848–71** Italien vereint sich im Risorgimento zum Nationalstaat mit Rom als Hauptstadt

**1915** Italien tritt gegen Österreich und Deutschland in den Ersten Weltkrieg ein

**1919** Im Friedensvertrag von Saint-Germain werden Italien nach dem Ersten Weltkrieg Südtirol, das Trentino, Triest und Istrien zugesprochen

Damit beginnen auch schon die Argumente, warum man immer wieder gerne nach Italien fährt: der Schiefe Turm von Pisa, ein schimmernder Olivenhain, Michelangelos David, die Gondelfahrt auf dem Canal Grande, *wildromantische Küsten* wie die Cinque Terre oder die Costiera Amalfitana … Die Italiener sind bekannt als freundliche, großzügige und offene Menschen, auch wenn ihr Leben beim näheren Hinschauen beileibe nichts „Süßes" hat und sie – von wegen Dolce Vita! – im statistischen Vergleich tatsächlich sogar mehr als Deutsche, Engländer oder Franzosen arbeiten.

Italien ist vornehmlich ein *Bergland*, auf dessen Hügeln und in dessen Tälern über 60 Mio. Menschen Platz finden müssen. Im Norden hat Italien noch wesentlichen Anteil an den Alpen: an den südwärts gerichteten Massiven der Zentral- und Westalpen, deren Ausläufer die großen *oberitalienischen Seen* freigeben, und an den südlichen Kalkalpen mit den Dolomiten. Die Poebene schließt sich an, ein breites Flachland, das vom Piemont bis hinüber an die Adriaküste reicht. Italienreisende durchqueren sie normalerweise eilig, entspricht sie doch platt, schwül und mückengeplagt so gar nicht einer typisch italienischen Landschaft. Dabei birgt sie sehenswerte Städte wie Parma, Mantua, Ferrara, dazu eine von Pappelzeilen und Deichen strukturierte *Flusslandschaft längs des Pos* mit Brackteichen, Flussarmen, Sanddünen und zahlreichen Vogelarten.

> **Italien ist vornehmlich ein Bergland**

Klimatisch wird der Norden Italiens noch kontinental beeinflusst, das heißt, in Turin und Mailand ist es im Winter oft genauso kalt wie in Berlin oder Wien, höhere Sommertemperaturen kündigen allerdings schon die Nähe zum Süden an. Berühmt sind die *milden Winter* an der Riviera im Schutz der Seealpen und des ligurischen Apennins: Im Rücken Liguriens treffen die Alpen auf den Apennin, der sich über 1200 km lang bis an die Südspitze Kalabriens zieht. Während es in den Hügeln der Toskana und Umbriens im Sommer sehr heiß werden kann, ist das Klima an der Küste gemäßigter. In Kampanien wartet der Apennin mit einem *noch tätigen Vulkan* auf, dem Vesuv am Golf von Neapel. Südlich des seit Jahren touristisch boomenden Neapel beginnt die traumhafte *Costiera Amalfitana* mit einer der berühmtesten Küstenstraßen der Welt. Kilometerlange Sandstrände schließen sich ihr im Cilento mit seinem Nationalpark an. Dort wie auch am touristisch weniger erschlossenen Stiefelabsatz

**1922–1943**
Faschistische Diktatur unter Benito Mussolini

**1946**
Italien wird Republik

**1970–1989**
„Bleierne Jahre" mit links- und rechtsextremem Terror

**1994–2017**
Wechselnde Regierungen unter dem rechtspopulistischen Milliardär Silvio Berlusconi und Mitte-links-Parteien

**2016/2017**
Mehrere schwere Erdbeben in Mittelitalien

**2018**
Regierungskoalition aus Rechts- und Linkspopulisten

# AUFTAKT

Umbrien, das „grüne Herz" Italiens: eine Art Toskana für Eingeweihte

locken kristallklares Meer und bergiges, waldreiches Hinterland vor allem Natur- und Strandfans. In Kalabrien gehört das malerisch gelegene Tropea zu den beliebtesten Badeorten. Apulien begeistert mit der großartigen *Barockstadt* Lecce und der herrlichen Gargano-Halbinsel, die wie ein Stiefelsporn in die Adria ragt.

Ganz Italien hat eine Fläche von rund 300 000 km². Ein Sechstel davon sowie die Hälfte seiner 7600 km langen Küste entfallen auf die Inseln. In diesem Reiseführer wird jedoch nur das Festland beschrieben.

**Kristallklares Meer am Stiefelabsatz im Süden**

Da die großen Inseln meist als eigene Reiseziele angesteuert werden, liegen für sie MARCO POLO Einzelbände vor: Sizilien, Sardinien, Elba und Ischia.

Der geografischen und klimatischen Vielfalt mit ihren Alpengipfeln, Flussebenen, waldreichen Mittelgebirgen, mediterranen Hügellandschaften und Meeresküsten entspricht die Vielschichtigkeit der *historischen Vergangenheit* Italiens. So hat jede Stadt, jede Provinz, jede Insel ihre eigene Geschichte. Griechen und Etrusker waren nach der Völkerwanderung um 1000 v. Chr. die Ersten, die Kultur und Geschichte Italiens nachhaltig prägten. Die Griechen gründeten ab dem 8. Jh. v. Chr. über 40 Städte in Süditalien. Die *Etrusker*, die vornehmlich im Norden Latiums, in der Toskana und der Poebene siedelten, waren ein handwerklich und künstlerisch hoch entwickeltes Volk. Dank ihres *verblüffend heiteren Totenkults* sind zahlreiche Zeugnisse ihrer ausdrucksvollen Kunst erhalten geblieben. Ihre Gräberstädte, die Nekropolen vor allem im Latium, gehören zu den Attraktionen einer Italienreise.

17

Im Lauf des 4. und 3. Jhs. v. Chr. unterwarf Rom ganz Italien und schickte sich in den nächsten Jahrhunderten an, ein gewaltiges Imperium im Mittelmeerraum, in Kleinasien und Europa aufzubauen. *Imposante Bauten* zeugen noch heute von dem Repräsentationswillen dieser einstigen Weltmacht. Zu ihnen zählen das Kolosseum, das 80 n. Chr. mit 100 Tage andauernden Kampfspielen eingeweiht wurde, die gigantische Hadriansvilla bei Tivoli, die Caracallathermen in Rom, in denen bis zu 1600 Badende Platz fanden, und die Arena in Verona mit ihren 22 000 Plätzen.

## Kunst und Kultur der Renaissance wurden zum Maßstab in Europa

Der Untergang des Römischen Imperiums dauerte Jahrhunderte. Schon bedroht von den Alemannen, den Franken, den West- und Ostgoten, den Hunnen und Germanen, teilte es sich noch in ein west- und ein oströmisches Reich, Letzteres mit der byzantinischen Hauptstadt Konstantinopel. Im 5. Jh. wurde Ravenna zur *Residenz der weströmischen Kaiser* und ist deshalb heute eine der besuchenswertesten Städte Italiens. Neue Völker drangen nach Italien und lösten den römischen Zentralismus auf, indem sie kleine Herzogtümer gründeten. Im Mittelalter beherrschten Araber, Normannen und die Staufer Süditalien. Aus normannischer und staufischer Zeit stammen vor allem in Apulien *eindrucksvolle Kathedralen und Festungen*. Vom 10. bis ins 13. Jh. prägten die deutschen Kaiser und ihre Rivalitäten mit den Päpsten das Italien der mittelalterlichen Städte. Durch Kreuzzüge und Orienthandel blühten die Hafenstädte auf, Universitäten entstanden. Und heute noch zeugen stattliche Amtspaläste in den Städten vom Selbstbewusstsein der Kommunen bzw. ihrer Bürgerschaft, die im 13. Jh. zu eigenständigen Stadtstaaten wurden. Dazu gehörten auch die Seerepubliken Amalfi, Genua, Pisa und Venedig, die heute jedes Jahr mit einer Regatta an diese Zeit erinnern.

Im 14./15. Jh. entwickelten sich lokale Fürstentümer mit mächtigen Familien wie den Visconti und Sforza in Mailand, den Este in Modena und Ferrara, den Gonzaga in Mantua, vor allem aber den Medici in der Toskana: Neben der Kirche wurden sie zu den großen Kunstmäzenen, die die *italienische Renaissance* entstehen ließen. Ihre Kunst und Kultur wurde für ganz Europa zum Maßstab. Einzigartige *Künstlergenies* wie Brunelleschi, Donatello, Leonardo da Vinci, Michelangelo und Botticelli entwickelten sich. Die katholische Gegenreformation brachte die *Entstehung des Barocks* mit sich, das vor allem in Rom und in Neapel zu bewundern ist. In den folgenden Jahrhunderten kämpften die europäischen Großmächte um die Vormachtstellung auf dem Stiefel. Dies endete 1861 mit der Bildung des italienischen Nationalstaats.

Dieser reichen, wechselvollen Geschichte sind die Unmengen an *Kunstschätzen und Kulturgütern* auf italienischem Boden zu verdanken – welch gigantische Aufgabe, sie zu erhalten! Dabei hilft übrigens die Spielleidenschaft der Italiener: Ein erheblicher Prozentsatz der staatlichen Lotteriegewinne fließt in den Denkmalschutz. Längst haben sich in den Museen besucherfreundliche Öffnungszeiten durchgesetzt. Die staatlichen Museen, Monumente und Ausgrabungen stehen für EU-Bürger *unter 18 Jahren gratis* offen, junge Leute zwischen 18 und 25 Jahren zahlen nur den halben Preis.

# AUFTAKT

Am ersten Sonntag im Monat ist der Eintritt sogar für alle Besucher kostenlos. Und viele Städte haben *cards* eingeführt, Sammeltickets, die **vergünstigten Eintritt** in Sehenswürdigkeiten und Museen gewähren und zum Teil auch die kostenlose Nutzung der öffentlichen Verkehrsmittel erlauben.

Doch Italien ist bekanntlich nicht nur hohe Kunst, sondern auch das Land der Genüsse. In letzter Zeit kehren junge, engagierte Köche mit viel Liebe zu regionalen Spezialitäten zurück. Bioanbau, Bioläden und *Bauernmärkte* auch in den Städten unterstützen diese Tendenz. Das größte Verdienst kommt der italienischen *Slow-Food-Bewegung* zu, die sich aktiv und international erfolgreich für den Erhalt lokaler Produkte, kulinarischer Traditionen und umweltbewusster Nahrungsherstellung einsetzt. Umweltvereinigungen und auch der Staat bemühen sich verstärkt um den Schutz der Natur. Schon Anfang des 20. Jhs. wurden die ersten weitflächigen Naturschutzgebiete eingerichtet, wie der alpine *Nationalpark Gran Paradiso* zwischen den Viertausendern im Aostatal und der Parco Nazionale d'Abruzzo mit seinen wilden Apenninbergen mit *Wölfen und Bären*

Größte Kirche im kleinsten Staat: Petersdom im Vatikan

im Süden Italiens. Tourismusämter halten Kartenmaterial zu den Naturschutzgebieten, zu *Wanderwegen und Radtouren* bereit.

Auch wer es extremer mag, findet in den Bergen und am Meer seine Spielwiesen, angefangen beim Klettern in Alpen und Apennin übers *Biken und Surfen* bis zum Raften auf wilden Bergbächen. Schön gelegene Bauernhöfe bieten Ferienunterkünfte an, oft mit Reitpferden, *Pool und Gästefahrrädern* sowie Produkten vom eigenen Hof. *Agriturismo* nennt sich dieses ländlich-geruhsame Kontrastprogramm zur geballten Fülle der Sehenswürdigkeiten – und es erfreut sich wachsender Beliebtheit unter den Urlaubern. So stehen die Zeichen für eine spannende Italienreise besser denn je, mit *gut erhaltenen Altstadtkernen*, wachsender Landschaftspflege und einer endlos erscheinenden Meeresküste.

> **Der Agritourismus auf dem Land erfreut sich wachsender Beliebtheit**

# IM TREND

## 1  Bewohner auf Zeit

***Authentisch und entschleunigt*** Dem Erhalt lebendiger Dörfer ist das Projekt *Comunità Ospitali* („Gastliche Dörfer") der Organisation Borghi Autentici d'Italia gewidmet. Nicht Tourist, sondern Gast, ja Bewohner auf Zeit sein und reich an Erlebnissen, Kenntnissen lokaler Traditionen und Rituale, typischer Produkte, Gerichte und Weine nach Hause zurückkehren: Das ist die Idee dahinter. Um Entschleunigung und höhere Lebensqualität geht es den *città slow (www.cittaslow.org),* den „langsamen Städten".

## Stadtflucht

## 2

***Rückkehr aufs Land*** Die Italiener zieht es wieder aufs Land: zum Leben und Arbeiten, für den Urlaub, einen Ausflug oder ein Mittagessen. Jungbauern gründen Höfe und betreiben nachhaltige Landwirtschaft. Familien lieben *agriturismi* mit Angeboten für Kinder *(fattoria didattica)* wie *Pasqué* in Bernate bei Varese, *Santa Margherita* in Monteroni d'Arbia bei Siena und *Le Mignole* bei Orsogna in den Abruzzen. Städter zieht es auf ländliche Oasen wie *Cascina Cuccagna* in Mailand oder *La Fattorietta* in Rom.

## 3  Wie die alten Römer

***Am Strand*** Vor den Toren Roms geht es luxuriös zu. Am Strand von Fregene entspannen die Gäste auf kuscheligen Daybeds oder in Hängematten. Chillen ist auch im *La Rotonda – Shilling Sea Point Roma (Piazzale Cristoforo Colombo | www.larotonda.it)* in Ostia angesagt: Dort gibt es Yoga- und Massagezonen. Fast wie im Himmel fühlen sich die Gäste des *Bagno Elena (www.bagnoelena.it)* in Neapel. Auf einer Holzterrasse über dem Meer surft man beim Sonnenbaden im Netz und trinkt Prosecco-Cranberry auf Eis.

**In Italien gibt es viel Neues zu entdecken. Das Spannendste auf diesen Seiten**

# Die große Biervielfalt

*Birra artigianale* Selbst im Weinland Italien hat der Craft-Beer-Trend Einzug gehalten: Pioniere wie Birrificio Italiano aus Lurago Marinone, Birrificio Lambrate aus Mailand und Baladin aus den Langhe haben eine kleine Revolution zusammengebraut. Seit sie in den 1990er-Jahren loslegten, ist eine vielfältige Bierlandschaft entstanden. Über 700 handwerkliche Brauereien *(birrifici artigianali)* gibt es mittlerweile in ganz Italien. Einfallsreichtum statt Reinheitsgebot heißt die Devise: Aromatisiert wird mit Hanf, Artischocken, Radicchio, Reis – eben mit allem, was die lokale Erde so hervorbringt. Die Italiener lieben Bier *made in Italy:* ob Notte delle Botti in Turin, Bierwoche in Rom, Lombardia Beer Fest in Mailand, Beer Fest in Pompeji oder HØppy Days in San Benedetto del Tronto – Bierfestivals boomen.

# Wind und Wasser

*Aktiv* Der Gardasee ist schon seit Jahrzehnten ein Mekka für Windsurfer. Jetzt machen sich auch weitere Destinationen im Land einen Namen als Wassersportziel. Denn gerade im noch sehr ursprünglichen Süden herrschen tolle Bedingungen für den rasanten Sport mit Segel und Brett. Nach Kalabrien locken die Kitesurfspots Golfo di Sant'Eufemia in Lamezia Terme mit der Kitesurfschule *Hangloose Beach (www.hangloosebeach.it),* Le Terrazze in Copanello und Punta Pellaro mit der Schule *New Kite Zone (www.newkitezone.it).* Windsurfer finden ideale Bedingungen an der Spiaggia Lunga am Gargano in Apulien oder an der ligurischen Küste in Andora, Albenga oder Imperia *(Spiaggia d'Oro).*

# FAKTEN, MENSCHEN & NEWS

## U NENDLICHE MOTORENLIEBE

Die schnelle Fortbewegung entspricht dem Temperament der Italiener, nur sie konnten ein so schnittiges Auto wie den feuerroten Ferrari aus Modena erfinden. Motorradfans schwören auf die italienische Kultmarke Ducati aus Bologna und den unschlagbaren Rennfahrer Valentino Rossi. Und wie rasende Schwärme flitzen die Vespafahrer durch die engen Gassen der italienischen Städte. Trotz hoher Autobahngebühren und Verkehrschaos in den Städten macht den Italienern Autofahren immer noch Spaß, spritzig und wendig tun sie es, aber auch ungeduldig und aggressiv. Doch der Spaß ist längst an seine Grenzen gestoßen, denn die einst für Italien typische Unfallstatistik – viel Blechschaden und wenig Verkehrstote – stimmt so nicht mehr. Wegen Smog machen die großen Städte immer öfter ihre Zentren dicht, auch für Autos von Touristen. Dagegen kann man heute in so gut wie allen Stadtzentren des Landes Fahrräder ausleihen, meist in Bahnhofsnähe. Umweltbewusstsein nimmt also im italienischen Straßenverkehr Fahrt auf; auch das Autofahren mit schadstoffarmem Flüssiggas ist sehr verbreitet, Carsharing ist kein Fremdwort mehr und Taxiunternehmen setzen auf das Hybridauto Prius.

## Z WEITE HEIMAT

Die Bar öffnet in aller Herrgottsfrühe mit dem Duft frischer *cornetti* (Hörnchen) und *cappuccini*. Im Lauf des Tages schau-

Bild: Ferrari Festival in Brindisi

## Slow Food, Mafia und Heilige: Notizen zur Kultur, zum Alltag und zur Politik in einem facettenreichen Land

en Hausfrauen, Schulkinder, Arbeiter, Angestellte, Passanten herein. Am Nachmittag planen die Jugendlichen hier ihr abendliches Vergnügungsprogramm. Dann schlägt die Stunde des Aperitifs, in den Städten ein Höhepunkt des Tages. Auf den Dörfern kehren die Männer nach dem Abendessen zum letzten Plausch zurück. Im Sommer beobachtet man vor der Bar das Treiben auf der Piazza. Mal nüchtern bis schäbig, mal kitschig aufgemotzt, immer häufiger richtig schick, ist die Bar das zweite Zuhause der Italiener und auch jedem Fremden ganz unverbindlich zugänglich.

## BELLA FIGURA

Die Italiener sind in jeder Lebenslage bestrebt, *bella figura* zu machen, einen guten Eindruck hervorzurufen. Besonders im persönlichen Stil steht ein gepflegtes Äußeres im Vordergrund, Neben stilvoller Kleidung gehören Freundlichkeit und gute Manieren dazu. Selbstverständlich möchte man sein Gegenüber ebenfalls gut dastehen lassen und ver-

23

meidet daher, andere in Verlegenheit zu bringen. So erklärt sich, warum Ungeduld nicht als positive Eigenschaft wahrgenommen wird und warum Italiener eher der Schönheit als dem Praktischen vertrauen. Daher misst die italienische Presse Äußerlichkeiten wie dem Kleidungsstil der Politiker so große Bedeutung bei. In einer Kultur, in der Symbole und Gestik einen hohen Kommunikationswert haben, verwundert es kaum, dass das äußere Erscheinungsbild als Spiegel für innere Werte verstanden wird. Immerhin verlangt die *bella figura* dem Einzelnen keinen Reichtum ab: Es genügen ein paar gute Zutaten im Haus für unerwartete Gäste und einige elegante Klassiker im Schrank.

## FAMILIENBANDE

Es gibt sie noch, die italienische Familie. Sie lebt aber nicht mehr als großer patriarchalischer Generationenbund unter einem Dach, sondern hat sich in Single- und Kleinfamilienhaushalte aufgelöst. Hinzu kommt der im einst so kinderfreundlichen Italien verblüffende Geburtenrückgang, mit statistisch kaum mehr als einem Kind pro Familie ein europäischer Minusrekord. Heute ist es den Einwanderern aus Afrika, Asien und Osteuropa zu verdanken, dass Italien nicht völlig überaltert. Die Familie existiert aber nach wie vor als Verbund gegenseitiger Hilfe bei Arbeitslosigkeit, Arbeitsbeschaffung und Wohnungsnot, bei der Altenbetreuung und fehlenden Kindergartenplätzen. In der Verwandtschaft findet man Handwerker, den Arzt oder den Anwalt. Das mag zum Teil erklären, warum viele Italiener bei den hohen Preisen und oft niedrigen Löhnen über ihre Verhältnisse leben können – und weshalb so viele junge Erwachsene sich den Auszug in eine eigene Wohnung kaum leisten können.

## KUNST IN 3-D

Unter den vielen Künstlergenies, die Italien hervorgebracht hat, gebührt dem Maler und Baumeister Giotto di Bondone (1266–1337), Sohn eines Bauern aus einem Dorf bei Florenz, ein besonderer Platz. In der Zeit mächtiger Städte wie im Florenz des 13./14. Jhs. entwickelt Giotto einen neuen Malstil, fern vom Schematischen der byzantinischen Kunst des Mittelalters: Perspektive, farbliche Nuancierung, Bewegung, menschliche Charakterisierung – kurz: Realismus. Seine Malerei wird damit zum Ausgangspunkt für die Entwicklung einer typisch italienischen Maltradition, die aus dem „internationalen" Mittelalter herausführt. In den Uffizien in Florenz kann man sehr schön dieses Neue sehen, beim Vergleich der „Maestà" des Giotto mit der des Cimabue, des Lehrers Giottos und noch eine Generation älter. Hauptwerke Giottos sind die Fresken in der Cappella degli Scrovegni in Padua und die Fresken zum Leben des heiligen Franziskus in der Oberkirche von Assisi.

## HEILIGENKULT

Italien ist zu über 90 Prozent römisch-katholisch. Und mitten in seiner Hauptstadt lebt der Papst in seinem Kleinstaat, dem Vatikan. Vor allem im Süden nehmen die Priester nach wie vor erheblichen Einfluss auf Politik und Wahlen. Derweil hält man sich im Volk an die Heerschar der unzähligen Heiligen in der Hoffnung auf ihren Beistand im Lebenskampf. Etwas ganz Besonderes ist Neapels Stadtheiliger San Gennaro: Im Mai, September und Dezember treffen sich die Gläubigen in seiner Kirche und beten so lange, bis sich sein Blut verflüssigt. Und Zulauf von Millionen Verehrern erhält der heiliggesprochene Wunderheiler Padre Pio (1887–1968) in seinem Wallfahrtsort San Giovanni Rotondo in Apulien.

# FAKTEN, MENSCHEN & NEWS

## VOM KOMMEN UND GEHEN

Den Italienern fällt es schwer, ihr Land als „gelobtes Land" für Einwanderer wahrzunehmen. Zu stark verwurzelt ist ihre Vorstellung, aus Italien könne man nur auswandern, um anderswo nach Chancen zu suchen. Tatsächlich emigrierten von 1876 bis 1976 sage und schreibe 24 Mio. Italiener in alle Welt. Doch wie jede große Industrienation ist das Land längst Ziel von Hoffnungssuchenden aus aller Welt geworden, wie übervolle Boote vor den süditalienischen Küsten immer wieder deutlich vor Augen führen: 8,2 Prozent der Bevölkerung Italiens stammen heute aus Rumänien, Albanien, aus Marokko, China, der Ukraine. Ohne sie sind die Wirtschaft und das soziale Gefüge Italiens nicht mehr vorstellbar, die Einwanderer betreuen die Alten und Kinder Italiens, betreiben Tante-Emma-Läden und Marktstände, arbeiten in den Krankenhäusern und in der Pflege, in Trattoriaküchen, bei der Müllabfuhr. Die Fabriken des Nordens und die Tomatenfelder des Südens könnten ohne die afrikanischen Arbeiter dichtmachen bzw. lägen brach.

## ADDIO MAFIA

Allein in Italien erwirtschaftet die Mafia jährlich rund 100 Mrd. Euro, vor allem mit Schutzgelderpressung, Subventionserschleichung, Drogen und illegaler Müllentsorgung. Dass sie längst über die Grenzen Italiens hinaus operiert, ist mit den Morden in Duisburg 2006 nur zu deutlich geworden. Doch zu Fahndungserfolgen bei einst „unberührbaren" Bossen kommt immer mehr das Engagement der Zivilgesellschaft. Die Bewegung Libera setzt sich italienweit auf kommunaler und regionaler Ebene für eine Kultur der Gesetzestreue ein. Unter dem Label ⊗ „Libera Terra" *(www.liberaterra.it)* werden Öl, Wein und Pasta verkauft, die auf konfisziertem Mafialand biologisch angebaut und produziert werden. Die Organisation Addiopizzo („Tschüss Schutzgeld") macht in Sizilien

Heiligenkult um Padre Pio: Frömmelei oder Inbrunst des Glaubens?

auf Hotels, Restaurants und Geschäfte aufmerksam, die sich Schutzgelderpressungen widersetzen. Und in Kalabrien tritt die Bewegung „Ammazzatecitutti" („Tötet uns alle") mit öffentlichen Aktionen für ein stärkeres Legalitätsbewusstsein ein.

## FESTIVALMANIA

Die Renaissance? Die Pizza? Alles großartige italienische Beiträge zum Welterbe – doch der allergrößte? Lorenzo Jovanotti, musikalischer Tausendsassa zwischen Hip-Hop, Pop und Weltmusik, kennt die Antwort: *l'estate* – der Sommer! Er hat eine der vielen italienischen Hymnen auf den Sommer geschrieben. *Ma che caldo fa!* Diese Hitze! Von Mitte Juni bis Mitte September beherrschen die Sommerferien und die Hitze Italien – für drei lange Monate. Wer kann, flüchtet ans Meer und kommt nur für ein Konzert in die Stadt zurück, wo auf der Piazza, im Stadion oder im Park allabendlich Musik erklingt: in Mailand *Mi Ami* im Mai oder *I-Days* im Juni, in Rom Rock und Pop auf dem *Roma Summer Fest.* Klassik ertönt in Ravello hoch über der Amalfiküste, Opern und Tanz werden in Veronas Arena, der wohl spektakulärsten Bühne Italiens, inszeniert. In Barolo im Hügelland der Langhe erklingt Pop und lesen Autoren auf dem Festival *Collisioni.* Blues ist das musikalische Thema in Pistoia, Jazz in Umbrien und Elektronik in Vasto an der Adria. Den Sommer beschließt das *Home Festival* in Treviso. Ein Geheimnis des Sommers kennen die Rapper Fedez und J-Ax: *La gente per nulla si innamora:* Man verliebt sich einfach so.

## GUTER GESCHMACK, GUTES GEWISSEN

Ihre kulinarischen Traditionen sind den Italienern mindestens ebenso wichtig wie ihre kunsthistorischen Schätze.

Das zeigt der Erfolg dieser 1986 im piemontesischen Bra als Gegenbewegung zum Fast-Food-Trend gegründeten Organisation, die sich ganz dem Genuss und dem guten Geschmack verschrieben hat. Die Bewegung will das Bewusstsein für saisonale und regionale Produkte stärken und setzt sich für gute, saubere und fair produzierte Nahrungsmittel ein. Den Erhalt regionaler Vielfalt fördert das Projekt „Arche des guten Geschmacks", für das lokale Slow-Food-Gruppen – in 150 Ländern ist die Bewegung aktiv – regionale Spezialitäten auswählen. Alle geraden Jahre findet in Turin die Messe *Terra Madre Salone del Gusto* statt, alle ungeraden Jahre das Käsefestival *Cheese* in Bra. *www.slowfood.it*

## VON DANTE BIS RAP

Italien ist ein Land der Sprachenvielfalt. Zum Italienischen und dessen Dialekten kommen zehn weitere eigenständige Sprachen: im Friaul und in den Dolomitentälern Ladinisch, Deutsch in Südtirol und im Trentino. In einigen Dörfern in Sizilien und Süditalien wird Albanisch gesprochen, Erbe albanischer Siedler aus dem 14. Jh. In Apulien und Kalabrien haben sich in einigen Dörfern griechische Sprachinseln erhalten. In den nordostitalienischen Grenzprovinzen von Triest, Görz und Udine spricht man Slowenisch, Serbokroatisch in einigen Dörfern im süditalienischen Molise. In Alghero auf Sardinien hat Katalanisch überlebt, in den nordwestlichen Regionen Aostatal und Piemont das Frankoprovenzalische. Französisch ist sogar zweite Amtssprache im Aostatal. Und kein Dialekt, sondern eine eigene Sprache ist das Sardische. Der heute hoch verehrte und viel zitierte Nationaldichter Dante Alighieri aus Florenz (1265–1321) legte mit seiner „Göttlichen Komödie" in 15 000 Versen die Grundlage für das Hochitalienische.

# FAKTEN, MENSCHEN & NEWS

Im 20. Jh. haben Schule und Fernsehen dafür gesorgt, dass sich die vielsprachigen Italiener untereinander verstehen. Und die Dialekte? Leben weiter! Musiker wie Rocco Hunt oder Rapper Clementino singen und rappen auf Neapoletanisch, Sa Razza auf Sardisch – die eigene Sprache bewusst als Stilmittel einsetzend. 50 000 Richtung Norden. Aber dann gibt es auch die Rückkehrer. Und die Dableiber: Gerade jetzt müsse man bleiben und etwas riskieren für seinen Traum, findet Daniele Giorgio. Er ist nach dem Studium in seine apulische Heimat zurückgekehrt und führt in Bari sein eigenes Modelabel. Produziert wird ausschließlich vor Ort.

Ein sommerliches Musikhighlight in Apulien sind die vielen *pizzica*-Feste im Salento

## ARRIVEDERCI, ZUKUNFTSANGST

Emigration ist die Antwort vieler junger Italiener auf die grassierende Arbeitslosigkeit. Seit der Eurokrise pendelt die Arbeitslosenquote der unter 24-Jährigen um die 35 Prozent. Kein Wunder, dass sich zwischen 2011 und 2015 die Zahl der Italiener verdoppelt, die der Heimat den Rücken kehren, Tendenz immer noch steigend – 2016 verlassen 115 000 das Land. Ganz besonders von der Auswanderungswelle betroffen ist der Mezzogiorno. Den Süden Italiens verlassen zwischen 2011 und 2016 Jahr für Jahr etwa

Antonio Pellegrino hat mit Freunden im Cilento eine Kooperative für nachhaltige Landwirtschaft gegründet. Sie baut alte, regionale Getreidesorten an und forscht mit der Universität Neapel nach den idealen Wachstumsbedingungen für ihr Korn. Die Rückkehr aufs Land ist ein Trend, den Italien in Europa anführt: 2017 werden über 55 000 Landwirtschaftsbetriebe von unter 35-Jährigen geführt. Vor allem im Süden wächst die Zahl der sogenannte *millennial farmers.* Die Jungbauern sind keine Aussteiger, sondern setzen auf Technologie, das Internet und verwirklichen nebenbei oft soziale Projekte.

# ESSEN & TRINKEN

**Köstliche Antipasti, Spaghetti, Risotto und vor allem natürlich Pizza: Wie kaum eine andere ist die italienische Küche über ihre Landesgrenzen hinaus beliebt. Bei hausgemachter Pasta mit einem Glas Chianti kommt man schnell in Urlaubsstimmung!**

Beim Anblick der *salumerie,* der Käseläden und **Lebensmittelmärkte** läuft einem das Wasser im Mund zusammen. Das geniale Fundament der italienischen Küche aber ist die Pasta, die Nudel aus Wasser und Hartweizenmehl. Auf rund **250 verschiedene Pastaformen** hat es die Phantasie und Kreativität der Italiener gebracht, allen voran die Spaghetti, „Teigschnürchen" in zahllosen Stärken. In Süditalien herrschen die *maccheroni* vor, breit oder schmal, glatt oder gerippt, außerdem *tubetti, rigatoni* oder *penne.* Dann gibt es die mittel- und norditalienischen Bandnudeln, *tagliatelle, fettuccine* oder *pappardelle,* schließlich **Teigtaschen** aus Eier- und Mehlteig in vielen Formen und mit verschiedenen Füllungen, *ravioli, agnolotti, cappelletti, tortellini, tortelloni, cappellacci.* Zu vielen Nudelgerichten gehört traditionell geriebener Käse, *parmigiano* (Kuh, vornehmlich im Norden) oder Pecorino (Schaf, eher in Mittel- und Süditalien).

Die neapolitanische **Pizzabackkunst** wurde 2017 von der Unesco sogar ins immaterielle Welterbe aufgenommen. Ganz traditionell sind die Varianten *margherita* mit Tomaten, Mozzarella und Basilikum oder *marinara* mit Tomaten, Knoblauch und Oregano.

## Geniales Fundament der italienischen Küche sind die Teigwaren – und jede Region liefert dazu den richtigen Wein

Ein Menü beginnt mit **Antipasti**, den Vorspeisen wie Salami, Schinken, eingelegten Zwiebeln, Auberginen, Artischocken, Meeresfrüchten; dem folgt das *primo* (erster Gang), ein Nudelgericht, eine Suppe oder **Risotto**; das *secondo* (Hauptgang) ist Fleisch, geschmort, gegrillt, oder Fisch, auch oft nur gegrillt, und dazu Gemüse nach Wahl *(contorno)*. **Gemüse** ist das Stichwort zum Süden, hier gedeihen besonders schmackhaft Tomaten, Auberginen, Artischocken, frische *fave* (grüne Saubohnen), kräftiges Blattgemüse wie *cicorie, cime di rape, friarielli* und Broccoli. Den Abschluss bilden **cremige Süßspeisen** wie *tiramisù, zabaione* oder *zuppa inglese* sowie Gebäck, das man in süße Likörweine tunkt. Im Süden verwendet man für Süßspeisen gerne den milden Frischkäse Ricotta.
Bei der Wahl des Restaurants helfen Begriffe wie *ristorante, trattoria, osteria, locanda* – Kategorien, die heute kaum noch etwas über die Art des Lokals aussagen – oft weniger als ein Blick auf Ambiente und Speisekarte und auf die an-

29

# SPEZIALITÄTEN

**agnello** – Lamm (Foto li.) im Ofen *(al forno)* oder als Kotelett vom Grill
**antipasti di verdure** – in Olivenöl, Chili und Knoblauch eingelegtes, gegrilltes oder frittiertes Gemüse wie Zucchini, Auberginen und Paprika
**arrosto di maiale/di cinghiale** – Schweinebraten in ganz Italien beliebt, in Mittelitalien auch Wildschwein
**bollito misto** – gekochte Fleischstücke: Rind, Zunge, Huhn, Kochwurst, dazu gibts grüne Kräutersauce *(salsa verde)* oder Senffrüchte *(mostarda)*
**brasato** – in Rotwein geschmorter Rinderbraten, typisch für Norditalien, dazu gibt es den Maisgrießbrei Polenta
**(insalata) caprese** – Tomaten, (Büffel-) Mozzarella, Basilikum (Foto re.)
**coniglio** – Kaninchen
**fritto misto di pesce** – panierte, frittierte Fische, Tintenfischringe, Meeresfrüchte
**gnocchi** – kleine Klößchen aus Kartoffelmehl, wie Pasta als *primo* mit einem *sugo* serviert

**insalata di frutti di mare** – mit Zitrone, Olivenöl, Knoblauch und Petersilie angemachte Tintenfische, Kraken, Muscheln
**ossobuco** – Beinscheiben von Kalb oder Rind, in Tomatensauce geschmort, typisch für die Lombardei
**pesce alla griglia** – Fisch vom Grill: Goldbrasse *(dorata)*, Seebarsch *(spigola)*, Barben *(triglie)*, Seezunge *(sogliola)*, Sardinen und Makrelen *(pesce azzurro)*
**(alla) pizzaiola** – in Tomatensud gedünstet, typisch für den Süden
**porchetta** – mit Kräutern gewürztes und am Spieß gebratenes krosses Spanferkel
**risotto alla milanese** – aus Mailand stammendes Reisgericht mit Safran
**spaghetti alle vongole/allo scoglio** – Spaghetti mit Venusmuscheln bzw. mit Meeresfrüchten
**trenette al pesto** – schmale Bandnudeln mit einer Sauce aus Basilikum, Pinienkernen, Olivenöl und Parmesan
**zabaione** – luftig-lockere, süße Weinschaumcreme

---

wesenden Gäste (sind es Italiener?). Die einst klassische **Weinkneipe** osteria nennt sich nun *enoteca* oder, international verständlicher, *wine bar:* Edle Tropfen im *calice* (Kelch) zu 2,50 bis 10 Euro das Glas, dazu regionale ***Käse- und Wurstspezialitäten***.
Auch wenn umstritten (und im Latium nicht mehr erlaubt), berechnen viele Restaurants noch das ***coperto***, den Preis für

# ESSEN & TRINKEN

Brot und Gedeck (zwischen 1,50 und 6 Euro), der stets auf der Speisekarte ausgezeichnet ist. Andere bezeichnen es als Service. Die Bedienung, sofern nicht ausdrücklich als *non compreso* ausgeschrieben, ist im Preis inbegriffen. Die Restaurantküchen öffnen meist zwischen 12.30 und 14.30 Uhr und zwischen 19.30 und 22.30 Uhr, in touristischen Orten bleiben sie oft durchgehend geöffnet. Pizzerien heizen meist bis Mitternacht ihre Öfen. Wen tagsüber der Hunger überfällt, der kann in einer Bar *panini* (belegte Brötchen), *tramezzini* (Toastsandwiches) und *süße Teigstückchen* bekommen. Einheimische gehen zu Mittag auch gern in eine *rosticceria,* wo man oft schmackhafte Lokalküche bekommt. Imbissstuben mit Pizza auf die Hand gibts überall. *Frittierte Köstlichkeiten* für unterwegs gibt es in der *friggitoria,* die vor allem in Süditalien verbreitet ist.

Italien ist ein Weinland par excellence. Neben internationalen Reben werden überall *gebietstypische Rebsorten* angebaut, selbst im alpinen Aostatal: Hier keltert man trockene Weiße ebenso wie gute Rote. Die besten Rotweine Italiens kommen aus dem Piemont, darunter der berühmte *Barolo*. Auf den Terrassenhängen Liguriens gedeihen vorwiegend frische Weißweine. Vorzügliche lombardische Weine kommen aus dem Oltrepò, der Franciacorta und der Valtellina. Die Emilia-Romagna produziert mehr Wein als jede andere Region Italiens. In Südtirol und im Trentino wird vorwiegend Rotwein gekeltert, im Friaul, besonders im Collio, gedeihen *hervorragende Weißweine*. Die Veneter sind die größten Weintrinker Italiens. Berühmt sind der weiße Soave, der rote Valpolicella und der *Prosecco*, besonders gut ist er aus der Gegend um Conegliano und Valdobbiadene. In der Toskana liegt das berühmte Weinbaugebiet Chianti; der *edle Brunello* wächst bei Montalcino. Unter den Weinen Umbriens verdient vor allem der weiße Torgiano Beachtung. Als Begleiter zu Fischgerichten eignet sich der Verdichio aus Jesi und Macerata in den Marken. In den Osterien und Trattorien im Latium trinkt man u. a. den weißen Frascati. Aus den Abruzzen kommen der rote Montepulciano d'Abruzzo und der weiße Trebbiano d'Abruzzo.

Die Apulier sind zu Recht stolz auf ihre *Roséweine*. Der leicht moussierende rote Aglianico der Basilikata stammt noch von

Er muss ja nicht von 1979 sein: Barolo

Reben ab, die die Griechen 400 v. Chr. in Süditalien anpflanzten. Der weiße Greco di Tufo wuchs schon in Pompeji; an den *Lavahängen des Vesuvs* nennt er sich Lacryma Christi. Kalabrien zeichnen kräftige Rotweine und hervorragende *Dessertweine* aus. Im Norden beschließt man ein üppiges Mahl mit dem Tresterschnaps Grappa, im Süden hingegen mit dem fruchtigen *Zitronenlikör* limoncello.

# EINKAUFEN

## DELIKATESSEN & WEIN

*Prodotti tipici* – die lokaltypischen Produkte wie Käse, luftgetrocknete Salami oder Edelschinken wie der Culatello, Wein, Olivenöl – sind das ideale Mitbringsel, weil sie zu Hause wieder Urlaubsstimmung hervorrufen: vom *agriturismo,* wo Sie übernachtet haben, aus dem lokalen Weingeschäft *(enoteca)* oder gleich vor Ort beim Erzeuger nach einer Tour durch Weinkeller, Käserei, Ölmühle *(frantoio).* Getrocknete Steinpilze auf Vorrat, Balsamessig (gar den edlen *tradizionale?*), Grappa … Käse lassen Sie sich für die Reise am besten gleich luftdicht einschweißen! Aus dem Süden bringen Sie sich den Zitronenlikör *limoncello* mit, getrocknete Tomaten und eingelegtes Gemüse wie Auberginen und Artischocken in Essig oder Öl oder die Zwiebelchen *lampascioni,* eine Spezialität aus Apulien. Aus Kalabrien kommt die *'nduja,* eine scharf mit *peperoncino* gewürzte Wurst, lange haltbar und ideal als kräftiger Würzzusatz in der Nudelsauce.

## DESIGN & KUNSTHANDWERK

Warum lassen weltbekannte Modeunternehmen Stoffe, Schuhe und Taschen in Italien fertigen? Das handwerkliche Können in der Lederverarbeitung oder Stoffherstellung ist hier weltweit einzigartig! Auch in Sachen Design für Küche, Bad, Wohnzimmer begegnen Sie klangvollen Namen: Alessi und Bialetti für Küchenaccessoires, Artemide für Lampen, Molteni und Zanotti für Möbel. Überall im Land existiert zudem lokales Kunsthandwerk – alte Traditionen, die heute von jungen Leuten weitergeführt und modernisiert werden.

Holzschnitzarbeiten gibt es z. B. im Südtiroler Grödner- oder Aostatal. Weltberühmt ist das mundgeblasene Glas von Murano. Burano bei Venedig und Cogne im Aostatal sind bekannt für handgeklöppelte Spitzen. In Fabriano und in Amalfi finden Sie handgeschöpftes Papier. Für die schönsten Terrakottakübel fährt man nach Impruneta, rustikale Keramik kaufen Sie an der Amalfiküste in Vietri sul Mare oder in Apulien in Grottaglie. In Lecce ist man auf Heiligen- und Krippenfiguren aus Pappmaché spezialisiert, in Neapel sind sie aus Ton.

## MÄRKTE

Praktisch jede Ortschaft hat ihren Markt – dort erstehen Sie die *moka* zum Espres-

## Wein vom Winzer, lokaler Käse oder etwas Schickes aus dem Fabrikverkauf: Auf Märkten und in Outletcentern wird jede(r) fündig

sokochen, den Milchschäumer für den Cappuccino, die Käsereibe, den Trüffelhobel, den Mörser aus Marmor oder Olivenholz, das Essig-Öl-Set. Auf den Bauernmärkten unter dem Motto 🌱 *chilometro zero* finden Sie regional erzeugtes Obst und Gemüse. Und auf den Wochenmärkten entdecken Sie mitunter Stände mit hochwertiger Kleidung, Taschen und Schuhen zu gutem Preis.

### MODE & SCHUHE

Der weltberühmten Riege der Modedesigner wie Armani, Dolce & Gabbana, Prada und Versace folgen die Kreativen der jüngeren Generation wie Brognano, Fausto Puglisi, Marco de Vincenzo, Vivetta. Sie haben die Wahl zwischen edlen Casualmarken wie Hogan, Fay, Herno und natürlich den weltberühmten Benetton, Stefanel und Diesel.

Wer die hohen Preise nicht bezahlen möchte, der achte auf die Schlussverkäufe *(saldi),* die regelmäßig Anfang Januar und Juli beginnen. Nicht immer einfach zu finden sind die Fabrikverkäufe der Hersteller *(spaccio aziendale)* – die Touristeninformation vor Ort hilft mit Adressen weiter oder Sie schauen auf Websites wie *www.outletadvisor.com* (auf Italienisch). Unter dem Namen Diffusione Tessile *(www.diffusionetessile.it)* verkauft Max Mara Stücke vergangener Kollektionen ohne Label zum halben Preis.

Leicht zu finden sind die Outletcenter nahe den Autobahnen, in denen Hunderte Läden auch die großen Marken führen. Wie Dörfer sind sie angelegt, z. B. das mit über 170 Läden größte, das 🟠 *Serravalle Designer Outlet* in Serravalle Scrivia bei Alessandria im Piemont, in der Lombardei bei Brescia in Rodengo Saiano das *Franciacorta Outlet Village,* in der Emilia-Romagna bei Fidenza das kunterbunte *Fidenza Village,* in der Toskana im Mugello das *Barberino Designer Outlet,* bei Rom das *Designer Outlet Castel Romano* in antiker Kulisse, in Kampanien bei Neapel *La Reggia Designer Outlet.*

# DER NORDWESTEN

**Südlich der Alpen beginnt der Schaft des italienischen Stiefels; wer nicht vom Meer aus das Land erreicht, muss zwangsläufig über die Berge kommen. Die Alpenübergänge aus der Römerzeit, Alpis Poenia und Alpis Graia, sind heute die Pässe Kleiner und Großer St. Bernhard, die Italien mit Frankreich und der Schweiz verbinden.**

Berge bestimmen die drei Regionen des italienischen Nordwestens: Das Aostatal und die 100 km lange Talebene des Flusses Dora Baltea werden von Gebirgsmassiven umrahmt, die zum Großartigsten gehören, was die Alpen zu bieten haben: Im Norden sind es die Ostflanke des Mont Blanc (4810 m), das Matterhorn (4478 m, ital. Cervino) und das Monte-Rosa-Massiv (4634 m), während sich im Süden der Gran Paradiso (4061 m) auftürmt, ein Ski- und Wanderparadies. Die Kulisse Turins, Hauptstadt des anschließenden Piemont, bestimmen im Norden und Westen die Schneegipfel der piemontesischen Alpen, im Süden die Hügel des Apennins wie Monferrato, Roero und Langhe, bekannt dank ihrer Pilze, Trüffeln und ausgezeichneten Rotweine. An der ligurischen Küste begünstigen die Seealpen im Nordwesten und der Apennin im Südosten das milde Klima der Riviera. Die Berge liefern die landschaftlich reizvolle Kulisse der ligurischen Badeorte und zwingen Genua, die große Hafenstadt, sich auf 35 km dicht an der Küste entlang auszudehnen. Ausführlich berichten die MARCO POLO Bände „Ligurien" und „Piemont/Turin".

34  Bild: Riomaggiore in den Cinque Terre

**Alpen und Riviera: Die Berge im Aostatal, das Feinschmeckerparadies Piemont und die Badeorte Liguriens prägen den Nordwesten**

# AOSTA

(186 B2) (*C2–3*) **Die Stadt Aosta (35 000 Ew.) wird auch das Rom der Alpen genannt. Das gut erhaltene Stadttor Porta Praetoria, ein ebenfalls fast intakter Augustusbogen, vor allem aber die 22 m hohe Bühnenwand des römischen Theaters machen sich gut vor dem Hintergrund schneebedeckter Gipfel.**
Die hübsche Stadt mit lebhaften Altstadtgassen zum Bummeln und Shoppen ist logistischer und geografischer Mittelpunkt des Aostatals, der kleinsten italienischen Region, mit Autonomiestatut und offizieller Zweisprachigkeit (Italienisch und Französisch). Bergbau, Energieerzeugung (Wasser), Holzverarbeitung und der Sommer- wie Wintertourismus haben aus dem Aostatal eine der wohlhabendsten Gegenden Italiens gemacht. Ein florierendes Zentrum waren das Tal und die Stadt schon zur Zeit des Römischen Reichs, von strategischer Bedeutung für die Sicherung der Poebe-

35

# AOSTA

Eine von 40: Romanische Säulen gliedern den Kreuzgang in Sant'Orso

ne gen Nordwesten sowie als Ausgangspunkt für die Eroberung Galliens.

## SEHENSWERTES

### KLOSTER SANTI PIETRO E ORSO
Drama im *Kreuzgang:* drei standhafte Freunde im Feuerofen, kauernde Ungeheuer und das Leben des hl. Ursus von Aosta. Die Plastiken an den Kapitellen der Marmorsäulen erzählen spannende Storys. Publikum waren die Pilger, die auf der alten Frankenstraße Via Francigena nach Rom wanderten und hier im Kloster rasteten. 37 Säulen sind – bis auf eine, die 1997 gestohlen wurde – Originale aus dem 12. Jh. Highlights in der Kirche selbst sind ein Freskenzyklus aus dem 11. Jh. und ein erst 1999 wiederentdecktes Fußbodenmosaik, auf dem Samson mit dem Löwen kämpft. *Tgl. 9–17.30 Uhr*

## ESSEN & TRINKEN

### OSTERIA DELL'OCA
Über einen Innenhof geht es in das freundliche Altstadtlokal, im Sommer sitzt es sich hübsch draußen; neben Lokalküche wie Polenta und Wildragout gibt es Pizza. *Mo geschl. | Via Edouard Aubert 15 | Tel. 01 65 23 14 19 | www.ristoranteosteriadelloca.com | €–€€*

### PAM PAM TRATTORIA DEGLI ARTISTI
Wegen Atmosphäre und guter Küche (z. B. die *crespelle,* feine Crêpes mit Bergkäse) sehr beliebt, in einer Altstadtgasse. *So/Mo geschl. | Via Maillet 5–7 | Tel. 0 16 54 09 60 | €€*

## EINKAUFEN

Originelles Mitbringsel ist die *grolla,* ein für das Aostatal typisches Holzgefäß mit mehreren Tüllen, aus dem man im Winter eine Art Kaffeepunsch trinkt. Die handwerklichen Erzeugnisse des Tals gibt es das ganze Jahr über bei IVAT *(Institut Valdôtain de l'Artisanat de Tradition)* im Rathaus *(Piazza Chanoux 11).*

## ÜBERNACHTEN

### B & B AMBROSIA
Zwei ansprechende Zimmer im Ökohaus. Üppiges Frühstück, toller Blick auf Aosta. *Ortsteil Arpuilles 94h | Tel. 33 95 74 95 94 | www.bedbreakfastaosta.com | €*

# DER NORDWESTEN

## MILLELUCI

Etwas außerhalb, im Ortsteil Porossan Roppoz. Romantische Zimmer und Wellnessabteilung. *31 Zi. | Tel. 0165 23 52 78 | www.hotelmilleluci.com | €€€*

### AUSKUNFT

*Piazza Porta Praetoria 3 | Tel. 0165 23 66 27 | www.lovevda.it*

### ZIELE IN DER UMGEBUNG

**BREUIL-CERVINIA** (186 C2) (*𝄞 C2*)

Das eindrucksvolle Matterhorn (4478 m) mag den besonderen Ruf dieses international bekannten Skigebiets der Aostaregion im Talschluss der Valtournenche mitbegründen. Ein weitläufiger Pistenzirkus von 350 km verbindet es mit der Schweizer Seite um Zermatt. Berühmt für seine einmalige Aussicht und als Sommerskigebiet ist das Gletscherfeld 🌱 *Plateau Rosà* auf 3480 m Höhe, das Sie mit einer gläsernen Seilbahn erreichen. Gemütliche Eleganz und exzellenter Service machen das *Hermitage (36 Zi. | Via Piolet 1 | Tel. 0166 94 89 98 | www.hotelhermitage.com | €€€)* zum edelsten Hotel der Region. Unten in der Valtournenche bei *Antey Saint-André* erfreut das *Maison Tissière (14 Zi. | Ortsteil Petit Antey 9 | Tel. 0166 54 91 40 | www.hoteltissiere.it | €€)*, ein Charmehotel in einem alten Bauernhaus mit Spa und gutem Restaurant, das auch auf vegane und glutenfreie Wünsche eingeht. *www.cervinia.it*

#### BURGEN UND SCHLÖSSER

(186 C2) (*𝄞 C3*)

Fast über jedem Dorf thront eine Burg – mehr als 130 sind es im Aostatal. Das imposante 🌱 *Forte di Bard (Di–Fr 10–18, Sa/So 10–19 Uhr)* auf steilem Fels am Taleingang erreichen Sie per Zahnradbahn oder zu Fuß, um den Kerker und das

modern gestaltete, spannende *Alpenmuseum* zu sehen. In der Burg von 🌱 *Verrès* erwarten Sie Waffenhallen und ein riesiger Speisesaal. Ein schöner Brunnen mit geschmiedetem Granatapfelbaum heißt Sie im reich ausgestatten Schloss von *Issogne* willkommen. Die Fresken im Renaissancehof zeigen – Überraschung! – alltägliche Szenen wie den Markt. Die mittelalterliche Ritterburg *Fénis* wartet mit dem Handwerksmuseum *MAV (April–Okt. Di–So 10–18 Uhr)* auf. *Verrès, Issogne und Fénis April–Sept. tgl. 9–19, Okt.–März 10–13 und 14–17 Uhr, Issogne und Fénis im Winter Mo geschl.*

---

## MARCO POLO HIGHLIGHTS

⭐ **Mole Antonelliana**
Ein Fest dem Kino: das Museo Nazionale del Cinema in Turins kuriosem Kuppelbau → **S. 47**

⭐ **Mont-Blanc-Überquerung**
Mit der Schwebebahn über die Gletscherwelt → **S. 38**

⭐ **Altstadt von Genua**
Ein faszinierender Mix aus dunklen Gassen und prachtvollen Palazzi → **S. 39**

⭐ **Cinque Terre**
Fünf malerische ligurische Felsendörfer ohne Autos → **S. 43**

⭐ **Reggia di Venaria Reale**
Das Savoyerschloss bei Turin gilt als das Versailles der italienischen Könige → **S. 51**

⭐ **Langhe, Roero und Monferrato**
Die hohe Kunst des Weinbaus und eine Fundgrube für Feinschmecker → **S. 49**

---

**37**

# AOSTA

## COURMAYEUR (186 B2) (*⊠ C2*)

Am Fuß des Mont Blanc gelegen, wurde der Ort schon im 19. Jh. als Sommerfrische besucht, schöne alte Chalets sind Zeugen dieser Zeit. Heute bildet Courmayeur zusammen mit Chamonix auf der französischen Seite eines der anspruchsvollsten Skigebiete der Alpen. Beide Orte verbindet der aufwendige Mont-Blanc-Tunnel sowie der kühne Bau einer ganzen Serie von Kabinenbahnen, die berühmte ⭐ 🎿 *Mont-Blanc-Überquerung:* Talstation in La Palud 3,5 km von Courmayeur, bis Punta Helbronner in der Sommer- und Wintersaison möglich (*www. montebianco.com*), Querung des Gletschers Glacier du Géant bis Aiguille du Midi nur Juni bis September *(www.cha monix.com).* Anderthalb Stunden schweben Sie über die atemraubende, stille weiße Gipfel- und Gletscherlandschaft. Die exklusive Atmosphäre Courmayeurs erleben Sie im elegant-behaglichen Chalethotel *Auberge de la Maison (33 Zi. | Via Passerin d'Entrèves 16 | Tel. 0165 86 98 11 | www.aubergemaison.it | €€€)* mit feinem Restaurant, Sauna und Fitnessraum; einfacher ist das zentral gelegene *Hotel Berthod (35 Zi. | Via Mario Puchoz 11 | Tel. 0165842835 | www.hotelberthod.com | €€).* Noch näher an diese grandiose Bergwelt führen die Seitentäler Val Veny und Val Ferret heran, in Letzterem im Dorf Arnouva ideal als Ausgangspunkt für Wanderungen und Mountainbiketouren das nur im Sommer geöffnete *Chalet Val Ferret (7 Zi. | Tel. 0165 84 49 59 | www.chaletvalfer ret.com | €€)* mit Restaurant auf einer ehemaligen Alm. Kühne alpine Touren organisieren die berühmten Bergführer Courmayeurs *(Tel. 0165 84 20 64 | www. guidecourmayeur.com).* Die alten *Thermalanlagen (Allées des Thermes | Tel. 0165 86 72 72 | www.termedipre.it)* in *Pré-Saint-Didier* sind elegant restauriert – heute eine angesagte Wellnessoase.

## GRAN-PARADISO-NATIONALPARK ● (186 B–C 2–3) (*⊠ C3*)

Auf Höhe der Baumgrenze zeigen sich früh am Morgen die Steinböcke, Wahrzeichen dieses grandiosen Naturparks im Süden von Aosta. Selbst Steinadler und Wölfe leben hier unter dem mächtigen Gran Paradiso (4061 m). Der Artenreichtum ist König Vittorio Emanuele II zu verdanken, die Bergwelt war im 19. Jh. sein schon damals unter Naturschutz stehendes Jagdrevier. In diesem Paradies für Wanderer finden sich vor wunderbarer Bergkulisse schöne naturnahe Campingplätze, etwa in Valsavarenche auf 1820 m Höhe *Camping Gran Paradiso (8 Holzbungalows | Plan de la Pesse | Tel. 0165 90 58 01 | www.campinggranpara diso.it | €).* Um den attraktiven Hauptort *Cogne* können Sie nicht nur wandern, reiten oder klettern, sondern sich auch durch eine alte Magnetitmine führen lassen. *www.grand-paradis.it, www.pngp. it, www.cogneturismo.it*

## GRESSONEYTAL (186 C2) (*⊠ C 2–3*)

Üppig bewaldet sind die Talhänge über dem Gebirgsbach Lys, der aus einem Gletscher des Monte-Rosa-Massivs entspringt. Aus dem Wallis kamen vor 750 Jahren Siedler herüber, die sich hier und in einigen Nachbartälern im Piemont niederließen. Die Walser spezialisierten sich darauf, höher gelegene Almen zu bewirtschaften (eine pragmatische Lösung zur friedlichen Koexistenz). Ihr Erbe sind der alemannische Dialekt, das Titsch, den Sie mit etwas Glück beim Belauschen älterer Einwohner noch hören können, und die typischen Walserhäuser: hoch gebaut, die ersten Geschosse aus Steinquadern, weiter oben in dunkel verwittertem Holz. Schön erhalten sind sie in den Weilern *Alpenzù Grande* und *Piccolo,* ein idyllischer Spaziergang von Gressoney-La-Trinité aus. In *Gressoney-*

# DER NORDWESTEN

Saint-Jean wurde aus so einem alten Walserhaus das Komforthotel *La Gran Baita (12 Zi. | Strada Castello Savoia 26 | Tel. 01 25 35 55 35 | www.hotelgranbaita.it | €€). www.visitmonterosa.com*

im Tyrrhenischen Meer. Heute hat sich die Hafenstadt vom Industriestandort zur spannenden Kulturmetropole gewandelt. Beliebte Bummelmeile ist der von Architekt Renzo Piano umgestaltete alte Ha-

Ein besonders geländegängiger Bewohner: Gamsbock im Nationalpark Gran Paradiso

**PONT SAINT-MARTIN** (186 C2) (*C3*)
Die heute noch hervorragend erhaltene römische Brücke (100 v. Chr.) schwingt sich kühn in hohem Bogen über den Bergbach Lys.

# GENUA (GENOVA)

(187 D4–5) (*D4*) **Genua (597 000 Ew.) wird oft „La Superba", die Herrliche, genannt, denn die Stadt thront – eng an felsige Hügel geschmiegt – wie die Herrin der Meere über ihrem Naturhafen.**
Als reiche, mächtige Seerepublik dominierte Genua im Mittelalter den Handel

fen Porto Antico. In der riesigen ★ *Altstadt* mit ihrem Labyrinth aus engen Gassen, die plötzlich in kleine Plätze münden, verschmelzen Gerüche und Kulturen miteinander, in Palästen, Kirchen und historischen Läden, den *botteghe storiche* (Nostalgie pur!), steht die Zeit still. An den barocken Prachtstraßen *Via Garibaldi* und *Via Balbi* reihen sich herrliche Palazzi voller Kunstschätze aneinander, einst Residenzen der Adelsfamilien. 42 von ihnen, die ● *Palazzi dei Rolli (www.irolli.it),* stehen unter Unescoschutz.
Eine tolle Aussicht auf die Dächer der Altstadt haben Sie vom ☼ *Belvedere Montaldo,* den Sie über den Jugendstilaufzug *Spianata di Castelletto (Piazza del Portello)* erreichen. Mehr Meer genießen Sie

# GENUA

Der Aufgang zur Kathedrale San Lorenzo: beliebter Pausenplatz im Zentrum von Genua

auf dem Küstenweg *Passeggiata Anita Garibaldi* in *Nervi,* dem eleganten Villenviertel im Osten der Stadt voller Parks und Museen. Oder Sie skaten auf der Strandpromenade *Corso Italia* zum Fischerdorf *Boccadasse,* wo Sie wunderbar Fisch essen und vom *Capo di Santa Chiara* bis nach Portofino schauen können.

## SEHENSWERTES

### CATTEDRALE SAN LORENZO
Die größte Kirche Genuas, im 11. Jh. erbaut und mit schwarz-weißer Fassade aus dem 14. Jh., erhebt sich an der *Piazza San Lorenzo,* dem Zentrum des städtischen Lebens (Plätze sind rar in der Altstadt!). In Gold und Silber verewigte Legenden zeigt das *Domschatzmuseum (Mo–Sa 9–12 und 15–18 Uhr).*

### LANTERNA
Den 117 m hohen Leuchtturm im Südwesten des Alten Hafens erreichen Sie über eine Promenade vom Fährterminal aus. Er stammt aus dem 12. Jh. und ist damit einer der ältesten Leuchttürme Europas. Das winzige *Museum* am Sockel gibt Einblicke in die Stadtgeschichte. Von der *Panoramaterrasse* blicken Sie auf Stadt und Hafen. *Sa/So 14.30–18.30 Uhr*

### MUSEI DI STRADA NUOVA
Die drei wunderschönen Paläste *Palazzo Rossi, Palazzo Bianco, Palazzo Tursi* an der kurzen, prachtvollen Via Garibaldi stecken voller Kunstschätze (z. B. Rubens, Dürer, Caravaggio) und schönem Interieur. *Ostern–Mitte Okt. Di–Fr 9–19, Sa/So 10–19.30, Mitte Okt.–Ostern Di–Fr 9–18.30, Sa/So 9.30–18.30 Uhr | www.museidigenova.it*

### PALAZZO DUCALE
Der einstige Dogenpalast ist heute kulturelles Zentrum der Stadt für Ausstellungen, Festivals und Kongresse. Beliebter Treffpunkt der Genueser ist die Bar *Mentelocale* mit einer Website voller Veranstaltungstipps *(www.mentelocale.it). Piazza Matteotti | www.palazzoducale.genova.it*

# DER NORDWESTEN

### PALAZZO REALE
Im ersten Stock wandeln Sie durch die kostbare barocke Innenausstattung der Savoyerresidenz. Im Hängegarten verzaubert ein wunderschönes ligurisches Kieselsteinmosaik, ein sogenanntes *risêu*. *Di–Fr 9–19, Sa/So 13.30–19 Uhr | Via Balbi 10 | palazzorealegenova.beniculturali.it*

### PORTO ANTICO
Das alte Hafengelände ist heute eine beliebte Bummelmeile mit dem Panoramaaufzug ⚡ *Bigo*, mit Schwimmbad, Skatepiste, Cafés und dem berühmten *Aquarium* (s. Kapitel „Mit Kindern unterwegs"). Im Meeresmuseum ⚡ *Galata Museo del Mare (März–Okt. tgl. 10–19.30, Nov.–Feb. Di–Fr 10–18, Sa/So 10–19.30 Uhr | www.galatamuseodelmare.it)* bestaunt man das größte U-Boot Italiens.

## ESSEN & TRINKEN

### BAGNI SANTACHIARA
Tagsüber sonnenbaden, abends dann Happy Hour und leichte Küche unweit des noch zur Stadt gehörenden Fischerdörfchens Boccadasse. *Juni–Sept. tgl. | Via Flavia 4 | Capo Santa Chiara | Tel. 33 98 61 71 67 | €€*

### IL PANINO ITALIANO 🐌
Köstliche *panini* mit Slow-Food-Produkten *(So geschl. | Via XX Settembre 68r | www.ilpaninoitaliano.it | €),* dazu zwei superbe Brötchenbars *(Via Roccatagliata Ceccardi 30r, Largo San Giuseppe 23).*

### TRATTORIA ROSMARINO
Schöne, moderne Trattoria im Zentrum nahe der Piazza De Ferrari; die Küche bietet typisch Ligurisches frisch und kreativ. *So geschl. | Salita del Fondaco 30 | Tel. 01 02 51 04 75 | www.trattoriarosmarino.it | €€*

### TRATTORIA UGO
Genueser Küche aus saisonalen Zutaten in freundlicher Atmosphäre in einer seit drei Generationen familiengeführten Altstadttrattoria. *So/Mo geschl. | Via dei Giustiniani 86r | Tel. 01 02 46 93 02 | €*

## EINKAUFEN

In den engen Gassen der Altstadt haben sich noch jede Menge historische Geschäfte erhalten: *www.botteghestoriche genova.it*. Gewürze und Tee gibts in der *Antica Drogheria Torielli (Via San Bernardo 32r),* Schokolade bei *Romeo Viganotti (Vico dei Castagna 14r),* Pralinen und hausgemachtes *gelato* hat *Villa (Via del Portello 2).* Elegante Geschäfte konzentrieren sich in der Via Roma und Via XXV Aprile, eine besonders schöne Markthalle ist der *Mercato Orientale (Via XX Settembre/Via Galata).* Das musikalische Herz der Stadt schlägt in der Altstadtgasse *Via del Campo 29r (Do–So 10.30–12.30 und 15–19 Uhr | www.viadelcampo29rosso.com):* Der gleichnamige `INSIDER TIPP` legendäre Plattenladen ist heute auch ein kleines Musikmuseum für Genuas Kultchansonniers wie Fabrizio De André und Gino Paoli.

## AM ABEND

Happy Hour in den Szenekneipen der Altstadt, z. B. an der Piazza delle Erbe und der Piazza Lavagna, im Porto Antico z. B. im *Banano Tsunami* oder an der Via Garibaldi in den Museumscafés; im Sommer längs des Corso Italia am Meer. Opern im *Teatro Carlo Felice (www.carlofelice.it).*

## ÜBERNACHTEN

### HOTEL METROPOLI
Geschmackvoll renoviert und inmitten der Altstadt gelegen. *48 Zi. | Piazza*

**41**

# RIVIERA DI LEVANTE

Fontane Marose/Via XXV Aprile | Tel. 010 246 88 88 | www.hotelmetropoli.it | €€

### HOTEL NOLOGO
Farbenfrohes, zweckmäßiges Stadthotel in der Nähe des Bahnhofs Brignole. 56 Zi. | Via Sauli 5 | Tel. 010 08 98 06 0 | www. hotelnologo.it | €

### WWW.COLUMBUSVILLAGE.COM
Website mit zahlreichen, oft sehr charmanten Bed-and-Breakfast-Angeboten im Zentrum Genuas. €–€€

## AUSKUNFT

Via Garibaldi 12r und Via al Porto Antico 2 | Tel. 010 5 57 29 03 | www.visitgenoa.it

## LOW BUDG€T

Dem großen Kampffinale der *Bataille des Reines* in der Arena von Aosta am dritten Oktobersonntag gehen den ganzen Frühling und Sommer über spannende Ausscheidungskämpfe zwischen den starken schwarzen Kuhköniginnen voraus, auf Wiesen und Almen gratis zu erleben. *www. amisdesreines.it*

Preiswertes Streetfood in Ligurien: *farinata,* der Fladen aus Kichererbsenmehl, oder die mit Käse, Fisch oder Gemüse gewürzte *focaccia,* z. B. bei *Antica Sciamadda (So geschl. | Via San Giorgio 14r)* in Genua.

An den dunklen Winterabenden erhellen Lichtinstallationen renommierter Künstler, die *luci d'artisti,* die Straßen Turins – ein stimmungsvolles Schauspiel zum Nulltarif.

# RIVIERA DI LEVANTE

**(187 D–E5) (*ᗅ D–E 4–5*) Die Ostküste Liguriens zwischen Genua und der Toskana ist felsig und oft steil, malerische Orte drängen sich auf wenig Platz, was den Küstenstreifen noch attraktiver macht.**

## ZIELE AN DER LEVANTE

### CAMOGLI (187 D5) (*ᗅ D4*)
Vor schroffen Felswänden recken sich die hohen, warmgelben Häuser, einige mit den für Ligurien typischen Trompe-l'Œil-Fenstern, dazwischen locken Treppengassen zum Herumspazieren. Das hübsche Küstenstädtchen (6000 Ew.) verfügte noch bis ins 19. Jh. über die größte Handelsflotte Italiens. Im Sommer genießt man ligurische Fischgerichte auf der idyllischen Terrasse des Restaurants *La Cucina di Nonna Nina (Mi geschl. | Via Molfino 126 | Tel. 0185 77 38 35 | www.nonna nina.it | €–€€)* im höher gelegenen Ortsteil San Rocco (reservieren!).
Mit dem Boot oder zu Fuß von San Rocco oberhalb Camoglis aus gelangt man an die Landzungenspitze *Punta Chiappa* mit schönem Badestrand und weiter zur traumhaft direkt am Meer gelegenen Klosteranlage `INSIDER TIPP` ▶ San Fruttuoso mit heiliger Quelle, die auch von Portofino aus über eine schöne Wanderung über den Monte Portofino zu erreichen ist. Für die kulinarische Spezialität *focaccia,* den würzigen, typischen Hefefladen Liguriens, steht das nahe gelegene *Recco,* wo Sie die Köstlichkeit in vielen Restaurants und Imbissstuben bekommen oder am vierten Sonntag im Mai auf dem Schlemmerfest *Sagra della Focaccia* genießen können.

42

# DER NORDWESTEN

Noch fünf Minuten bis zum verdienten Bad im Meer: Wanderweg von Vernazza nach Monterosso

### CINQUE TERRE ⭐ (187 E5) (*E5*)

Einer der schönsten Küstenflecken Liguriens sind diese fünf Fischerdörfer hoch auf den Klippen (Corniglia) bzw. am Meer vor steilen Felswänden: *Monterosso,* das einzige Dorf mit einem großen Strand, *Vernazza,* das größte Dörfchen, *Corniglia, Manarola* und *Riomaggiore.* Darüber reifen auf steilen Hangterrassen die Trauben des DOC-Weißweins und des schweren Dessertweins Sciacchetrà. Die unter Naturschutz stehende Berglandschaft der Cinque Terre gehört zu den beliebten Wanderrouten oberhalb der ligurischen Küste. Am besten unterwegs sind Sie in den (auch für die Einwohner) autofreien Dörfern zu Fuß und mit dem häufig verkehrenden Zug. Wer mit dem Auto anreist, wartet auf überfüllten Parkplätzen z. B. vor Monterosso und Riomaggiore auf eine Parklücke. An den Bahnhöfen der Dörfer geben Infostellen Auskunft zu Hotels und den zahlreichen Privatzimmern, zur Cinque-Terre-Card (einer Art Kurtaxe) und zu den Wanderwegen: *www.parconazionale5terre.it, www.5terre.de*

Den Cinque Terre vorgelagert ist das hübsche Küstenstädtchen *Levanto* an einem breiten Sandstrand. Von hier führt eine besonders schöne, 8 km lange 🌿 Küstenwanderung mit phantastischer Aussicht nach Monterosso, dem ersten der Cinque-Terre-Dörfer. Am Weg findet sich in traumhafter Lage, mit zwölf hübschen Zimmern – jedes mit Terrasse –, mit Pool und gutem Frühstück das Hotel 🌿 *La Giada del Mesco (Località Mesco 16 | Tel. 0187 80 26 74 | www.lagiadadelmesco.it | €€–€€€).*

### GOLFO DI LA SPEZIA (187 E5) (*E5*)

Die moderne Hafenstadt La Spezia – im Zweiten Weltkrieg stark beschädigt – am tief ins Land geschnittenen Golf lohnt wegen ein paar interessanter Museen: In der 🌿 Burganlage Castello San Giorgio

43

# RIVIERA DI LEVANTE

Ausflugsziel bei Sanremo: das einst von einem Beben zerstörte Künstlerdorf Bussana Vecchia

residiert das *Museo Archeologico (Kernzeit Mi–Mo 10.30–12.30, Mi–So auch 14–17 Uhr)* mit den im Hinterland gefundenen, geheimnisumwitterten **INSIDER TIPP** Steinstelen; in der Innenstadt beeindruckt die überreiche Sammlung alter Meister im *Museo Amedeo Lia (Di–So 10–18 Uhr | Via Prione 234)*. Die Altstadt lädt zum Bummeln und Shoppen ein und an der Uferpromenade bekommen Sie im *Dai Pescatori (tgl. | Banchina Revel/Viale Italia | Tel. 0187770893 | €)* fangfrischen Fisch von den Fischern selbst und günstig zubereitet.

An der ☼ Landzunge, die den Golf vom offenen Meer abschirmt, erwartet Sie das zauberhafte Küstenstädtchen *Portovenere* mit dem vorgelagerten Inselchen *Palmaria*. An der Ostküste des Golfs liegt das exklusive *Lerici* an der idyllischen Bucht *Golfo dei Poeti*, die im 19. Jh. ein Mekka von Dichtern und Künstlern war. Weiter an der Küste entlang folgen die wildromantischen Klippendörfer *Fiascherino* und *Tellaro*.

### SANTA MARGHERITA LIGURE UND PORTOFINO (187 E5) (*D4*)

Am Golf von Rapallo, den die Landzunge des Monte Portofino einfasst, liegen hochkarätige Badeorte. Der größte ist *Santa Margherita Ligure*, mit der *Piazza Martiri della Libertà* voller Lokale einer der besten sommerlichen Ausgehspots der Levante, der kleinste und exklusivste ist *Portofino*, ein autofreies Fischerdörfchen, das zu den teuersten Ferienpflastern Italiens zählt.

### SESTRI LEVANTE (187 E5) (*E4–5*)

Das Küstenstädtchen wartet mit zwei zauberhaften Strandbuchten auf, der *Baia delle Favole*, die sich vor den hübschen bunten Häusern ausdehnt, sowie der ruhigeren *Baia del Silenzio*, ein hochpreisiger Ferienspot.

### VARESE LIGURE ⊙ (187 E5) (*E4*)

Der 45 km im bergigen Landesinneren gelegene Ort mit seiner hübschen, runden Altstadt ist ein ökologisches Musterdorf: Fleisch, Käse, Honig und Beeren stammen fast ausschließlich aus biologischer Landwirtschaft. Ausgezeichnet essen Sie z. B. im *Amici (Mi geschl. | 24 Zi. | Via Garibaldi 80 | Tel. 0187842139 | www.albergoamici.com | €).*

# RIVIERA DI PONENTE

(186–187 C–D 5–6) *(🕮 C–D 4–5)* **Am Küstenbogen von Genua bis an die französische Grenze bei Ventimiglia reiht sich ein Badeort an den nächsten.**

Das milde Klima ließ hier einst eine noble Sommerfrische mit Parks, Palmenalleen und prächtigen Hotels entstehen, etwa in Bordighera und Sanremo. Später kamen die Schnittblumenindustrie und der Massentourismus. Viel Hübsches gibt es immer noch zu entdecken, etwa die Städtchen *Celle Ligure, Varigotti, Laigueglia;* schöne Altstädte besitzen *Cervo* und *Noli. Finale Ligure* ist ein bekanntes Sportklettergebiet und beliebtes Ziel für Mountainbiker. Durch Olivenhaine und Kastanienwälder geht es hinauf zu Bergstädtchen wie *Dolceacqua, Apricale, Triora.* Durch die Gebirgslandschaft zieht sich der Wanderweg *Alta Via (www.altaviadeimontiliguri.it),* gut markiert und mit Unterkünften versehen, von Ventimiglia bis La Spezia sind es 440 km. Von Ospedaletti bei Sanremo führt ein 24 km langer *Küstenradweg (www.pistaciclabile.com)* mit herrlichem Ausblick, Radverleih und Picknickplätzen bis nach San Lorenzo al Mare. *www.lamialiguria.it*

## ZIELE AN DER PONENTE

### ALASSIO (186 C5) *(🕮 C5)*

Vom Wind abschirmende Berge im Rücken, die Lage in einer Bucht und ein über 3 km langer Sandstrand: Alassio (12 000 Ew.) ist ein klassisches Ziel für die ligurische Sommerfrische. Die Altstadt lockt zum Einkaufsbummel und viel zu entdecken gibt es im bergigen Hinterland, z. B. die *Tropfsteinhöhlen von Toirano.*

### ALBENGA (186 C5) *(🕮 C5)*

Die Teilnahme der freien Stadt Albenga (24 000 Ew.) am ersten Kreuzzug begründete einst ihren wirtschaftlichen Aufschwung, der sich noch heute im gut erhaltenen mittelalterlichen Stadtkern mit Geschlechtertürmen und der *Piazza San Michele* mit gleichnamiger Basilika spiegelt.

### BUSSANA VECCHIA UND BUSSANA MARE (186 C6) *(🕮 C5)*

1887 von einem Erdbeben stark zerstört, wurde Bussana Vecchia oberhalb von Sanremo von seinen Bewohnern verlassen. In den 1960er-Jahren siedelten sich Künstler an, errichteten Ateliers und Werkstätten und hielten den Ort so am Leben, während der Staat ihn aus dem Kataster strich und unten an der Küste als *Bussana Mare* neu baute. Hier essen Sie leckeren, frischen Fisch im *Gente di Mare (Juni–Sept. tgl. | Via al Mare 26 | Tel. 0184514992 | €€)* und im *La Kambusa (Juni–Mitte Sept. tgl. | Via al Mare 87 | Tel. 0184514537 | €€–€€€).*

### SANREMO (186 C6) *(🕮 C5)*

In den prächtigen Luxushotels der Stadt (55 000 Ew.) übernachteten zuerst englische Aristokraten. Im berühmten, 1905 eröffneten Spielkasino *(www.casinosanremo.it)* zockte schon Literaturnobelpreisträger Luigi Pirandello. Das seit 1951 im Frühjahr ausgetragene Festival italienischer Musik liefert bis heute zuverlässig Ohrwürmer, von Chanson bis Pop. Bummeln Sie durch die engen Gassen der verwinkelten Altstadt, *La Pigna* genannt,

# TURIN

oder entlang eleganter Schaufenster auf der *Via Matteotti.* In der Altstadt des palmengeschmückten *Bordighera* 10 km westlich werden Ihnen in der *Osteria Magiargè (Mo geschl. | Via Dritta 2 | Tel. 0184 26 29 46 | www.magiarge.it | €€),* die Klassiker der ligurischen Küche serviert, ein Slow-Food-Tipp.

### GIARDINI BOTANICI HANBURY ⭣
**(186 C6) (ﾝ C5)**

Vom Eingangstor bis hinunter zum Strand: In dem einzigartig schönen Terrassengarten nahe der französischen Grenze in La Mortola reisen Sie auf 18 ha einmal um die Welt. 5800 Arten wachsen hier an das milde ligurische Klima angepasst. *März–Mitte Okt. tgl. 9.30–17 (Mitte Juni–Mitte Sept. bis 18), Mitte Okt.– Feb. Di–So 9.30–16 Uhr | www.giardinihanbury.com*

# TURIN (TORINO)

**(186 C3) (ﾝ C3) Das Bild der Stadt am Zusammenfluss von Doria Riparia und Po bestimmen großzügige, gerade Straßen, unter deren Arkaden, etwa am *Corso Vittorio Emanuele,* edle Geschäfte und duftende Kaffeehäuser einladen – elegant-bürgerliches Flair.**

Turin (902 000 Ew.), einst die Residenzstadt der Savoyer, wurde mit der Gründung der Autofabrik Fiat 1899 Ziel einer Welle von Zuwanderern aus Süditalien und Inbegriff des industrialisierten Italiens. Heute steht sie für ein postindustrielles Italien und punktet mit Events für Kunst, Design, Musik und faire Nahrungsmittel wie dem 🌐 Slow-Food-Festival *Salone del Gusto.* Treffpunkte sind die Lokale in den Ufermauern des Po, *murazzi* genannt, im Zentrum das *Quadrilatero*

## 🏙 WOHIN ZUERST?

Am Hauptbahnhof **Porta Nuova** beginnt die zentrale Achse Via Roma, an der die großen Hauptplätze und viele gute Geschäfte liegen. Westlich der Achse geht es ins Quadrilatero Romano, verkehrsberuhigt und voller Lokale und Läden. Vom Palazzo Reale oder von der Piazza Castello geht es östlich Richtung Po zur Mole Antonelliana, zur großen Piazza Vittorio Veneto und ans Poufer. Eine große unterirdische Parkgarage nahe der Piazza Castello: *Parcheggio Roma-San Carlo-Castello*

*Romano* südlich der Porta Palatina sowie die weite *Piazza Vittorio Veneto.* Neben wichtigen Kunstgalerien wie der *Galleria Civica d'Arte Moderna GAM (Di–So 10–18 Uhr | Via Magenta 31 | www.gamtorino.it)* bezeugen private Stiftungen das Interesse an zeitgenössischer Kunst, etwa die *Fondazione Sandretto Re Rebaudengo (Do 20–23, Fr–So 13–20 Uhr | Via Modane 16 | www.fsrr.org)* oder die *Fondazione Mario Merz (Di–So 11–19 Uhr | Via Limone 24 | www.fondazionemerz.org).* Im Norden der Stadt finden Sie im Viertel Barriera <mark>INSIDER TIPP</mark> originelle Street Art u. a. von Millo *(arteinbarriera.com).* Nationale und internationale Fotografie zeigt das Italienische Zentrum für Fotografie <mark>INSIDER TIPP</mark> *Camera (Mi und Fr–Mo 11–19, Do 11–21 Uhr | Via delle Rosine 18 | camera.to).*

## SEHENSWERTES

### CATTEDRALE SAN GIOVANNI BATTISTA/ CAPPELLA DELLA SACRA SINDONE

Den Turiner *Dom (tgl. 9–12.30 und 15–19, So ab 8 Uhr | Piazza San Giovanni),* einzi-

46

# DER NORDWESTEN

ges Renaissancegebäude der Stadt, überragt die barocke *Cappella della Sacra Sindone (Di–So 9–19 Uhr | Zugang über Palazzo Reale/Teil der Musei Reali Torino | Piazzetta Reale 1 | www.museireali.beniculturali.it)*. Die Formenvielfalt ihrer Kuppel zeigt: Guarino Guarini erlebte beim Entwerfen ein kreatives Feuerwerk! Das hier aufbewahrte vermeintliche Grabtuch Christi wird nur zu bestimmten Anlässen gezeigt. Im Dom sehen Sie eine Kopie.

### LINGOTTO

Schließen Sie die Augen und stellen Sie sich vor, Sie fahren einen frisch vom Band gelaufenen Fiat auf *La Pista* Probe, der berühmten Teststrecke auf dem Fabrikdach – und am Horizont leuchten die schneebedeckten Alpen! Heute befinden sich in den Werkshallen der einst spektakulären Fiat-Fabrik aus den 1920er-Jahren ein schickes Hotel, ein Konzertsaal, Messehallen, Einkaufsstraßen und auf dem Dach die *Agnelli-Pinakothek (Di–So 10–19 Uhr | www.pinacoteca-agnelli.it)* mit Werken u. a. von Canaletto, Tiepolo, Matisse und Picasso. *Via Nizza 230*

### MUSEI REALI

Hier bewundern Sie die reichen Kunstsammlungen der Savoyerkönige. In der *Galleria Sabauda* hängen niederländische Meister wie Rembrandt, piemontesische Renaissancekünstler wie Gaudenzio Ferrari und Stadtansichten von Turin, dazu Werke von Gentileschi, Tiepolo und Tizian. Die *Armeria Reale* präsentiert die königliche Waffensammlung, das *Museo di Antichità* u. a. einen römischen Silberschatz. Die *Giardini Reali* sind kostenlos zugänglich. *Di–So 9–19 Uhr | Piazzetta Reale 1 | www.museireali.beniculturali.it*

### MOLE ANTONELLIANA ★

Statt der geplanten 47 m erreichte der ehrgeizige Kuppelspezialist Alessandro Antonelli bei der Fertigstellung 1863 sagenhafte 167,5 m – enorm für einen Ziegelbau! Von der ☀ Aussichtsplattform auf 85 m ist an klaren Tagen der ganze Westalpenbogen zu sehen. Im riesigen Inneren gehen Sie im *Museo Nazionale del Cinema* auf cineastische Zeitreise – von einer Laterna magica bis hin zu aktuellen Animationsfilmen; oder Sie versuchen sich als Stummfilmschauspieler. *Mi–Mo 9–20, Sa bis 23 Uhr | Via Montebello 20 | www.museocinema.it*

Turins Wahrzeichen: der kuriose Kuppelbau Mole Antonelliana

47

# TURIN

**INSIDER TIPP ▶ MUSEO DELL'AUTOMOBILE**
Von der Kinderstube der Motorisierung über wunderschöne Oldtimer und Kultmodelle wie Topolino und Ente bis hin zur Formel 1 (mit Rennsimulation, na klar) – am Poufer wird das Automobil gefeiert. *Mo 10–14, Di–So 10–19 Uhr | Corso Unità d'Italia 40 | www.museoauto.it*

### MUSEO EGIZIO
Im bedeutendsten europäischen Museum für altägyptische Kultur erleben Sie neben Statuen, Sarkophagen und Mumien einen echten Felsentempel und ein vollständiges Grab mit allen Beigaben – ein Schnappschuss aus dem Alltag vor über 3000 Jahren. *Mo 9–14, Di–So 9–18.30 Uhr | Via Accademia delle Scienze 6 | www.museoegizio.it*

### PALAZZO MADAMA
Von diesem imposanten Palast mitten auf der Piazza Castello aus regierten die Damen. Die einstige mittelalterliche Burg wurde unter der Savoyerin Cristina di Francia zur Barockresidenz; heute residiert hier ein schönes Museum für Kunst und Kunsthandwerk aus Antike, Mittelalter, Renaissance und Barock. *Mi–Mo 10–18 Uhr | www.palazzomadamatorino.it*

### PARCO VALENTINO
Am linken Ufer des Po erstreckt sich dieser schöne Stadtpark. *Corso Massimo D'Azeglio*

## ESSEN & TRINKEN

### CAFÉS
Turin hat die meisten und schönsten alten Cafés Italiens, z. B. die eleganten *Torino* und *San Carlo* an der Piazza San Carlo, das wunderbar verzierte, winzige *Mulassano (Piazza Castello 15)*, das Jugendstilcafé *Platti* am Corso Vittorio Emanuele 72; im *Al Bicerin (Mi geschl. |* *Piazza Consolata 5)* gibts das berühmte Gläschen *bicerin:* Kaffee, Schokolade und Sahne, ein winterlicher Hochgenuss.

### PASTIS
Bistro, Straßencafé und Künstlertreff im Viertel Quadrilatero Romano. *Tgl. 9–2 Uhr | Piazza Emanuele Filiberto 9b | Tel. 011 5 21 10 85 | €*

### DAI SALETTA
Die alteingesessene Trattoria, eine Slow-Food-Empfehlung, ist berühmt für Turiner Köstlichkeiten wie *vitello tonnato. So geschl. | Via Belfiore 37 | Tel. 011 6 68 78 67 | ristorantedaisaletta.it | €€*

## EINKAUFEN

Italiens kulinarische Seite als Supermarkt der Superlative: In Kooperation mit Slow Food begann in der alten Wermutfabrik beim Lingotto der Siegeszug von *Eataly (tgl. 10–22.30 Uhr | Via Nizza 230 | www.eataly.net)* um die Welt. Kommen Sie zum Shoppen, Schlemmen – z. B. feine piemontesische Küche bei Claudio Vicina im *Casa Vicina (So-Abend und Mo geschl. | Tel. 011 9 50 68 40 | www.casavicina.com | €€€)* – oder Schauen. Die Turiner Spezialität *gianduiotti* (Nougat) gibt es u. a. in der altehrwürdigen Konditorei *Baratti & Milano (Piazza Castello).* Der riesige **INSIDER TIPP** *Markt* – Italiens größter – auf der *Piazza della Repubblica/Porta Palazzo (Mo–Fr 8–13, Sa 8–17 Uhr)* spiegelt die ethnische Vielfalt der Bevölkerung wider. An der nahen *Via Borgo Dora* findet samstags der Flohmarkt *El Balon* statt.

## ÜBERNACHTEN

### COLAZIONE IN PIAZZA CASTELLO 🌀
B & B im geräumigen, stilvollen Ambiente eines Palazzos im Herzen Turins, drei

48

# DER NORDWESTEN

Zimmer mit Biofrühstück. *Piazza Castello 9 | Tel. 011 2 07 69 83 | www.colazionein piazzacastello.it | €€*

### TOWN HOUSE 70
Komfortables Cityhotel in zentraler Lage mit angenehmem Styling und großzügi-

### ZIELE IN DER UMGEBUNG

### LANGHE, ROERO UND MONFERRATO ★ (186 C4) (⌀ C–D 4)
Die beiden Städte Alba und Asti mit ihren hübschen Stadtkernen beherrschen diese drei Hügellandschaften im Südosten

Rebenbedeckte Hügel und am Horizont die Hochalpen: im Wein- und Trüffelparadies der Langhe

gem Frühstücksbuffet. *48 Zi. | Via XX Settembre 70 | Tel. 011 19 70 00 03 | 70.townhousehotels.com | €€–€€€*

### URBANI
Unweit vom Bahnhof Porta Nuova ein angenehmes Haus für Preisbewusste. Es gibt Mieträder! *44 Zi. | Via Saluzzo 7 | Tel. 011 6 69 90 47 | www.hotelurbani.it | €*

### AUSKUNFT

*Piazza Castello/Via Garibaldi, Via Verdi/Via Montebello und am Bahnhof Porta Nuova | Tel. 011 53 51 81 | www.turismotorino.org, piemonteitalia.eu*

von Turin, wo die wunderbaren Rotweine des Piemont wachsen. In der Burg von *Barolo* werden sie zelebriert: in der *Enoteca*, wo man sie verkosten und kaufen kann, sowie im modernen Weinmuseum *WiMu (tgl. 10.30–19 Uhr | www.wimubarolo.it)*. In diese Hügel zieht es im Herbst und Winter die Feinschmecker, wenn in *Alba* (30 000 Ew.) Trüffelzeit ist (Trüffelmarkt im Oktober/November, *www.fieradeltartufo.org*). Für Albas alten Stadtkern typisch sind die *casetorri*, befestigte Wohnpaläste aus dem Mittelalter, zu denen ein hoher Geschlechterturm gehörte. Das größere *Asti* (76 000 Ew.), Zentrum des Monferrato, besitzt ebenfalls ein gro-

# TURIN

Der Hirsch auf dem Dach zeigt es an: Die Palazzina di Stupinigi ist ein Jagdschlösschen

ßes mittelalterliches Zentrum mit stattlichen Häusern, Plätzen und Kirchen.
In dieser berühmten Schlemmergegend haben Sie die Wahl zwischen zahlreichen erstklassigen Gourmettempeln wie auch zwischen vielen guten Trattorien mit einheimischen Qualitätszutaten, etwa Fleisch von der hiesigen Rinderrasse *fassone*, oder die guten piemontesischen Käsesorten. In Alba können Sie z. B. wählen zwischen der sympathischen *Osteria dell'Arco (außer Okt./Nov. So geschl. | Piazza Savona 5 | Tel. 0173 36 39 74 | www.osteriadellarco.it | €–€€)* oder der Sterneküche von Enrico Crippa im *Piazza Duomo (So/Mo geschl. | Piazza Risorgimento 4 | Tel. 0173 36 61 67 | www.piazzaduomoalba.it | €€€);* im *La Piola (€–€€)* im Erdgeschoss essen Sie Crippas sorgfältige Osteriaküche in etwas lockererem Ambiente. Nach dem guten Essen fehlt nur noch ein hübsches Zimmer wie etwa in der *Locanda del Boscogrande (Di geschl. | Ortsteil Messadio | Via Boscogrande 47 | Tel. 0141 95 63 90 | www.locandaboscogrande.com | €€)* ca. 12 km südlich von Asti bei Montegrosso d'Asti mit sieben komfortablen Zimmern und Pool. In den Langhe südlich von Alba isst, trinkt und schläft man stilvoll ländlich zwischen Rebhängen in der *Osteria del Maiale Pezzato (9 Zi. | Via Carlo Coccio 2 | Sinio | Tel. 0173 26 38 45 | www.maialepezzato.it | €€)* mit Pool. Noch ländlicher wird es im B & B ⊙ *La Luna Buona (Via Lavezzato 4 | Vesime | Tel. 34 86 55 95 54 | www.lalunabuona.com | €)* 36 km südöstlich von Alba mit drei gemütlich-nostalgischen Zimmern und reichhaltigem Biofrühstück. Die Ziegenherde nebenan gibt die Milch für köstlichen Ziegenkäse. Eine Spitzenadresse ist das Restaurant *All'Enoteca (Mo-Mittag und außer Okt./Nov. So geschl. | Via Roma 57 | Tel. 0173 9 58 57 | www.davidepalluda.it | €€€)* in *Canale* 15 km nördlich von Alba in der Weinregion Roero.

### BAROCKBAUTEN DER SAVOYER
**(186 C3) (ω C3)**
Auch die unmittelbare Umgebung Turins schmücken vom berühmten Hofarchitek-

50

# DER NORDWESTEN

ten Filippo Juvarra für die Savoyer errichtete Barock- und Rokokobauten: Auf einem Hügel im Osten Turins thront die monumentale *Basilica di Superga (März–Okt. Mi–Mo 10–13.30 und 14.30–19, Nov.–Jan. Sa/So, Feb. So 10–13.30 und 14.30–18 Uhr)* mit den Gräbern der Savoyerkönige. In schönstem Rokoko erscheint das Jagdschloss *Palazzina di Stupinigi (Di–Fr 10–17 Sa/So 10–18 Uhr)* 10 km südwestlich Turins. Das Versailles der Savoyer, die prachtvolle ⭐ *Reggia di Venaria Reale (Di–Fr 9–17, Sa/So 9–18.30 Uhr | www.lavenaria.it)* 5 km nördlich Turins, wurde in seiner heutigen Gestalt 1728 von Juvarra fertiggestellt. Besichtigen kann man die 50 Gemächer der restaurierten Anlage sowie den grandiosen Park. Die Savoyerburg *Castello di Rivoli (Di–Fr 10–17, Sa/So 10–19 Uhr | www.castellodirivoli.org)* 15 km westlich beherbergt ein renommiertes Ausstellungszentrum für zeitgenössische Kunst und das avantgardistische Gourmetrestaurant *Combal.Zero (So/Mo geschl. | Tel. 011956 52 25 | www.combal.org | €€€)*. 35 km südlich liegt das reich ausgestattete *Castello di Racconigi (Di–So 9–19 Uhr)* in schönem Park.

## LOMELLINA (187 D3) (🗺 D3)

Zwischen Vercelli, Novara und Pavia erstreckt sich die Ebene Lomellina mit ihren im Frühjahr von Wasser spiegelglatt bedeckten Reisfeldern. Risottoreis aus biodynamischem Anbau bekommen Sie z. B. bei der 🌀 INSIDER TIPP ▶ *Azienda Agricola Cascine Orsine (www.cascineorsine.it)* in *Bereguardo* im Naturpark *Valle del Ticino*. Guten Risottoreis produziert auch die *Azienda Agricola Tenuta Castello (www.tenutacastello.com)* in *Desana*. Und köstliche Risotti serviert 9 km südwestlich von Vercelli *Da Balin (So-Abend und Mo geschl. | Tel. 0 16 14 7121 | www.balinrist.it | €–€€)* in *Castell'Apertole* bei Livorno Ferraris.

## SACRI MONTI 🌿

*I Sacri Monti*, die heiligen Berge: Diese barocken Wallfahrtsstätten wurden im 16. und 17. Jh. als Bollwerke gegen die gefährlichen Ideen der Reformation errichtet: Sie liegen, im Grün versteckt, auf bewaldeten Hügel- und Bergkuppen, eine Kapelle nach der anderen, in denen lebensgroß und lebensecht Szenen aus dem Leben von Jesus, Maria und dem hl. Franz von Assisi aufgebaut sind. Lokale Kunsthandwerker schufen dieses stumme und doch lebendige Figurentheater aus bemaltem Gips, Ton und Holz. Die schönsten Wallfahrtsstätten sind der *Sacro Monte* in *Varallo* (186 C2) (🗺 D2–3) mit 44 Kapellen, der *Sacro Monte* über dem malerischen *Lago d'Orta* (187 D2) (🗺 D2) mit 20 Kapellen zum Franziskus-Leben sowie im Norden von Biella die Wallfahrtsanlage *Santuario di Oropa* (186 C2) (🗺 C3) mit 19 Marienkapellen. Alle liegen sie herrlich mit phantastischen Ausblicken.

## SESTRIERE UND SUSA
### (186 B3–4) (🗺 B–C3)

Hoch überm Eingang des Susatals, in dem 2006 die Olympischen Winterspiele ausgetragen wurden, thront die eindrucksvolle Klosteranlage 🌿 *Sacra di San Michele* mit wunderbaren romanischen Steinmetzarbeiten (Tierkreiszeichen) am Kirchenportal und einem spektakulären Panorama. *Susa* (7000 Ew.) ist ein malerisches, von hohen Bergen umgebenes Städtchen mit Burg, romanisch-gotischer Kathedrale sowie einem römischen Augustor. Der bekannteste, moderne Skiort im Susatal ist *Bardonecchia*. Das ebenfalls moderne *Sestriere* im benachbarten Chisonetal ist berühmt für seine Abfahrtspisten. Auf der Fahrt durchs Tal passieren Sie bei *Fenestrelle* eine gewaltige Festung, die mit 4000 Stufen den Berg erklimmt und an die Chinesische Mauer erinnert.

# DER NORDOSTEN

Der Brenner, meistbefahrener Übergang nach Italien, wird auch das Tor zum Süden genannt. Mit seiner Höhe von 1370 m öffnet der Pass den mächtigen Alpenhauptkamm zwischen Österreich und Italien. In den kalkhellen Südalpen, den Dolomiten, künden milde Lüfte und üppige Vegetation den Süden an. Über Pässe und durch Täler führen seit jeher die Verkehrswege an die Adria, zur einst legendären Seerepublik Venedig.

Die Grenzen sind im Nordosten Italiens im Lauf der Geschichte oft verschoben worden. So spricht man in Südtirol Deutsch, während im Karst hinter Triest Slowenisch erklingt. Über „Südtirol", die „Dolomiten", „Venetien/Friaul" und „Venedig" berichten ausführlich die jeweiligen MARCO POLO Bände.

## BOZEN (BOLZANO)

(188 C2) (*F2*) Zentrum der lebhaften Südtiroler Provinzhauptstadt (105 000 Ew.) ist der Waltherplatz. Hier sitzt man im eleganten Straßencafé bei Cappuccino und Apfelstrudel mit Blick auf die schöne spätgotische *Domkirche.*

Weitere Sehenswürdigkeiten sind eindrucksvolle Fresken in der Johanneskapelle (14. Jh.) sowie im Kreuzgang (15. Jh.) des *Dominikanerklosters (Mo–Sa 9–17, So 12–18 Uhr | Dominikanerplatz)* und der berühmte *Schnitzaltar* (um 1475) von Michael Pacher in der Pfarrkirche im Ortsteil Gries. Und natürlich „Ötzi", die

52 Bild: Apfelblüte im Trentino

**Eintrittspforte Italiens: Burgen und Berge in Südtirol, Mitteleuropa im Friaul und Villen und Wasser im Veneto**

lederne Mumie von Similaun, im *Archäologischen Museum* (s. Kapitel „Mit Kindern unterwegs"). Sehr gut einkaufen können Sie unter den Lauben im Zentrum und auf dem Markt auf dem Obstplatz. Leckere Südtiroler Küche serviert das Traditionswirtshaus *Vögele (So geschl. | Goethestr. 3 | Tel. 04 71 97 39 38 | www.voegele.it | €–€€)* beim Obstplatz. Ein angenehmes Familienhotel ist der *Magdalener Hof (39 Zi. | Rentscherstr. 48 | Tel. 04 71 97 82 67 | www.magdalenerhof.it | €€)* am östlichen Rand Bozens im Grünen. Auskunft: *Südtiroler Str. 60 | Tel. 04 71 99 99 99 | www.suedtirol.info*

### ZIELE IN DER UMGEBUNG

**BRIXEN (BRESSANONE)**
**(188 C1)** *(G2)*
Ein heiteres Bischofs- und Kaufmannsstädtchen (21 000 Ew.) voller Kostbarkeiten ist das knapp 50 km nördlich gelegene Brixen mit schöner mittelalterlicher Altstadt, einem prächtigen barocken *Dom,* dessen *Kreuzgang (April–Okt. tgl.*

53

# BOZEN

*7–18, Nov.–März 7–12 und 15–18 Uhr)* über und über mit Bibelgeschichten ausgemalt ist (entstanden zwischen 1390 und 1510), und der bischöflichen *Hofburg* mit sehenswertem Diözesanmuseum *Heubad (43 Zi. | Tel. 04 71 72 50 20 | www.hotelheubad.com / €€–€€€)*, in dessen Spa auch Nichthotelgäste das belebende Bad im duftenden Heu von ungedüngten Almwiesen genießen.

Mit Blasmusik und Tracht: Nicht nur bei Festumzügen lebt die Tradition in Südtirol

*(Mitte März–Okt. Di–So 10–17 Uhr, Krippenmuseum Dez.–Anfang Jan. tgl. 10–17 Uhr).* Zum Spazieren, Wandern und Einkehren geht es auf Brixens Hausberg *Plose.*

## SÜDTIROLER TÄLER
**(188 B–C 1–2) (🗺 F–G 1–2)**
Von Bozen geht es in die malerische Mittelgebirgslandschaft des ☀ *Ritten,* traditionelle Sommerfrische des Bozener Bürgertums mit altmodischen Hotels und Villen, oder in die herrliche Landschaft der ★ *Seiser Alm:* Europas größte, blütenreiche Hochalm (ca. 60 km$^2$) begeistert mit einer Vielfalt an Freizeitmöglichkeiten vor der Kulisse des *Schlern* – der gewaltige Bergrücken ist das Wahrzeichen Bozens. Im Heu der Alm kann man kuren, z. B. in *Völs am Schlern* im ● *Hotel*

Nördlich von Bozen, im Eisacktal, zweigt bei Waidbruck gegenüber der prächtigen *Trostburg (Ostern–Okt. Di–So Führungen 11, 14, 15, Juli/Aug. auch 10 und 16 Uhr)* das Grödnertal *(www.valgardena.it)* ab; es führt zu renommierten Skiorten wie *St. Ulrich* (Ortisei), einer Hochburg der Holzschnitzkunst. Über den Sellapass vorbei am grandiosen Sellastock aus hellem Dolomitkalk finden Sie Anschluss an die ★ ☀ *Große Dolomitenstraße,* eine der schönsten Panoramastraßen Italiens. Sie beginnt bei Bozen, führt durchs enge Eggental vorbei an den Berggruppen Rosengarten und Latemar, gelangt ins Trentiner Fassatal an die Sella- und die Marmoladagruppe bis nach *Cortina d'Ampezzo,* Perle der Dolomiten, schon im Veneto und ein mondäner Ferienort mit schicken Geschäften und Kunstgale-

# DER NORDOSTEN

rien. Während der Fahrt mit der Schwebebahn *Freccia nel Cielo (www.freccianelcielo.com)* auf die ☀ *Tofana di Mezzo* (3243 m) genießen Sie – halten Sie sich fest! – herrliche Weitblicke vom Adamello über den Großglockner bis hinunter auf die Lagune Venedigs. Noch weiter nördlich im Eisacktal geht es bei Klausen (Chiusa) ins *Villnösstal* mit Südtiroler Bilderbuchlandschaft.

Im beliebten Pustertal im Nordosten mit Städtchen wie *Bruneck, Toblach, Innichen* und schönen Seitentälern finden Sie familienfreundliche Ferienhöfe wie z. B. im Gsieser Tal den *Mudlerhof (4 Apartments | Preindl 49 | Teisten | Tel. 04 74 95 00 36 | www.mudlerhof.com | €).*

Im Süden Bozens beginnt die Südtiroler Weinstraße durch die Weinberge und Winzerdörfer des Etschtals vorbei am Kalterer See bis hinunter nach Salurn; hier verläuft seit dem 8. Jh. die deutsch-italienische Sprachgrenze.

Richtung Nordwesten gelangt man nach *Meran* (38 000 Ew.), zauberhafte Kurstadt mit superschicken Thermalanlagen *(www.thermemeran.it)* und Parks voller mediterraner Vegetation, z. B. die *Giardini Trauttmansdorff (April–Okt. tgl. 9–19, 1. Nov.-Hälfte 9–17, im Sommer Fr bis 23 Uhr | www.trauttmansdorff.it).* Oberhalb Merans liegt *Dorf Tirol* mit dem Stammschloss der Grafen von Tirol, heute das moderne *Südtiroler Landesmuseum (Mitte März–Mitte Dez. Di–So 10–17 Uhr | www.schlosstirol.it).*

Von Meran aus geht es weiter in die regenarme, sonnen- und obstreiche Talgemeinschaft *Vinschgau;* sie reicht bis an die Schweiz, die Seitentäler führen gen Süden in die vergletscherte Ortlergruppe *(Stilfser Joch* auch Sommerskigebiet), im Norden ins Ötztalmassiv *(Schnalstal* ebenfalls Sommerskigebiet). Am Eingang ins Schnalstal erhebt sich *Castel Juval (Ostern–Juni und Sept./Okt. Do–Di 10–16 Uhr mit Führung | www.messner-mountain-museum.it),* das erste der sechs Bergmuseen, die der berühmteste Südtiroler, Reinhold Messner, eingerichtet hat.

---

## MARCO POLO HIGHLIGHTS

★ **Seiser Alm**
300 Sonnentage zum Wandern, Radeln, Klettern auf Europas größter Hochalm → S. 54

★ **Große Dolomitenstraße**
Blicke auf das Unesco-Weltnaturerbe der grandiosen Kalkgebirge der Südalpen → S. 54

★ **Cappella degli Scrovegni in Padua**
Schlichte Kapelle mit überwältigender Ausmalung → S. 56

★ **Vicenza**
Die Bauten von Andrea Palladio, dem Stararchitekten des 16. Jhs.: Basilika, Teatro Olimpico und Villa Rotonda → S. 58

★ **Adlerturm in Trient**
Die Fresken im Schlossturm erzählen vom Bauernleben → S. 59

★ **Aquileia**
Diese Basilika mit ihrem riesigen Mosaikfußboden katapultiert Sie in die Zeit des frühen Christentums → S. 61

★ **Triestiner Riviera**
Von Duino nach Triest auf einzigartiger Panoramafahrt zwischen Karstgebirge und Adria → S. 61

★ **Canal Grande**
Die schönste „Straße" der Welt in Venedig → S. 62

★ **Arena di Verona**
Für die einen römische Gladiatorenarena, für die anderen die spektakulärste Opernbühne Italiens → S. 64

# PADUA

78 Statuen flankieren den Markt- und Gartenplatz Prato della Valle

# PADUA (PADOVA)

*(188 C4) (G3)* **Die altehrwürdige Universitätsstadt (209 000 Ew.) ließ im Spätmittelalter sowie in der Renaissance Spitzenkünstler Italiens für sich arbeiten.** Außerdem predigte und starb hier der viel verehrte Sankt Antonius von Padua, ein Mitstreiter des Franz von Assisi. Zum Verschnaufen ideal ist der enorme Gartenplatz *Prato della Valle* (hier jeden dritten Sonntag im Monat Antiquitätenmarkt). Ein toller Ausflugstipp ist die entspannte ● Schiffstour auf dem Brentakanal Richtung Venedig, den schöne Adelsvillen säumen *(www.ilburchiello.it)*.

## SEHENSWERTES

### BASILICA DI SANT'ANTONIO
Jedes Jahr pilgern über 4,5 Mio. Menschen zur Grabkapelle des hl. Antonius in dieser gewaltigen Kuppelkirche (13. Jh.). Unter den Kostbarkeiten sind die Bronzen von Donatello im Hochaltar besonders schön. *Tgl. 6.20–18.45, Sa/So bis 19.45 Uhr | Piazza del Santo*

### CAPPELLA DEGLI SCROVEGNI ★
Von außen schlicht, doch innen überwältigend, ist die Kapelle gänzlich ausgemalt von Ausnahmetalent Giotto. Im Auftrag des Bankiers Enrico Scrovegni malte Giotto, Anfang des 14. Jhs. der Künstlerstar Italiens, Szenen aus dem Leben Jesu und Marias und schuf einen äußerst lebendigen Blick ins heilige Familienalbum, weil er die Figuren erstmals im Raum platzierte (3 D!) und mit natürlichen Gesten zeigte. *Tgl. 9–19 Uhr nach Anmeldung unter Tel. 04 92 01 00 20 | Corso Garibaldi | www.cappelladegliscrovegni.it*

Ein kulturhistorisches Ereignis ist das Kirchlein INSIDER TIPP *St. Prokulus* aus dem 8. Jh. bei *Naturns* mit den ältesten Fresken des deutschen Sprachraums *(Ostern–Okt. Di–So 9.30–12 und 14.30–17.30 Uhr, Führungen um 10 und 15 Uhr)*. Burgen und Klöster schmücken das Tal. Viel Flair hat ein Aufenthalt mitten im malerischen Festungsstädtchen INSIDER TIPP *Glurns* im kühn, aber stilvoll renovierten Gasthaus *Grüner Baum (10 Zi. | Stadtplatz 7 | Tel. 04 73 83 12 06 | www.gasthofgruenerbaum.it | €€)*.

# DER NORDOSTEN

### GATTAMELATA
Donatello schuf 1453 mit dem Standbild des venezianischen Heerführers Gattamelata ein Meisterwerk der Renaissance: intelligente Mäßigung anstelle martialischer Pose. *Vor der Antonius-Basilika | Piazza del Santo*

### MUSEI CIVICI EREMITANI
In der archäologischen Abteilung erfahren Sie etwas über das Leben, bevor die Römer kamen; in der Gemäldegalerie warten kostbare Kunstwerke von Bellini, Tizian, Tiepolo, Giotto und vielen weiteren. *Di–So 9–19 Uhr | Piazza Eremitani 8*

## ESSEN & TRINKEN

### OSTERIA DAL CAPO
Beliebte Trattoria mit leckerer Lokalküche, immer voll – reservieren! *Mo-Mittag und So geschl. | Via degli Obizzi 2 | Tel. 0 49 66 31 05 | €–€€*

### CORTE DEI LEONI
Eine entspannte Atmosphäre herrscht in diesem etwas versteckt gelegenen Altstadtlokal mit schönem, altem Innenhof. Am Wochenende später am Abend auch Livemusik. *Tgl. | Via Boccalerie 8 | Tel. 04 98 75 00 83 | cortedeileoni.com | €€–€€€*

### CAFFÈ PEDROCCHI
Seit Generationen *das* elegante Kaffeehaus Paduas. Kommen Sie zu einem Imbiss, zum Aperitif – ach, einfach jederzeit! *Im Sommer Mo geschl. | Via VIII Febbraio 15 | Tel. 04 98 78 12 31 | www.caffepedrocchi.it | €€*

## AM ABEND

Zum Aperitif trifft man sich um den Palazzo della Ragione an der *Piazza della Frutta* oder an der *Piazza delle Erbe,* südlich der Piazza erstreckt sich das *Ghetto,* das Ausgehviertel Paduas.

## ÜBERNACHTEN

### AL FAGIANO
Eklektisch gestaltetes und persönlich geführtes Stadthotel unweit von der Basilika. *40 Zi. | Via Locatelli 45 | Tel. 04 98 75 00 73 | www.alfagiano.com | €*

### VILLA MARGHERITA
Wohnen wie einst der venezianische Adel in einer Landvilla am Brentakanal bei Mira. *19 Zi. | Mira Porte | Via Nazionale 416–417 | Tel. 04 14 26 58 00 | www.villa-margherita.com | €€€*

## AUSKUNFT

Am *Bahnhof,* auf der *Piazza del Santo* und im *Vicolo Pedrocchi (hinterm Caffè Pedrocchi) | Tel. 04 95 20 74 15 | www.turismopadova.it.* Erkundigen Sie sich nach dem Sammelticket Padova Card.

## ZIELE IN DER UMGEBUNG

### EUGANEISCHE HÜGEL (COLLI EUGANEI) ☀ (188 C4) (*⑰ G3*)
Die sich plötzlich in der flachen Poebene erhebende Hügellandschaft vulkanischen Ursprungs im Süden Paduas gehört zu den besonders idyllischen Zielen Norditaliens: mit Rebhängen, Wäldern, der *Abtei von Praglia* und berühmten Thermalkurorten wie ●*Abano Terme* und *Montegrotto Terme* (hier hat fast jedes Hotel seine eigene Thermalquelle). Verwöhnen Sie sich mit Fangokuren (schon römische Legionäre schwörten auf den Heilschlamm) und Wellnessanwendungen *(www.visitabanomontegrotto.com).* Im Burgdorf *Arquà Petrarca* verbrachte der berühmte Humanist und Dichter Francesco Petrarca (1304–1374)

**57**

# TRIENT

seine letzten Lebensjahre. Besuchen Sie auch die Festungsdörfer *Castelli Carraresi* wie *Este* mit Burganlage, Park und Villen.

### TREVISO (189 D3) (♒ G3)
Von hier kommen die Casualmarke Benetton und eine besonders begehrte Variante des roten Radicchiosalats. Zum Bild dieser beschaulichen, wohlhabenden Stadt (83 000 Ew.) gehören idyllische Flussufer, mittelalterliche *Palazzi*, ein *Dom* romanischen Ursprungs mit einem Altarbild des Tizian, die wertvoll ausgestattete gotische Kirche *San Nicolò*, das *Museo Civico (Di–So 10–18 Uhr)* im ehemaligen Klosterkomplex Santa Caterina mit einer beachtlichen Gemäldesammlung (Bellini, Lotto, Tizian) und mitten im Zentrum auf einer kleinen Insel der Fischmarkt. 30 km weiter nordwestlich lohnt das entzückende Städtchen *Asolo* einen Ausflug.

### VICENZA ★ (188 C3) (♒ G3)
Auch wenn der berühmteste Architekt der venezianischen Aristokratie des 16. Jhs., Andrea Palladio, aus Padua stammte, ist doch Vicenza (112 000 Ew.) „seine" Stadt: Das Meisterwerk ist die von drei Plätzen umgebene *Basilica* (heute Ausstellungsraum), ursprünglich gotisch

und dann von Palladio mit einer zweigeschossigen Säulenfassade umgeben. Auch das an ein römisches Theater erinnernde *Teatro Olimpico (Di–So 9–17 Uhr)* entwarf Palladio, Vincenzo Scamozzi vollendete es; verblüffend ist hier die optische Tiefenwirkung der perspektivisch geschickt gebauten Kulissen.

Auskunft über Besuchszeiten und Besichtigungen der zahlreichen prächtigen Villen der venezianischen Aristokratie in der Umgebung Trevisos und Vicenzas: *Piazza Matteotti 12 | Tel. 04 44 32 08 54 | www. vicenzae.org.* Die berühmteste ist die *Villa La Rotonda (Di–So 10–12 und 15–18 Uhr nur Außenbesichtigung, Mitte März–Anfang Nov. Mi und Sa auch innen | www. villalarotonda.it)* 4 km von Vicenza entfernt, das schönste und originellste Werk des Palladio.

# TRIENT (TRENTO)

(188 B2) (♒ F2) **Die frische Bergluft gelangt bis hinunter in die Gassen der Stadt (117 000 Ew.).**
Trient war von 1027 bis 1803 ein einflussreiches Fürstbistum. Im *Castello del Buon-*

## DIE „OMBRA"

Immer schon tranken die Veneter gern ihre frischen Weine, auf Märkten, bei Festen, auf der Piazza. Hier unter freiem Himmel, als es noch keine Kühlschränke gab, suchte man dem Wein ein schattiges Plätzchen und dem, der ihn trank, gleich dazu: aus „andemo a bever all'ombra" (gehen wir im Schatten einen trinken) wurde „andemo a bever

un'ombra" (gehen wir einen Schatten trinken). Die *ombra,* das Gläschen kühlen Weißwein, trinkt man auch heute, am Bartresen oder in Venedig in einem *bacaro* zusammen mit köstlichen Fisch- und Schinkenhäppchen, den *cicchetti,* z. B. in der *Cantina del Vino già Schiavi (So geschl. | Fondamenta Nani | Dorsoduro 992 | Tel. 04 15 23 00 34 | €).*

# DER NORDOSTEN

consiglio (Di–So 10–17, Mai–Okt. bis 18 Uhr) tagte von 1545 bis 1563 jenes Konzil, auf dem die Strategien gegen die Reformation ausgeklügelt wurden. Zur Burganlage gehört der ★ Adlerturm (Eintritt an der Kasse reservieren | www.buonconsiglio.it) mit eindrucksvollen Fresken aus dem 15. Jh., die wunderbar anschaulich die Arbeit (der Bauern) und die Vergnügungen (des Adels) als Jahreskalender darstellen, u. a. INSIDER TIPP die erste Schneeballschlacht der Kunstgeschichte! Im modernen Museum für Wissenschaft MUSE (Di–Fr 10–18, Sa/So 10–19 Uhr | Corso del Lavoro e della Scienza 3 | www.muse.it) lässt sich die Entstehung der Dolomiten erleben.
Am Domplatz mit schön bemalten alten Stadthäusern gelangen Sie unter der romanischen Kathedrale San Vigilio auch zur frühchristlichen Basilika (Zugang über Museo Diocesano Tridentino | Mi–Mo 10–13 und 14–18 Uhr | Piazza Duomo 18 | www.museodiocesanotridentino.it). Ähnlich eindrucksvoll ist die Weinauswahl im edlen Restaurant Scrigno del Duomo (tgl. | Piazza del Duomo 29 | Tel. 04 61 22 00 30 | www.scrignodelduomo.com | €–€€€). Zeitgenössische Kunst in aufregender Architektur präsentiert das MART (Di–Do und Sa/So 10–18, Fr 10–21 Uhr | www.mart.trento.it) im knapp 30 km südlich gelegenen Rovereto.

Ein Jahreskalender aus Fresken des 15. Jhs.: Adlerturm in Trients Castello Buonconsiglio

## ZIEL IN DER UMGEBUNG

### TRENTINO (188 B–C2) (*F–G2*)
Wie in Südtirol sind auch die Tridentiner Berglehnen, Taleingänge, Felssporne und uralten Verkehrswege mit Hunderten von Burgen und Schlössern gespickt, teilweise in gutem Zustand, teilweise wildromantische Ruinen und zugleich Schauplätze alljährlicher sommerlicher Kulturveranstaltungen; Europas größte Burganlage erhebt sich majestätisch

# TRIENT

überm Etschtal zwischen Rovereto und Trient, *Castel Beseno,* einst militärische Vorhut des Bistums. Nahe beim Thermalort Comano können Sie eines der schönsten Tridentiner Schlösser besichtigen, das restaurierte *Schloss Stenico (Führungen Di–So, Ende Nov.–Anfang März nur Sa/So 9.30–17 Uhr).*

Im Nordwesten Trients haben Sie vom 2125 m hohen *Paganella* die Bergwelt im Blick: Im Westen erheben sich das Brentamassiv und die Gletschergruppen Adamello-La Presanella und Cevedale, zwischen denen weltberühmte Skiorte wie *Madonna di Campiglio* liegen. Dort finden Sie das behagliche, mit Elementen der Bioarchitektur gestaltete Ökohotel *Hermitage (25 Zi. | Via Castelletto Inferiore 69 | Tel. 04 65 44 15 58 | www.biohotelhermitage.it | €€€)* mit Wellnessbereich und exzellentem Restaurant (€€€).

Nach Nordosten hin beherrschen die Dolomiten das Trentino, einige Täler führen stufenweise heran: zunächst das sonnige, rebenbepflanzte Cembratal, dem das Fleimstal (Val di Fiemme) folgt, in dessen Hauptort *Cavalese* der *Palazzo della Magnifica Comunità* (16. Jh.) davon zeugt, dass die Bauern hier 1110 dem Bischof von Trient ihre Unabhängigkeit abtrotzten und damit erstes freies Gemeinwesen in Italien wurden. Das hochalpine Fassatal schließt an die *Große Dolomitenstraße* an. Ein einmaliges Erlebnis der Sinne sind die ● kostenlosen sommerlichen Musikkonzerte *I Suoni delle Dolomiti (www.isuonidelledolomiti.it)* unter Gipfeln, auf Bergwiesen, an Berghütten, z. B. Cellosoli oder Jazzklänge im Fassatal bei der Berghütte *Contrin* oder im Fleimstal (Val di Fiemme) auf dem *Passo di Lavazè.* Ein renommierter Skiort ist *San Martino di Castrozza* vor der Palagruppe mit dem mächtigen *Cimone della Pala* (3186 m).

Neben den Seen *Lago di Caldonazzo* und *Lago di Levico* gehört auch das nördliche, bei Surfern beliebte Ufer des Gardasees zum Trentino. www.visittrentino.it

Zeugnisse römischer Geschichte können Sie in Aquileia bewundern

# DER NORDOSTEN

# TRIEST (TRIESTE)

**(189 E3)** *(⊞ H–J3)* **Straßenzüge mit Häusern reicher Kaufleute und die imposanten klassizistischen Stadtpaläste aus dem 19. Jh. an der Piazza dell'Unità d'Italia am alten Hafen erinnern noch daran, dass Triest (204 000 Ew.) einst wichtigster Adriahafen Österreich-Ungarns war.** Eine herrliche Sicht auf Stadt und Meer bietet der ⚜ Hügel *San Giusto* über der Altstadt mit der *Basilika San Giusto* und dem *Kastell.* Typische Lokale sind die **INSIDER TIPP** Buffets, z. B. *L'Approdo* (So geschl. | Via Carducci 34 | €) oder *Da Pepi* (So geschl. | Via Cassa di Risparmio 3 | €), und die alten Kaffeehäuser, z. B. *Caffè San Marco* (Via Battisti 18), *Tommaseo* (Piazza Tommaseo) und die **INSIDER TIPP** *Pasticceria Pirona* (Largo Barriera Vecchia 12). Ruhig und zentral schlafen Sie in einem der sechs Zimmer der *Residenza le 6A (Via Santa Caterina 7 | Tel. 04 06 72 67 15 | residenzale6a.it | €–€€).* Auskunft: *Via dell'Orologio 1/Piazza dell'Unità d'Italia | Tel. 04 03 47 83 12 | www.turismofvg.it*

## ZIELE IN DER UMGEBUNG

### AQUILEIA ⭐ (189 E3) *(⊞ H3)*
In der römischen Antike und im frühen Christentum war das 45 km nordwestlich gelegene Aquileia eine mächtige Stadt. Die *römischen Ruinen* und die wunderbare romanische *Basilika (April–Sept. tgl. 9 –19, März und Okt. 9–18, Nov.–Feb. 10–16 Uhr | www.aquileia.net)* mit gut erhaltenem Mosaikboden zeugen noch davon.

### TRIESTINER RIVIERA ⭐ ⚜
**(189 E3)** *(⊞ H3)*
Die Küstenstraße von Triest nach Duino zwischen der Adria und dem karstigen

Hinterland zählt zu den schönsten Panoramastraßen Italiens. Ein Ausflugsziel im Karstgebirge ist die wirklich gigantische Tropfsteinhöhle ● *Grotta Gigante (Di–So 10–16, April–Sept. bis 17 Uhr, Juli/Aug. auch Mo, nur mit Führung, Start zur vollen Stunde)* bei ⚜ Villa Opicina, von Triest mit einer Standseilbahn zu erreichen. Zu den Sehenswürdigkeiten an der Küste gehören das hell leuchtende ⚜ *Castello di Miramare (März–Sept. tgl. 8–19, Okt.–Feb. 8–16 Uhr)* in wunderschönem Park hoch über dem Meer sowie das viel ältere, spektakulär auf Klippen gelegene ⚜ *Kastell von Duino (April–Sept. Mi–Mo 9.30–17.30, Okt. und 2. Märzhälfte Mi–Mo, Nov.–Mitte März Sa/So 9.30–16 Uhr),* auch über den berühmten ● *Rilkepfad* zu erreichen, der direkt an der Touristenauskunft beim Abzweiger von der Triestiner Küstenstraße nach Sistiana Mare beginnt und ins Schlossdorf Duino führt.

## UDINE **(189 E2)** *(⊞ H2)*
Udine (100 000 Ew.) war bis 1956 Hauptstadt der Region Friaul-Julisch-Venetien und ist es im Herzen der Friauler immer noch. Wie das sternförmige Festungsstädtchen Palmanova 20 km südlich trägt auch Udine den Stempel Venedigs, denn im 16./17. Jh. hatte es der Seerepublik als Bollwerk gegen Hunnen, Ungarn, Türken gedient. Im *Castello* lohnt die Gemäldesammlung, im *Dom* und im *Palazzo Patriarchale (Gallerie del Tiepolo)* verdienen die Bilder Tiepolos Beachtung. Zum Bummeln laden schöne Plätze ein wie die *Piazza della Libertà* und die *Piazza Matteotti.*

# VENEDIG (VENEZIA)

**(189 D4)** *(⊞ G3)* **Die Stadt (60 000 Ew.) auf dem Wasser – eine der schönsten**

**61**

# VENEDIG

und eigentümlichsten der Welt – zieht jedes Jahr 14 Mio. Besucher an. Ausführliche Informationen finden Sie im MARCO POLO Band „Venedig".

## SEHENSWERTES

### CANAL GRANDE ⭐
Der Hauptkanal zieht sich als spiegelverkehrtes S durch die Stadt: vorbei an wunderbaren Palastfassaden, über deren Gotik-, Renaissance- oder Barockarchitektur das ganz eigene, filigran-orientalische Flair Venedigs liegt. Die *Rialtobrücke* von 1592 mit ihrem täglichen Markt passieren Sie gleich hinter der ersten Kanalschleife. Wenn das Boot an der *Piazzetta San Marco* anlegt, betreten Sie den Vorplatz des *Palazzo Ducale (tgl. 8.30–17.30, April–Okt. bis 19 Uhr | palazzoducale.visit muve.it),* des mit prachtvollen Kunstwerken gefüllten einstigen Sitzes des Dogen.

### COLLEZIONE PEGGY GUGGENHEIM
Die US-Amerikanerin – herausragende Förderin moderner Kunst und Künstler – sammelte die Werke ihrer Freunde Picasso, Matisse, Klee, Giacometti, Ernst und vieler anderer. Ausgestellt sind sie im Palazzo Venier dei Leoni (mit Garten), in dem sie wohnte. *Mi–Mo 10–18 Uhr | Dorsoduro 701 | www.guggenheim-venice.it*

### GALLERIE DELL'ACCADEMIA
Alle Großen der venezianischen Malerei (14.–18. Jh.) sind vertreten: Bellini, Canaletto, Carpaccio, Tizian, Veronese und viele mehr. Dazu herrliche Ansichten vom alten Venedig wie Bellinis Prozession auf der Piazza San Marco. *Di–So 8.15–19.15, Mo 8.15–14 Uhr | Campo della Carità Dorsoduro 1050 | www.gallerieaccademia.it*

### PIAZZA SAN MARCO
Der prachtvolle Salon der Stadt mit den einstigen Amtsgebäuden der Seerepub-

lik Venedigs, *Procuratie Vecchie* und *Procuratie Nuove,* den schönen alten Cafés und vor allem dem überwältigenden, orientalisch anmutenden *Markusdom (Mo–Sa 9.45–17, So 14–17 Uhr | So Eintritt frei)* mit reichem Domschatz. Vom 97 m hohen 🌿 *Markusturm (1. Aprilhälfte tgl. 9–17.30, Mitte April–Sept. 8.30–21, Okt. 9–18, Nov.–März 9.30–16.45 Uhr)* haben Sie einen herrlichen Blick auf Venedig.

### REDENTORE
Diese grandiose tempelartige Kirche baute Andrea Palladio auf die Insel Giudecca gegenüber der Piazza San Marco.

## ESSEN & TRINKEN

### L'ORTO DEI MORI
Frische mediterrane Küche, im Sommer sitzt es sich wunderbar auf dem Campo dei Mori. Unbedingt reservieren! *Di geschl. | Fondamenta dei Mori 3386 | Tel. 04 15 24 36 77 | www.osteriaortodeimori. com | €€*

### LA ZUCCA
Abwechslungsreiche Gemüsegerichte; klein und beliebt – früh kommen! *So geschl. | Campo San Giacomo dell'Orio 1762 | Tel. 04 15 24 15 70 | www.lazucca.it | €–€€*

## EINKAUFEN

Zwei klassische Mitbringsel aus Venedig kommen von den Inseln in der Lagune: Glasgeblasenes aus Murano und Spitzen aus Burano. Sie sind in vielen Läden zu bekommen oder direkt auf den Inseln.

## ÜBERNACHTEN

### CA' DOGARESSA
Kleine Pension im Ghetto mit Flair, gutes Preis-Leistungs-Verhältnis. *9 Zi. | Fon-*

# DER NORDOSTEN

Am Ausgang des Canal Grande, gegenüber vom Markusplatz: Palladios San Giorgio Maggiore

damenta di Cannaregio 1018 | Tel. 04 12 75 94 41 | www.cadogaressa.com | €–€€€

### CA' MARIA ADELE
Teuer, aber superschick, die Dachterrasse ist ein Traum! In der Nähe des Guggenheimmuseums. *12 Zi. | Rio Terrà dei Catecumeni 111 | Tel. 04 15 20 30 78 | www.camariaadele.it | €€€*

## AUSKUNFT

*Piazza San Marco/Calle Ascensione | San Marco | Tel. 04 15 29 87 11 | www.veneziaunica.it*

## ZIELE IN DER UMGEBUNG

### LIDO DI VENEZIA ● (189 D4) (*G3*)
Wer Strandleben mit einem Aufenthalt in Venedig verbinden möchte, ist am Lido in der Lagune richtig: entweder in den mondänen Luxushotels oder in der charmanten Gartenpension *Villa Stella (12 Zi. | Via San Gallo 111 | Tel. 04 15 26 07 45 | www.villastella.com | €–€€).*

### PODELTA (DELTA DEL PO) ●
### (189 D4) (*G4*)
Die Mündungslandschaft des größten Flusses Italiens zieht sich 60 km lang von der Etschmündung unterhalb *Chioggias* (charmante Miniausgabe Venedigs, mit einem der wichtigsten Fischmärkte Italiens) bis hinunter ins malerische *Comacchio*. Die ehemalige Sumpflandschaft ist weitgehend trockengelegt, doch an manchen Stellen überdauern Oasen von Feuchtgebieten. Die Deiche eignen sich hervorragend zum Radfahren und Reiten, die Wasserläufe erkunden Sie auf Bootsausflügen.

# VERONA

(188 B3–4) (*F3*) **Romeo und Julia, die klassische Liebestragödie, und ein Opernabend in der gigantischen römi-**

# VERONA

schen Arena (22 000 Plätze) mitten im Zentrum: Das sind die häufigsten Assoziationen zu Verona (259 000 Ew.), jener einst bedeutenden römischen Siedlung dort, wo die Etsch aus den Alpen in die norditalienische Tiefebene tritt.

### MUSEO DI CASTELVECCHIO
Die Scaligerburg, deren Kriegszerstörungen Carlo Scarpa reparierte, ohne sie ganz zu verbergen, beherbergt die reiche städtische Kunstsammlung mit u. a. Pisanellos Madonna mit der Wachtel und der

Palazzi aus Barock und Renaissance: grandiose Kulisse für Bars und Trattorien der Piazza Erbe

## SEHENSWERTES

### ARENA ★
Mitten in der Stadt auf der von Cafés gesäumten Piazza Bra erhebt sich die größte römische Gladiatorenarena (1. Jh.), heute Schauplatz der sommerlichen Opernfestspiele. *Di–So 8.30–19.30 Mo 13.30–19.30 Uhr, Opernsaison 8.30–16.30 Uhr | www.arena.it*

### CASA DI GIULIETTA
Die zahlreichen Liebespilger aus aller Welt haben die Brüste der Bronze-Julia blank geputzt, die im Hof ihres angeblichen Geburtshauses steht. *Di–So 8.30–19.30, Mo 13.30–19.30 Uhr | Via Cappello 23*

Reiterstatue des Cangrande I. mit dem geheimnisvollen Lächeln. *Di–So 8.30–19.30, Mo 13.30–19.30 Uhr | Corso Castelvecchio 2*

### PIAZZA ERBE
Wetten, dass Sie sich in eins der Lokale unter den Arkaden dieses wunderschönen, von Renaissance- und Barockpalazzi gesäumten Marktplatzes setzen, um das Treiben zu genießen?

### PIAZZA DEI SIGNORI
Dicht um den Platz mit der Dante-Statue stehen der *Palazzo del Comune* mit romanischem Innenhof, gotischer Freitreppe und der *Torre dei Lamberti* (84 m,

# DER NORDOSTEN

Aufzug) sowie die *Loggia del Consiglio* aus der Frührenaissance.

### SAN ZENO MAGGIORE

Was für eine wunderbare romanische Kirche! Am Eingangsportal sind 48 fein modellierte Bronzetafeln aus dem 12. Jh. angebracht, die höchst anschaulich Szenen aus der Bibel zeigen, z. B. einen Dämon, der gerade aus dem Mund einer Frau vertrieben wird. Auf dem Altarbild nutzt Andrea Mantegna die Kunst der Perspektive und des Lichteinfalls meisterlich – und überzeugt die Betrachter fast, dass die Früchte über der Madonna auf ihrem Thron echt sind. In der schön mystischen Säulenkrypta ruhen die Gebeine von San Zeno, dem Stadtheiligeng. *Piazza San Zeno | www.chieseverona.it*

### ESSEN & TRINKEN

### AL CRISTO

Einfallsreiche Crossover-Küche und modernes Styling in altem Gemäuer. *Mo geschl. | Piazzetta Pescheria 6 | Tel. 0 45 59 42 87 | www.ristorantealcristo.it | €€–€€€*

### SOTTORIVA 23 OSTREGHETERIA

Lebendige Osteria an beliebter Ausgehmeile. Snacks, warme Küche, Aperitif, Kulturevents. Bis 1 Uhr geöffnet! *Tgl. | Via Sottoriva 23 | Tel. 04 58 00 99 04 | €*

### ÜBERNACHTEN

### AURORA

Freundliche, familiäre Atmosphäre. Von der Terrasse schauen Sie direkt auf die Piazza Erbe! *19 Zi. | Piazzetta XIV Novembre 2 | Tel. 0 45 59 47 17 | hotelaurora.biz | €€*

### CORTE SAN MATTIA ☼

*Agriturismo* im Norden Veronas mit Olivenhainen, Wein, Obstbäumen. Herrliche Sicht auf die Stadt, Essen mit selbst produzierten Zutaten der Saison. *10 Zi., 5 Apartments | Via Santa Giuliana 2 | Tel. 0 45 913 7 97 | www.agriturismo sanmattia.it | €*

### IL SOGNO DI GIULIETTA ☼

Die prachtvoll-charmanten Räume mit Blick auf Julias Balkon laden zum Träumen ein. *16 Zi. | Via Cappello 23 | Tel. 04 58 00 99 32 | www.sognodigiulietta.it | €€€*

### AUSKUNFT

*Via degli Alpini 9 (Piazza Bra) | Tel. 04 58 06 86 80 | www.turismoverona.eu*

# LOW BUDGET

Mit der kostenlosen Gästekarte können Sie im Südtiroler Eisacktal gratis ins größte Spaßbad (außer an Sonn- und Feiertagen), in 90 Museen, in die öffentlichen Verkehrsmittel etc. *www.brixencard.info*

Spartipps für den teuren Venedigbesuch: Preiswerter übernachten Sie auf dem Festland z. B. in Mestre oder in Padua (häufige Zugverbindungen). Achten Sie auf die zahlreichen Sammeltickets für Museen, Kirchen und Linienschiffe *(vaporetti)*. Für 70 Cent Gondel fahren? An mehreren Stellen kann man den Canal Grande mit einer Gondelfähre überqueren.

In Verona lohnt sich das Sammelticket *Verona-Card* für die Museen und die Kirchen, denn wie jene in Venedig kosten sie Eintritt. *www.verona card.it*

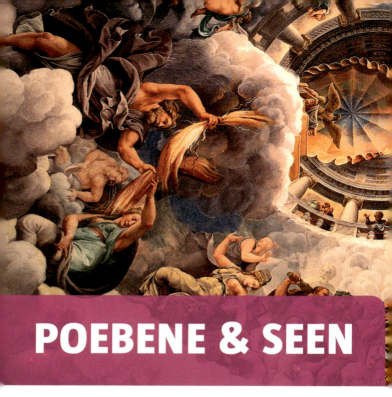

# POEBENE & SEEN

Den Norden säumen die mächtigen Alpen, deren Vorgebirge mit den wunderschönen oberitalienischen Seen zur einzigen großen Ebene Italiens auslaufen, zur Padania. Sie reicht von Turin bis an die Adria, der Po, Italiens längster und majestätischster Fluss, durchzieht sie.
Diese fruchtbare Ebene bietet zudem den Raum für die meisten italienischen Industrieansiedlungen. Im Süden begrenzen die ersten Hügel des Apennins die Padania. Wo die Berge auf die Ebene stoßen, haben sich dank der guten Verkehrslage und des Wasserreichtums lebendige Städte entwickelt, freie Kommunen im Mittelalter und dann Höfe ehrgeiziger Fürstendynastien wie Piacenza, Parma, Reggio Emilia, Modena, Bologna längs der alten Römerstraße Via Aemilia.

# BOLOGNA

(188 C5) (*F4*) Die Trümpfe Bolognas (384 000 Ew.) sind die 37 km Arkadengänge, die älteste Universität Europas (1088), die berühmten *tortellini* und *tortelloni*, mit Ricotta und Spinat oder Fleisch gefüllte Teigtaschen, vor allem aber die lebendige Altstadt in braunroten Farben. Ausführlich berichtet der MARCO POLO Band „Emilia-Romagna".

## SEHENSWERTES

### ARCHIGINNASIO
1562/63 gebaut, wurde der Renaissancepalast erster Sitz der Universität. Innenhof, Flure und Lesesäle zieren über 7000

Bild: Palazzo del Tè in Mantua

**An den oberitalienischen Seen, in der Poebene Padania oder in der Ferienmetropole Rimini an der Adria: Hier sind Sie stets am Wasser**

Wappen von Studenten und Professoren. Nehmen Sie unbedingt im restaurierten *Teatro Anatomico* Platz, dem an ein römisches Theater erinnernden Anatomiehörsaal aus dem 17. Jh. *Mo–Fr 9–19, Sa 10–19, So 10–14 Uhr | Via dell'Archiginnasio/ Piazza Galvani*

### FICO EATALY WORLD

In diesem riesigen Erlebnispark für den Gaumen bestaunen Sie die Vielfalt der italienischen Küche: Sie radeln an Feldern und Ställen vorbei, können die Produktion in 40 Manufakturen verfolgen oder traditionellen Balsamicoessig verkosten. Gourmettempel, Trattoria oder Street Food – wofür entscheiden Sie sich? Praktisch ist die Post hinter den Kassen: So gelangen Ihre Einkäufe direkt nach Hause. *Tgl. 10 –24 Uhr | Via Paolo Canali 8 (Shuttle ab Hauptbahnhof) | www.eatalyworld.i*t

### INSIDER TIPP ▶ MUSEO UND CASA GIORGIO MORANDI

Schon der alltäglichste Gegenstand, etwa eine Flasche, besitzt einen Wert, ja

# BOLOGNA

verbirgt einen Zauber und es liegt an uns, ihn zu entdecken. Wie das geht, zeigen die Werke von Malergenie Giorgio Morandi (1890–1964). In seinem original im Dach die Sonne gezielt auf einen 67 m langen Meridian. Schönster Barock ist der Brunnen *Fontana del Nettuno* von Giambologna. Ihm gegenüber geht es in

Auch Bologna hat seinen schiefen Turm: die fast 100 m hohe Torre degli Asinelli

erhaltenen Studio, der *Casa Morandi (Via Fondazza 36 | Anmeldung unter Tel. 05 16 49 66 11)*, stehen Sie mitten im Schaffensprozess des Meisters. *Di–So 10–18.30 (Do bis 22) Uhr | Via Don Minzoni 14 | www.mambo-bologna.org/museo morandi*

### PIAZZA MAGGIORE UND PIAZZA DEL NETTUNO

Die weiträumige Piazza Maggiore wird von der Fassade der enormen gotischen Backsteinkirche *San Petronio* beherrscht. Fertiggestellt wurde sie nie: Der Papst stoppte einst ihren Bau, der größer als der Petersdom geplant war, und ließ das *Archiginnasio* daneben errichten. In dessen strengem Inneren fällt durch ein Loch die *Sala Borsa*, einen prachtvollen Jugendstilsaal und beliebten Treffpunkt mit Café, Ausstellungen sowie Stadtbücherei.

### SANTO STEFANO ★

Die einzigartige Atmosphäre und Magie dieses Ortes erleben auch normlerweise nicht an Kirchen Interessierte: Der geheimnisvolle, schöne Kirchenkomplex, errichtet zwischen dem 5. und 14. Jh., kommt der Grabeskirche in Jerusalem ziemlich nah. Die ineinander verschachtelten vier Kirchen (einst waren es sieben), der Kreuzgang mit römischen Säulen und die älteste bekannte Krippe der Welt verzaubern selbst Kirchenmuffel. *Tgl. 9.15–18, Sommer bis 19.15 Uhr | Piazza Santo Stefano*

# POEBENE & SEEN

### TORRE DEGLI ASINELLI ☀

Ihre Belohnung fürs Erklimmen der 498 Stufen des knapp 100 m hohen sogenannten Geschlechterturms aus dem Mittelalter? Der Rundumblick auf Bolognas rotbraunes Dächermeer und die Entdeckung der anderen verbliebenen Türme – es sind 24! *Tgl. 9.30–17.45, März–Okt. bis 19.30 Uhr | Piazza di Porta Ravegnana*

### ESSEN & TRINKEN

#### CANTINA BENTIVOGLIO

Wein, Bier, Pasta sowie Käse, Jazzmusik und viele Leute, kurz: eine echte Osteria erwartet Sie. *Mittags und Mo geschl. | Via Mascarella 4b | Tel. 0 51 26 54 16 | €–€€*

#### VICOLO COLOMBINA

Gleich hinter San Petronio verpasst Chef Max Poggio den Bologneser Klassikern Tortellini, Tagliatelle und Reiskuchen einen erfrischend modernen Anstrich. *Tgl. |*

*Vicolo Colombina 5b | Tel. 0 51 23 39 19 | www.vicolocolombina.it | €€*

### EINKAUFEN

Italienische Mode shoppen Sie um die Piazza Maggiore, edle Designer residieren in der *Galleria Cavour*. Hinterm Archiginnasio erstreckt sich das kulinarische Marktviertel *Quadrilatero*. Im *Ambasciatori (Mo–Sa 9–24, So 10–23.15 Uhr | Via Orefici 19)* gibt es Bücher und Kulinarisches *(Eataly)* auf drei Etagen.

### AM ABEND

Kneipen konzentrieren sich im Univiertel um die *Via Zamboni;* Ausgehstraßen sind *Via Mascarella, Via Augusto Righi* und *Via del Pratello*. Viele Aperitiftreffs finden Sie um die *Via Clavature*, z. B. die urige *Osteria del Sole (Viccolo Ranocchi 1b)*, oder im *Mercato delle Erbe (Via Ugo Bassi 25)*. Besonders angesagt ist die Museumsbar des

---

## MARCO POLO HIGHLIGHTS

★ **Certosa di Pavia**
Die Renaissancekartause bei Pavia kann es locker mit einem Palast aufnehmen → **S. 76**

★ **Piazza Ducale in Vigevano**
Renaissancearkaden säumen einen der schönsten Plätze Italiens → **S. 76**

★ **Baptisterium in Parma**
Die romanischen Skulpturen des großen Bildhauers Benedetto Antelami → **S. 79**

★ **Santo Stefano**
Mystische Atmosphäre in dem Kirchenensemble in Bologna → **S. 68**

★ **Ravenna**
Wunderbar erhaltene byzantinische Mosaiken → **S. 82**

★ **Dom von Modena**
Romanisches Architekturjuwel, dessen Reliefs den Blick fesseln → **S. 71**

★ **Comacchio**
Die grandiose Abtei von Pomposa und eine einzigartige Brücke → **S. 82**

★ **Palazzo Ducale in Mantua**
Die lebendigen Fresken von Andrea Mantegna versetzen Sie an den Hof des Fürsten → **S. 81**

★ **Ferrara**
Wunderschöne Renaissancepalazzi und eine kuriose Kathedrale → **S. 71**

★ **Cenacolo Vinciano**
Folgenschwerer Verrat, meisterlich festgehalten: Leonardo da Vincis „Abendmahl"-Fresko in Mailand → **S. 72**

---

**69**

# BOLOGNA

Jahrzehntelange Reife: Modena ist die Heimat des echten *aceto balsamico*

MAMbo *(Museo d'Arte Moderna | Via Don Minzoni 14)*. Im Sommer umfangreiches Kulturprogramm auf Plätzen und in Parks.

## ÜBERNACHTEN

### BED & BREAKFAST
Neben den Hotels finden sich zahlreiche ansprechende B-&-B-Unterkünfte, z. B. die zwei zauberhaften Zimmer der *Ca' Fosca due Torri (Via Caprarie 7 | Tel. 0 51 26 12 21 | www.cafoscaduetorri.com | €€–€€€)* in einem Altstadtpalazzo. Bioarchitektur bestimmt die drei Zimmer von 🌿 *A Casa Mia (Via del Pratello 85 | Tel. 05 16 49 29 55 | www.acasamiabologna.it | €)*.

### DEL BORGO
Im Nordwesten der Stadt, ansprechender Komfort zu gutem Preis; bewachter Parkplatz. *23 Zi. | Marco Emilio Lepido 195 | Tel. 0 51 40 68 78 | www.hoteldelborgo.it | €–€€*

### METROPOLITAN
Im Zentrum ein angenehmes, zeitgenössisches Cityhotel mit super Frühstück. *45 Zi. | Via dell'Orso 6 | Tel. 0 51 22 93 93 | www.hotelmetropolitan.com | €€*

## AUSKUNFT

*Im Flughafen | Tel. 05 16 47 22 01; Piazza Maggiore 1 | Tel. 05 16 58 31 11 | www.bolognawelcome.com, www.emiliaromagnaturismo.it*

## ZIELE IN DER UMGEBUNG

### FAENZA (188 C6) (*M G5*)
Auf dem Weg von Bologna an die Strände der Adria kommen Sie nach Faenza (54 000 Ew.), ein traditionsreiches Zentrum schöner Kachelkeramik, mit Werkstätten und dem *Museo delle Ceramiche (April–Okt. Di–So 10–19, Nov.–März Di–Fr 10–16, Sa/So 10–17.30 Uhr | Viale Baccarini 19 | www.micfaenza.org)*. Auf der zentralen Piazza della Libertà gibts in der *Enoteca Astorre (Mo geschl. | Piazza della Libertà 16a | Tel. 05 46 68 14 07 | www.enotecaastorre.it | €€)* leckeres Essen und gute Weine.

# POEBENE & SEEN

## FERRARA ⭐ (188 C5) (⌖ G4)

In der flachen Landschaft des nahen Podeltas liegt hinter grünen Befestigungswällen die schönste Renaissancestadt Norditaliens: Ferrara (138 000 Ew.), im 14.–16. Jh. Sitz der weltoffenen, toleranten Fürstenfamilie Este. Die Stadt, deren Entstehung erstmals stadtplanerischen Prinzipien folgte, lässt sich sehr gut per Rad erkunden (Fahrradverleihe auf *www. ferrarainfo.com*). In der romanisch-gotischen *Kathedrale* übertrumpfen sich die Künstler gegenseitig. An deren rechter Flanke geht es hingegen ums Geschäft: in den im Mittelalter angebauten Läden und Werkstätten *Loggia dei Merciai*. Spuren jüdischen Lebens finden Sie im belebten *Ghettoviertel* südöstlich der Kirche. Die Renaissancewelt der Este ergründen Sie in der Wasserburg *Castello Estense*, im *Palazzo dei Diamanti* mit seinen Tausenden spitz zugeschnittenen Marmorsteinen und in der Sommerresidenz *Palazzo Schifanoia*.

Probieren Sie in den Trattorien die *cappellacci con la zucca,* mit Kürbis gefüllte Teigtaschen. Ferrara hat schöne Hotels in alten Palazzi, z. B. *Duchessa Isabella (25 Zi. | Via Palestro 70 | Tel. 05 32 24 35 38 | www.duchessaisabellaferrara.it | €€€)*, und charmante B-&-B-Unterkünfte wie *Il Bagattino (6 Zi. | Corso Porta Reno 24 | Tel. 05 32 24 18 87 | www.ilbagattino.it | €)*.

## MODENA (188 B5) (⌖ F4)

Hier werden die legendären Maserati und Ferrari hergestellt. Historische Modelle zeigen das `INSIDER TIPP` *Panini Motor Museum (nur nach Anmeldung März–Okt. Mo–Fr 9–12.30 und 14.30–18, Sa 9–12.30 Uhr | Via Corletto Sud 320 | www.panini motormuseum.it)* und das *Ferrari-Museum (tgl. 9.30–18, April–Okt. bis 19 Uhr | Via Dino Ferrari 43 | museomaranello. ferrari.com)* im nahen *Maranello*. Der ⭐ *Dom* von Modena ist ein Meisterwerk romanischer Architektur und Bildhauerkunst. Schicken Sie Ihre Augen in den ausdrucksstarken Fassadenreliefs auf Entdeckungsreise! Überraschen wird Sie der Friedhof des Architekten Aldo Rossi im Ortsteil Madonnina, ein seltenes Beispiel zeitgenössischer Friedhofsarchitektur.

Die Feinschmecker strömen nach Modena wegen des edlen *aceto balsamico tradizionale* und lassen sich in der *Osteria Francescana (So/Mo geschl. | Via Stella 22 | Tel. 0 59 22 39 12 | www.osteriafrances cana.it | €€€)*, einem der besten Restaurants der Welt, Massimo Botturas genialen Erfindungsreichtum schmecken.

# MAILAND (MILANO)

(187 D–E3) (⌖ D–E3) **Stadt der Mode, des Designs, der Finanzen, der Werbung, des Business, Hauptstadt der Lombardei und trotz ihrer nur 1,3 Mio. Ew. wohl die einzige italienische Stadt mit kosmopolitischem Großstadtcharakter. Ausführlich berichtet der MARCO POLO Band „Mailand/Lombardei".**

---

**CITY** **WOHIN ZUERST?**

**Domplatz:** Von hier geht es strahlenförmig zu den Sehenswürdigkeiten: nördlich durch die Galleria Vittorio Emanuele II zur Scala, nordwestlich über die Via Dante zum Castello Sforzesco (hier auch Touristeninformation). Der Corso Magenta führt zum Abendmahl von Leonardo da Vinci. Mehrere Parkhäuser sind in der Umgebung, die U-Bahn M 3 *(Haltestelle: Duomo)* hält direkt unter dem Platz.

---

**71**

# MAILAND

## SEHENSWERTES

### BASILICA DI SANT'AMBROGIO

Eine wunderbare Atmosphäre herrscht in dieser frühchristlichen Basilika aus Backstein; sie ist die Ruhestätte des hl. Ambrosius, des Schutzpatrons der Stadt. Ein vergoldeter Altar und uralte Mosaiken – der heiligste Ort Mailands steckt voller Schätze. *Mo–Sa 10–12 und 14.30–18, So 15–17 Uhr | Piazza Sant'Ambrogio*

### DOM SANTA MARIA NASCENTE

Mit heller Marmorverkleidung und zahllosen Türmchen und Statuen türmt sich der Dom *(tgl. 8–19 Uhr)* wie ein gewaltiges filigranes Steingebirge vor der weiten Piazza auf. Im riesigen Inneren fällt Dämmerlicht durch turmhohe, farbige Glasfenster auf Heilige wie den gehäuteten Bartholomäus. Von der herrlichen ☀ *Dachterrasse (tgl. 9–19 Uhr)* sind die Statuen zum Greifen nah und an klaren Tagen die Alpen in Sicht. *Piazza Duomo*

### GALLERIA VITTORIO EMANUELE II ●

Vom Domplatz geht es in die schönste überkuppelte Einkaufsstraße Italiens, seit 1877 der Salon Mailands. Nehmen Sie sich Zeit für einen Aperitif in der Traditionsbar *Camparino in Galleria.*

### MUSEO DEL NOVECENTO

Italiens neue Meister präsentiert der Palazzo dell'Arengario in seiner Sammlung italienischer Kunst des 20. Jhs., darunter Giorgio De Chirico, Giorgio Morandi, Lucio Fontana. Dazu zeitgenössische Videokunst und Künstler der Bewegung Arte Povera, die in den 1960er-Jahren alltägliche Materialien wie Pappe, Holz oder Wachs nutzten, um die Grenzen zwischen Kunst und Leben zu überbrücken. *Mo 14.30–19.30, Di, Mi, Fr und So 9.30–19.30, Do und Sa 9.30–22.30 Uhr | Piazza Duomo | www.museodelnovecento.org*

### NAVIGLI

Das Viertel erinnert an die Kanäle, die Mailand einst durchzogen. Die beiden übriggebliebenen, *Naviglio Grande* und *Naviglio Pavese* mit dem Hafen *Darsena*, sind voller Kneipen, Restaurants und Galerien, an Sommerabenden eine herrliche Bummelmeile. Jeden letzten Sonntag im Monat Antiquitäten- und Trödelmarkt.

### PARCO SEMPIONE UND CASTELLO SFORZESCO

Grüne Lunge Mailands mit Museen, Cafés und der riesigen Burganlage *Castello Sforzesco (Di–So 9–17.30 Uhr | Piazza Castello 1 | www.milanocastello.it),* die neben einer wertvollen Gemäldesammlung und antiker Kunst im **INSIDER TIPP** *Museo Pietà Rondanini* die letzte, unvollendete Skulptur Michelangelos zeigt. Ebenfalls im Park: das *Triennale Design Museum (Di–So 10.30–20.30 Uhr | Viale Alemagna 6 | www.triennaledesignmuseum.it),* mit Ausstellungen, Sammlung italienischer Designikonen und Café eine Schatzinsel für Designfans.

### PINACOTECA DI BRERA

Keine ollen Kamellen! Ein inniger Kuss in Francesco Hayez' „Il Bacio", eine extrem verkürzte Perspektive in Andrea Mantegnas „Cristo Morto" und Raffaels genial komponiertes „Marienverlöbnis" sind drei der Meisterwerke in Mailands reichster Kunstsammlung. Danach entspannen Sie im *Botanischen Garten* nebenan unter einem uralten Ginkgobaum. *Di–So 8.30–19.15 (Do bis 22.15) Uhr | Via Brera 28 | www.pinacotecabrera.org*

### CENACOLO VINCIANO („ABENDMAHL") ★

Im Speisesaal des zur schönen Renaissancekirche *Santa Maria delle Grazie* gehörenden Dominikanerklosters befindet sich eines der wertvollsten Kunstwerke

# POEBENE & SEEN

der Welt, von Leonardo da Vinci 1497 hier auf die Wand gemalt. Raumerweiternde Perspektive und emotionsgeladene Darstellung von Mimik und Gestik der Jünger bei Angestellten aus der Umgebung beliebt, daher das günstige Mittagsmenü. *Abends und So geschl. | Via Cerva 14 | Tel. 02 76 00 05 32 | €*

Neben dem Dom locken teuflische Versuchungen: Konsumtempel Galleria Vittorio Emanuele II

machten das Gemälde schon zu Lebzeiten des Künstlers zur Sensation. *Di–So 8.15–19 Uhr nur nach Anmeldung online oder unter Tel. 02 92 80 03 60 | Piazza Santa Maria delle Grazie | www.cenacolovinciano.net*

## ESSEN & TRINKEN

### JOIA
Hier zelebriert Chef Pietro Leemann die hohe Kunst der vegetarischen Küche. *So geschl. | Via Panfilo Castaldi 18 | Tel. 02 29 52 21 24 | www.joia.it | €€€*

### BOTTIGLIERA DA PINO
Die bodenständige Trattoria mit leckerer Lokalküche nahe der Piazza San Babila ist

### SPAZIO MILANO
In dieser modernen Trattoria im obersten Stockwerk des Mercato del Duomo kochen die Schüler des berühmten Sternekochs Niko Romito. Und Sie schlemmen wahlweise mit Blick auf die Küche, die Galleria oder den Dom. *Tgl. | Galleria Vittorio Emanuele II | Tel. 02 80 68 82 01 | www.accademianikoromito.it | €€*

## EINKAUFEN

Im *Quadrilatero d'Oro* zwischen *Via Monte Napoleone* und *Via della Spiga* konzentrieren sich die noblen, sündhaft teuren Modemarken. Viele bekommen Sie eine Saison später bei den *stocchisti* zu niedrigeren Preisen, z. B. im INSIDER TIPP *Il Sal-*

73

# MAILAND

*vagente* (Via Fratelli Bronzetti 16 | www. salvagentemilano.it). Im Conceptstore *Dieci Corso Como (Corso Como 10)* versammelt Carla Sozzani erlesene Mode auch junger Designer und witzige Accessoires – Verführung zum Kauf inbegriffen. Kulinarische Höhenflüge to go gibts in Italiens schönstem Schlemmerladen *Peck* in der *Via Spadari 9.* Zwei superbe Kaufhäuser in Domnähe sind *Excelsior (Galleria del Corso 4)* und *La Rinascente (Via Santa Radegonda 3)* mit ☼ Panoramaterrasse zum Dom mit Café.

na. Livemusik u. a. im *Nidaba Theatre (Via Emilio Gola 12)* und im *Blue Note (Via Pietro Borsieri 37).*

### OPER UND THEATER
Weltruhm genießt Mailands legendäres Opernhaus *La Scala (Via Filodrammatici 2 | Tel. 02 72 00 37 44 | www.teatroallasca la.org).* Modernes Regietheater zeigen das *Piccolo Teatro Strehler (Largo Greppi | www.piccoloteatro.org)* sowie die beiden Dependancen *Teatro Grassi (Via Rovello 2)* und *Teatro Studio (Via Rivoli 6).*

## AM ABEND

### LOUNGEBARS UND LIVEMUSIK
Ausgehviertel sind Brera, Corso Sempione und Navigli, Sommerlokale öffnen in den Stadtparks Parco Lambro und Parco Sempione. Angesagte Aperitif- und Cocktailtreffs sind z. B. das *Mag Café (Ripa di Porta Ticinese 43)* am Naviglio Grande, der *Hclub Diana (Viale Piave 42)* oder *Lacerba (Via Orti 4)* bei der Porta Roma-

## ÜBERNACHTEN

### HOTEL BERNA
Komforthotel mit exzellentem Frühstück und in zentraler Lage. *116 Zi. | Via Napo Torriani 18 | Tel. 02 94 75 34 82 | www.ho telberna.com | €€–€€€*

### OSTELLO BELLO
Entspannte Atmosphäre, leckeres Essen und für Nachtschwärmer Frühstück den

# APERITIVO ODER APERICENA?

Sich nach der Arbeit mit Kollegen und Freunden zum Drink zu treffen passt zu dieser geschäftigen, quirligen Stadt. Schließlich wurde hier Mitte des 19. Jhs. der legendäre Campari erfunden. Nicht nur Großstädte wie Genua oder Turin, auch kleine Städte im ganzen Nordwesten Italiens zelebrieren so die Happy Hour. Ab etwa 18.30 Uhr tischen die Bars raffinierte Häppchen, exotische Salate, Pasta, Obst- und Gemüsesnacks auf. Man trinkt light: phantasievoll dekorierte, nicht zu stark alkoholische Drinks aus Frucht, Minze, prickelnden Weißweinen oder ein Craft Beer *(birra*

*artigianale).* Bleibt die Frage: wo? Trendbars kommen und gehen, aber hier bleibt die Hammeraussicht zum *aperitivo: Ceresio 7 (Via Ceresio 7), Terrazza Martini (Piazza Armando Diaz 7), Terrazza 12 (Via Durini 28).* Schon für 10 Euro gibts die glückliche Stunde im *Rita (Via Angelo Fumagalli 1)* und *Santeria Social Club (Viale Toscana 31).* Ein Klassiker ist die *Bar Basso (Via Plinio 39),* modern das *Pisacco (Via Solferino 48).* Sie können der Versuchung, daraus ein ganzes Abendessen *(cena)* werden zu lassen, nicht widerstehen? Dann stehen Sie dazu – es heißt *apericena!*

# POEBENE & SEEN

ganzen Tag lang. Abends Aperitif und Livemusik. *10 Zi. | Via Medici 4 | Tel. 02 36 58 27 20 | www.ostellobello.com | €*

### HOTEL RESIDENCE ZUMBINI 6
Im Süden der Stadt, zweckmäßig, hell und modern, mit Garten, Cafeteria und Parkmöglichkeit. *50 Zi. | Via Zumbini 6 | Tel. 02 36 55 66 04 | www.hotelresidence zumbini6.com | €*

## AUSKUNFT

*Galleria Vittorio Emanuele II/Piazza della Scala | Tel. 02 88 45 55 55 | www.turismo.milano.it*

## ZIELE IN DER UMGEBUNG

### BERGAMO (187 E2) (*E3*)
Über der geschäftigen Neustadt von Bergamo (129 000 Ew.) erhebt sich auf 370 m Höhe ✤ Bergamo Alta, die Altstadt, die Sie auch mit der Standseilbahn erreichen. Zentrum ist die *Piazza Vecchia* mit ihrer herrlichen Kulisse: der *Palazzo della Ragione,* das Rathaus aus dem Jahr 1198, seitlich der *Dom* langobardischen Ursprungs, dahinter die einst romanische *Basilica Santa Maria Maggiore,* daneben die *Cappella Colleoni* mit prächtiger Marmorfassade in lombardischer Frührenaissance und Gewölbefresken von Tiepolo, rechts davon das *Baptisterium.*

Schmackhafte Gerichte, leckeren Käse und guten Wein bekommen Sie unter einer hohen Loggia in der Altstadt bei *Donizetti (tgl. | Via Gombito 17a | Tel. 0 35 24 26 61 | www.donizetti.it | €–€€).* Zum Hinterland der bergamaskischen Alpen gehören der *Lago d'Iseo,* an den sich im Süden das bekannte Weinbaugebiet Franciacorta anschließt, und im Norden die Valcamonica (*www.invallecamonica.it*). In diesem Tal befinden sich mehr als 140 000 Felsritzungen aus über 8000

*#cincin:* Der Hashtag für Ihren Tweet aus Mailands coolen Cocktailbars

Jahren menschlicher Kultur, etwa in den archäologischen Parks *Naquane* und *Ceto* in *Capo di Ponte.*

### BRESCIA (187 E3) (*E3*)
Von außen eine moderne Industriestadt (190 000 Ew.) mit dem höchsten Einwandereranteil in Italien, überrascht sie mit einem eleganten Altstadtkern voller Cafés und feiner Läden. Dazu kommen die imposante Platzanlage mit dem „alten" Dom – eine mittelalterliche *Rotunde* – und dem „neuen" barocken *Dom.* Ein eindrucksvolles Beispiel für die faschistische Architektur der Zeit um 1930 ist die *Piazza della Vittoria* mit dem Caffè Impero und dem Hotel Vittoria in gut erhaltenem Art decò. Schauen Sie unbedingt im

75

# MAILAND

Landspitze Punta San Vigilio: die exklusivste Ecke am Ostufer des Gardasees

reichen Museumskomplex im *Kloster Santa Giulia (Mitte Juni–Sept. Di–So 10.30–19, Okt.–Mitte Juni 9.30–17.30 Uhr | Via dei Musei 81b)* aus langobardischer Zeit vorbei.

### PAVIA (187 D–E3) (*D3*)

Die Kirche *San Michele* mit eindrucksvoller rustikaler Fassade aus hellem, warmem Sandstein geht auf die Zeit zurück, als Pavia (87 000 Ew.) Herrschaftssitz der Langobarden war (6.–8. Jh.). Deren Geschichte beleuchten die *Musei Civici (häufig wechselnde Zeiten s. Website | www.museicivici.pavia.it)* im *Castello Visconteo.* An der lombardisch-romanischen Kirche *San Pietro in Ciel d'Oro* können Sie herrliche Steinmetzarbeiten bewundern. Über den Fluss Ticino (Tessin), zu dem die Stadt sich hinunterneigt, führt eine schöne, überdachte Brücke. Erkunden Sie Pavia und seine grüne, wasserreiche Umgebung mit Flüssen und Reisfeldern per Rad oder Boot!

Die große Attraktion in der Umgebung ist 10 km nördlich die architektonisch und künstlerisch überreiche Anlage der ★ *Certosa di Pavia (stark gestaffelte Zeiten s. Website, Kernzeit Di–So 9–11 und 14.30–16.30 Uhr | www.certosatourism.it)* aus dem 15. Jh. in lombardischer Renaissance. In der Kirche liegen die Visconti-Fürsten begraben, dazu Kreuzgänge, Mönchszellen und -häuschen.

### VIGEVANO (187 D3) (*D3*)

Das Städtchen (66 000 Ew.) hat einen der schönsten Plätze Italiens, die ★ *Piazza Ducale,* entworfen von den Starkünstlern der italienischen Hochrenaissance, Donato Bramante und Leonardo da Vinci: *Arkaden* im Frührenaissancestil, *Dom* aus dem 16. Jh., einladende Cafés und ein *Castello Visconteo.* In alter Tradition lebt die Stadt von und mit Schuhen – im Marstall des Kastells lockt dazu das Schuhmuseum *Museo della Calzatura (Di–Fr 14–17.30, Sa/So 10–18 Uhr).*

## POEBENE & SEEN

# OBERITALIE-NISCHE SEEN

**Auf der Südseite der Alpen schneiden sich die Seen fjordartig und wildromantisch zwischen die steilen, dicht bewaldeten Hänge des Alpensaums.**

Das Klima mild, die Vegetation üppig und mediterran: Prächtige Villen in Parkanlagen und hübsche alte Städtchen an den Ufern zeugen davon, dass es sich hier seit jeher gut leben lässt. Schon der römische Dichter Vergil pries den Comer See, an den später Franz Liszt mit Geliebter floh und an dem heute Familie Clooney die Sommerferien verbringt. Am Lago Maggiore wetteifern von exotischen Gärten umgebene Jugendstilvillen mit rustikalen Bergdörfern – allesamt umrahmt von schneebedeckten Berggipfeln. Die MARCO POLO Reiseführer „Gardasee" und „Oberitalienische Seen" berichten ausführlich.

### COMER SEE (LAGO DI COMO) ●
(187 E2) (*ⅅ D–E2*)

Bedeutendes urbanes Zentrum ist das uralte Städtchen *Como* (83 000 Ew.) am äußersten Südwestzipfel mit seiner eleganten Architektur aus der vorletzten Jahrhundertwende und einem mittelalterlichen Zentrum mit großartigen Kirchen in lombardischer Romanik. Außerdem ist Como weltberühmt für seine Seidenindustrie.

Vom See führen immer wieder Serpentinensträßchen hinauf in die Berge, die herrliche Ausblicke ermöglichen, z. B. vom ☈ *Monte Bisbino* (1325 m) oberhalb von Cernobbio. Die Ufer sind mit Fährschiffen untereinander verbunden, die schönsten Orte sind *Varenna* am Ostufer und das bezaubernde *Bellagio* mit seinen verwinkelten Treppengassen

an der Gabelung des Sees. Von der langen Tradition nobler Residenzen an diesem schönen See zeugen prachtvolle Villen, etwa die barocke *Villa Carlotta (www.villacarlotta.it)* bei *Tremezzo* mit herrlichem Park. *www.lakecomo.it*

### GARDASEE (LAGO DI GARDA)
(188 B3) (*ⅅ F3*)

An diesem größten italienischen See (370 km², 51,6 km lang und bis zu 346 m tief) beginnt für Nordländer der Süden: Das mediterrane Klima erlaubt den Anbau von Zitrusfrüchten und Oliven. Der 2218 m hohe ☈ *Monte Baldo,* der den See auf seiner Ostseite begrenzt, ist eines der pflanzenreichsten Gebiete Europas. Von Malcesine führt eine ☈ *Panoramaseilbahn* auf den Berg. Spektakuläre Landschaftserlebnisse bieten die Bergstraßen am oberen See oder die ☈ *Gardesana Occidentale,* die Küstenstraße am Westuer zwischen Gargnano und Limone.

Die Nordspitze des Sees beherrschen das exklusive *Riva del Garda* (13 000 Ew.) mit halb mitteleuropäischem, halb mediterranem Flair und einer verwinkelten Altstadt sowie das Windsurferparadies *Torbole.* Am Ostufer zeugen die Burgen der Veroneser Scaliger von deren Herrschaft im 13. und 14. Jh. über das Seegebiet. Am eindrucksvollsten liegt auf steilem Felssporn über dem See die ☈ *Burg* von *Malcesine.* Ein besonders schöner Flecken am See ist die kleine Landzunge *Punta San Vigilio* mit gepflegtem Strandbad in einem Olivenhain. In *Bardolino* – so heißt auch der Rotwein, der hier gekeltert wird – versteckt sich in einem Innenhof das uralte karolingische Kirchlein (9. Jh.) *San Zeno (Via San Zeno).*

Das Ufer der Lombardei erstreckt sich am südwestlichen Teil des Sees: Vor der Spitze der Halbinsel von *Sirmione* (4000 Ew.) liegen auf einem winzigen Inselchen die mächtige ☈ Scaligerburg und das ma-

# OBERITALIENISCHE SEEN

lerische alte Zentrum Sirmiones, meistbesuchter Flecken am See. In Sirmione gibt es renommierte Thermalquellen – das *Centro Benessere Termale Aquaria (www.termedisirmione.com)* ist eine Wellnessoase –, prächtige Luxusherbergen und erstklassige Restaurants. An der Spitze des Inselchens liegen die imposanten Ruinen einer römischen Villa, die *Grotte di Catullo (Mai–Okt. Di–Fr 8.30–19.30, Sa/So 9.30–18.30, Nov.–April Di–Fr 8.30 –17, Sa/So 8.30–14 Uhr).* Zum Feiern geht es in die Diskotheken von Desenzano, Lonato und Bardolino.

Oberhalb von *Gardone Riviera* betreten Sie die faszinierende Welt Gabriele D'Annunzios. Die schwülstig-skurrile Villa *Vittoriale degli Italiani (tgl. 9–17, April– Okt. bis 20 Uhr | www.vittoriale.it)* war von 1921 bis 1938 Residenz des umstrittenen und exzentrischen Poeten. Ein ganz anderer Poet, André Heller, hat den *Botanischen Garten (März–Okt. tgl. 9–19 Uhr | www.hellergarden.com)* in ein zauberhaftes Kunstwerk verwandelt. Im nahen Uferstädtchen *Salò* wohnen Sie hübsch stylish und essen gut in der *Locanda del Benaco (13 Zi. | Lungolago Zanardelli 44 | Tel. 0 36 52 03 08 | www. locandadelbenaco.com | €€)* an der schönen, verkehrsberuhigten Uferpromenade. Das touristisch beliebte Uferstädtchen *Limone* am nordwestlichen Ende des Sees erinnert an die einstigen Zitronenplantagen im milden Seeklima.

## LAGO MAGGIORE (187 D2) *(D2)*

*Cannobio,* das erste Städtchen auf italienischer Seite am Westufer, hat eine beschauliche Altstadt mit Seeblick, in der Sie das charmante Hotel *Casa Arizzoli (11 Zi. | Via Giovanola 92 | Tel. 0 32 37 20 01 | www.hotelcasaarizzoli.com | €–€€)* finden. Der imposante *Mottarone (1491 m)* erhebt sich hinter Stresa; den ⚡ Gipfel mit seinem sehenswerten *Giardino Bota-*

*nico Alpinia* erreichen Sie mit einer Seilbahn. Schöne Villen und Hotels im Belle-Époque-Stil liegen inmitten herrlicher Parks wie auch an der Uferpromenade im mondänen Hauptort *Stresa* (5000 Ew.). Der Promenade gegenüber liegen die drei zauberhaften Borromäischen Inseln, allen voran die barocke *Isola Bella* mit Palazzo und raffiniertem Terrassengarten. Auf der *Isola Madre* gedeiht ein üppiger botanischer Garten. Die lange, schmale *Isola dei Pescatori* hingegen blieb dem Volk, den Fischern, bis heute.

Palazzi, Gärten und eine schöne Promenade gibt es auch in *Pallanza,* Ortsteil von *Verbania,* dem mit 30 000 Ew. größten Ort am See. Die *Villa Taranto (Mitte März– Sept. tgl. 8.30–18.30, Okt. 9–16.30 Uhr | www.villataranto.it)* lockt mit einer herrlichen Gartenanlage.

Den weiträumigsten Sandstrand finden Sie gegenüber am Ostufer, den *Lido di Monvalle.* Ebenfalls am Ostufer schiebt sich auf einem Felssporn die ⚡ *Rocca Borromeo von Angera (März–Okt. tgl. 9– 17.30 Uhr)* aus dem 13. Jh. in den See; sie beherbergt ein interessantes Puppenmuseum. *www.illagomaggiore.com*

## ORTASEE (LAGO D'ORTA)

(187 D2) *( D 2–3)*

Der kleine, beschauliche piemontesische Lago d'Orta ist eingebettet in dunkelgrün bewaldete Hänge, an denen pittoreske Dörfchen liegen. Der Hauptort am See, *Orta San Giulio* (1000 Ew.), besitzt sehenswerte Kirchen, Barockvillen und ein Renaissancerathaus mit bemalter Fassade. Von der ⚡ *Piazza Motta* schauen Sie direkt auf die kleine, malerische Insel San Giulio im See.

Um den ⚡ *Sacro Monte* oberhalb des Städtchens zu mögen, müssen Sie nicht auf Wallfahrt sein! Zum barocken Figurentheater gibts urige Bäume wie die der Hainbuchenallee und den schönsten

# POEBENE & SEEN

Blick auf das Inselchen. Bei Omegna im Norden des Sees bekommt man im *Werksverkauf von Alessi (Mo–Fr 9.30–18.30, Sa 10–18.30 Uhr | Via Privata Alessi 6 | Crusinallo di Omegna | www.alessi.it)* schicke Küchengeräte der italienischen Designmarke.

# PARMA

*(187 F4) (E4)* An der einstigen Römerstraße Via Aemilia liegt diese wohlhabende Stadt (180 000 Ew.) inmitten fruchtbarer Agrarlandschaft, Sitz der Firma Barilla, der größten Nudelfabrik Europas, sowie Ort musikalischer Leidenschaften: Arturo Toscanini, vor allem aber Italiens berühmtestem Opernkomponisten Giuseppe Verdi, geboren im Bauerndorf Busseto unweit von Parma und Anlass eines regelrechten Kults, sind Fanclubs sowie ein Festival gewidmet. Ausführliche Informationen im MARCO POLO Reiseführer „Emilia-Romagna".

## SEHENSWERTES

### DOM UND BAPTISTERIUM
Mitten hinein in ein wirbelndes, sinnliches Figurengeflecht (damals ein Skandal!) scheint Jesus in Correggios Kuppelfresko im Dom zu springen. Von Benedetto Antelami, unter den Bildhauern der Romanik ein ganz Großer, stammen Skulpturen und Reliefs im fein strukturierten, romanisch-gotischen ★ *Baptisterium. Dom tgl. 8–19, Baptisterium tgl. 10–17, März–Okt. bis 18 Uhr | Piazza del Duomo*

Über das Leben Christi: Kuppelfresken im Baptisterium in Parma

### PALAZZO DELLA PILOTTA
In dem riesigen Palast finden Sie u. a. die *Nationalgalerie* mit Werken von Correggio, da Vinci und Botticelli und das berühmte *Teatro Farnese* von 1618, mit 4500 Plätzen damals größtes Theater der Welt. *Di–Sa 8.30–19, So 13–19 Uhr | Piazza Pilotta*

### SAN GIOVANNI EVANGELISTA
Zum Kloster mit schönen Kreuzgängen gehört die original eingerichtete *Antica Spezieria (Di–So 8.30–14 Uhr)*, eine 1201 von Benediktinern gegründete Apotheke.

79

# PARMA

*Mo–Mi und Fr/Sa 9–12 und 15–17 Uhr |
Piazzale San Giovanni*

## ESSEN & TRINKEN

### ENOTECA FONTANA
Wenige Gehminuten vom Dom wartet
die perfekte Kombination: Parmas Schin-
ken- und Käsespezialitäten zu guten Wei-
nen. *So/Mo geschl. | Strada Farini 24 | Tel.
05 21 28 60 37 | €*

### PARIZZI
Einst Metzgerei, heute das beste Restau-
rant der Stadt. Auch 13 Suiten. *Mo geschl. |
Strada Repubblica 71 | Tel. 05 21 28 59 52 |
www.ristoranteparizzi.it | €€–€€€*

## EINKAUFEN

Im Delikatessengeschäft wählen Sie zwischen zartem, würzigem Parmaschinken,
dem Edelschinken *culatello, coppa* (Schinken vom Schweinenacken) und Parmigia-
no-Reggiano, zwölf, 24 oder 36 Monate
gereift. Ach, am besten von allem etwas!

# LOW BUDGET

*menù pausa pranzo:* Unter diesem
Zauberwort bieten viele – auch
anspruchsvolle – Restaurants der
geschäftigen Innenstädte Norditaliens zu sehr zivilen Preisen ein
schmackhaftes Mittagsmenü an.

*spiaggia gratis:* Angesichts der endlosen Liegestuhlreihen an den Adria-
stränden ist es wichtig zu wissen, dass
Sie laut Gesetz durch jede Badeanstalt
bis an den freien Küstenstreifen am
Meer gehen dürfen, auf dem Sie dann
Ihr Handtuch ausbreiten können.

## AM ABEND

Die Musikstadt Parma hat ein reiches
Programm an Opern (darunter natürlich
viele von Verdi) und Konzerten zu bieten:
im *Teatro Regio (www.teatroregioparma.
org),* im Konzertsaal *Auditorium Paganini
(www.fondazionetoscanini.it),* in der *Casa
della Musica (www.lacasadellamusica.it).*

## ÜBERNACHTEN

### TORINO
Sympathisches, recht stilvolles Früh-
stückshotel in der Altstadt, mit Garage.
*39 Zi. | Borgo Mazza 7 | Tel. 05 21 28 10 46 |
www.hotel-torino.it | €€*

## AUSKUNFT

*Piazza Garibaldi 1 | Tel. 05 21 21 88 89 |
turismo.comune.parma.it*

## ZIELE IN DER UMGEBUNG

### CREMONA (187 E–F3) (*Ø E3*)
Die Stadt (71 000 Ew.) der weltbesten
Geigenbauer steht ganz in der Tradition
ihres Meisters Antonio Stradivari (zahlreiche Werkstätten, *Stradivari-Museum,
Geigenmuseum*). Das Herz Cremonas
bildet die wunderbare mittelalterliche
● *Piazza del Comune* voller Cafés mit
dem *Rathaus,* dem *Dom* mit schönen
Steinmetzarbeiten, flämischen Wandtep-
pichen und Freskenmalerei, der achtecki-
gen Taufkapelle und dem *Torrazzo* aus
Backstein, Italiens höchstem Glockenturm (111 m). Unweit des Turms bekommen Sie in der von Slow Food empfohlenen, gemütlichen *Osteria La Sosta (So-
Abend und Mo geschl. | Via Sicardo 9 | Tel.
03 72 45 66 56 | www.osterialasosta.it |
€–€€)* zu Fleisch und Käse die für Cremona typische *mostarda,* eine senfscharfe
Fruchtsauce.

# POEBENE & SEEN

Im Sommer mutiert Mantuas Piazza Erbe zu einem riesigen Freiluftrestaurant

### MANTUA (MANTOVA)
(187 F3) (*F3–4*)

Mantua (62 000 Ew.), einst Sitz des ehrgeizigen Herzogsgeschlechts der Gonzaga (1328–1708), lappt wie eine Halbinsel in die Wasser des Mincio, der hier eine Seenlandschaft bildet. Erkunden Sie deren Vegetations- und Vogelreichtum doch auf einer INSIDER TIPP geführten Bootsfahrt *(Abfahrt an der Brücke San Giorgio)!* Im Zentrum spazieren Sie über drei aufeinanderfolgende Plätze: die Piazza Mantegna mit der Kirche *Sant'Andrea,* dann die Piazza Erbe mit einem romanischen *Rundkirchlein* und Restaurants, wo Sie im Sommer draußen bei Windlichtern herrlich romantisch speisen. Schließlich die Piazza Sordello mit dem *Dom* im Barockgewand, dem *Bischofspalast* und dem mächtigen ★ *Palazzo Ducale.* Diese Gemäuer hüten einzigartige Kunstschätze wie die *Camera degli Sposi,* das Hochzeitszimmer mit der wunderbaren Freskenausmalung von Andrea Mantegna *(Di–So 8.15–19.15 Uhr nach Anmeldung unter Tel. 04 12 41 18 97 oder www.ducalemantova.org).* Am südlichen Stadtrand empfängt Sie das Lustschloss der Gonzaga, der *Palazzo del Tè (Di–So 9–18.30, Mo 13–18.30 Uhr | www.palazzote.it).*
Spezialitäten Mantuas sind u. a. Hecht mit grüner Sauce oder mit Kürbis gefüllte Teigtaschen, z. B. in der beliebten *Osteria da Bice la Gallina Felice (Mo geschl. | Via Carbonati 4–6 | Tel. 03 76 28 83 68 | €–€€).* Ein Ausflugsziel 35 km südwestlich ist das Renaissancestädtchen INSIDER TIPP *Sabbioneta* (www.iatsabbioneta.org), der Traumentwurf des Gonzaga-Fürsten Vespasian.

### PIACENZA (187 E3) (*E4*)
Diese freundliche alte Provinzstadt (102 000 Ew.) liegt landschaftlich schön zwischen der Poebene und den Nordausläufern des Apennins. Eine Befestigungsmauer aus dem 16. Jh., die großzügige Alleen begleiten, umschließt das gut er-

81

# ROMAGNAKÜSTE

Ein Puzzle aus byzantinischer Zeit: Mosaik im Galla-Placidia-Mausoleum

haltene mittelalterliche Zentrum mit der *Piazza dei Cavalli,* die zwei prächtige Barockpferde zieren. Höhepunkt an der Piazza ist der imposante *Palazzo Gotico* von 1280. Regionale Spezialitäten schlemmen Sie im Zentrum im Restaurant *Vecchia Piacenza (So geschl. | Via San Bernardo 1 | Tel. 05 23 30 54 62 | €€€).*

# ROMAGNA-KÜSTE

(189 D 5–6) (*M G4–5*) **Ein Höhepunkt menschlichen Kunstschaffens – Ravenna –, Inbegriff ausgelassener Sommerfrische – Rimini und die vielen Adriabäder –, zwischen diesen Extremen bewegt sich die meerzugewandte Seite der Romagna.**

Hinzu kommen im hügeligen Hinterland (schöne Wandergebiete) kleine, malerische Ortschaften, in denen man oft sehr viel besser essen kann als im Massenbetrieb an der Küste. Ausführliche Informationen finden Sie im MARCO POLO Band „Italienische Adria".

### COMACCHIO ★ (189 D5) (*M G4*)
Ein Lagunenstädtchen (21 000 Ew.) mit bunten Fischerhäusern und Palazzi auf 13 Inseln in der Deltalandschaft des Po und anderer kleiner Flüsse. Ein geniales Bauwerk ist die *Treppontibrücke* (17. Jh.), die mit ihren schwungvollen Treppen auf fünf Wegen zur Überquerung von vier Kanälen verhilft. Aalfang und -verarbeitung sind eine Tradition Comacchios. Auf Bootsausflügen erkunden Sie die ausgedehnte Feuchtlandschaft im Süden Comacchios mit alten Fischereihäuschen, Schilfgrasinseln, Flamingokolonien *(www.podeltatourism.it).* Eine Fahrt über den Damm von Comacchio nach Anita d'Argenta veranschaulicht die seit den Etruskern unternommenen Bemühungen der Urbarmachung dieser weiten Sumpf- und Aulandschaft des Podeltas. **INSIDER TIPP Bootsfahrten durchs Delta** – auch kombiniert mit Fahrrad möglich – starten z. B. von *Gorino* und von *Goro.*

20 km nördlich liegt die grandiose *Abbazia di Pomposa,* eine benediktinische Klosteranlage aus dem 7. Jh. Die Basilika (8./9. Jh.) im Stil Ravennas zieren ein wunderbares Fußbodenmosaik und Fresken aus dem 14. Jh.

### RAVENNA ★ (189 D5) (*M G 4–5*)
Einst lag Ravenna (158 000 Ew.) am Meer, war wie Venedig eine Lagunenstadt; das Meer zog sich zurück, heute schafft ein 10 km langer Kanal die Verbindung. Die Stadt birgt großartige Zeugnisse frühchristlicher Kultur *(stark gestaffelte Zeiten s. Website | www.turismo.ravenna.it)* –

# POEBENE & SEEN

fragen Sie nach Kombitickets! Ab dem 5. Jh. war sie 300 Jahre lang Zentrum der Macht in der Folge der Auflösung des Römischen Imperiums. Aus dieser Zeit stammen das mit blaugoldenen Mosaiken ausgeschmückte *Mausoleo di Galla Placidia* sowie das kostbar ausgelegte *Baptisterium des Bischofs Neon,* aus der Zeit des Ostgotenkönigs Theoderich (493–526) das trutzige, aus Steinquadern mörtellos zusammengesetzte *Mausoleo di Teodorico* im Nordosten Ravennas und der grandiose Sakralbau *Sant'Apollinare Nuovo* (um 500).

Im 6.–8. Jh., der Zeit als Hauptstadt des byzantinischen Italiens, entstanden die achteckige Basilika *San Vitale* (547 geweiht) und die Basilika *Sant'Apollinare* (5 km südlich in *Classe*), beide mit herrlichen mosaikgeschmückten Innenräumen. Die Mosaiklegekunst ist zu einer Tradition Ravennas geworden, mit Werkstätten und Schulen.

Ein Lokal mitten in Ravenna, wo Besucher und Einheimische gern und gut essen, ist *La Gardèla (Do geschl. | Via Ponte Marino 3 | Tel. 05 44 21 71 47 | €).*

## RIMINI UND UMGEBUNG ●
(189 D5–6) (*ΩΩ G–H5*)

In der europäischen Metropole des Strandurlaubs mit riesigem Sport- und Ausgehangebot leben in der Sommersaison 650 000 Menschen – gut das Vierfache der 146 000 Ew. Vom römischen Ariminum ist noch der schöne Triumphbogen *Arco d'Augusto* von 27 v. Chr. zu sehen; der *Corso Augusto* führt über die erstaunlich gut erhaltene Brücke des Tiberius in den pittoresken Stadtteil San Giuliano, einst Fischerdorf und heute voller gemütlicher Kneipen. Aus dem Mittelalter stammen die Palazzi um die *Piazza Cavour* und der *Tempio Malatestiano,* den der Rimineser Herrscher Sigismondo Malatesta als Mausoleum für

sich und seine Frau im Frührenaissancestil umbauen ließ. Versteckt in einer Altstadtgasse genießen Sie im Restaurant *Abocar (Mo geschl. | Via Farini 13–15 | Tel. 05 41 22 79 | abocarduecucine.it | €€)* eine einfallsreiche, moderne Küche.

*Riccione* (32 000 Ew.) im Süden hat sich vom großbürgerlichen Strandbad mit Villen in schönen Parks zum Modetrendsetter der Küste gemausert: mit den schicksten Geschäften und heißesten Diskotheken. Seine geschützte Lage und die geringe Wassertiefe machen *Cattolica* (17 000 Ew.) zum besonders familienfreundlichen Adriastrand.

Im Norden Riminis schließen Strandbäder mit endlosen Ketten von Hotelbauten an: so *Cesenatico,* das mit einem **INSIDER TIPP** malerischen Fischerhafen voller historischer Bootsmodelle aufwartet. *Cervia* ist eher volkstümlich mit bodenständigem Hafenviertel und Salinen, in denen schon die Etrusker Salz gewannen (heute Naturreservat). *Milano Marittima,* der vielleicht edelste Badeort mit pinienumstandenen Villen und gepflegten Hotels, hat die angesagtesten Cocktailbars. Beliebte Ausflugsziele im hügeligen, grünen Hinterland sind malerische Städtchen wie Santarcangelo di Romagna, Montegridolfo oder die Burgdörfer San Leo und Verucchio. Hoch auf dem Gebirgskamm des Apennin liegt der Nationalpark *Foreste Casentinesi (www.parcoforestecasentinesi.it)* mit dichten, uralten Buchenwäldern zum Wandern, Biken und digitalen Detox im Grünen.

## SAN MARINO (189 D6) (*ΩΩ G5*)

Die älteste Republik Europas (25 000 Ew.) wurde im 9. Jh. gegründet und ist nur 61 km² groß. In ihrer Hauptstadt auf dem ☀ Monte Titano (749 m), umrahmt von Mauern und Kastellen, fühlen Sie sich schnell ins Mittelalter versetzt (oder in eine Fantasyserie).

83

# DIE MITTE

**Herrliche Landschaften, prachtvolle Kunststädte, allen voran Florenz, und schöne Küstenabschnitte: Die drei Regionen Toskana, Umbrien und Marken warten mit allem auf, was Italien so reizvoll macht.**

Sie bilden die Mittelgebirgslandschaft des Apennin zwischen der ligurisch-tyrrhenischen Küste im Westen und der Adriaküste im Osten, quer über den Stiefelschaft Italiens. Zu schönen, von Mittelalter und Renaissance geprägten Städten wie Florenz, Pisa, Lucca und Siena in der Toskana, Perugia, Assisi und Orvieto in Umbrien oder Urbino und Ascoli Piceno in den Marken kommen vielfältige Landschaften: die Apuanischen Alpen, die die Toskana von Ligurien und der Poebene trennen und die den weißen Marmor von Carrara liefern; dann die von Pinienwäldern begleitete tyrrhenische Küste, die aschfahlen Lehmberge der Crete südlich von Siena oder der dunkel bewaldete Vulkanberg Monte Amiata an der Grenze zum Latium; das hügelig gewellte Umbrien ohne Küsten, das dank seiner dichten Wälder das grüne Herz Italiens genannt wird und erfolgreicher Mitstreiter um die Gunst der Toskanafraktion ist; schließlich die Marken, deren fruchtbares Hügelland aus Weinterrassen, Weizen- und Maisfeldern und Äckern mit Flachs, Sonnenblumen und saftig grünem Futterklee hinunterfällt zur Adria mit ihren flachen Sand- und Kieselstränden. In gemütlichen Trattorien können Sie zu vollmundigen Weinen köstlich schlemmen und verspüren eine Lebensqualität,

Bild: Toskana bei Pienza

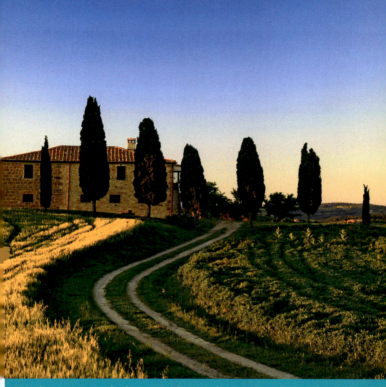

**Toskana, Umbrien und Marken: Sanfte Hügel und zauberhafte Städte prägen die drei Regionen in der Mitte Italiens**

die nicht nur den Touristen gilt, sondern von den Einheimischen gelebt wird.

# FLORENZ (FIRENZE)

(190 B1) *(🗺 F5)* **In der kunstreichsten Stadt Europas begegnen Ihnen auf Schritt und Tritt großartige Palazzi, kostbare Skulpturen, Malereien und Monumente.**

Ab dem 14. Jh. bestimmt die mächtige Familie Medici ihr politisches und kulturelles Schicksal, das seinen Höhepunkt in der Renaissance findet. 1265 war hier Dante Alighieri zur Welt gekommen, seine Dichtersprache wurde Grundlage für die gesamtitalienische Sprache. Die Hauptstadt der Toskana bewohnen heute gut 380 000 Menschen, die alljährlich den Ansturm von Millionen von Besuchern verkraften müssen. Vom hoch gelegenen ☀ *Piazzale Michelangelo* auf der linken Arnoseite verschaffen Sie sich

85

# FLORENZ

einen phantastischen Überblick über das Stadtbild mit den Flussufern, den Palazzi, der alles überragenden Domkuppel. Mehr dazu im MARCO POLO „Florenz".

## SEHENSWERTES

### DOM MIT BAPTISTERIUM ★
Künstlerischer Höhepunkt des Baptisteriums, der 1059 geweihten, achteckigen tagesaktuelle Öffnungszeiten unter www.ilgrandemuseodelduomo.it | Piazza Duomo

### GALLERIA DEGLI UFFIZI
Ein Muss für Kunstfreunde! In dem riesigen Gebäudekomplex befindet sich eine der bedeutendsten Gemäldesammlungen der Welt, mit Spitzenwerken der europäischen Malerei vom 13. bis 18. Jh.,

Hier haben Sie den Durchblick: Vom Bardini-Garten öffnet sich Ihnen dieses Florenzpanorama

Taufkirche, sind die Eingangsportale: der Südeingang von Andrea Pisano, die Nord- und Ostportale von Lorenzo Ghiberti. Mit dem Bau des Doms, des viertgrößten christlichen Gotteshauses, begann man 1296, die mächtige ☼ Kuppel kam erst 1420–1434 dazu. Sie baute Filippo Brunelleschi, der als erster moderner Ingenieur betrachtet wird und in die Kunstgeschichte als Wegbereiter der Renaissance einging. Und kein Geringerer als Giotto entwarf den ☼ Kirchturm. *Baptisterium, Dom, Kuppel, Campanile und Museum unterschiedliche, stark gestaffelte Zeiten,* darunter Meisterwerke von Leonardo da Vinci und Sandro Botticelli. Es ist ratsam, Tickets vorab über die Website zu erwerben. *Di–So 8.15–18.50 Uhr | Piazzale degli Uffizi | www.florence.net*

### GUCCI GARDEN
Fashionistas aufgepasst! Das weltberühmte, 1921 in Florenz ins Leben gerufene Modelabel hat seine eigene Erlebniswelt geschaffen – direkt an der Piazza della Signoria im *Palazzo della Mercanzia.* Dazu gehören Ausstellungen *(tgl. 10–19.30 Uhr),* eine Boutique und die exklu-

# DIE MITTE

sive Osteria des Dreisternekochs Massimo Bottura. www.guccimuseo.com

### MUSEO NAZIONALE DEL BARGELLO

Renaissanceskulpturen vom Allerfeinsten, mit vielen berühmten Werken von Donatello, Michelangelo, Giambologna u. a. *Tgl. 8.15–17 Uhr, 1., 3., 5. Mo und 2. und 4. So im Monat geschl. | Via del Proconsolo 4 | www.bargellomusei.beniculturali.it*

### PALAZZO PITTI/GIARDINO DI BOBOLI

Der gigantische Palast der Kaufmannsfamilie Pitti (15. Jh.) und später der Großherzöge der Toskana auf der linken Arnoseite beherbergt heute zahlreiche wertvolle Museen. Relaxen können Sie anschließend im Barockpark *Giardino di Boboli (tgl. 8.15 Uhr–Sonnenuntergang, erster und letzter Mo im Monat geschl.).* Das Ticket ermöglicht auch den Besuch des Porzellanmuseums sowie des nahen, wunderschönen INSIDER TIPP *Giardino Bardini (tgl. 8.15 Uhr–Sonnenuntergang,* erster und letzter Mo im Monat geschl. | Eingang Via dei Bardi und Costa San Giorgio | www.bardinipeyron.it). Genießen Sie hier von der ☀ Loggia des Parkcafés den Blick auf die Stadt!

### PIAZZA DELLA SIGNORIA

Seit gut 700 Jahren ist dieser Platz der städtische Mittelpunkt – im gotischen *Palazzo Vecchio* tagt noch heute die Stadtverwaltung. Weltberühmte Skulpturen schmücken die Piazza wie der David des Michelangelo (Kopie, Original im Museum *Galleria dell'Accademia | Di–So 8.15–18.50 Uhr),* die Figurengruppen (ebenfalls Kopien) von Giambologna und Cellini unter der *Loggia dei Lanzi,* der *Neptunbrunnen* von Bartolomeo Ammanati (1576), dazu Cafés zum Ausruhen.

### PONTE VECCHIO ☀

Absolut einzigartig! Die berühmteste Brücke Italiens verbindet die Herrschaftspaläste Palazzo Vecchio und Palazzo Pitti.

---

## MARCO POLO HIGHLIGHTS

⭐ **Lucca**
Intakte Altstadt mit Festungsring → S. 91

⭐ **Ascoli Piceno**
Eine Stadtperle in den Marken → S. 92

⭐ **Urbino**
Das Studentenstädtchen ist ein Gesamtkunstwerk der Renaissance → S. 95

⭐ **Chianti**
Weingenuss in Bilderbuchkulisse – die toskanische Traumlandschaft schlechthin → S. 90

⭐ **Dom Santa Maria in Orvieto**
Der Dom von Orvieto ist wohl einer der elegantesten Kirchen Italiens → S. 99

⭐ **Piazza del Campo in Siena**
Ist Sienas muschelförmige Piazza der schönste Platz der Welt? → S. 101

⭐ **San Gimignano**
Das „Manhattan des Mittelalters" lockt heute mit beschaulichen Gassen → S. 103

⭐ **Campo dei Miracoli in Pisa**
Der Schiefe Turm steht auf dem „Feld der Wunder" → S. 105

⭐ **Apuanische Alpen**
Aus den weißen Marmorbrüchen von Carrara stammt das Rohmaterial für Kunstwerke → S. 105

⭐ **Dom mit Baptisterium**
Besuch des Doms und auf die Kuppel hinauf – das Mindeste beim Florenzbesuch → S. 86

# FLORENZ

Seit dem 16. Jh. reihen sich auf ihr zahlreiche Goldschmiedeläden aneinander. Nur die Arkaden in der Mitte vermitteln das Gefühl, auf einer Brücke zu sein, und geben den Blick auf den Arno frei.

### SAN MINIATO AL MONTE ⬉
Innehalten und verweilen! Ein Plätzchen mit phantastischer Aussicht auf die Stadt finden Sie an dieser romanischen Klosterkirche oberhalb des Piazzale Michelangelo. *Via delle Porte Sante 34 | www.sanmi niatoalmonte.it*

## ESSEN & TRINKEN

### HOSTERIA DA GANINO
Mittendrin zwischen Dom und Piazza della Signoria und doch etwas abseits vom touristischen Trubel gibt es authentische toskanische Küche. *So-Abend geschl. | Piazza dei Cimatori 4 | Tel. 0 55 21 41 25 | www.hosteriaganino.it | €€*

### OSTERIA PEPÒ
Gemütliche Trattoria nahe der üppig gefüllten Markthalle Mercato Generale mit schmackhafter Hausmannskost, Gemüsesuppen und gutem Fleisch. *Tgl. | Via Rosina 4/6r | Tel. 0 55 28 32 59 | www. pepo.it | €*

### SANTINO 🟢
Eine kleine Bistrobar mit exzellenten Delikatessen und Bioweinen, idealer Imbiss und Anhängsel des beliebten Restaurants *Il Santo Bevitore* gleich nebenan auf der linken Arnoseite. *Tgl. | Via Santo Spirito 60r | Tel. 0 55 23 02 88 20 | www.ilsan tobevitore.com | €*

## EINKAUFEN

Die großen Modenamen finden sich an der *Via Tornabuoni, Via della Vigna Nuova* und im *Borgo Ognissanti.* Wesentlich

preiswerter ist der Kleider- und Lederwarenmarkt *Mercato San Lorenzo (Mo–Fr 7–14, Sa 7–17 Uhr)* um die gleichnamige Basilika. Auf dem Lebensmittelmarkt *Sant'Ambrogio (Mo–Sa 7–14 Uhr | Piazza Ghiberti | www.mercatosantambrogio.it)* können Sie alles kaufen, was die toskanische Küche hergibt, und einen leckeren Imbiss genießen. Ein ausgefallener Tipp: Rosenwasser, Veilchenpulver etc. bekommen Sie in der historischen *Officina Profumo-Farmaceutica (Via della Scala 16 | www.smnovella.it)* an der Kirche Santa Maria Novella. Das recht feine Kaufhaus *La Rinascente* liegt an der Piazza della Repubblica: Clou ist das ⬉ Terrassencafé auf dem Dach mit der Domkuppel zum Greifen nah. Die Tradition des Kunsthandwerks überlebt im Viertel *Oltrarno* auf der linken Arnoseite.

## AM ABEND

Die *Piazza Santo Spirito,* die „Rive Gauche" von Florenz, ist ein beliebter alternativer Treffpunkt; modischer sind die Bars im Viertel *San Niccolò.* Auf der rechten Arnoseite liegt das Viertel *Santa Croce* für Studenten und junge Florenztouristen. Mehr Glamour versprechen die Bars der edlen Hotels, z. B. die *Fusion Bar* im *Gallery Art Hotel (Vicolo dell'Oro 3).* Alles über das reiche Kulturprogramm von Florenz steht im Monatsheft *Firenze Spettacolo (www.firenzespettacolo.it).*

## ÜBERNACHTEN

### HOTEL AZZI – LOCANDA DEGLI ARTISTI
Kleines Hotel mit Flair unweit vom Bahnhof. *20 Zi. | Via Faenza 56/88r | Tel. 0 55 21 38 06 | www.hotelazzi.com | €–€€*

### HOTEL BURCHIANTI
Schön dekorierte Räume in einem historischen Palazzo, netter Service und zen-

88

# DIE MITTE

trale Lage. *11 Zi. | Via del Giglio 8 | Tel. 055 21 27 96 | www.hotelburchianti.it | €€–€€€*

### AUSKUNFT

*Am Bahnhofsvorplatz, am Flughafen, an der Piazza San Giovanni 1 und in der Via Cavour 1r | Tel. 0 55 29 08 32 | www.firenzeturismo.it*

### ZIELE IN DER UMGEBUNG

#### AREZZO (190 C1) (*G6*)
Die Etruskergründung (100 000 Ew.) 75 km südöstlich von Florenz war seit dem 3. Jh. v. Chr. römisch, dann eine mittelalterliche Stadtrepublik. Anschauen sollten Sie sich die Fresken des Piero della Francesca im Hauptchor der mächtigen *Basilica San Francesco (April–Okt. Mo–Fr 9–19, Sa 9–18, So 13–18, Nov.–März Mo–Fr 9-18, Sa 9–17.30, So 13–17.30 Uhr nach Anmeldung unter Tel. 05 75 35 27 27 bzw. www.pierodellafrancesca-ticketoffice.it)* und die romanische *Pieve di Santa Maria* am zentralen Corso Italia. Einen Bummel lohnt der bekannte *Antiquitätenmarkt* am ersten Wochenende im Monat auf der schönen Piazza Grande mit den von Giorgio Vasari entworfenen Loggien. Dort wurden Szenen des Films „La vita è bella" von Roberto Benigni gedreht. Im raffiniert eingerichteten *Hotel Vogue (26 Zi. | Via Guido Monaco 54 | Tel. 0 57 52 43 61 | voguehotel.it | €€–€€€)* übernachten Sie mitten im Geschehen.

#### CASENTINO (190 C1) (*G5*)
Im Norden Arezzos verstecken sich in der Bergwelt des Casentino sehenswerte *Klöster* wie das der Kamaldulenser bei *Camaldoli*, in dem heute noch Mönche leben, wie die Klosteranlage *La Verna* aus dem 13. Jh. oder das *Benediktinerkloster Vallombrosa*. Wie ein König logieren Sie im INSIDERTIPP *Castello di Valenzano (24 Zi. und 2 Apartments | Ortsteil*

Ist das schön! Abendstimmung auf der Piazza Grande in Arezzo

89

# FLORENZ

*Valenzano 97 | Tel. 33 14 41 57 72 | www.castellodivalenzano.it | €)* in *Subbiano.* Im Osten Arezzos gelangt man ins Dorf *Monterchi* mit Piero della Francescas berühmtem Fresko „Madonna del Parto".

### CHIANATAL (190 C2) (*G6*)
Im Süden von Arezzo breitet sich das Chianatal aus, Heimat der schönen weißen Chianinarinder, die hier für die *bistecca fiorentina* gezüchtet werden. Auf dem Hügelsaum dieser Ebene thronen mittelalterliche Festungsstädtchen wie das herrlich gelegene, malerische ☀ *Cortona,* einst eine bedeutende Etruskersiedlung. In *Chiusi* lohnt das sehenswerte *Museo Archeologico (tgl. 9–20 Uhr | Via Porsenna 93).* Unter dem Restaurant *Zaira (Mo geschl. | Via Arunte 12 | Tel. 057820260 | zaira.thefork.rest | €€)* zeigt der Wirt den Gästen gern seine Weinkeller in alten etruskischen Gewölben.

### CHIANTI ★ (190 B1–2) (*F5–6*)
Die sanften Hügel mit dichten Weinreben und dunkelgrünen Zypressen sind *das* Symbol der Toskana. Sie bilden die Bilderbuchkulisse eines unter Genießern legendären Landstrichs, aus dem einer der bekanntesten Weine Italiens kommt. Und dazu lockt die Mittelgebirgslandschaft südlich von Florenz noch mit hübschen mittelalterlichen Orten wie *Castellina in Chianti* oder *Greve in Chianti* mit seiner arkadengesäumten Piazza (hier am Sa bunter ● *Bauernmarkt* mit vielen Bioprodukten).

Vom Garten des ☀ *Ancora del Chianti Eco BB & Art Retreat (8 Zi. | Via Collegalle 12 | Tel. 055 85 40 44 | www.ancoradelchianti.it | €)* in einem verträumten Bauernhaus erwartet Sie ein herrlicher Blick auf diese Traumlandschaft. Die Hügel krönen burgartige Weingüter, in denen der rote Chianti gekeltert wird. In vielen

Weingut bei Gaiole: Nicht zu Unrecht heißen viele der Weingüter im Chianti Castello

# DIE MITTE

kann man auch wohnen, z. B. im *Castello di San Polo (2 Apartments, 7 Ferienhäuser | Tel. 05 77 74 60 45 | www.san-polo.de | €€)* in *Gaiole in Chianti*.

### LUCCA ★ (190 A1) (*E5*)

Den Beinamen „Italiens größtes Freilichtmuseum" hat Lucca (91 000 Ew.) verdient: Ein vollständig intakter Festungsring aus dem 16. Jh. umgibt die gepflegte Altstadt mit ihren vielen Schätzen wie dem Dom *San Martino* mit dem bezaubernden Marmorgrabmal der Ilaria del Carretto von Jacopo della Quercia oder der ovalen *Piazza del Mercato*, wo sich mittelalterliche Häuser in ein römisches Amphitheater eingenistet haben. Von der baumbestandenen *Torre Guinigi* blicken Sie bis zur *Garfagnana*, einem schönen Ausflugs- und Wandergebiet im Norden Luccas. Ein Tipp: die Kamelienblüte im Frühjahr in den Gärten alter Villen.

### MEDICI-VILLEN (188 B1) (*F5*)

Zwischen Florenz und Pistoia stehen prächtige Villen mit zauberhaften Gärten, erbaut von der reichen Familie Medici zwischen dem 15. und 17. Jh. Dazu gehören etwa die *Villa Medicea La Ferdinanda* in Artimino bei Carmignano und die *Villa Medicea Ambra* bei Poggio a Caiano. *Variierende Besichtigungszeiten, Auskunft bei der Touristeninformation Florenz*

### PISTOIA (188 B6) (*F5*)

Auf dem Weg nach Lucca lohnt die 90 000-Ew.-Stadt einen Halt: Im lebendigen Altstadtkern stehen der *Dom* mit schönem, begehbarem *Campanile* (Aussicht!) und die *Chiesa Sant'Andrea*, zwei der wertvollsten, romanisch-gotischen Sakralbauten der Toskana. An der *Piazza degli Ortaggi* und der *Piazza della Sala* laden Lokale und Läden ein. Ein weiteres Highlight ist das dem großen Pistoieser Bildhauer des 20. Jhs. Marino Marini gewidmete *Museum (Di–Sa 11–18, So 14.30–19.30 Uhr | Corso Silvano Fedi 30 | www.fondazionemarinomarini.it)* mit seinen modernen und zugleich archaischen Werken in einem alten Kloster.

# MARKEN (MARCHE)

**Badevergnügen pur versprechen die langen, großteils flachen Sandstrände mit beliebten Seebädern an der Küste der Marken.**

Von den vielen alten Städten, Dörfern und Abteien im Landesinnern, unprätentiösen, beschaulichen Ausflugszielen, haben Sie oft herrliche Rundblicke über die Hügellandschaft bis ans Meer. Der MARCO POLO Band „Italienische Adria" berichtet ausführlich über die Küstenregion der Marken.

# MARKEN

### ADRIABÄDER (191 D–E 1–2) (ΩΩ H5–6)

Zu den beliebtesten Badeorten zählen *Gabicce Mare* mit vielen Diskotheken und Nightclubs wie dem einem römischen Tempel ähnelnden *Baia Imperiale (www. baiaimperiale.net)* und 70er-Jahre-Discomusik-Festival *(www.discodiva.it)* im Juni, *Senigallia* mit eindrucksvoller neoklassizistischer Marktanlage oder ganz im Süden *San Benedetto del Tronto* mit Yachthafen und Palmenpromenaden. Viele Orte sind geteilt in ein mittelalterliches Hügelstädtchen und eine moderne Küstendependance, z. B. *Civitanova Marche,* *Cupra Marittima* oder *Grottammare.*

Ein Hafenstädtchen direkt am Meer ist *Fano* mit malerischer Altstadt, römischen Resten einer Burg und Palazzi. Von hier aus geht es 18 km ins Landesinnere nach *Cartoceto,* berühmt für sein exzellentes Olivenöl. In der Osteria einer seit 1660 aktiven Ölmühle, dem *Frantoio del Trionfo (nur Fr-Abend sowie Sa/So, im Sommer mit Reservierung auch Mi/Do | Via San Martino 9 | Tel. 0721893050 | www.frantoio deltrionfo.it | €€),* genießen Sie mediterrane Gerichte mit diesem köstlichen Öl.

### ANCONA (191 E1) (ΩΩ H6)

Eintauchen in Hafenatmosphäre können Sie in der Hauptstadt (106 000 Ew.) der Marken an der mittleren Adria. Ihr wichtiger Fährhafen beeindruckt mit einer napoleonischen Lazarettanlage. An der äußersten Landspitze baute man zu Ehren Kaiser Trajans 115 n. Chr. den *Arco di Traiano.* Schlendern Sie über den *Corso Mazzini* mit Boutiquen und Schuhgeschäften und über die schönen Plätze der Stadt mit Kirchen und Palazzi. Vom 🔆 *Monte Guasco* mit dem romanischgotischen Dom *San Ciriaco,* dem Wahrzeichen der Stadt, haben Sie den schönsten Blick über den Hafen.

### ASCOLI PICENO ⭐ (191 E2–3) (ΩΩ H6)

Vor der mächtigen Bergkulisse der Monti Sibillini, heute Naturschutzgebiet und beliebtes Wanderziel im Süden der Marken, liegt dieses wunderhübsche, von Flussläufen umgebene Städtchen (56 000 Ew.). Über einen der Flüsse führt der hervorragend erhaltene römische *Ponte di Solestà.* An der ● *Piazza del Popolo* aus spiegelglatten Travertinplatten, mit der schönen gotischen Kirche *San Francesco,* sitzt man von Renaissancefassaden umgeben im traditionsreichen *Caffè Meletti.* Im *Palazzo Comunale (April–Mitte Sept. Di–So 10–19, Mitte Sept.–März Di–Fr 10–13 und 15–18, Sa/So 11–18 Uhr)* lohnt die Gemäldesammlung einen Besuch.

# DORFSCHÄTZCHEN MIT CHARME

Der Club der *Borghi più Belli d'Italia (borghipiubelliditalia.it)* macht im Land der ohnehin malerischen Dörfer ganz besonders charaktervolle Weiler ausfindig. Von denen gibt es vor allem in der Mitte Italiens eine ganze Menge, beispielsweise *Barga* in den Wäldern der Garfagnana oder das beschauliche Thermaldorf *San Casciano dei Bagni* im Süden der Toskana. In den Marken ist es z. B. das intakte Burgdorf 🔆 *Gradara* mit tollem Panorama oder *Offida* mit seinem magischen Fackelzug zu Karneval, in Umbrien *Vallo di Nera,* wo Sie frische Forellen aus dem Fluss Nera kosten können, oder überm Tibertal *Lugnano in Teverina* inmitten von Olivenhainen.

# DIE MITTE

### CINGOLI UND FABRIANO
(191 D2) (*H6*)
Im alten Städtchen *Cingoli* (10 000 Ew.), dem „Balkon der Marken", haben Sie vom *Belvedere* hinter der Kirche San Francesco den schönsten Blick über die Hügellandschaft. Und das nette *Fabriano* (30 000 Ew.) ist berühmt wegen der Herstellung edlen Papiers: zu bestaunen (und auf Wunsch selbst zu machen) im *Museo della Carta (Juni–Okt. Di–So 10–13 und 14.30–19.30, Nov.–März 9–13 und 14.30–18.30, April/Mai 9.30–13.30 und 14.30–18.30 Uhr | Largo Fratelli Spacca 2 | www.museodellacarta.com)*, zu kaufen bei *Bartolini (Via Largo Bartolo di Sassoferrato 7)*. Stilvoll übernachten Sie im Herrenhaus eines Gutshofs beim nahen Dorf *Moscano: Agriturismo Gocce di Camarzano (6 Zi. | Tel. 3 36 64 90 28 | www.goccedicamarzano.it | €)*.

vom Meer entfernte Stadt (38 000 Ew.) bietet eine weiträumige Piazza, stattliche Palazzi, einen eindrucksvollen Dom, kostbare Kirchen, vor allem aber die INSIDER TIPP *cisterne romane,* eine aus

Traumplätzchen für den Aperitif: Fermos stimmungsvolle Piazza del Popolo

30 unterirdischen Becken bestehende römische Wasserreinigungsanlage. Zum Abschluss schmeckt ein gutes Glas Wein zu einer Auswahl von den hervorragenden Pecorinosorten der Marken an der zentralen *Piazza del Popolo* in der *Enoteca Bar a Vino (Mo/Di geschl. | Tel. 34 89 03 52 57 | €–€€)*.

### FERMO (191 E2) (*H6*)
Das ideale Ausflugsziel von den nahen Strandbädern an der Küste: Die nur 7 km

### JESI (191 D1) (*H6*)
Hier wächst der Verdicchio, der trockene, leicht bittere Weißwein der Marken, das Beste, was man zum *brodetto*, der typischen Fischsuppe der Küstenküche, trinken kann. Bummeln Sie durch die mittelalterliche Altstadt hinter der imposanten Stadtmauer und entdecken Sie die Bilder des großen Malers der Marken, Lorenzo Lotto (16. Jh.), im *Palazzo Pianetti*. Spektakulär sind die phantastischen Tropf-

# MARKEN

Adria mal anders: Steilküste prägt die Riviera del Conero

steinhöhlen *Grotte di Frasassi* landeinwärts.

### LORETO (191 E1) (*m H6*)
Die mächtige gotische Hallenkirche *Santuario della Santa Casa* in diesem mittelalterlichen Hügelstädtchen (11 000 Ew.) zählt zu den großen Wallfahrtsorten Italiens, wie allein die reiche Sammlung an Votivbildern bezeugt. Hierher sollen Engel das Haus der Maria von Nazareth im Flug getragen haben. Daher ist die Madonna di Loreto die Schutzheilige der Piloten. Sehenswert auch für Kinder ist die Krippenausstellung *Presepe Benedetto XVI (tgl. 9.30–12.30 und 14–19 Uhr | Via Sisto V/Piazza Papa Giovanni XXIII | www.presepeloreto.it)* mit bewegten Figuren.

### MACERATA (191 E2) (*m H6*)
Alljährlich kommen die Fans des Melodramas in diese schon südlich anmutende Stadt (44 000 Ew.) mit ihrem imposanten Renaissancezentrum zum renommierten Opernfestival *(Mitte Juli–Mitte Aug. | www.sferisterio.it)*, das in der kuriosen Kulisse einer 1829 erbauten, neoklassizistischen Ballspielarena stattfindet. Im nördlichen Umland von Macerata finden sich mit den Ruinen eines wuchtigen *Amphitheaters* die Reste der alten Römersiedlung *Helvia Ricina*. Im südlichen Umland stößt man auf die eindrucksvolle romanische Kirche *San Claudio al Chienti* sowie auf die gut erhaltene Zisterzienserabtei *Chiaravalle di Fiastra*.

### PESARO (191 D1) (*m H5*)
Zweitgrößtes Zentrum der Marken (90 000 Ew.) mit Stadt- und Badeleben. Pesaro ist der Geburtsort des Opernkomponisten Gioacchino Rossini, zu dessen Ehren es ein renommiertes Sommerfestival gibt. Foodies sind beeindruckt von den vielen Fischgerichten und der *piadina*, einem gefüllten Fladenbrot – besonders lecker bei *Rosa – Love for Italian Tradition (Mo geschl. | Viale Trieste 263 | Tel. 07 21 35 6 24 | €)*.

### INSIDER TIPP ▶ RIVIERA DEL CONERO
(191 E1) (*m H6*)
Im Süden Anconas schiebt sich der Apennin auf einer Landzunge dicht ans Meer, als 572 m hoher und mit mediterraner, dunkelgrüner Macchia bedeckter *Monte Conero* mit Steilküsten und wunderschö-

# DIE MITTE

nen, teils mit dem Boot zu erreichenden Buchten. Zusammen mit exklusiven Hotels, charmanten kleinen Landresorts, einem Golfplatz, Segel-, Surf-, Tauchschulen, guten Lokalen und Ökobewusstsein ergibt das einen Küstenspot der Extraklasse *(www.rivieradelconero.info)*. Mit dem europäischen Ökolabel ist etwa das reizende ♻ *Country House Acanto (9 Zi. | Via Ancarano 18 | Tel. 0719331195 | www. acantocountryhouse.it | €–€€)* bei *Sirolo* ausgezeichnet.

## URBINO ★ � (191 D1) (*⊞ G5*)

Den schönsten Blick auf die Renaissancebauten von Urbino (16 000 Ew.), diesem einzigartigen städtischen Gesamtkunstwerk, hat man von Westen kommend bzw. vom Garten der Festungsanlage *Fortezza Albornoz* aus. Unter dem Renaissancefürsten Federigo da Montefeltro arbeiteten hier Künstler wie Raffael („Die Stumme") und Piero della Francesca („Die Geißelung"), zu sehen in der *Galleria Nazionale delle Marche* im *Palazzo Ducale (Mo 8.30–14, Di–So 8.30–19.15 Uhr | www.palazzoducaleurbino.it)*. Ebenfalls im Herzogspalast befindet sich das über und über mit kostbaren Intarsien ausgestattete Studierzimmer des Fürsten. Heute ist Urbino ein lebendiges Studentenstädtchen.

# PERUGIA

**(190 C2)** *(⊞ G6)* **Der Hauptstadt (164 000 Ew.) Umbriens, des „grünen Herzen" Italiens, ist es gelungen, ihre urbane Anlage aus Mittelalter und Renaissance zu schützen und trotzdem lebendig zu erhalten.**

# LESEHUNGER & AUGENFUTTER

**Krimis** – Jetzt wird's spannend! Eine ganze Reihe italienischer Krimiautoren begleiten Sie durchs heutige Italien Piero Soria und Margherita Oggero durch Turin und Piemont, Rosa Cerrato und Claudio Paglieri durch Genua und Ligurien, Andrea Vitali durch die Lombardei, Valerio Varesi und Kultautor Carlo Lucarelli durch die Emilia. Mit den Krimis von Marco Vichi und Nino Filastro lernen Sie Florenz kennen, mit Giannico Carofiglio Bari und Apulien, mit Maurizio de Giovanni tauchen Sie in Neapel ein

**Meine geniale Freundin** – Die vierbändige neapolitanische Saga von Elena Ferrante ist ein weltweiter Bestseller und hat einen regelrechten Hype ausgelöst. Mitreißend erzählt sie von der lebenslangen Freundschaft zweier Frauen, die in den 1950ern in einem ärmlichen Viertel von Neapel aufwachsen

**Call Me by Your Name** – Der 2018 für den Oscar nominierte Film von Luca Guadagnino erzählt von einer romantischen Sommerliebe zwischen dem jungen Elio und dem Amerikaner Oliver im Norditalien der 1980er-Jahre

**Quo vado?** – In Gennaro Nunziantes Komödie (deutsch: „Der Vollposten") von 2016 kämpft ein unambitionierter Provinzbeamter aus Apulien, gespielt vom Comedian Checco Zalone, mit den absurdesten Mitteln um den Erhalt seiner Festanstellung. Der finanziell erfolgreichste italienische Film aller Zeiten!

# PERUGIA

Sie war eine der ersten Städte in Italien, die ihr Zentrum für den ausufernden Autoverkehr sperrten, Rolltreppen und Aufzüge verbinden es mit den unterhalb der Stadt gelegenen Parkplätzen. Ein Auf und Ab an Plätzen, treppenartigen Gassen, mit Palazzi, Kirchen und Geschäften, belebt von den Studenten. An der namhaften Ausländeruniversität Università per gli Stranieri werden Landeskunde- und Italienischkurse angeboten. Berühmt ist Perugia für seine *baci*, mit Liebesversen bestückte Schokokugeln.

## SEHENSWERTES

### CORSO VANNUCCI
Die Hauptachse durch das Zentrum, verkehrsberuhigt und Flaniermeile der Stadt, verbindet ein paar Höhepunkte: die gewaltige gotische Kirche *San Lorenzo* mit schönem Chorgestühl und einladendem Treppenaufgang, davor der berühmte Brunnen *Fontana Maggiore* der Großmeister Giovanni und Nicola Pisano (13. Jh.), schließlich der imposante *Palazzo dei Priori* in prächtiger italienischer Gotik, über und über ausgemalt mit Renaissancefresken von Perugino (Pietro Vannucci), dem Lehrer Raffaels. Er beherbergt die bedeutende Gemäldesammlung *Galleria Nazionale dell'Umbria* (*Di–So 8.30–19.30, April–Okt. auch Mo 12–19.30 Uhr | gallerianazionaledellumbria.it*).

### INSIDER TIPP ▶ MUSEO ATELIER GIUDITTA BROZZETTI
Im malerischen Ambiente einer uralten Franziskanerkirche (von 1212!) lernen Sie die Tradition der umbrischen Weberei kennen. An alten Webstühlen werden dort noch heute edle Stoffe gefertigt. *Mo–Fr 8.30–12.30 und 15–18 Uhr, Sa/So n. V. | Via Tiberio Berardi 5/6 | Tel. 075 40 2 36 | www.brozzetti.com*

### ROCCA PAOLINA
Mit der Rolltreppe tauchen Sie ins faszinierende unterirdische Gassenlabyrinth eines mittelalterlichen Handwerkerstadt-

Über und über mit Fresken geschmückt ist die Sala dei Notari in Perugias Palazzo dei Priori

# DIE MITTE

teils ab. Er wurde 1543 auf Befehl von Papst Paul III. zugeschüttet, der darüber die imposante päpstliche Zwingburg Rocca Paolina errichten ließ. *Frei zugänglich | Piazza Italia/Corso Vannucci*

## ESSEN & TRINKEN

### LA BOTTEGA DEL VINO
Ein Aperitiftreff: gute Stimmung, gute Weine, schmackhafte kleine Gerichte und gelegentlich Jazzabende. *Mo-Mittag und So geschl. | Via del Sole 1 | Tel. 075 571 61 81 | www.labottegadelvino.net | €*

### OSTERIA A PRIORI
Umbrisches Bier in großer Auswahl, dazu ein leckeres regionales Gericht und der Tag ist perfekt. *So geschl. | Via dei Priori 39 | Tel. 075 572 70 98 | www.osteriaapriori.it | €€*

## ÜBERNACHTEN

### ETRUSCAN CHOCOHOTEL
Das passende Hotel zur Etrusker- und Schokoladenstadt, modern und freundlich, mit phantastischem Schoko-Laden. *94 Zi. | Via Campo di Marte 134 | Tel. 075 58 373 14 | www.chocohotel.it | €€*

### B & B LE NAIADI
Frisches, heiteres Ambiente in alten Gemäuern in der Altstadt, gepflegt und freundlich. *3 Zi. | Via Bonazzi 17 | Tel. 33 37 41 74 08 | www.beblenaiadi.com | €*

## AUSKUNFT

*Piazza Matteotti 18 | Loggia dei Lanari | Tel. 075 573 64 58 | turismo.comune.perugia.it*

## ZIELE IN DER UMGEBUNG

### ASSISI (191 D2) (*m* G6)
1228, zwei Jahre nach dem Tod des charismatischen Ordensgründers Franziskus

von Assisi, begann man mit dem Bau der gewaltigen Doppelkirche ● *Basilica di San Francesco (www.sanfrancescoassisi.org),* die im Innern über und über mit herrlichen Fresken der besten Künstler ausgemalt wurde: von Simone Martini, Cimabue und deren Schülern, allen voran Giotto, der die unteren Wände der *Chiesa Superiore (tgl. 8.30–18, April–Okt. bis 18.50 Uhr)* mit der Lebensgeschichte des Franz bemalte. Nicht minder reich ausgemalt ist die *Chiesa Inferiore (tgl. 6–18.30, April–Okt. bis 18.50 Uhr),* die Unterkirche mit der Krypta. Assisi (27 000 Ew.) mit seinen Kirchen und Klöstern ist seit jeher Ziel der Kunstfreunde und religiösen Pilger auf den Spuren des hl. Franziskus. Dazu empfiehlt sich der einstündige Spaziergang hinauf zum *Eremo delle Carceri* am Monte Subasio. Hier liegt 10 km östlich traumhaft in den grünen Hügeln in uralten Gemäuern das schöne Romantikhotel *Le Silve (19 Zi. | Ortsteil Armenzano 89 | Tel. 075 801 90 00 | www.lesilve.it | €€–€€€)* mit Pool und Restaurant.
*Santa Maria degli Angeli (Mo–Sa 6.15–12.40 und 14.30–19.30 Uhr, So 6.45–12.50 und 14.30–19.30 Uhr)* im Westen Assisis ist eine reich ausgestattete Basilika aus dem 16. Jh., die in ihrem Innern die zauberhafte Kapelle *Porziuncola* einschließt, in der Franziskus seinen Orden gründete, wie auch die *Cappella del Transito,* in der der Heilige später verstarb.

### INSIDER TIPP ▶ CITTÀ DI CASTELLO
(190 C1) (*m* G6)
In der Stadt am Tiber (15 000 Ew.) lernen Sie das Werk eines der bedeutendsten zeitgenössischen Künstler Italiens kennen: Alberto Burris Materialbilder, Gemälde und Skulpturen im *Palazzo Albizzini (Juni–Sept. Di–Fr 10–13 und 14.30–18.30, Sa/So 10.30–18.30, Okt.–Mai Di–*

# PERUGIA

*Fr 9–12.30 und 14.30–18, Sa/So 10–18 Uhr | www.fondazioneburri.org)* im Zentrum und am Stadtrand in den ehemaligen Tabaktrockenhallen *Ex Seccatoio Tabacchi (gleiche Zeiten)*. Auch lohnen ein Besuch der *Pinacoteca (April–Okt. Di–So 10–13 und 14.30–18.30, Nov.–März 10–13 und 15–18 Uhr)* im *Palazzo Vitelli* sowie die schönen Webstoffe im *Museo Tela Umbra (nach Anmeldung Mo 9–12, Di–Sa 9–12 und 15.30–18.30, So 10.30–13 und 15.30–18.30 Uhr | Via Sant'Antonio 3 | Tel.*

## LOW BUDG€T

In Florenz wird für die Stadtparks normalerweise Eintritt verlangt. In den bezaubernden Rosengarten *Giardino delle Rose* unterhalb des Piazzale Michelangelo kommen Sie hingegen gratis.

*Trippai* heißen die Stände auf den Straßen von Florenz, die Suppen und üppig belegte Brote mit Kutteln anbieten, ein traditioneller Imbiss voller Aroma für wenig Geld (ab 3 Euro).

Mit der *Firenzecard (85 Euro für 72 Stunden | www.firenzecard.it)* kommen Sie umsonst und ohne Wartezeiten in Museen, Parks und Kirchen. Für 7 Euro zusätzlich kann man die öffentlichen Verkehrsmittel nutzen.

Die Vespa – Inbegriff wendigen Flitzens bei lauem Sommerwind – können Sie in Pontedera bei Pisa im *Museo Piaggio (Di–So sowie 2. und 4. So im Monat 10–18 Uhr | Viale Rinaldo Piaggio 7 | www.museopiaggio.it)*, Italiens bekanntester Vespamarke, bewundern – völlig gratis!

*07 58 55 43 37 | www.telaumbra.it)*.
Eine besonders gelungene Begegnung zwischen Modern und Alt findet sich bei *Montone* 20 km mitten in der Natur in der Gestaltung des Traumresorts *Torre di Moravola (7 Suiten | Tel. 07 59 46 09 65 | www.moravola.com | €€€)* in einem mittelalterlichen Wachturmhaus.

### DERUTA (190 C2) (*ⓜ G6*)
Keramik, Keramik, Keramik, und das schon seit 1290: eine Werkstatt, eine Fabrik neben der anderen! Im *Antico Fornace Deruta (Via Fabbretti 5 | www.antica fornacederuta.com)* können Sie schöne Stücke kaufen und erfahren dazu noch viel über das alte Kunsthandwerk. Ein *Keramikmuseum (April–Juni Mi–So 10.30 –13 und 15–18, Juli–Sept. 10–13 und 15–18, März und Okt. 10.30–13 und 14.30–17, Nov.–Feb. 10.30–13 und 14.30–16.30 Uhr | www.museoceramicadideruta.it)* mit schöner Majolikasammlung findet sich im *Palazzo Comunale.*

### GUBBIO (191 D2) (*ⓜ G6*)
Den Hang des Monte Ingino zieht sich diese bezaubernde Stadt (32 000 Ew.) hinauf. Bereits in vorrömischer Zeit gegründet, im Mittelalter in hartem Kalkstein erneuert und daher hervorragend erhalten, schauen Sie von Gubbio hinunter auf eine fruchtbare Ebene. Im *Palazzo dei Consoli (Kernzeit tgl. 10–13 und 15–17.30 Uhr)* aus dem 14. Jh. hütet ein Museum die Eugubinischen Tafeln, sieben Bronzeplatten mit alten lateinischen und umbrischen Inschriften.
Schlendern Sie durch die Gassen vorbei an Kirchen, Palazzi und Handwerksläden zur ☀ *Piazza Grande* mit schöner Aussicht auf die Umgebung und fahren Sie mit der Seilbahn über die Dächer von Gubbio hinauf zur *Basilica di Sant'Ubaldo.* Übernachten können Sie gut im alteingesessenen *Grotta dell'Angelo (10 Zi. | Via*

# DIE MITTE

Gioia 47 | Tel. 07 59 27 17 47 | www.grotta dellangelo.it | €) mit gemütlichem Restaurant.

### LAGO TRASIMENO (190 C2) (*G6*)
Lust auf einen Seetag? Baden können Sie an den Stränden des ziemlich flachen und im Sommer entsprechend warmen Trasimenischen Sees westlich von Perugia. Abwechslung bietet eine Bootsfahrt zur kleinen *Isola Maggiore* oder ein Bummel durch mittelalterliche Orte wie *Passignano sul Trasimeno* oder *Castiglione del Lago.*

### NORCIA (191 D3) (*H7*)
Aus diesem sehenswerten Städtchen (5000 Ew.) kam der hl. Benedikt, Begründer der Ordensbruderschaften von Norcia. Nach ihm benannt sind die schöne Piazza von Norcia und die gotische Kirche, die beim schweren Erdbeben im Oktober 2016 fast völlig zerstört wurde. Die Norcini sind bekannt für die Herstellung von Schinken und Salami; hinzu kommen im Herbst schwarze Trüffeln sowie die berühmten Linsen von Castelluccio aus den nahen Monti Sibillini. Die werden schmackhaft zubereitet in der *Taverna de Massari* (Mo geschl. | Tel. 39 20 66 32 42 | www.tavernademassari.com | €€) im *Casale nel Parco dei Monti Sibillini* (6 Zi. | Ortsteil Fonteneva 8 | Tel. 07 43 81 64 81 | www.casalenelparco.com | €), einem der vielen hiesigen *Agriturismo*-Betriebe.

### ORVIETO (190 C3) (*G7*)
Die alte Stadt (21 000 Ew.) liegt weithin sichtbar auf dem Plateau eines Tuffsteinfelsens, der sich aus dem Tal des Paglia erhebt. Hier hatten schon die Etrusker vor 2500 Jahren eine reiche Stadt angelegt. Im Felsen unterhalb der Stadt tut sich eine weite, auch für Kinder spannende INSIDER TIPP Unterwelt auf (geführte Abstiege mehrmals tgl. | Treffpunkt Piazza Duomo 23 | www.orvietounderground.it). Das moderne Orvieto musste sich wegen Platzmangels auf dem Felsen in der Talebene ausbreiten. So bestehen die

Elegant präsentiert sich die gotische Fassade von Orvietos Dom

Schönheiten dieser Stadt in aller Ruhe fort, allen voran der ★ *Dom Santa Maria* aus dem 14. Jh., dessen Fassade, eine elegante Mischung französischer und italienischer Gotik, ihresgleichen in Italien sucht; innen leuchten die Fresken des Luca Signorelli.

### SPOLETO (191 D3) (*G7*)
Die Stadt war römische Siedlung, Sitz der Langobarden und später der päpstlichen Gouverneure. Bedeutendste Sehenswür-

# SIENA

digkeit ist der *Dom* (12. Jh.) mit romanischen und Renaissanceelementen und Fresken. Spoleto (38 000 Ew.) ist berühmt für das renommierte Theater- und Musikfestival dei Due Mondi im Juli *(www.festivaldispoleto.com)*. Eine stilvol-

### VALNERINA (191 D3) (*G7*)

Umbrische Naturerlebnisse bietet das wilde, abgeschiedene Tal der Nera mit der einsamen alten Abtei *San Pietro in Valle,* das heute ein Charmehotel ist, mit dem Dörfchen *Ferentillo* mit Burgruinen

Schließt Sienas Piazza del Campo nach unten hin ab: Rathaus mit der schlanken Torre del Mangia

le Unterkunft direkt neben dem Dom ist der antike *Palazzo Dragoni (14 Zi. | Via del Duomo 13 | Tel. 07 43 22 22 20 | www.palazzodragoni.it | €€)*. Wegen des atemraubenden Panoramas auf ganz Umbrien lohnt der Ausflug auf den *Monteluco*.

### TODI (190 C3) (*G7*)

Von oben herab schaut dieses mittelalterliche Städtchen (17 000 Ew.) auf den hier sich besonders malerisch windenden Tiber. Eine breite, viel fotografierte Treppe führt auf die *Piazza del Popolo,* die zu den besonders bühnenreifen Plätzen Italiens zählt. Dort können Sie bei einem Café die schönsten Bauwerke der Stadt bewundern: den *Dom* und den *Palazzo dei Priori*.

und einem Mumienfriedhof in der Kirche Santo Stefano sowie den spektakulären Wasserfällen *Cascate delle Marmore (www.marmorefalls.it)* östlich von Terni. Das Wasser des Velino, weiter oberhalb zur Energiegewinnung gestaut, wird mehrmals am Tag (im Winter nur am Wochenende) für den Wasserfall „losgelassen".

# SIENA

(190 B2) (*F6*) **Ein mittelalterliches Kleinod ist diese Stadt (54 000 Ew.); bis ins 16. Jh. reicht die historische Blütezeit, von der Palazzi, Kirchen und Kunstsammlungen zeugen.**

# DIE MITTE

Die unbeirrte, selbstbewusste Konservierung ihrer Schätze gehört zum Lebensstil der Sieneser. Entsprechend intakt ist das Stadtbild. Ausführliche Informationen finden Sie im MARCO POLO Reiseführer „Toskana".

## SEHENSWERTES

### DUOMO SANTA MARIA DELL'ASSUNTA
Mitte des 12. Jhs. begann man mit diesem großartigen Bauwerk italienischer Gotik: kunstvolle Marmorintarsien, Fußbodengraffiti, Meisterwerke von Malern und Bildhauern. Im Innern nicht versäumen: die mit Fresken von Pinturicchio ausgemalte, berühmte Dombibliothek Libreria Piccolomini, schönste Frührenaissance (Duomo und Libreria März–Okt. Mo–Sa 10.30–19, So 13.30–18, Nov.–Feb. Mo–Sa 10.30–17.30, So 13.30–17.30 Uhr | www.operaduomo.siena.it). Die gotische Taufkirche San Giovanni ziert ein Taufbecken mit Reliefs von Donatello, Ghiberti, Jacopo della Quercia (1427–1430).

Neben dem Dom geht es in den Museumskomplex Santa Maria della Scala (Mitte März–Mitte Okt. Fr–Mi 10.30–19, Do 10–22, Mitte Okt.–Mitte März Mo, Mi und Fr 10–17, Do 10–20, Sa/So 10–19 Uhr | www.santamariadellascala.com) in einem uralten Spital mit einem anschaulich ausgemalten Pilgersaal, Kapellen und dem Archäologischen Nationalmuseum mit interessanter Etruskersammlung. Piazza del Duomo

### MUSEO CIVICO
Höhepunkt der Ausstellung im Palazzo Pubblico sind die Sala del Mappamondo mit den Fresken von Simone Martini sowie die Sala della Pace mit den Fresken des Ambrogio Lorenzetti über die „Auswirkung der guten Regierung auf Stadt und Land". Tgl. 10–18, im Sommer bis 19 Uhr | Piazza del Campo

### MUSEO DELL'OPERA METROPOLITANA
Meisterwerke von Giovanni Pisano, Ambrogio Lorenzetti, Jacopo della Quercia sind hier ausgestellt; Hauptattraktion ist die „Maestà" des Duccio di Buoninsegna. März–Okt. Mo–Sa 10.30–19, So 13.30–18, Nov.–Feb. Mo–Sa 10.30–17.30, So 13.30–17.30 Uhr | Piazza del Duomo

### PIAZZA DEL CAMPO ★
Der Platz, für viele der schönste der Welt, liegt im Schnittpunkt der drei Hügel, auf denen sich das ockerfarbene Häusermeer der Stadt ausbreitet. An der geraden Seite des Platzes steht das Rathaus, der Palazzo Pubblico aus dem 13./14. Jh., von dessen  Torre del Mangia (tgl. 10–16, März–Mitte Okt. bis 19 Uhr) Sie einen herrlichen Blick auf die Stadt haben. Am 2. Juli und am 16. August ist die Piazza del Campo Schauplatz des berühmten Palio, eines aus Tierschutzgründen umstrittenen Pferderennens zwischen den Stadtvierteln Sienas.

### PINACOTECA NAZIONALE
Im gotischen Palazzo Buonsignori finden Sie eine der wichtigsten Galerien der Toskana mit zahlreichen Meisterwerken aus dem 14.–16. Jh. und der Spannocchi-Sammlung mit Gemälden internationaler Künstler, darunter auch Albrecht Dürer. So/Mo 9–13, Di–Sa 8.15–19.15 Uhr | Via San Pietro 29 | pinacotecanazionale.siena.it

## ESSEN & TRINKEN

### COMPAGNIA DEI VINATTIERI
Toller Weinkeller, der den hungrigen Gästen auch gute toskanische Spezialitäten serviert, manchmal wird Jazzmusik gespielt, und das alles in einem stimmungsvollen Lokal. Tgl. | Via delle Terme 79 | Tel. 05 77 23 65 68 | www.vinattieri.net | €€

# SIENA

## ÜBERNACHTEN

### BERNINI
Ein einfaches und bezahlbares Hotel ganz zentral in der Altstadt: So etwas gibt es sogar im touristischen Siena. Mit ☙ Terrasse. *10 Zi. | Via della Sapienza 15 | Tel. 05 77 28 90 47 | www.albergobernini. com | €*

### PALAZZO FANI MIGNANELLI
In der Altstadt hübsche, unterschiedlich große Räume in einem alten Palazzo. *11 Zi. | Via Banchi di Sopra 15 | Tel. 05 77 28 35 66 | www.residenzadepoca.it | €–€€€*

## AUSKUNFT

*Piazza Duomo 1 | Tel. 05 77 28 05 51 | www. terresiena.it*

## ZIELE IN DER UMGEBUNG

### ABBAZIA DI SAN GALGANO
(190 B1) (*⌖ F6*)
Mit mystischer Atmosphäre bezaubert diese romantische Ruine einer Zisterzienserabtei aus dem 13. Jh. Das Bauwerk, von dem nur noch die hohen Außenmauern stehen, ist ein Beispiel gotischer Sakralarchitektur und die spektakuläre Kulisse für Sommerkonzerte. Dazu gehört eine kleine romanische Kirche mit Fresken von Ambrogio Lorenzetti.

### LE CRETE UND DER SÜDEN
(190 B2) (*⌖ F–G6*)
Aschgraue Hügel aus Lehmboden, plötzlich zu steilen Falten aufgerissene Abhänge, dramatische Erosionsfurchen: Mit dieser Landschaft, den *Crete,* beginnt das Gebiet südöstlich von Siena. Weiter im Süden liegt auf einem Hügel das mittelalterliche *Montalcino,* Heimatort des vorzüglichen Weins Brunello di Montalcino, auf dessen *Piazza del Popolo* das schöne *Caffè Fiaschetteria Italiana* mit seiner beachtlichen Brunelloauswahl einlädt. 10 km südlich werden in der sehr stimmungsvollen, noch aus karolingischer Zeit stammenden *Abtei Sant'Antimo* gregorianische Messen abgehalten.
Gen Osten geht es weiter ins zauberhafte Renaissancestädtchen *Pienza.* In der Nähe des Zentrums übernachten Sie im ☙ *Piccolo Hotel La Valle (15 Zi. | Via Circonvallazione 7 | Tel. 05 78 74 94 02 | www.piccolohotellavalle.net | €€)* mit Panoramablick über das Orciatal. In der

# KUNSTGÄRTEN UND GARTENKUNST

Die toskanische Traumlandschaft mit ihren lieblichen Hügeln und Weinbergen scheint Künstler zu beflügeln: Die Malerin und Bildhauerin Niki de Saint-Phalle hat es mit ihrem Skulpturengarten *Giardino dei Tarocchi* in der Maremma vorgemacht, auch für den Schweizer Künstler Daniel Spoerri und viele seiner Kollegen ist die südtoskanische Landschaft der ideale Raum für ihre Werke, die im *Giardino di Daniel Spoerri (Ostern–Juni Di–So, Juli–Mitte Sept. tgl. 11–20, Mitte Sept.–Okt. Di–So 11–20 Uhr, Nov.–Ostern nach Voranmeldung | www.danielspoerri.org)* bei Seggiano zu sehen sind. Wie gut zeitgenössische Kunst in diese Landschaft passt, zeigt auch der *Parco delle Sculture del Chianti (tgl. 10 Uhr–Sonnenuntergang | www.chiantisculpturepark. it)* in *Pievasciata* bei Castellina in Chianti.

# DIE MITTE

Am Hügel von Montepulciano erhebt sich die Wallfahrtskirche Madonna di San Biagio

Nachbarschaft liegt auf einem Lehmberg das befestigte ☆ *Monticchiello,* alljährlich Schauplatz INSIDERTIPP eines der interessantesten Theaterereignisse Italiens: Die Dorfbewohner führen auf der Piazza Ende Juli, Anfang August ein selbst verfasstes Stück auf *(www.teatro povero.it).*

Montepulciano (14 000 Ew.), Herkunftsort des Vino Nobile di Montepulciano, bietet ein wunderbares Szenario mit steilem Auf und Ab der Gassen und einem schön strukturierten Platz mit mittelalterlichen Palästen. Am Hügelfuß steht exponiert und strahlend die Wallfahrtskirche *Madonna di San Biagio* aus dem 16. Jh. Die gemütliche, beliebte Osteria *Acquacheta (Di geschl. | Via del Teatro 22 | Tel. 05 78 71 70 86 | www.acquacheta.eu | €)* lockt mit leckeren Suppen, saftigem Fleisch und natürlich gutem Wein.

### MASSA MARITTIMA (190 B2) (*F6*)
Die Stadt (10 000 Ew.) auf einem Hügel der erzhaltigen Colline Metallifere ist berühmt für ihren schönen romanisch-gotischen *Dom San Cerbone.* Seit dem Mittelalter bildete der Abbau von Erz, Silber und Kupfer den Reichtum der Stadt. Das *Museo della Miniera (Di–So, nur mit Führung, Kernzeiten 11–12 und 16–18 Uhr | Via Corridoni | www.museidimaremma.it)* in einem ehemaligen Bergwerk informiert zu diesem Thema.

### MONTE AMIATA (190 B2) (*F6*)
Der zweikuppige, dicht bewaldete Vulkanberg, 1738 m hoch, beherrscht den Süden der Toskana und ist ein beliebtes Wandergebiet. Rund um die Kuppen nisten Dörfer mit alten, rauen Kernen und Burgen wie Arcidosso, Santa Fiora, Castell'Azzara, Piancastagnaio und Abbadia San Salvatore.

### SAN GIMIGNANO ★ (190 B1) (*F6*)
Viele schöne Ecken gibt es in der Stadt der vielen Türme zu entdecken, die als eine der schönsten der Toskana gilt. Heute stehen noch 15 von den einst 72 Geschlechtertürmen, die das Städtchen (8000 Ew.) im Mittelalter überragten. Im

103

# TOSKANISCHE KÜSTE

Ort mit hübschen Plätzen und pittoresken Gassen lohnen auch der *Dom* und die Klosterkirche *Sant'Agostino* mit Fresken des berühmten Benozzo Gozzoli einen Besuch. Eine schöne Bleibe finden Sie am besten in der umliegenden Traumlandschaft, z. B. 15 km nordwestlich in *Montaione* **INSIDER TIPP** eine der Ferienwohnungen in zwölf ehemaligen Bauernhöfen auf dem *Agriturismo Castellare di Tonda Resort & Spa (Via Cerroni | Tel. 05 71 69 77 06 | www.castellareditonda. com | €€–€€€),* wo auch Kochkurse angeboten werden.

### VOLTERRA (190 B1–2) (*Ω F6*)

In dem 11 000-Ew.-Ort haben sich besonders reiche Spuren der großen Kulturepochen der letzten 3000 Jahre erhalten: Reste der Stadtmauern und des *Arco Etrusco,* dazu eines der besten Museen Italiens zur etruskischen Kultur, das *Museo Guarnacci (tgl. 9–19 Uhr | Via Don Minzoni 15),* außerdem Ausgrabungen mit einem römischen Theater. Das Stadtbild prägen immer noch die Gassen und Bauten des Mittelalters. Traditionelles Handwerk Volterras ist die Bearbeitung des Alabasters, überall gibt es Werkstätten und Läden zum Stöbern.

# TOSKANISCHE KÜSTE

### ETRUSKISCHE RIVIERA
### (190 A1–2) (*Ω E6*)

Im Süden Livornos beginnt die Etruskische Riviera, so genannt wegen ihrer zahlreichen etruskischen Siedlungsspuren. Höhepunkt ist das über dem Golf von Baratti gelegene ☀ *Populonia* mit etruskischer Nekropole am Meer. Längs der Küste liegen im Schatten der Pinien Campingplätze, dazwischen Küstenorte wie

das elegante *Castiglioncello* mit Badebuchten zwischen rötlichen Granitfelsen.

### LIVORNO (190 A1) (*Ω E5*)

Lust auf untouristisches Stadtleben und reges Hafentreiben? Dann sollten Sie Livorno (160 000 Ew.) besuchen und hier die typische Livorneser Fischsuppe *cacciucco* genießen, etwa in der rustikalen *Osteria La Barrocciaia (So-Mittag und Mo geschl. | Piazza Cavallotti 13 | Tel. 05 86 88 26 37 | labarrocciaia.it | €)* beim Marktplatz oder im kleinen Fischlokal *Osteria del Mare (Do geschl. | Borgo dei Cappuccini 5 | Tel. 05 86 88 10 27 | €€)* in Hafennähe. Den schönsten Sonnenuntergang genießen Sie von der weiten ☀ *Terrazza Mascagni (Viale Italia 191).*

### MAREMMA (190 B3) (*Ω F6–7*)

Zur Maremma gehören das hügelige Hinterland von Grosseto und eine von Pinienwäldern gesäumte Küstenlandschaft. Im *Naturpark* der Maremma südlich von Grosseto mit der Mündungslandschaft des Ombrone, dem Gebirgszug der Monti dell'Uccellina und ihrer Küste, mal felsig, mal mit langen, naturbelassenen Sandstränden (nur zu Fuß zu erreichen), zeigt sich die Toskana von ihrer wilden Seite. Von *Alberese,* Zentrum des Parks, können Sie spannende Touren unternehmen.
Zum teuren Ferienort hat sich *Punta Ala* entwickelt. Weiter im Süden ragt der *Monte Argentario* (635 m) aus dem Meer, mit hübschen Hafenorten wie *Porto Santo Stefano,* dem feinen *Porto Ercole* und dem Lagunenstädtchen *Orbetello.*
Im Osten der weitgehend modernen Provinzhauptstadt *Grosseto* gelangen Sie in die Tuffsteinberge der südlichsten Toskana, mit hoch auf Felsplateaus aufgestockten, wildromantischen Städtchen wie ☀ *Pitigliano, Sorano* oder *Sovana* mit bemerkenswerten etruskischen Felsengräbern. Wellness ist im Thermalort

# DIE MITTE

Saturnia angesagt, in dessen heißes Schwefelwasser Sie sich entweder in die von einem Spahotel mit Badebecken beanspruchte Quelle legen können oder 🟢 kostenlos unter die heißen Wasserfälle, *Cascate del Mulino* genannt.

Bei *Capalbio,* Treffpunkt der italienischen Kultur- und Politschickeria, liegt der traumhafte *Giardino dei Tarocchi* (April–Mitte Okt. tgl. 14.30–19.30, Nov.–März 1. Sa im Monat 9–13 Uhr | ilgiardinodeitarocchi.it) mit den bunten, üppigen, von Motiven der Tarockkarten inspirierten Skulpturen der Bildhauerin Niki de Saint-Phalle.

### PISA (190 A1) (*E5*)

Kaum ein Monument Italiens ist so berühmt wie der *Schiefe Turm (tagesaktuelle Öffnungszeiten und Tickets unter www.opapisa.it | Kinder unter 8 Jahren dürfen nicht hinauf)* von Pisa (88 000 Ew.). Seine Neigung begann schon bald nach dem Bau 1173 auf von Wasseradern durchzogenem Grund. Er steht auf dem ★ *Campo dei Miracoli,* ebenso wie der prächtige romanische *Dom,* das *Baptisterium* und der *Camposanto,* ein Friedhof voll kostbarer Skulpturen und Fresken. Gutes Essen und lebendiges Ambiente in der *Osteria dei Cavalieri (Sa-Mittag und So geschl. | Via San Frediano 16 | Tel. 0 50 58 08 58 | www.osteriacavalieri.pisa.it | €–€€).*

### VERSILIA (188 A6) (*E5*)

Der mondäne obere Küstenabschnitt der Toskana von Ligurien bis nach Viareggio: 25 km feiner Sandstrand, schattige Piniengürtel und Ferienanlagen, Villen und Hotels und im Hintergrund die steilen ★ *Apuanischen Alpen.* Aus ihrem Stein werden seit Jahrhunderten riesige Marmorblöcke geschnitten. Besichtigen können Sie die Marmorbrüche *(cave)* und Werkstätten von *Carrara* und das besonders hübsche *Pietrasanta.* Elegante Badeorte sind *Forte dei Marmi* und *Viareggio.*

Den Engeln am Turm in Pisa ist auch schon ganz unwohl: Kippt er oder kippt er nicht?

# ROM & DER APENNIN

Alle Wege führen bekanntlich nach Rom, in die „ewige Stadt" im Latium, reich an grandiosen Bauwerken. Doch im Zentrum Italiens gibt es noch mehr zu entdecken. Nicht nur die Römer besuchen gern die von wilden Tieren bewohnte Bergwelt des Abruzzen-Nationalparks oder kommen zum Skifahren auf den Gran Sasso, mit seinen 2912 m der höchste Berg des Apennins.

Das weiter südlich gelegene Molise gehört gleichermaßen zu diesem herben Zentrum Italiens, geografisch wie kulturell. Mit der Region Abruzzen gemein hat es die Adriaküste mit ihren ausgedehnten Badesträndern und den Küstenstädten.

Nicht weit entfernt von der italienischen Hauptstadt liegen im grünen Latium uralte Etruskerstädte wie Tarquinia und Cerveteri. Südlich von Rom lohnen an der Küste mit ihren kilometerlangen, flachen Sandstränden malerische Badeorte wie Gaeta und das mittelalterliche Sperlonga einen Besuch, ebenso wie die vor der Küste gelegene Insel Ponza.

## L'AQUILA

(191 E3) *( H7)* ☼ **Durch eindrucksvolle Berglandschaft gelangt man von Rom oder von der adriatischen Küste über Teramo in diese hübsche mittelalterliche Berg- und Universitätsstadt (70 000 Ew.), Hauptstadt der Region Abruzzen, im Blickfeld das imposante Massiv des Gran Sasso.**

106   Bild: Forum Romanum in Rom

## Bären und Wölfe in den Abruzzen, Adria und Apennin, die brodelnde Hauptstadt und die Hochkultur der Etrusker erwarten Sie

1240 gründete der Staufer Konrad IV. hier einen Vorposten gegen das päpstliche Rom. In der Folgezeit gelangte die Stadt dennoch unter den Einfluss des Kirchenstaats, man sieht es noch heute an den vielen Kirchen. Von antiker Besiedlung zeugen die Ruinen römischer Theater in *Amiternum* 9 km nordwestlich und die Kirche *Santa Maria ad Cryptas* bei Fossa 10 km südöstlich, deren wertvolle mittelalterliche Fresken 2009 bei einem schweren Erdbeben beschädigt wurden. Damals kamen über 300 Menschen unter den Trümmern ums Leben und Zehntausende verloren ihr Zuhause. Die schöne Altstadt L'Aquilas ist nach wie vor vielerorts mit Absperrungen und Stützgerüsten gesichert, zahlreiche Häuser sind verlassen bzw. noch nicht wieder instand gesetzt.

Das heißt aber nicht, dass Sie die Stadt meiden sollten – im Gegenteil, die Aquilaner sehen interessierte Besucher als Vorboten des Wiederaufbaus; zudem sind die berühmten kunstvollen Fassaden ihrer Kirchen weitgehend unversehrt

# L'AQUILA

geblieben. Bunte Neubausiedlungen sind vor den Toren der Stadt entstanden.

## SEHENSWERTES

### FONTANA DELLE 99 CANNELLE
Der „Brunnen der 99 Wasserspeier" von 1272, ein großes Becken mit 99 Wasser speienden Steinmasken, erzählt die Gründersage von L'Aquila. Ihr zufolge war die Stadt aus 99 Burgen entstanden, jede mit einer Kirche, einem Platz sowie einem Brunnen ausgestattet. *Piazza San Vito*

### MUSEO NAZIONALE D'ABRUZZO
Das MuNDA zeigt Kunst von der Antike bis zur Neuzeit. Nach dem Erdbeben musste es seinen Sitz in der mächtigen Festung Forte Spagnolo verlassen und residiert nun provisorisch im ehemaligen Schlachthof. *Di–So 8.30–19.30 Uhr | Via Tancredi da Pentima*

### SAN BERNARDINO
Der Höhepunkt dieser reich ausgestatteten Kirche am Ende einer monumentalen Treppe ist die schöne Renaissancefassade mit Cola dell'Amatrice. Schauen Sie unbedingt auch nach oben auf die kostbare Decke aus Holz und Gold! *Via di San Bernardino*

### SANTA MARIA DI COLLEMAGGIO ★
Was für ein Architekturjuwel! Wegen seiner grandiosen Fassade mit drei romanisch-gotischen Rosettenfenstern und drei romanischen Portalen gilt dieser Sakralbau als schönstes romanisches Bauwerk der Abruzzen. Nach aufwendigen Restaurierungsarbeiten kann die neben einem schönen Park gelegene Kirche endlich wieder in ihrer ganzen Pracht bestaunt werden. *Piazza di Collemaggio*

## ESSEN & TRINKEN

### LOCANDA AQUILANA DA LINCOSTA
Abruzzische Köstlichkeiten wie handgemachte *spaghetti alla chitarra* mit Ricotta und Safran bekommen Sie in diesem Lokal in der Altstadt. *So-Abend geschl. |*

Die Safranernte bei L'Aquila ist auch heute noch schwere körperliche Arbeit

# ROM & DER APENNIN

Via Antonelli 6 | Tel. 08 62 20 43 58 | www.
dalincosta.it | €€

## EINKAUFEN

Ein ideales Mitbringsel ist der berühmte
weiche *torrone* aus Nougat und Honig
der *Fratelli Nurzia (Piazza Duomo 74 | www.
torronenurzia.it).* In Lebensmittelgeschäften bekommen Sie den hoch geschätzten
Safran von L'Aquila *(zafferano di Navelli*).

## ÜBERNACHTEN

### LA COMPAGNIA DEL VIAGGIATORE
6 km nordwestlich im Grünen liegt dieses
moderne Gasthaus mit gutem Restau-
rant und kleinem Pool. *45 Zi. | Ortsteil
Cansatessa | SS 80 | Tel. 08 62 31 36 27 |
www.compagniadelviaggiatore.it | €*

## AUSKUNFT

*Piazza Battaglione degli Alpini | Tel.
08 62 69 13 55 | www.abruzzoturismo.it*

## ZIELE IN DER UMGEBUNG

### ATRI (191 E3) (*M J7*)
Das mittelalterliche Städtchen (11 000 Ew.)
auf einem Hügelrücken 12 km von der
Adria lohnt einen Besuch wegen seines
romanisch-gotischen *Doms* mit kostbaren Fresken, wegen seiner Lakritzspezia-
litäten und wegen der eindrucksvollen
steilen Erosionsfalten an der Straße nach
Teramo, *calanchi, balze* oder *bolge* genannt.

### CHIETI ☽ (191 F3) (*M J7*)
Eine schöne Altstadt und ein toller Blick
auf die Majellagruppe erwarten Sie in
der hoch gelegenen Provinzhauptstadt
(52 000 Ew.). Machen Sie einen Shop-
pingbummel auf dem lebhaften *Corso
Marrucino,* entdecken Sie Reste von römischen Tempeln und statten Sie dem go-
tisch-barocken *Dom* einen Besuch ab. Im
*Museo Archeologico (Di–Sa 8.30–19.30,
So 8.30–14, 1. So im Monat bis 19 Uhr |
Via Costanzi 2)* sehen Sie schön präsen-

---

## MARCO POLO HIGHLIGHTS

⭐ **Santa Maria di Collemaggio
in L'Aquila**
Schönstes romanisches Bauwerk
der Abruzzen mit beeindruckender
Fassade → S. 108

⭐ **Parco Nazionale d'Abruzzo,
Lazio e Molise**
Wölfe und Wanderrouten → S. 110

⭐ **Petersdom in Rom**
Der gigantische Dom mit Werken
bedeutender Künstler ist der größte
der Christenheit → S. 114

⭐ **Forum Romanum in Rom**
Von hier wurde das antike Weltreich
regiert → S. 113

⭐ **Vatikanische Museen**
Einer der größte Museenkomplexe
der Welt → S. 115

⭐ **Tivoli**
Römische Villen des Kaisers Hadrian,
Theater, Tempel, Thermen und der
schönste Park Italiens vor den Toren
Roms → S. 120

⭐ **Päpstliche Sommerresidenz
in Castel Gandolfo**
Die Sommerfrische der Päpste mit
prachtvollem Garten → S. 118

⭐ **Sixtinische Kapelle im Vatikan**
Die berühmte Schöpfungsgeschichte
von Michelangelo → S. 116

# L'AQUILA

tierte prähistorische und römische Funde wie die berühmte Kriegerfigur von Capestrano.

Im nahen *Guardiagrele* lohnt im August der Handwerkermarkt *Mostra dell'Artigianato Artistico Abruzzese (www.artigianatoabruzzese.it)*. Eine besonders schöne Unterkunft, in der Sie die Küche der Abruzzen auf höchstem Niveau kosten können, ist *Villa Maiella (14 Zi. | So-Abend und Mo geschl. | Via Sette Dolori 30 | Tel. 08 71 80 93 19 | www.villamaiella.it | €€)*.

### GRAN SASSO D'ITALIA
**(191 E3) (*ⅉ H–J7*)**

Zum „großen Felsen von Italien", höchster Gipfel des italienischen Apennins, gehört der *Monte Corno* (2912 m), durch den sich die Autobahn von L'Aquila nach Teramo 10 km lang hindurchbohrt. Lust auf großartige Landschaftsbilder? Dann ziehen Sie die 🔆 Panoramastraße (SS 80) auf der Nordwestseite des Massivs vor! Von hier geht es weiter an die Küste vorbei an der sehenswerten romanischen Abtei *Santa Maria di Propezzano*. Auf der Südseite des Gran Sasso erstreckt sich die landschaftlich eindrucksvolle Hochebene *Campo Imperatore*. In *Assergi* befindet sich das *Parkbüro (Via del Convento 1 | Tel. 0 86 26 05 21 | www.gransassolagapark.it)* mit allen Infos zum Wandern und Skifahren, zu Flora und Fauna. Im malerischen Bergdorf **INSIDER TIPP** *Santo Stefano di Sessanio*, einem der schönsten Dörfer Italiens, laden die 31 aufs Dorf verteilten Gästezimmer des *Sextantio (Tel. 08 62 89 91 12 | www.sextantio.it | €€–€€€)* zur Übernachtung: ein sogenanntes *albergo diffuso*, eine neue Form, alte Bergdörfer zu beleben, bäuerlich schlicht, doch auf hohem Niveau inszeniert – das kostet entsprechend. Eine preiswerte Alternative im Dorfkern sind die sechs netten Fe-

rienwohnungen der *Residenza la Torre (Tel. 34 75 38 74 51 | www.residenza-latorre.it | €)*.

Die Ebene von Navelli im Süden, berühmt für den Anbau des wertvollen Safrans, erstreckt sich zwischen den großen Berggruppen der Abruzzen – eine grandiose Kulisse für das malerische Dorf *Navelli*. Übernachten kann man hier im freundlichen B & B *Abruzzo Segreto (4 Zi. | Via San Girolamo 3 | Tel. 08 62 95 94 47 | abruzzo-segreto.it | €)*.

### MOLISE (191 F5) (*ⅉ J8*)

Willkommen im abgeschiedenen Molise, der zweitkleinsten Region Italiens. Ihr Besuch führt in ein altes Hirtenland mit Spuren vor- und frühgeschichtlicher Besiedlungen. Die Regionshauptstadt *Campobasso* (50 000 Ew.) besitzt eine verwinkelte Altstadt mit mächtigem Kastell und einige besonders gute Speiselokale, z. B. *Miseria e Nobiltà (So geschl. | Via Sant'Antonio Abate 16 | Tel. 0 87 49 42 68 | €–€€)*. Haben Sie das Glück, zu Fronleichnam hier zu sein, erleben Sie die hinreißende Prozession unter Beteiligung der Kinder.

*Isernia* (18 000 Ew.) ist unter Paläontologen weltberühmt: Hier wurden die in Europa ältesten Spuren menschlichen Lebens gefunden, mindestens 730 000 Jahre alte Reste von Jagdbeuten und Feuerstellen *(Museo Paleolitico Nazionale | Di–So 8–19 Uhr | Via Ramiera Vecchia)*.

### PARCO NAZIONALE D'ABRUZZO, LAZIO E MOLISE ⭐ (191 E4) (*ⅉ H–J 7–8*)

Dieser rund 600 km² große Naturpark gehört zu den berühmtesten Italiens – wegen seiner wilden, ursprünglichen Landschaft und seiner einzigartigen Tierwelt, zu der die Wölfe und die kleinen Braunbären der Abruzzen gehören. Auf über 150 Wanderwegen können Sie diese herbe Landschaft erkunden; dabei helfen

110

# ROM & DER APENNIN

Santo Stefano di Sessanio: Übers ganze Dorf verteilt sind die 31 Gästezimmer des *albergo diffuso*

mehrere Besucherzentren mit Ausstellungen und Wildgehegen.
Der Hauptort im Park ist *Pescasseroli,* im Winter auch Skigebiet. Unterkommen können Sie dort auf Campingplätzen, in Berghütten oder im Hotel, z. B. im *Il Bucaneve (15 Zi. | Viale Colli dell'Oro | Tel. 08 63 91 00 98 | www.hotelbucaneve.net | €–€€).* Traditionelle abruzzische Küche genießen Sie im *Ristorante Il Plistia (Via Principe di Napoli 28 | Di geschl. | Tel. 08 63 91 07 32 | www.albergoilplistiaristorante.it | €€).* Auskunft: *Via Principe di Napoli | Tel. 08 63 91 04 61 | www.abruzzoturismo.it, www.parcoabruzzo.it*

### PESCARA (191 F3) (*J7*)
Kontrastprogramm zur Bergwelt bietet dieses große urbane Zentrum (121 000 Ew.) an der flachen Adriaküste der Abruzzen. Pescara ist bei Badeurlaubern wegen seiner langen Strände beliebt. Es hat zwar keine nennenswerte Altstadt, dafür aber viele Geschäfte, eine tolle Strandpromenade und viele Fischrestaurants. Pescaras Stockfischspezialitäten *(baccalà)* bekommen Sie besonders gut in der *Taverna 58 (Fr-Mittag, Sa-Mittag und So geschl. | Corso Manthone 46 | Tel. 0 85 69 07 24 | www.taverna58.it | €–€€).* Eine herausragende Gourmetadresse direkt am Meer ist das *Café les Paillotes (So geschl. | Piazza Le Laudi 2 | Tel. 08 56 18 09 | www.lespaillotes.it | €€–€€€).* Außerhalb der Stadt sind die besten Strände im Norden *Silvi Marina,* im Süden *Lido Riccio* und *Lido dei Saraceni.*

### SULMONA (191 E4) (*J7*)
Nicht nur *dolce,* sondern auch *bella!* Berühmt ist das hübsche mittelalterliche Städtchen (24 000 Ew.) für seine bunten *confetti:* bezaubernd glasierte Mandeln, die in der Traditionsfabrik *Pelino (Mo–Sa 8.30–12.30 und 15–19 Uhr | Via Stazione Introdacqua 55 | confettimariopelino.com)* mit Museum hergestellt werden. Über Sulmona erhebt sich das eindrucksvolle

111

# ROM

Touristenobsession: Münzen im Gewicht von 35 000 kg landen Jahr für Jahr im Trevi-Brunnen

Majellagebirge, die Altstadt gefällt mit malerischen Plätzen und Kirchen.
Außerordentlich gut essen Sie im familiären Traditionsrestaurant INSIDER TIPP *Taverna de Li Caldora* (So-Abend und Di geschl. | *Piazza Umberto I 13* | *Tel. 0864411 39* | €€) im schönen Dorf *Pacentro* 8 km östlich.
Eine landschaftlich eindrucksvolle Tour führt durch die Schluchten *Gole del Sagittario* ins besonders malerische Bergdorf *Scanno*. Als Quartier zum längeren Verweilen in dieser Kulisse eignet sich der Biohof *Le Prata* (5 Zi. | *Le Prata* | *Tel. 0864 57 83 03* | *www.agriturismoleprata.it* | €). Auf dem Weg von Sulmona ans Meer trifft man auf die großartige, in einem Garten gelegene romanische *Abtei San Clemente in Casauria* (tgl. 9–13.30 Uhr | *www.sanclementeacasauria.beni culturali.it*).

### TERMOLI (192 B2) (*K8*)
Der malerische mittelalterliche Stadtkern Termolis (34 000 Ew.) ragt am schmalen Küstenstreifen des Molise auf einem Sporn ins Meer. Am Fischereihafen ist immer viel los. Von hier starten die Fähren zu den *Isole Tremiti,* einer beliebten kleinen Inselgruppe vor der Halbinsel des apulischen Gargano. Die Küste hinauf Richtung Pescara nennt sich zwischen Vasto und Ortona *Costa dei Trabocchi* wegen der auf hohen Pfeilern kühn überm Wasser schwebenden Fischerhütten, auch Fischergalgen genannt.

# ROM (ROMA)

**KARTE IM HINTEREN UMSCHLAG**
(190 C4) (*G8*) **Der Reiz Roms liegt in seinem einmaligen Mix aus gewichtiger Vergangenheit, lebhafter Gegenwart und dem milden Klima mit viel Draußenleben.**
Mitten in der 3-Mio.-Ew.-Stadt zeugen gewaltige Ruinen von ihrer Zeit als Herz des römischen Imperiums und prachtvolle Kirchen und Palazzi aus Mittelalter,

112

# ROM & DER APENNIN

Renaissance und Barock von ihrer Rolle als Zentrum der Christenheit. Über allem thront der kitschig-monumentale „Vaterlandsaltar" *Vittoriano* mit atemraubendem Panorama von der 🔆 *Terrazza delle Quadrighe,* zu der man über einen gläsernen Aufzug gelangt.

Ein frischer Gegenwartswind durchweht die Stadt: Museen für zeitgenössische Kunst (MACRO und MAXXI), hochkarätige Konzerte, Ausstellungen und Filmfestivals zeugen vom regen Kulturleben und neben handfesten Traditionstrattorien und Nachbarschaftsbars finden sich schicke Restaurants und angesagte Loungebars, neben Edelboutiquen tun sich stylishe Stores auf. Man spaziert durch Szeneviertel wie das beschauliche Trastevere und das volkstümliche Testaccio oder hin zur eleganten Piazza del Popolo. Der MARCO POLO Reiseführer „Rom" berichtet ausführlich über die Stadt.

## SEHENSWERTES

### ARA PACIS AUGUSTAE (U C2) (*📖 d3*)
Antike trifft Moderne: Architekt Richard Meier überbaute den mit hochkarätiger

> **CITY** 🔆 **WOHIN ZUERST?**
> **Piazza del Popolo (U C–D1)**
> (*📖 e2*)**:** Von hier aus lässt sich das Zentrum gut zu Fuß erkunden (Metro A, Flaminio). Über die Flaniermeile Via del Corso arbeitet man sich gen Süden vor. Wer Rom mit dem Auto ansteuert, sollte sich auf *www.myparking.it* einen bewachten Parkplatz in der Nähe der Unterkunft heraussuchen. Vom Hauptbahnhof Stazione Termini gehen die U-Bahnen Metro A und Metro B ab sowie zahlreiche Stadtbusse (*Ticket 1,50 Euro, Tagesticket 7 Euro*).

Skulpturkunst verzierten Friedensaltar des Augustus (9 v. Chr.) mit einem modernen Bau − auch Kulisse für Kunstausstellungen. *Tgl. 9.30–19.30 Uhr | Lungotevere in Augusta | www.arapacis.it*

### FONTANA DI TREVI (U D3) (*📖 f5*)
Um den berühmtesten Brunnen Roms herrscht immer großer Andrang, denn wer hier eine Münze hineinwirft, so heißt es, wird wiederkommen. Am besten besuchen Sie das barocke Meisterwerk frühmorgens oder nachts, um die Ansicht des Triumphbogens vor der schönen Palastfassade besser genießen zu können. *Piazza di Trevi*

### FORUM ROMANUM ★
(U E4–5) (*📖 f–g 6–8*)
Heute ein eindrucksvoller Ruinenpark, wurde einst von hier aus das römische Weltreich regiert: mit den Resten einst prachtvoller Wohnvillen auf dem Palatin, von Tempeln, Märkten und Triumphbögen. Und jeder Kaiser baute sich sein Forum. *Tgl. 8.30 Uhr–1 Std. vor Sonnenuntergang | Eingänge Via San Gregorio und Largo della Salaria Vecchia | turismo.sop rintendenzaspecialeroma.it*

### KAPITOLINISCHE MUSEEN
(MUSEI CAPITOLINI) (U D4) (*📖 f6*)
Mehr römische Geschichte geht nicht! Die Paläste an der wunderbaren Platzanlage des Kapitols (ital. Campidoglio) zeigen berühmte Statuen wie die Romulus und Remus säugende kapitolinische Wölfin und die bronzene Reiterstatue von Marc Aurel. Lassen Sie sich auch den tollen Blick von der 🔆 Dachterrasse der Cafeteria nicht entgehen! Faszinierend: die Ausstellung antiker Skulpturen aus den kapitolinischen Museen **INSIDER TIPP** in der dramatischen Kulisse eines aufgelassenen Elektrizitätswerks (*Centrale Montemartini | Di–So 9–19 Uhr | (O) (📖 O) |*

**113**

# ROM

*Via Ostiense 106 | www.centralemontemar tini.org). Tgl. 9.30–19.30 Uhr | Piazza del Campidoglio | www.museicapitolini.org*

## KIRCHEN ●

Zu den zahllosen kostbaren Kirchen, die Rom, Hauptstadt der Christenheit, beherbergt, gehören die vier Papstbasiliken: *San Giovanni in Laterano ((O) (𝄞 j8) | Piazza San Giovanni)* ist die älteste frühchristliche Papstkathedrale (4. Jh.) und katholische Mutterkirche mit überreicher Innenausstattung aus Marmor, Golddekor und Statuen; dann natürlich die größte Christenkirche überhaupt, der *Petersdom ((U A3) (𝄞 a4) | Piazza San Pietro)* über dem Grab des Petrus. Dritte im Bund ist *San Paolo fuori le Mura ((O) (𝄞 0) | Via Ostiense)* über dem Grab des Paulus; ihr grandioses Inneres ist in fünf Schiffe aufgeteilt, auch gehört ein besonders schöner Kreuzgang dazu. Schließlich die der Marienverehrung gewidmete *Santa Maria Maggiore ((U F4) (𝄞 h5) | Piazza Santa Maria Maggiore),* ebenfalls frühchristlichen Ursprungs, auch berühmt für ihre phantastischen Apsismosaiken.

## KOLOSSEUM (COLOSSEO)
**(U E–F5) (𝄞 g7)**

70 000 Menschen fasste dieses gigantische Amphitheater. Kaiser Titus weihte die Arena 80 n. Chr. mit 100 Tage andauernden, blutrünstigen Spielen ein. Unzählige Tiere und Menschen starben bei den grausamen Kämpfen und Tierhatzen, die der Belustigung der Zuschauer dienten. *Tgl. 8.30–1 Std. vor Sonnenuntergang, Ostern–Aug. bis 19.15 Uhr | Piazza del Colosseo*

## MAXXI (O) (𝄞 0)

Der kühne, schwungvoll dynamische Bau der Architektin Zaha Hadid für die Sammlungen neuer Kunst, Architektur, Fotogra-

fie inmitten von Mietskasernen im nördlichen Wohnviertel Flaminio steht für das Rom des 21. Jhs. *Di–Fr und So 11–19, Sa 11–22 Uhr | Via Guido Reni 4a | www.fon dazionemaxxi.it*

## MUSEO NAZIONALE ROMANO

Die umfangreichste Sammlung zur Kunst der römischen Antike verteilt sich auf vier verschiedene Ausstellungsorte: *Palazzo Massimo ((U F3) (𝄞 h5) | Largo di Villa Peretti 1), Palazzo Altemps ((U C3) (𝄞 d5) | Piazza Sant'Apollinare 46), Crypta Balbi ((U D4) (𝄞 e6) | Via delle Botteghe Oscure 31), Terme di Diocleziano ((U F2–3) (𝄞 h4) | Viale Enrico de Nicola 79);* dazu die Ausgrabungen der grandiosen Kaiservilla *Domus Aurea ((U F5) (𝄞 h7) | Tour mit Virtual Reality Sa/So 8.30–18.15 Uhr | nur mit Reservierung | Tel. 06 39 96 77 00 | www.coopculture.it)* beim Kolosseum. *Terme di Diocleziano Di–So 9–19.30, alle anderen Di–So 9–19.45 Uhr | www.museonazionaleromano.beni culturali.it*

## PANTHEON (U D3) (𝄞 e5)

Dieser Göttertempel aus dem Jahr 27 v. Chr. ist der einzige erhaltene antike Kuppelbau, dessen Bauweise großen Einfluss auf die Architekturgeschichte hatte. In seinem eindrucksvollen Innenraum liegen mehrere italienische Könige und der Maler Raffael begraben. Abends ist der Vorplatz ein beliebter Treffpunkt der Römer. *Mo–Sa 9–19.30, So 9–18 Uhr | Piazza della Rotonda*

## PETERSDOM (SAN PIETRO) ★
**(U A3) (𝄞 a4)**

Ins bedeutendste Heiligtum der katholischen Christenheit gelangt man über den harmonischen Platz, den Roms Meister des Barock, Gianlorenzo Bernini, 1667 schuf. Am gigantischen Dom, der *Basilica di San Pietro,* die 60 000 Menschen auf-

114

# ROM & DER APENNIN

Sie haben keine Audienz beim Papst erwischt? Ein Gottesdienst im Petersdom ist doch auch was

nimmt, haben Bramante, Carlo Maderna und Michelangelo gearbeitet. Von seiner ☼ Kuppel (Eintritt) haben Sie einen grandiosen Ausblick. Im Innern die Reliquien des Petrus und des Paulus und unter den zahlreichen Kunstwerken die Pietà des Michelangelo. *April–Sept. tgl. 7–19, Okt.–März 7–18.30 Uhr | Piazza San Pietro*

### PLÄTZE

Der *Campo de' Fiori* (U C4) (*ᗰ d6*), dieses „Blumenfeld", im Mittelalter Rinderweide und Hinrichtungsplatz, ist heute der schönste römische Obst-, Gemüse- und Blumenmarkt; hier in Hausnummer 22 ein Imbisstipp: die köstliche *pizza bianca* der Bäckerei *Forno Campo de Fiori*. Die lang gestreckte *Piazza Navona* (U C3) (*ᗰ d5*), beliebter Filmschauplatz und Treffpunkt, glänzt mit dem prächtigen Barockbrunnen der „Vier Ströme" vom Barockmeister Gian Lorenzo Bernini und ihren blumengeschmückten Balkonen, mit Kleinkünstlern und Straßencafés. Eine breite, bühnenartige Treppe charakterisiert die *Scalinata Trinità dei Monti*, die „Spanische Treppe" an der ☼ *Piazza di Spagna* (U D2) (*ᗰ f3–4*), liebstes Sitzmöbel müder Touristen und internationaler Jugendtreff.

### TRASTEVERE (U B–C 5–6) (*ᗰ c–d 7–8*)

Einfach treiben lassen und die charmante Atmosphäre genießen! Das verwinkelte, einst volkstümliche Viertel auf der anderen Tiberseite („Trastevere") wird heute von der Kulturszene bewohnt. Bummeln Sie durch die Kreativläden und tauchen Sie ein ins Nachtleben mit vielen Bars, Livemusikclubs und Restaurants.

### VATIKANISCHE MUSEEN ★
(U A2) (*ᗰ a3–4*)

Mit 14 Museen beherbergt die Vatikanstadt einen der größten Museenkomplexe der Welt: eine unermessliche Fülle an Meisterwerken der Antike und großer

115

# ROM

Maler wie Giotto, da Vinci, Caravaggio und Raffael. Der Höhepunkt ist die ⭐ *Sixtinische Kapelle (Cappella Sistina)* mit Michelangelos „Schöpfungsgeschichte" (1508–1512) an der Decke der großen, auch heute noch vom Papst genutzten Kapelle. `INSIDERTIPP▶` Ein Besuchstipp für die Kapelle: Stellen Sie sich am Morgen zur ersten Öffnungszeit an und eilen Sie durch die Museen: So haben Sie sie die erste halbe Stunde fast für sich – danach wird es brechend voll. Konsultieren Sie für gelegentliche Nachtöffnungen und wechselnde Schließtage vor Ihrem Besuch die Website! Generell empfiehlt sich Reservierung *(biglietteriamusei.vatican. va)*, um Schlangestehen zu vermeiden. *Mo–Sa 9–18, letzter So im Monat (dann Eintritt frei) 9–14 Uhr | Haupteingang Viale Vaticano | www.museivaticani.va*

### VIA APPIA ANTICA
### UND KATAKOMBEN 🟢 (O) (📖 0)
Wie die wichtigste Straße des römischen Weltreichs gen Süden an die Adria einmal ausgesehen haben mag, kann man im malerischen archäologischen Park am südöstlichen Rand Roms erahnen, zu dem die unterirdischen Totenstädte gehören: die *San-Callisto- (März–Mitte Jan. Do–Di 9–12 und 14–17 Uhr | www.catacombe.roma.it)*, *San-Sebastiano- (Jan.–Nov. Mo–Sa 10–17 Uhr | www.catacombe.org)* und die weitläufigen *Domitilla-Katakomben (Mi–Mo 9–12 und 14-17 Uhr | www.domitilla.info)*. *www.parcoappiaantica.it*

### VILLA BORGHESE (U E–F1) (📖 f–g 1–2)
Im schönen Auf und Ab dieses beliebten römischen Stadtparks gelangen Sie zur sehenswerten *Galleria Nazionale dell'Arte Moderna*, zum Etruskermuseum *Villa Giulia*, zum Programmkinozentrum *Casa del Cinema* und zum *Museo di Galleria Borghese (Di–So 9–19, Do bis 21 Uhr nach Anmeldung unter Tel. 06328 10 bzw. www.tosc.it | www.galleriaborghese.beniculturali.it)* mit den berühmten Marmorskulpturen von Gian Lorenzo Bernini. Ein Höhepunkt im doppelten Wortsinn ist das 🔆 *Belvedere Pincio* über der Piazza del Popolo.

## ESSEN & TRINKEN

### RISTORANTE AD HOC (U C2) (📖 e3)
Feines Restaurant mit saisonaler Küche, Trüffelspezialitäten und einem gut sortierten Weinkeller. In der Nähe der Piazza del Popolo. *Mittags geschl. | Via di Ripetta 43 | Tel. 06 32 30 40 | www.ristoranteadhoc.com | €€€*

### CAFÉS
Im *Antico Caffè Greco* an der eleganten *Via Condotti 86* (U D2) (📖 f4) saßen schon Goethe und Wagner. Roms berühmtestes Eiscafé ist die *Gelateria Giolitti* (U D3) (📖 e5) in der *Via Uffici del Vicario 40*. Für Espressofans ein Muss sind die Kaffeespezialitäten des *Casa Del Caffè Tazza d'Oro* (U D3) (📖 e5) in der *Via degli Orfani 84*.

---

# LOW BUDGET

Mit dem *Roma Pass (48 bzw. 72 Std. 28/38,50 Euro)* besuchen Sie viele Sehenswürdigkeiten gratis bzw. mit Ermäßigung, außerdem Gratisnutzung von Metro und Bus *(www.romapass.it)*.

*Arrosticini* heißen Grillspieße, auf denen winzige Stücke Lammfleisch knusprig gebraten werden – sie schmecken gut, kosten sehr wenig und sind in den Abruzzen in vielen *macellerie* und *rosticcerie* zu haben.

# ROM & DER APENNIN

### EST ARTIGIANI DEL GUSTO
(U C4) (🌐 d5)
Das charmante Restaurant serviert hausgemachte Speisen aus frischen Produkten und ausgesuchte Weine zu fairen Preisen – und das unweit der Piazza Navona. *So geschl.* | *Vicolo della Cancelleria 11* | *Tel. 06 68 80 33 32* | *www.estartigianidelgusto.it* | €€

### IL MARGUTTA RISTO-ARTE 🌱
(U D2) (🌐 e3)
Vegetarisch-veganes Lunchbuffet, einfallsreiche Gemüsemenüs, Biobar und Kunstevents in der beschaulichen Künstlergasse unweit der trubeligen Via del Corso. *Tgl.* | *Via Margutta 118* | *Tel. 06 32 65 05 77* | €–€€

### NECCI DEL 1924 (O) (🌐 O)
Café, Trattoria mit modern inspirierter römischer Küche, Aperitiftreff im angesagten Viertel Pigneto hinterm Bahnhof. *Tgl.* | *Via Fanfulla da Lodi 68* | *Tel. 06 97 60 15 52* | *www.necci1924.com* | €€

## EINKAUFEN

Die besten Modeschöpfer haben ihre feinen Läden auf der und um die *Via Condotti* (U D2) (🌐 e–f4); mehr Abwechslung bietet die *Via del Corso* (U D2–3) (🌐 e3–5). An der *Porta Portese* (U C6) (🌐 d8–9) in Trastevere ist sonntags Flohmarkt.

## AM ABEND

Aperitifs und Cocktails vom Feinsten in der Gartenbar *Stravinskij* im Luxushotel *De Russie* ((U D1) (🌐 e3) | *Via del Babuino 9*). Unter den angesagten Aperitiftreffs ein Dauerbrenner in Trastevere: *Freni e Frizioni* ((U C5) (🌐 d7) | *Via del Politeama 4–6*); alternative Kneipenszene im Viertel *Monte Testaccio* (O) (🌐 O).

Gute E- und U-Musik-Konzerte im *Auditorium* ((O) (🌐 O) | *www.auditorium.com*). Ein Highlight für Jazzmusiker und Jazzliebhaber: *Casa del Jazz* ((O) (🌐 O) | *Viale di Porta Ardeatina 55* | *www.casajazz.it*). Reiches Kulturprogramm *EstateRomana* (*www.estate-romana.it*) im Sommer.

Kultadresse: Zu Giolitti zieht es auch die Abgeordneten aus dem nahen Parlament

## ÜBERNACHTEN

B-&-B-Zimmer über *www.bedandbreakfastroma.com,* Wohnungen über *www.trianonborgopio.it* und *www.palazzo-olivia.it* und *www.romabed.de*

### HOTEL CANADA (O) (🌐 O)
In Bahnhofsnähe gelegenes Hotel mit geschmackvoll eingerichteten Zimmern.

# ROM

72 Zi. | Via Vicenza 58 | Tel. 0 64 45 77 70 | www.hotelcanadaroma.com | €€

### MEDITERRANEO (U F3) (*m h5*)
Unweit des Hauptbahnhofs ein Komforthotel im Stil der 1930er-Jahre mit originalen Art-déco-Möbeln und schöner Dachterrasse. 245 Zi. | Via Cavour 15 | Tel. 0 64 88 40 51 | www.romehotelmedi terraneo.it | €€€

### HOTEL PIAZZA DI SPAGNA
(U D2) (*m e4*)
In der Nähe der Piazza di Spagna gelegenes Boutiquehotel mit Charme. 20 Zi. | Via Mario de' Fiori 60–61 | Tel. 0 66 79 64 12 | www.hotelpiazzadispagna.it | €€

### ST PETER GUEST HOUSE
(U A2) (*m a–b3*)
Elegantes B & B in der Nähe des Petersdoms im beliebten Prativiertel. 6 Zi. | Via Ottaviano 98 | Tel. 33 55 64 37 42 | www. stpeterguesthouse.com | €€

## AUSKUNFT

Zahlreiche Infopunkte in der Stadt (Visitor Center: (U E5) (*m g7*) Via Fori Imperiali), an den Flughäfen und am Bahnhof Stazione Termini. Tel. 06 06 08 | www.tu rismoroma.it (offizielle Website), www. roma-antiqua.de (umfangreiche Infos und Forum)

## ZIELE IN DER UMGEBUNG

### BRACCIANO UND CERVETERI
(190 C4) (*m G7*)
Eine traumhafte Panoramastraße führt um den Kratersee Lago di Bracciano nordwestlich Roms durch malerische Ortschaften zum Städtchen Bracciano (19 000 Ew.) mit dem Renaissanceschloss Castello Orsini-Odescalchi. Eine der reichsten etruskischen Totenstädte, die Necropoli della Banditaccia (Di–So 8.30 Uhr–1 Std. vor Sonnenuntergang), liegt beim nahen Cerveteri: die 400 freigelegten Grabstätten, darunter begehbare Kammergräber mit Steindekoration (und viele ungeöffnete mehr im Erdreich) stehen unter Unesco-Schutz und sind eine echte Sensation; einen Teil der kunstvollen Grabbeigaben kann man im Museo Nazionale Cerite (Di–So 8.30– 19.30 Uhr | Piazza Santa Maria 1 | www. tarquinia-cerveteri.it) in der Rocca Ruspoli bewundern.

### CASTELLI ROMANI (191 D4) (*m G8*)
Dieses Ausflugsgebiet südöstlich von Rom erfrischt die hitzeschweren Römer in den Tavernen mit den süffigen Weißweinen Colli Albani, Marino oder Frascati oder beim Spaziergang am Kratersee Lago di Albano. An dessen Strand können Sie sich nach dem Rom-Sightseeing entspannen oder dem darüber gelegenen Castel Gandolfo einen Besuch abstatten. Dort liegt die ★ päpstliche Sommerresidenz (häufig wechselnde Zeiten s. www. museivaticani.va). Da sie von Papst Franziskus nicht genutzt wird, kann man den Barberini-Garten und die päpstlichen Gemächer im Apostolischen Palast besichtigen.
Frascati war besonders beliebt unter Kardinälen und Patriziern, wovon die prächtigen Renaissance- und Barockvillen zeugen, von denen man aber nur den Park des Anwesens Aldobrandini besichtigen darf. Hübsche Villenhotels im Grünen laden zum Übernachten ein, etwa bei Grottaferrata das Park Hotel Villa Grazioli (62 Zi. | Via Umberto Pavoni 19 | Tel. 06 94 54 00 | www.villagrazioli.it | €€) mit Park und herrlichem Weitblick auf Rom. Unter den zahlreichen Restaurants und Osterien von Frascati zu empfehlen ist das altbewährte Slow-Food-Lokal Zarazà (Mo geschl. | Via Regina

# ROM & DER APENNIN

*Margherita 45 | Tel. 06 94 22 05 53 | www. trattoriazaraza.it | €€)* mit Aussichtsterrasse. Die Ruinen der antiken Stadt *Tuscolo* auf einer Hochfläche 5 km von Frascati bezauberten schon Goethe.

### CIOCIARIA (191 D4) (*m H8*)
Ein Ausflug in den Südosten Roms lohnt sich! Freuen dürfen Sie sich dort auf schöne Städtchen in der Mittelgebirgslandschaft der Monti Ernici wie *Anagni* mit dem Palast der Päpste und **INSIDER TIPP mittelalterlichen Fresken** in der *Domkrypta (Via Leone XIII | www.cattedraledianagni.it), Alatri, Ferentino* oder den Kurort *Fiuggi*. Hier wartet ein prächtiges Hotel, das *Grand Hotel Palazzo della Fonte (153 Zi. | Via dei Villini 7 | Tel. 07 75 50 81 | www. palazzodellafonte.it | €€€)*, und in *Acuto* das hervorragende Restaurant *Le Colline Ciociare (So-Abend, Di-Mittag und Mo geschl. | Via Prenestina 27 | Tel. 0 77 55 60 49 | www.salvatoretassa.it | €€€)*.

### OSTIA ANTICA (190 C4) (*m G8*) ●
Die besonders gut erhaltene römische Ruinenstadt gehörte zum einstigen Handelshafen an der Tibermündung. Im gewaltigen *römischen Theater* mit seinen 2700 Plätzen und einer ausgezeichneten Akustik finden im Sommer Theateraufführungen statt. Das antike Ostia erreicht man von Rom aus bequem mit der Stadtbahn Roma–Lido (26 Min.), die beim Stadtbahnhof Stazione Ostiense abfährt und Sie bis zur Endstation Strandbad Ostia bringt.

### PARCO NAZIONALE DEL CIRCEO (191 D5) (*m H8*)
Wandern, Rad fahren oder einfach Ruhe und Natur genießen: Keine 100 km von Rom erstreckt sich unterhalb Latinas bis auf die bergige Landzunge Monte Circeo (541 m) dieser herrliche Naturpark mit Seen und tollen Ausblicken auf die Küste. Bei *San Felice Circeo* finden Sie

Die päpstliche Sommerresidenz kann man besichtigen: Castel Gandolfo überm Lago di Albano

# VITERBO

Ruinen einer römischen *Akropolis,* an der Spitze der Landzunge die *Grotte der Zauberin Circe,* die der Gegend ihren Namen gab. Lange Sandstrände ziehen sich über Sabaudia hinauf, touristisch stark erschlossen sind sie von San Felice im Süden aus Richtung Terracina. Einen Ausflug lohnt die Insel *Ponza* mit ihrem malerischen Hafen, die Sie u. a. von Terracina erreichen, mit dem Schnellboot in nicht einmal einer Stunde. *www.parcocirceo.it*

### SPERLONGA (191 E5) (⌗ H8)
Die INSIDER TIPP **Altstadt des schönsten Orts an der Küste des Latiums** thront malerisch im typisch weißen Mittelmeerstil auf einem Hügelsporn überm Meer. Hinzu kommen herrliche Strände mit exklusivem Badeleben, die Überreste der Villa Tiberius mit *archäologischem Museum (tgl. 8.30–19.30 Uhr | Via Flacca)* sowie die eindrucksvolle Tiberius-Grotte.

### TIVOLI ⭐ (191 D4) (⌗ G8)
Die riesige Ruinenanlage der *Villa Adriana (tgl. 8.30 Uhr–1,5 Std. vor Sonnenuntergang | www.villaadriana.beniculturali.it)* 30 km östlich von Rom war einst der grandiose Landsitz des Kaisers Hadrian (117–138 n. Chr.): Paläste, Tempel, Thermen, Bibliotheken, Theater. Außerdem findet sich in Tivoli der Renaissancepalast *Villa d'Este (Mo 14–19.45, Di–So 8.30–19.45 Uhr, Park bis 1 Std. vor Sonnenuntergang | www.villadestetivoli.info)* mit der schönsten Parkanlage Italiens.

# VITERBO

**(190 C3) (⌗ G7) Die Stadt (67 000 Ew.) mit reicher etruskischer Vergangenheit besitzt ein von Mauern umschlossenes, mittelalterliches Zentrum aus Palästen, Kirchen und Plätzen.**

Das Herz der Altstadt bildet die *Piazza del Plebiscito* mit dem *Palazzo dei Priori* aus dem 15. Jh. (schöner Innenhof!) und dem *Palazzo del Podestà* aus dem 13. Jh. Noch eindrucksvoller ist die *Piazza San Lorenzo* mit der Kathedrale *San Lorenzo* und dem *Palazzo Papale* mit einer wunderbaren Säulenloggia. Etruskische Ausgrabungsschätze zeigt das *Museo Archeologico (Di–So 8.30–19.30 Uhr | Piazza della Rocca)* in der Burg *Rocca Albornoz.*

# ÜBER DEN DÄCHERN VON ROM

Die *terrazza romana,* die römische Dachterrasse, ist der Inbegriff römischen Lebens: Feiern auf Dachterrassen im milden Klima und vor der Kulisse der Hügel, Kirchenkuppeln, Parklandschaften gehören zum Feeling, so zeigt es auch Woody Allens Hymne an Rom, sein Film „To Rome with Love". Rombesucher können das ebenfalls erleben, etwa in den Dachrestaurants und Roof Bars vieler edler Hotels wie des *Indigo Rome – St. George* ((U B4) (⌗ c5) | Via Giulia 62), des *Capo d'Africa* ((U F5) (⌗ h7) | Via Capo d'Africa 54), des *Boscolo Exedra Roma* ((U F3) (⌗ h4) | Piazza della Repubblica 47), des *Locarno* ((U C1) (⌗ d3) | Via della Penna 22). Und viele Terrassencafés laden ein: etwa die Weinbar *Il Palazzetto* oberhalb der Spanischen Treppe, die *Caffetteria Terrazza Caffarelli* in den Kapitolinischen Museen an der Piazza del Campidoglio oder die *Caffetteria* auf der vierten Ebene der Engelsburg.

# ROM & DER APENNIN

Selbst gemachte Pasta mit Steinpilzen und frittierte Pizza essen Sie im rustikalen *Al Vecchio Orologio (Mo-Mittag und Di-Mittag geschl. | Via Orologio Vecchio 25 | Tel. 3 35 33 77 54 | www.alvecchioorologio.it | €–€€)* in der Altstadt. Sie können in Viterbo auch Wellness genießen, etwa im eleganten Thermalhotel *Niccolò V Terme dei Papi (23 Zi. | Strada Bagni 12 | Tel. 07 61 35 01 | www.termedeipapi.it | €€€)*. Im Vorort *Bagnaia* bezaubert die barocke Park- und Villenanlage *Villa Lante (Di–So 8.30 Uhr–2 Std. vor Sonnenuntergang, Ostern–Mitte Sept. bis 19.30 Uhr)* die Besucher.

### ZIELE IN DER UMGEBUNG

#### BOLSENASEE (LAGO DI BOLSENA) (190 C3) (*G7*)

Sie mögen das ursprüngliche, ländliche Italien? Dann machen Sie einen Ausflug (20 km) an diesen beschaulichen Vulkankratersee! Dort können Sie im sauberen Wasser baden oder mit dem Boot zu zwei Inselchen fahren. Aus dem mittelalterlichen *Montefiascone* mit einem malerischen Burgpark kommt der Wein Est! Est!! Est!!! Weiter Richtung Orvieto liegt der Weiler *Civita di Bagnoregio* schwindelerregend auf einem steilen Tufffelsen, von Erdrutschen bedroht – eine Touristenattraktion mit Cafés, Trattorien und Weinstuben.

Der Hauptort am See, *Bolsena*, besitzt einen malerischen mittelalterlichen Stadtkern mit der Kirche *Santa Cristina* (sehenswerte Katakomben). Frischer Seefisch wird schmackhaft zubereitet im *Da Picchietto (Mo geschl. | Via Porta Fiorentina 15 | Tel. 07 61 79 91 58 | www.trattoriapicchietto.it | €€)*.

#### TARQUINIA (190 C4) (*G7*)

Türme überragen das mittelalterliche Städtchen, an dessen Hauptplatz der

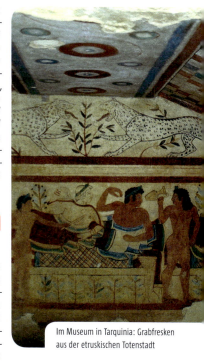

Im Museum in Tarquinia: Grabfresken aus der etruskischen Totenstadt

großartige gotische Palazzo Vitelleschi liegt, Sitz des *Museo Nazionale Tarquiniese (Di–So 8.30–19.30 Uhr)*. Etruskerinteressierte sollten diesem und den *Nekropolen (Di–So 8.30 Uhr–Sonnenuntergang | www.necropoliditarquinia.it)* mit freskenverzierten Gräbern unbedingt einen Besuch abstatten.

#### TUSCANIA (190 C3) (*G7*)

Den strategisch guten Platz auf einem Tuffsteinhügel hatten schon die Etrusker genutzt. Das *Museo Nazionale Etrusco (Di–So 8.30–19.30 Uhr | Largo Mario Moretti 1)* zeigt zahlreiche Terrakottagräber der etruskischen Siedlung Tusena, die zum Stadtstaat Tarxna (Tarquinia) gehörte.

121

# DER SÜDEN

**Das Licht wird gleißend, es duftet nach Meer, Pinien und Salz und in der Mittagsruhe der weißgrau verwitterten Städtchen offenbart sich die Schönheit ihrer bühnenartigen Plätze – die rechte Kulisse für den Abendbummel.**

Immer schon zog es Reisende gen Süden, auf der Hochzeitsreise an den Golf von Neapel, an die „Göttliche Küste" von Amalfi und Positano und an den Vesuv. Bildungsreisende wandelten auf den Spuren der antiken Hochkulturen zu den Resten griechischer Tempel der Städte der Magna Graecia, die die süditalienische Küste in der Antike besiedelten, und zu Ruinenstädten wie dem römischen Pompeji. Und in Apulien suchten sie die Kathedralen und Kastelle des Mittelalters, die hier die Begegnung der nordischen Kultur der Normannen und Staufer mit den byzantinischen Einflüssen des Orients geschaffen hatte. Heute gefallen an Apulien die grandiosen Klippen- und Sandküsten, fruchtbare Landschaften mit den urigen *trulli*-Häusern und den weißen *masserie* – alten Gutshöfen, die oft in reizvolle Landhotels umgewandelt wurden –, gepflegte, orientalisch anmutende Städtchen und das gute, frische Essen.

Ein Highlight hat die Nachbarregion Basilikata mit ihrer spektakulären Höhlenstadt Matera zu bieten. Mit dem rauen Kalabrien teilt sie sich die abgeschiedene Bergwelt des Pollino, heute Naturschutzpark und ein aufregendes Wandergebiet. Kalabrien, eingerahmt vom Tyrrhenischen Meer im Westen und dem Ionischen im

122  Bild: tyrrhenische Küste in Kalabrien

## Griechische Tempel und Höhlenstädte, orientalisches Flair und einsame Strände: Süditalien ist ein Schnittpunkt der Kulturen

Osten, glänzt mit wunderschönen Buchten. Auch mehrere waldreiche Gebirge mit urtümlichen Dörfern und charmante Ferienorte wie Tropea machen die Stiefelspitze bei Touristen immer beliebter. Der schönste Küstenstreifen der Basilikata ist der Golf von Maratea. An ihn schließt sich im Norden der Cilento an, mit herrlichen Stränden, glasklarem Wasser, Grotten, Bergen – eine unverfälschte Bauernwelt, bei Deutschen beliebt. Und natürlich das faszinierende, vitale Neapel. Die MARCO POLO Reiseführer „Golf von Neapel", „Apulien" und „Kalabrien" berichten ausführlich.

# BARI

**(193 D4)** *(L9)* **Jeden September ist Apuliens Hauptstadt (327 000 Ew.) Sitz der größten Verkaufs- und Produktmesse des Mittelmeerraums, der Fiera del Levante. Kein Wunder, denn seit Jahrhunderten ist die facettenreiche Hafenstadt ein Handelsfenster zum Orient.**

# BARI

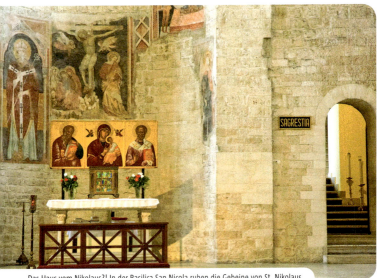

Das Haus vom Nikolaus?! In der Basilica San Nicola ruhen die Gebeine von St. Nikolaus

Baris weiße Altstadt am Meer mit schönen alten Kirchen, schattigen Gassen mit Souvenirgeschäften und Ständen, an denen Frauen Pasta fertigen, hat den Charakter einer Kasbah. Die beiden schönen Plätze *Piazza Ferrarese* und *Piazza Mercantile* haben sich in den letzten Jahren mit Cafés, Aperitifbars und netten Restaurants zum Ausgehspot der *baresi* entwickelt.

Jenseits der gewaltigen Verkehrsschneise Corso Vittorio Emanuele beginnt die im Schachbrettmuster angelegte Neustadt Baris mit eleganten Hotels sowie Ladenstraßen voller Leben und Shoppingflaneuren.

## SEHENSWERTES

### BASILICA SAN NICOLA
In der Altstadt beeindruckt diese stattliche apulisch-romanische Kirche aus dem 11./12. Jh. Achten Sie im Inneren auf den uralten Bischofsstuhl aus Marmor, den kleine, ächzende Figuren tragen. Unterm silbernen Altar die auf 26 Säulen ruhende Krypta mit dem Reliquienschrein von St. Nikolaus, Bischof von Myra, Schutzpatron Baris und in der orthodoxen Kirche hochverehrt – daher die vielen russischen Pilgergruppen. *Piazza Elia*

### CATTEDRALE SAN SABINO
Zusammen mit der Basilika San Nicola gehört die Kathedrale Baris zu den schönsten Beispielen der Romanik Apuliens. Steigen Sie unbedingt auch hinab in die barocke Krypta mit mittelalterlichen Fresken! *Piazza Odegitria*

### STAUFERKASTELL
Die gewaltige Anlage am Meer wurde unter Friedrich II. aus einer byzantinisch-normannischen Vorgängerbastion gestaltet. Im Inneren zeigt eine Sammlung von Gipsabdrücken, wie kunstvoll der

# DER SÜDEN

Fassadenschmuck an apulischen Kirchen sein kann. *Mi–Mo 8.30–19.30 Uhr*

## ESSEN & TRINKEN

### LOCANDA DI FEDERICO
*Orecchiette* – die typisch apulischen „Öhrchen"-Nudeln – und frischer Fisch an der Piazza. *Tgl. | Piazza Mercantile 63 | Tel. 08 05 22 77 05 | www.lalocandadifederico.com | €€*

### INSIDER TIPP ▶ PANIFICIO FIORE
Die köstliche *focaccia* dieser beliebten alteingesessenen Bäckerei in der Altstadt bleibt Ihnen garantiert unvergesslich. *Tgl. 8–14 und außer Do und So 17–20 Uhr | Via Palazzo di Città 38 | €*

## ÜBERNACHTEN

### HOTEL ADRIA
Renoviert, freundlich, zweckmäßig und zentral gelegen, mit Restaurant. *38 Zi. |* *Via Zuppetta 10 | Tel. 08 05 24 66 99 | www.adriahotelbari.com | €€*

### HOTEL ORIENTE
Dieses stilvolle Palazzohotel nahe dem nicht weniger stilvollen Teatro Petruzelli passt gut zum Baribesuch. *75 Zi. | Corso Cavour 32 | Tel. 08 05 25 51 00 | www.orientehotelbari.it | €€€*

## AUSKUNFT

*Piazza del Ferrarese 29 | Tel. 08 05 24 22 44 | www.viaggiareinpuglia.it*

## ZIELE IN DER UMGEBUNG

### ALBEROBELLO (193 E4) (*M9*)
Eine zauberhafte Hirten- und Bauernarchitektur: runde, weiße Häuschen aus Trockenmauerwerk mit dunklen Kegeldächern, die *trulli*, liegen überall im Dreieck zwischen Bari, Taranto und Brindisi verstreut zwischen Olivenhainen, Mandel-

---

## MARCO POLO HIGHLIGHTS

⭐ **Castel del Monte**
Achteckige Stauferburg auf apulischen Kalkbergen → **S. 126**

⭐ **Paestum**
Die griechische Tempelanlage ist nahezu perfekt erhalten → **S. 145**

⭐ **Sassi in Matera**
Ehemalige Höhlenstadt in den Tuffsteinfelsen der Stadt → **S. 130**

⭐ **Bronzi di Riace in Reggio**
2500 Jahre alte Griechen aus Bronze → **S. 134**

⭐ **Cattolica in Stilo**
Die byzantinische Kirche aus dem 10. Jh. beeindruckt mit fünf Kuppeln → **S. 134**

⭐ **Mosaikkunstwerke in Otranto**
10 Mio. Steinchen schmücken den Fußboden der Kathedrale → **S. 136**

⭐ **Napoli Sotterranea**
Spannender Ausflug in die Unterwelt: das geheimnisvolle Höhlenlabyrinth unter Neapel → **S. 140**

⭐ **Museo e Gallerie Nazionali di Capodimonte in Neapel**
Bourbonenpalast hoch über der Stadt mit phantastischer Kunstsammlung → **S. 139**

⭐ **Costiera Amalfitana**
Mediterrane Traumküste an der Südflanke der Halbinsel von Sorrent → **S. 143**

⭐ **Pompeji**
Dem Lavagestein des Vesuvs entrissen: eine vollständige römische Stadt → **S. 145**

# BARI

bäumen, Gemüsefeldern, Weinreben der Valle d'Itria. In Alberobello (10 000 Ew.) bilden sie eine regelrechte Stadt, sogar die Kirche Sant'Antonio ist im *trulli*-Stil erbaut, der Ort ist daher einem Touristenrummel ohnegleichen ausgesetzt. Noch bis ins späte 20. Jh. bewohnt, sind heute viele zu Hotels, Ferienwohnungen und Pizzerien umfunktioniert worden. Die urigen **INSIDER TIPP** Ferienunterkünfte in *trulli,* anfänglich manchmal feucht und eher spartanisch, haben sich längst sehr verbessert, etwa die des *Albergo Diffuso Trulli Holiday (Piazza XXVII Maggio 38 | Tel. 08 09 99 61 70 | www.trulliholiday.com | €–€€)* und des *Tipico Resort (Via Brigata Regina 47 | Tel. 08 04 32 41 08 | www.tipicoresort.it | €–€€).* Eine wunderschöne Unterkunft mit Pool und guter Küche bietet ca. 20 km östlich bei Fasano die *Masseria Marzalossa (12 Zi. | Contrada Pezze Vicine 65 | Tel. 08 04 41 37 80 | www.masseriamarzalossa.com | €€€),* ein Beispiel dafür, wie charmant heute viele der schönen, einst vom Verfall bedrohten Gutshöfe Apuliens genutzt werden.

## CASTEL DEL MONTE (192 C4) (*𝄞 L9*)

Schon von Weitem sieht man auf einer Anhöhe die „Krone Apuliens", das achteckige ★ 🔆 *Castel del Monte (April–Sept. tgl. 10.15–19.45, Okt.–März 9–18.30 Uhr | www.casteldelmonte.beniculturali.it)* mit acht Türmen, acht Innenräumen, achteckigem Innenhof, esoterisch anmutende Idealarchitektur des Staufers Friedrich II. Einst war die spartanische Burg (erbaut 1240–50) reich verziert mit Marmor und byzantinischen Mosaiken. Planen Sie ein kulinarisches Highlight im nahen Dorf *Montegrosso d'Andria* mit ein und genießen Sie die sorgfältige Küche im apulischen Slow-Food-Tempel *Trattoria Antichi Sapori (Sa-Abend und So geschl. | Piazza Sant'Isidoro 10 | Tel. 08 83 56 95 29 | antichisapori.pietrozito.it | €–€€).*

## GARGANO (192 C2–3) (*𝄞 K–L8*)

Im Zentrum des Gargano, der gewaltigen, bis zu 1000 m hohen Landzunge, Sporn des italienischen Stiefels und Nationalpark *(www.parks.it/parco.nazionale.gargano),* breitet sich die große, uralte *Foresta Umbra* aus, ein naturgeschützter Wald aus schattigen Laubbäumen. Nur wenige Kilometer von der Küste entfernt können Sie dort abseits des Tourismus mountainbiken oder wandern. Die Küste ist im Südosten felsig und steil, mit kleinen Strandbuchten und bizarren Felsformationen, etwa bei Pugnochiuso. Malerische Fischerstädchen wie *Rodi Garganico, Vieste* und *Peschici* verwandeln sich im Sommer in lebhafte Ferienspots.

Bei Manfredonia im Süden erinnert an der Straße nach Foggia die romanisch-orientalische Kirche *Santa Maria di Siponto,* viereckig mit Krypta, an die verschwundene antike Stadt Sipontum. In *Manfredonia* selbst können Sie durch die imposante 🔆 *Burg (Mo–Sa 8.30–18.30, So 14.30–19.30 Uhr)* bummeln und den Rundumblick genießen.

Oberhalb von Manfredonia führt eine herrliche 🔆 Panoramafahrt hinauf nach *Monte Sant'Angelo* mit dem Grottenheiligtum des Erzengels Michael (achten Sie auf die wunderschöne Bronzetür von 1076!) und ungewöhnlicher Reihenhausarchitektur im mittelalterlichen Stadtteil *Junno.* 25 km nordwestlich in *San Giovanni Rotondo* huldigen alljährlich mehr als 6 Mio. Pilger einem in Italien sehr beliebten Heiligen, dem Wunderheiler Padre Pio. Bizarre Felsen erheben sich vor der Badebucht des wunderschön auf Terrassen zwischen Olivenbäumen gelegenen Hotels *Baia delle Zagare (125 Zi. | Tel. 08 84 55 01 55 | www.hotelbaiadellezagare.it | €€–€€€)* an der Küstenstraße 17 km nordöstlich von Mattinata.

Von *Vieste* aus, mit malerischer Altstadt und Stauferkastell auf einer von Sand-

# DER SÜDEN

stränden gerahmten Felsklippe am östlichen Zipfel des Gargano, sollten Sie unbedingt einen Bootsausflug zu den spektakulären *Grotten* wie *Smeralda* und *Campana* unternehmen, z. B. vom Molo Sud am Hafen *(www.grottemarinegargano. com)*. Vor dem langen Sandstrand mit schönem Blick auf die Altstadt erhebt sich das Wahrzeichen des Gargano, der *Pizzomunno* genannte, turmartige Kreidefelsen, die „Spitze der Welt". Ein weiteres Wahrzeichen sind die *trabucchi,* weit ins Meer ragende Fischfangkonstruktionen, manche heute als Restaurant genutzt.

Über eine schöne Küstenfahrt geht es nach *Peschici* hoch auf dem äußersten Felsen des Sporns, mit hübscher Altstadt und kleinem Hafen ein besonders beliebtes Feriennest am Gargano. Gutes Olivenöl und kulinarische Spezialitäten bekommen Sie dort bei *Al Vecchio Frantoio* *(Piazza Fioritti 10 | www.alvecchiofrantoio ranieri.it)*. Außerhalb des Trubels übernachten Sie im 🌿 Bio-*Agriturismo Torre dei Preti (22 Zi. | Ortsteil Valle Croci | Tel. 08 84 96 30 66 | www.torredeipreti.it | €)*.

So kurios wie ihr Name: *trulli,* die Rundbauten in und um Alberobello

### GROTTE DI CASTELLANA
**(193 D4)** (*M9*)

Bei Castellana an der Straße nach Putignano steigt man hinunter in die schönsten *Tropfsteinhöhlen* Italiens, ein Labyrinth aus Gängen und Höhlen; Höhepunkt ist die *Caverna Bianca,* ein Kuppelsaal aus Alabaster. Täglich werden Führungen angeboten, eine kurze (1 km) und eine 3 km lange. *Stark gestaffelte Zeiten s. Website | www.grottedicastellana.it*

### MARTINA FRANCA (193 E4–5) (*M9*)

Das elegante Barockstädtchen (49 000 Ew.) mitten in der Murgia auf 430 m Höhe war im 17. Jh. Sitz einer ehrgeizigen Fürstenfamilie, die einen Bauboom beim

# BARI

Ein schönes Standquartier in der Murgia: Barockstädtchen Martina Franca

Der Ort eignet sich gut als Basis für Touren zum Keramikzentrum Grottaglie, nach Taranto, in die Ballungsgebiete der *trulli*, zu den Grottenkirchen zwischen Massafra, Mottola und Matera, in wunderhübsche, weiß gekalkte Städtchen wie die rund angelegte Altstadt *Locorotondo*, das touristisch besonders beliebte Ostuni oder Ceglie Messapica, das sich durch eine ganze Reihe guter Speiselokale auszeichnet, darunter das vom Michelin besternte *Al Fornello da Ricci (nur Do-Abend, Fr-Abend, Sa-Abend und So-Mittag | Contrada Montevicoli | Tel. 08 31 37 71 04 | alfor nellodaricci.com | €€€).* Eine tolle Lage auf der Felsküste direkt überm Meer hat ☼ *Polignano a Mare*.

### RUVO DI PUGLIA (193 D4) (*L9*)
In das sympathische Landstädtchen 35 km nordwestlich von Bari lohnt der Ausflug wegen der wunderbaren romanischen *Kathedrale* und wegen des *Museo Nazionale Jatta (Mo–Mi, Fr, So 8.30–13.30, Do und Sa 8.30–19.30 Uhr | Piazza Bovio 35),* besonders sehenswert wegen der schönen antiken Vasen und der sogenannten *rython,* Trinkgefäßen in Form von Tierköpfen.

### TARENT (TARANTO) (193 E5) (*M9*)
Die „Stadt der zwei Meere" (202 000 Ew.) erstreckt sich auf zwei Landzungen, die eine Art Binnenmeer, das *Mare Piccolo,* bilden und zwischen deren Spitzen eine kleine Insel liegt, auf der sich die Altstadt ausbreitet. Besonders sehenswert sind das mittelalterliche *Castello Aragonese (Führungen tgl. 9.30, 11.30, 14, 16, 18, 20, 22.30, 24, 1.30 Uhr | Piazza Castello | www.castelloaragonesetaranto.com)* und der Dom romanischen Ursprungs mit Barockfassade.
Wer nach Spuren von Tarras sucht, vor zweieinhalb Jahrtausenden eine der reichsten und entwickeltsten Handels-

Bürgertum auslöste: Es entstanden ganze Straßenzüge mit Barockfassaden, z. B. die Via Cavour, reich dekoriert mit Steinmetzverzierungen und verschnörkeltem Gitterwerk. Das Schmiedehandwerk lebt heute noch. Alljährlich im Juli/August finden renommierte **INSIDERTIPP Musikfestspiele** *(www.festivaldellavalleditria.it)* statt. Man übernachtet originell in renovierten Wohnungen mitten im Zentrum: *Villaggio In (24 Apartments | Via Arco Grassi 8 | Tel. 08 04 80 59 11 | www.villag gioincasesparse.it | €–€€).*

128

# DER SÜDEN

städte der Magna Graecia, der findet sie im *MArTA – Museo Archeologico Nazionale (Mo–Sa und 1. So im Monat 8.30–19.30, übrige So 9–13 und 15.30–19.30 Uhr | Via Cavour 10 | www.museotaranto.beniculturali.it)* mit einer berühmten Goldsammlung.

### TRANI (193 D3–4) (*⌖ L8*)

Seinen Ruhm unter den Küstenstädten verdankt Trani (56 000 Ew.) seiner ganz hellen, normannisch-romanischen ☀ *Kathedrale* mit ihrer ungewöhnlichen Architektur, kostbaren Steinmetzverzierungen, dem Bronzeportal und ihrer einzigartigen Lage am Meer – einst Orientierungspunkt für die Seefahrer. Sie ist die Königin unter den vielen schönen Kirchen Apuliens. Direkt am Wasser liegt auch das unvermeidliche *Stauferkastell*. Die Altstadt an der Uferpromenade verwandelt sich allabendlich in eine lebendige Ausgehmeile mit Aperitifbars, Pubs und Restaurants. *www.traniviva.it, www.pugliaimperiale.com*

### TREMITIINSELN (ISOLE TREMITI) (192 B2) (*⌖ K7*)

Man sagt von ihnen, sie seien die schönsten „Tropeninseln" Italiens: zunächst der große, flache Felsrücken *Isola San Domino* mit Pinienwäldern und grottenzerfressener Küste, ein Taucherparadies *(www.marlintremiti.com, www.tremitidivingcenter.com)*, dann der unbewohnte Felssplitter *Isola Cretaccio*, schließlich die *Isola San Nicola* mit einer einst befestigten *Benediktinerabtei* aus dem 9. Jh. Knapp 500 Menschen bewohnen die Inselgruppe in kleinen Fischerdörfern, die mittlerweile sehr auf Tourismus zugeschnitten sind. Im Sommer bringen Schiffe von Manfredonia, Vieste, Rodi Garganico, Ortona, Vasto und vor allem von Termoli in Molise an manchen Tagen über 10 000 Tagesausflügler auf die Inseln.

# BASILIKATA

### APPENNINO LUCANO (192–193 C–D5) (*⌖ L9–10*)

Von der Küste Metapontos führen ausgewaschene weite Flusstäler in die Bergwelt der Basilikata hinauf, so durch das Basentotal heran an die lukanischen Dolomiten. Sie werden wegen ihrer bizarren Felsformationen so genannt. Hinzu kommen schöne Wälder und zwei besonders malerische Bergstädtchen, *Pietra-*

# PASTA ANTIMAFIA

Möchten Sie auf Ihrer Italienreise aktiv etwas gegen die Mafia tun? Das können Sie, indem Sie Pasta des Labels „Libera Terra" kaufen, z. B. online oder in einem der in ganz Italien vertretenen Supermärkte der Kette Coop, in den Filialen der 🌑 Bioladenketten Natura Sì und Alce Nera und in 🌑 Fairtrade-Läden, die es mittlerweile in allen größeren Städten gibt. Viele Hunderte Hektar Land aus dem Besitz überführter Mafiabosse sind in den letzten Jahren auf Sizilien konfisziert und engagierten Biobauern übergeben worden, die Weizen, Tomaten, Oliven, Trauben anbauen und zu Pasta, Dosentomaten, Öl sowie Wein verarbeiten. Das Beispiel macht Schule, auch in Kampanien, Kalabrien und Apulien entstehen auf ehemaligem Mafialand neue, legale Bauernbetriebe. *liberaterra.it*

# BASILIKATA

pertosa und *Castelmezzano.* Regionale Bioküche gibt es hier in der 🌼 *Azienda Agrituristica La Grotta dell'Eremita (20 Zi. | Contrada Calcescia 1 | Tel. 09 71 98 63 14 | www.grottadelleremita. com | €),* wo Sie in einem Weiler aus dem 14. Jh. übernachten.

Beim Küstenort Policoro geht es das *Agrital* hinauf, wo Sie einen Abstecher zur eindrucksvollen mittelalterlichen Kirchenanlage *Santa Maria d'Anglona* machen können. Wer gerne wandert, findet im *Parco Nazionale dell'Appennino Lucano* viele schöne Wege (Infos unter *www. parcoappenninolucano.it*).

### INSIDER TIPP ▶ MARATEA
**(192 C6) (𝓂 K10)**

Die fast 30 km lange Costa di Maratea am Golf von Policastro gehört zu den schönsten süditalienischen Küstenabschnitten: Die Berge rücken nah ans Meer heran, Sand- und Kiesbuchten laden zum Baden, saubere Meeresgründe zum Tauchen ein. Hübsche Küsten- bzw. Badeorte wie *Acquafredda, Cersuta, Fiumicello Santa Venere, Castrocucco* kontrastieren mit den höher gelegenen malerischen Altstädtchen wie *Maratea Borgo* und *Maratea Superiore.* Über dem schönen Strand von Acquafredda liegt das zauberhafte Romantikhotel *Villa Cheta Elite (22 Zi. | Via Timpone 46 | Tel. 09 73 87 81 34 | www.villacheta.it | €€€).*

### MATERA **(193 D5) (𝓂 L9)**

Das zur Kulturhauptstadt Europas 2019 gekürte Matera (52 000 Ew.) kann neben einem romanisch-normannischem *Dom* (13. Jh.) und einer *Feudalburg* von 1515 mit einer der bekanntesten Sehenswürdigkeiten Italiens aufwarten, den ⭐ ● *sassi:* eine unterhalb des neuen Matera in eine steile Felsschlucht hineingestufte Höhlenstadt mit zauberhaften Felsenkirchen. Hier lebten noch bis in die

1950er-Jahre über 20 000 Menschen, doch ihre Lebensbedingungen in den dunklen, ungesunden Grottenhäusern wurden als nationale Schande angesehen. Neubauten und Aussiedlungen waren die Folge; heute beginnt man eine Neubelebung, auch mit Hilfe öffentlicher Gelder, denn, Ironie des Schicksals, nunmehr stehen die *sassi* auf der Welterbeliste der Unesco.

Luxuriöse, stimmungsvolle Hotels entstehen in den ehemaligen Höhlenwohnungen, etwa die INSIDER TIPP ▶ *Fra i Sassi Residence (8 Zi., Suiten und Apartments | Via D'Addozio 102 | Tel. 08 35 33 60 20 | www.fraisassiresidence.com | €€),* aber auch gemütliche B-&-B-Unterkünfte *(www. sassiweb.it, www.bbresidenzasassi.it | €).*

### MELFI **(192 C4) (𝓂 K9)**

Wichtiger nördlicher Stützpunkt in der Basilikata ist die Stadt Melfi (18 000 Ew.) an der Nordflanke des Monte Vulture (1327 m), der mit seinen dichten Wäldern an den ursprünglichen Namen der Region erinnert: Lucania, von *lucus* = Wald, beliebtes Ausflugsziel auch dank der beiden *Kraterseen von Monticchio* mit zwei *Benediktinerklöstern* aus dem 12. Jh., das eine Ruine, das andere im 18. Jh. umgebaut. Melfi selbst war im 11. Jh. erster Stützpunkt der Normannen in Süditalien. Heute ist das später von Friedrich II. umgebaute Kastell Sitz des *Museo Nazionale Archeologico (Mo 14–20, Di–So 9–20 Uhr | Via dei Normanni)* u. a. mit dem Sarkophag einer Römerin mit wunderbaren Steinreliefs aus dem 2. Jh. Auskunft: *Piazza Umberto I 1 | Tel. 09 72 23 97 51 | www.prolocomelfi.it*

Hier bei Melfi wird ein berühmter Rotwein angebaut, der vollmundige Aglianico, den man traditionellerweise in Felskellern zum Reifen lagert, in Winzerdörfern wie Barile, Rapolla, Rionero in Vulture. Lassen Sie ihn sich zur leckeren Lo-

# DER SÜDEN

Mediterrane Traumstraße: die SS 18 am Golf von Policastro bei Maratea

kalküche im Landgasthof *Cantuccio del Vulture* (So-Abend, Mo und Di geschl. | Piano delle Nocelle-Rionero | Tel. 09 72 73 13 14 | www.cantucciodelvulture.it | €) mit sieben einfachen Zimmern schmecken.

20 km östlich Melfis erwartet Sie *Venosa* mit stattlichem *Kastell* und *Kathedrale* aus dem 15. Jh. Höhepunkte am nordöstlichen Stadtrand sind bei den archäologischen Ausgrabungen des römischen *Venusium* die frühchristliche Abteikirche *Santissima Trinità* sowie die wildromantische unvollendete Ruinenkirche *Chiesa Incompiuta*. 2 km außerhalb gelangt man zu jüdischen *Katakomben* (nach Reservierung unter Tel. 0 97 23 60 95 tgl. 9–18 Uhr | Via Ofantina).

### METAPONTO (193 D5) (*L9–10*)

Heute ist ● Metaponto eine moderne Ortschaft längs der ionischen Küste, die von Sommertourismus und Gemüseanbau lebt. Einst aber war sie die berühmte Griechenstadt Metapontum, in der Pythagoras wirkte und um 510 v. Chr. starb. Davon zeugen die *Tavole Palatine*, wie sich der der griechischen Göttin Hera geweihte Tempel nennt, dessen eindrucksvolle Reste, 15 dorische Säulen, sich nahe der Staatsstraße 106 erheben. Zu den griechischen Zeugnissen gehören auch der *Parco Archeologico* (tgl. 9 Uhr–30 Min. vor Sonnenuntergang) sowie das *Museo Archeologico* (Mo 14–20, Di–So 9–20 Uhr) an der Straße nach Bernalda mit reicher Sammlung von archäologischen Funden, Vasen und Schmuck.

# KALABRIEN (CALABRIA)

### ASPROMONTE (194 C5) (*K–L12*)

Die Stiefelspitze, der äußerste südliche Zipfel der Apenninhalbinsel zwischen dem Tyrrhenischen und dem Ionischen

131

# KALABRIEN

Meer, von mehr als 300 km Küste umspült, ist von hohen Bergketten durchzogen: im Süden der Aspromonte, rauer, unwegsamer Ausklang des Apennins – zerklüftet, labyrinthisch gefaltet und von dichter Vegetation bedeckt. Bei einer **INSIDER TIPP** Überquerung des Aspromonte, etwa von Bagnara Calabra am Tyrrhenischen Meer nach Melito di Porto Salvo am Ionischen Meer, erleben Sie grandiose Landschaftsausblicke. Hier oben liegt auch die Marienwallfahrtsstätte *Santuario Madonna di Polsi,* die alljährlich Ende August/Anfang September Schauplatz eines besonders eindrucksvollen Marienfests ist. Unten an der Küste erstreckt sich nordöstlich die *Costa dei Gelsomini* mit zahlreichen Badeorten und Stränden.

## CAPO RIZZUTO (195 D4) (*M11*)

Die felsige Halbinsel mit von Wind und Erosion krustig aufgerauten Klippen und Felsplateaus, mit Stränden und Badebuchten und dem ins Meer ragenden *Capo Rizzuto* sowie sauberem Meeresgrund bietet ein schönes Schauspiel, das unter Naturschutz steht. Spektakulär die auf dem Meer liegende Festung *Le Castella* im Süden und die griechischen Reste bei *Capo Colonna* im Norden. Die heutige Industriestadt *Crotone* (60 000 Ew.), die vor 2500 Jahren als das griechische Kroton entstanden ist, hat immerhin eine nette Altstadt.

## LOCRI (194 C5) (*L12*)

An der ionischen Küste mit ihren Stränden und Badeorten stoßen Sie beim modernen Locri (13 000 Ew.) Richtung Bovalino auf die Ausgrabungsstätten des griechischen *Locri Epizephyrii* mit Resten von Tempeln, einem griechisch-römischen Theater sowie dem Heiligtum der Persephone und einem *Museum (Di–So 9–20 Uhr).* Für die genussvolle Ruhepause bei besonders schmackhafter Lokalküche empfiehlt sich die *Trattoria U Ricriju (So geschl. | Via Circonvallazione Nord 173 | Tel. 38 99 68 72 28 | €–€€)* im 5 km

Lage, Lage, Lage: Le Castella am Capo Rizzuto – eine Burg im Ionischen Meer

# DER SÜDEN

nördlich gelegenen Küstenort *Siderno*. Oberhalb von Locri liegt *Gerace* (11 km), ein auf drei Terrassen angelegter mittelalterlicher Weiler mit einer wunderbar weiträumigen romanischen *Kathedrale;* die Säulen im Innern und in der Krypta sind Reste des antiken Locri. Über die weiter in die Berge hinaufführende Passstraße fahren Sie hinüber auf die andere Küstenseite ans Tyrrhenische Meer bei Gioia Tauro. Der ↘ *Passo del Mercante* (952 m) bietet den Blick über beide Meere.

### INSIDER TIPP ▶ MONTE POLLINO
(194 C2) (*∭ L10*)

*Castrovillari,* moderne Kleinstadt (22 000 Ew.) inmitten einer fruchtbaren Mulde, mit pittoreskem Kern ist einer der Ausgangspunkte für Ausflüge ins Pollinomassiv, Süditaliens höchste Bergkette (bis 2248 m) und Nationalpark, den sich der Norden Kalabriens mit dem Süden der Basilikata teilt: Flusstäler voll üppiger Vegetation, spröde die kahlen, kalkigen Höhen. Wahrzeichen dieser wilden Bergwelt mit seltenen Tieren und alten Bäumen ist die knorrige Panzerkiefer. Mit seinen romantischen Wildbächen, Felswänden und Wäldern ist er als größtes Naturschutzgebiet Italiens ein wahres Paradies für Outdoor-Aktivitäten wie Wandern, Mountainbiken, Rafting oder Freeclimbing. Mit lokalen Spezialitäten auf hohem Niveau verführt Sie der Gasthof *La Locanda di Alia (So-Abend geschl. | Via Ietticelli 55 | Tel. 0 98 14 63 70 | www.locandadialia.it | €€€).*
Touren starten u. a. in *Rotonda* (hier Sitz der Parkverwaltung: *Complesso Monumentale Santa Maria della Consolazione | Tel. 09 73 66 93 11 | parcopollino.gov.it*) und *San Severino Lucano* mit netten Lokalen. Das Zentrum im Nordosten des Parks ist *Terranova del Pollino;* idealer Standort für Wandertouren ist der Biohof

◎ *La Garavina (Contrada Casa del Conte | Tel. 0 97 39 33 95 | www.lagaravina.it | €)* mit fünf einfachen Zimmern und leckerer Bergküche aus eigenen Biozutaten. Unter Wanderfreunden gilt die ↘ Route durch das Pollinogebirge von Küste zu Küste wegen ihrer außergewöhnlichen Naturerlebnisse als Highlight. Infos zum Park und zu Trekkingreisen finden Sie z. B. auf den Websites *www.guidaparcopollino.it, parcopollino.gov.it, www.aptbasilicata.it* und *www.bikebasilicata.it.*
Ein Bergdorf verdient besondere Erwähnung, *Morano Calabro:* Seine alten Häu-

## LOW BUDG€T

Herrliche Landschaftstouren ermöglichen die preiswerten lokalen Eisenbahnen: z. B. mit dem *Trenino del Gargano (www.ferroviedelgargano.com)* von San Severo einmal quer über den Gargano nach Peschici oder mit den *Ferrovie Appulo-Lucane (ferrovieappulolucane.it)* von Bari nach Matera und Potenza in der Basilikata.

Decken Sie sich in den lokalen Supermärkten mit getrockneten Tomaten, süditalienischem Gebäck *(taralli),* eingelegten Gemüsen, lokalen Pastasorten, unbehandelten Zitronen, Wein und Olivenöl ein – dieselbe Qualität kostet in den Delikatessenläden des Nordens das Doppelte.

*Metrò dell'Arte* in Neapel: Bedeutende Gegenwartskunst gibt es umsonst zu bestaunen in den U-Bahn-Stationen der Linie 1. Zu den schönsten gehören Museo, Dante, Municipio und die INSIDER TIPP ▶ prämierte Station Toledo.

# KALABRIEN

ser gruppieren sich malerisch um die Ruinen eines Kastells. Unter den Kirchen sticht die barocke Kirche *Santa Maria Maddalena* mit ihrem bunten Majolika-Kuppeldach hervor.

### REGGIO DI CALABRIA
**(194 C5)** *(𝄞 K12)*

In der uralten Griechenstadt (186 000 Ew.) müssen Sie unbedingt über die von eleganten Häusern, Palmen und allerlei Kunstobjekten gesäumte Meerpromenade ● 🌊 *Lungomare Falcomatà* flanieren. Sie wurde nach dem 2001 verstorbenen Bürgermeister benannt, der für die wiedererwachte Lebensqualität der von mafiösen Verstrickungen gebeutelten Stadt steht. Gönnen Sie sich hier eine Pause und lassen Sie sich vom Sonnenuntergang überwältigen, mit Blick auf Sizilien, das zum Greifen nah erscheint.

Ein weiterer Grund hierherzukommen sind die beiden prachtvollen Mannsbilder aus Bronze, die ⭐ *Bronzi di Riace* aus dem 5. Jh. v. Chr., die 1972 im Meer gefunden wurden. Sie können im *Museo Archeologico Nazionale (Di–So, April–Okt. tgl. 9–20 Uhr | Piazza De Nava 26 | www.museoarcheologicoreggiocalabria.it)* bestaunt werden.

### ROSSANO **(195 D3)** *(𝄞 L10–11)*

An den östlichen Hängen der Sila Greca gelegen, einst Zentrum byzantinischer Kultur, birgt diese Stadt (36 000 Ew.) einen ganz besonderen Schatz im *Museo Diocesano e del Codex (Di-SO, Juli–Mitte Sept. Di–So 9.30–13 und 16.30–20.30, Mitte Sept.–Juni Di–Sa 9.30–12.30 und 15–18, So 10–12 und 16–18 Uhr | Via Arcivescovado 5 | www.museocodexrossano. it)*. Hier sind Seiten aus dem Codex Purpureus Rossanensis ausgestellt, einem im 6. Jh. von griechischen Mönchen auf purpurfarbenem Pergament geschriebenen und gemalten Evangelienbuch.

Rossano ist auch berühmt für seine Lakritzherstellung, z. B. in den Döschen von *Amarelli (Museum und Shop an der Staatsstraße 106 | www.amarelli.it)*. Budgetschonend übernachten Sie im B & B *La Gatta sul Tetto (3 Zi. | Vico I Martucci 7 | Tel. 34 04 11 46 07 | www.gattasultetto.it | €)*.

### SCILLA 🌊 **(194 C5)** *(𝄞 K12)*

Ein Höhepunkt an der Küste Kalabriens ist dieses mythische („Skylla und Charybdis") Fischerörtchen (5000 Ew.), malerisch an der Küste gelegen mit Blick über die Meerenge von Messina mit Sizilien und die Äolischen Inseln, außerdem bekannt für seine Schwertfischflotte. Das verwinkelte Fischerviertel *Chianalea* mit seinen bis ans Wasser reichenden Gässchen gehört zu den schönsten Dörfern Italiens.

### STILO **(195 D5)** *(𝄞 L12)*

In diesem Ort (2600 Ew.), auf 400 m Höhe am Felshang mit Blick aufs Ionische Meer gelegen, stoßen Sie auf eine der bedeutendsten Sehenswürdigkeiten Kalabriens: die ⭐ *Cattolica,* eine kleine byzantinische Kirche aus dem 10. Jh., aus Ziegeln gebaut, mit fünf Kuppeln und Mosaikresten.

### TROPEA 🌊 **(194 C4)** *(𝄞 K12)*

Tropea (6600 Ew.) mit bedeutender *Kathedrale* in großartiger Lage auf einem Steilfelsen direkt über dem Strand ist einer der attraktivsten und teuersten Küstenorte Kalabriens. Bizarre Felsformen steigen aus dem Meer hervor, feiner Sandstrand leitet hinein in noch sauberes Wasser, etwa bei 🌊 *Capo Vaticano* an der südlichsten Landspitze.

Bei *Genius Loci (tgl. | Largo Vaccari 51 | Tel. 34 55 89 64 75 | €€)* speisen Sie mit Blick auf die Kirche Santa Maria dell'Isola. Im Souvenirshop *Creazioni Artistiche Il*

# DER SÜDEN

Faro *(Via Pietro Ruffo di Calabria 9 | www.ilfaropresepi.it)* zeigt eine bezaubernde Krippenausstellung die antiken Handwerksberufe Kalabriens. Unweit des pulsierenden Kerns von Tropea wohnt es kunstvolle Verschnörkelungen aus gelbem Tuffstein. Das prachtvollste Beispiel des Lecceser Barocks ist die *Basilica di Santa Croce (tgl. 9–12 und 17–20 Uhr | Via Umberto I 3)* mit ihrer reich verzierten

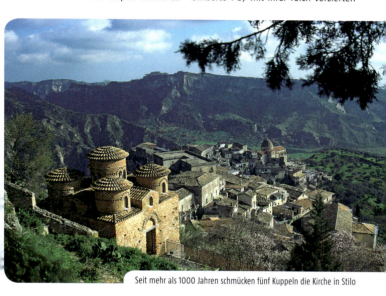

Seit mehr als 1000 Jahren schmücken fünf Kuppeln die Kirche in Stilo

sich charmant in der hübschen mediterranen *Villa Antica (27 Zi. | Via Pietro Ruffo di Calabria 37 | Tel. 0963603245 | www.villaanticatropea.it | €)*. Bei der Suche nach schönen Unterkünften in Tropea hilft *www.tropea-ferien.de*.

# LECCE UND SALENTO

**(193 F5)** *(N9–10)* **Lecce (91000 Ew.) bietet in Italien einmalige Szenarien barocker Pracht, ein Ergebnis des spanischen Einflusses.**

Lecces Palazzi, Kirchen und vor allem die spektakuläre *Domanlage* schmücken Fassade. Im Zentrum stehen ein römisches *Amphitheater* und ein von Karl V. gebautes *Kastell* (hier täglich großer Markt).

In Lecce hat sich in den letzten Jahren ein vielfältiges Angebot an hübschen B-&-B-Unterkünften in der auch abends stimmungsvollen Altstadt entwickelt, z.B. *L'Orangerie d'Époque (2 Zi. | Viale Lo Re 24 | Tel. 0832244131 | www.lorangeriedepoque.com | €)*. Ideal zum Kosten von Wein und Spezialitäten ist der Feinkostladen mit Bistro *Mamma Elvira (tgl. | Via Umberto I 19 | Tel. 0832169 20 11 | www.mammaelvira.com | €)*.

Lecce ist urbaner Mittelpunkt des **INSIDER TIPP** Salento *(www.salentonline.it, www.salentodolcevita.com)*, des fla-

135

# LECCE UND SALENTO

chen, fast inselförmigen Stiefelabsatzes mit uralten Olivenhainen und zauberhaften Küstenstädtchen. Mit seinen in schöne Ferienresorts umgewandelten alten Gutshöfen, den *masserie,* und mit einer lebendigen Musikszene, die im Sommer in den *Pizzica-Taranta*-Festen auf zahlreichen Dorfplätzen gipfelt, ist er unbedingt eine Entdeckung wert. Halten Sie Ihre Badesachen bereit! In *San Cataldo* und von dort hinunter ins hübsche *Torre dell'Orso* und weiter südlich auf dem Weg nach Otranto heißt es Relaxen an den beliebten Sandstränden *Alimini* und *Baia dei Turchi.*

## ZIELE IM SALENTO

### GALLIPOLI (193 F6) (*M10*)
Eine der schönsten Städte Süditaliens (20 000 Ew.), zumindest die verwinkelte, weiß gekalkte, mit Barockpalästen durchsetzte Altstadt, die auf einer ⚲ vorgelagerten Insel am Ionischen Meer liegt. Zauberhaft mit Majoliken geschmückt ist die Kirche *Santa Maria della Purità.* Vom hoch gerühmten Fischmarkt Gallipolis kommen die Fische, die im Traditionsrestaurant *Grotta Marinara (Di geschl. | Via Battisti 13 | Tel. 08 33 26 40 30 | €€–€€€)* mitten in der Altstadt sorgfältig zubereitet werden. An der ⚲ Promenade um die Altstadt öffnen im Sommer zahlreiche Terrassenlokale zum Chillen. Im Sommer trifft man sich an den schönen Sandstränden gen Süden Richtung Pescoluse und Torre San Giovanni.

### GRIECHENDÖRFER
(193 F5–6) (*N10*)
Es gibt immer noch Dörfer im Salento, in denen die Alten Griechisch sprechen: Calimera, Sternatia, Soleto, Martignano, Martano, Castrignano de'Greci, Corigliano d'Otranto. *Griko* nennt sich dieses Idiom, und gerade in letzter Zeit versu-

chen Kulturvereine, es vor dem Aussterben zu retten. In *Melpignano* treffen sich alljährlich im August Abertausende junger Leute zu den Konzerten und Partys der INSIDER TIPP *Notte della Taranta (www.lanottedellataranta.it),* bei der sie den typischen Rhythmustanz des Salento aufs Parkett legen.

### OTRANTO (193 F5) (*N10*)
Die östlichste Stadt Italiens am Übergang der Adria ins Ionische Meer ist einer der attraktivsten Ferienorte des Landes. Otranto (5000 Ew.) besitzt eine malerische, weiße und lebhafte Altstadt und sauberes Meer. Bei den Unterkünften ist für jeden Geschmack etwas dabei, von der einfachen Pension über Ferienbauernhöfe in den stattlichen, weißgrauen *masserie* bis zum luxuriösen Feriendorf. Auf keinen Fall entgehen lassen dürfen Sie den Blick auf eines der bedeutendsten ★ *Mosaikkunstwerke* der Welt: auf dem *Fußboden des Doms* der 1596 m² große Bilderbogen mit mythologischen Fabelwesen, rätselhafter Symbolik und biblischen Geschichten. Er ist ein einzigartiges Beispiel mystischer Vereinigung christlicher und östlicher Kultur, das der Mönch Pantaleone zwischen 1163 und 1166 aus rund 10 Mio. farbigen Steinchen legte.

Eine der schönsten Küstenstrecken Italiens mit ansprechenden Ortschaften wie dem eleganten Kurort *Santa Cesarea Terme* oder dem verwinkelten *Castro* bietet die ⚲ Felsküste, die sich von Otranto südlich bis hinunter nach Santa Maria di Leuca zieht. Einen Traumblick auf Küste und Meer genießen Sie von der ⚲ Terrasse des Landhotels *Masseria Panareo (18 Zi. | Litoranea Otranto | Tel. 08 36 81 29 99 | www.masseriapanareo. com | €€)* mit sehr gutem Restaurant in Santa Cesarea. Auf dem ⚲ Vorplatz der Wallfahrtskirche *Finis Terrae* in *Santa Ma-*

# DER SÜDEN

Santa Maria Finis Terrae: Ist hier tatsächlich die „Welt zu Ende"? Nö – aber der Stiefelabsatz

*ria di Leuca* am äußersten Zipfel des Stiefelabsatzes fühlt man sich tatsächlich am „Ende der Welt" angelangt.

# NEAPEL (NAPOLI)

**(191 F6) (*M J9*) Neapel sehen und erleben! Wunderschön liegt die am dichtesten besiedelte Stadt Europas (1 Mio. Ew.) in einer Bucht vor der Kulisse des Vesuvs, nach dem Ätna der zweitgrößte tätige Vulkan Italiens, wenn auch seit bald 80 Jahren im Tiefschlaf.**

Allseits bekannt als Hauptstadt der Pizza, begeistert Neapel durch eine Fülle an Sehenswertem – kein Wunder, dass die Stadt in den letzten Jahren einen touristischen Boom verzeichnete. Ihre 3000 Jahre alte Geschichte mit griechisch-römischen Wurzeln und ihre monarchische Vergangenheit hinterließen Spuren in archäologischen Ausgrabungen, eleganten Plätzen und imposanten Burgen. Das Herz von Neapel schlägt in den engen Gassen der Altstadt mit kleinen Kirchen, Kunsthandwerkern und Pizzerien.

Doch die Stadt erfreut sich auch einer zeitgenössischen Kulturszene. Moderne Kunstzentren wie *PAN (Palazzo delle Arti di Napoli)* und *MADRE (Museo d'Arte Contemporanea Donna Regina)* sowie das Kulturevent *Maggio dei Monumenti* im Mai tragen zur kulturellen Vielfalt bei.

Ausführlich über die Stadt und ihre Umgebung berichtet der MARCO POLO Reiseführer „Golf von Neapel".

## SEHENSWERTES

### CAPPELLA SANSEVERO

In der kleinen Rokokokirche sind kostbare Skulpturen ausgestellt, vor allem der „verschleierte Christus", mit seinem fili-

# NEAPEL

> **WOHIN ZUERST?**
> **Via Benedetto Croce–Via San Biagio dei Librai–Via Vicaria Vecchia:** Die 3 km lange Straßentrasse durchschneidet die Altstadt und wird deshalb *Spaccanapoli* genannt. Die andere Achse **(Via Toledo–Via Pessina)** verbindet die große Piazza del Plebiscito mit dem Archäologischen Museum. Neapel lässt sich gut mit der U-Bahn erkunden. Wer mit dem Auto anreist, stellt es am besten auf einem P-&-R-Platz ab, z. B. *Parking Ferraris (Via Brin Stefano 20)* oder *Italpark (Via Giulio Cesare 50 | www.myparking.it).*

### CASTEL SANT'ELMO UND CERTOSA SAN MARTINO
Die Wehranlage von 1329 erhebt sich am Ostrand des Vomeroplateaus; davor das große barockisierte Kartäuserkloster *Certosa San Martino* mit schöner *Krippensammlung (Do–Di 8.30–19.30 Uhr | Largo San Martino 5).* Vom Park herrliche Ausblicke auf den Golf.

### CATACOMBE DI SAN GENNARO
Der eindrucksvollste unterirdische Friedhof in Süditalien mit frühchristlichen Graffiti aus dem 2. Jh. *Mo–Sa 10–17, So 10–14 Uhr | Via di Capodimonte 13 | Eingang bei der Basilica della Madre del Buon Consiglio | www.catacombedinapoli.it*

### DUOMO SAN GENNARO
Im immer wieder umgestalteten französisch-gotischen Dom des Schutzpatrons

granen Faltenwurf das marmorne Meisterwerk von Giuseppe Sammartino (1753). *Mi–Mo 9–19 Uhr | Via de Sanctis 19–21 | www.museosansevero.it*

### CASTEL NUOVO
Auch Maschio Angioino genannt, seit dem 13. Jh. Residenz der neapolitanischen Könige; im 15. Jh. kam der wunderbare Renaissance-Triumphbogen dazu. Heute ist die Burg Sitz von Ausstellungen und einem Museum zur Stadtgeschichte. *Mo–Sa 9–19 Uhr | Piazza Municipio*

### CASTEL DELL'OVO
Auf einer kleinen Felsinsel steht trutzig die normannische Burg, Wahrzeichen für die Unzerstörbarkeit Neapels: Vergil soll ein Ei in die Mauern des Kastells eingebaut haben, begleitet vom Orakel, dass Neapel so lange bestehen wird, wie dieses Ei unversehrt bleibt. Ihr zu Füßen drängen sich der Fischerhafen *Porto Santa Lucia* und der bei Nachtschwärmern beliebte *Borgo Marinari* mit Trattorien und Cafés.

# DER SÜDEN

Neapels befindet sich die Schatzkapelle mit Reliquien und dem angeblichen Blut des San Gennaro. Seine Verflüssigung dreimal im Jahr (Mai, September und Dezember), für die die Gläubigen inbrünstig beten, gilt als gutes Omen für die Zukunft der Stadt. Einen tollen Panoramablick haben Sie bei einem ✼ Spaziergang auf dem Dach des Doms. *Via Duomo*

### GALLERIA BORBONICA

Zur Verteidigung bauten die Bourbonen im 19. Jh. einen Tunnel vom Palazzo Reale nach Chiaia am Meer. Berührende Inschriften erzählen von seiner Nutzung als Bunker im Zweiten Weltkrieg. Entlang des Tunnels erstreckt sich ein Höhlenlabyrinth, in dem Sie dort gefundene Oldtimer sehen können. *Nur im Rahmen verschiedener Touren, die vorab gebucht werden müssen | drei Eingänge | Tel. 08 17 64 58 08 | www.galleriaborbonica.com*

### MUSEO ARCHEOLOGICO NAZIONALE

Eine der größten und berühmtesten Altertumssammlungen der Welt, u. a. mit Wandmalereien aus Pompeji und Herculaneum, befindet sich im Archäologischen Museum. Versäumen Sie nicht die Sammlung kunstvoller unzweideutiger Erotika aus den antiken Freudenhäusern, die im *Gabinetto Segreto* ausgestellt sind! *Mi–Mo 9–19.30 Uhr | Piazza Museo | www.museoarcheologiconapoli.it*

### MUSEO E GALLERIE NAZIONALI DI CAPODIMONTE ★

Der prächtige Königspalast Capodimonte in einer schönen ✼ Parkanlage hoch über der Stadt beherbergt die überrei-

Der schlafende Riese: Der Vesuv ist beim Blick auf Neapel und seinen Golf immer präsent

# NEAPEL

chen Kunstsammlungen der verschiedenen Epochen: Werke von Simone Martini, Masaccio, Caravaggio, Correggio, Tizian, Breughel und vielen anderen. Zum Wohnbereich gehört ein Salon aus Porzellan, Werk der berühmten Porzellanmanufaktur von Capodimonte. Auch Ausstellungen zeitgenössischer Kunst

## PALAZZO REALE

Dieser große Palast aus dem 17. Jh. war von 1734 bis 1860 Regierungssitz der Bourbonen. Zu besichtigen sind das schöne Treppenhaus und die prächtig ausgestatteten Gemächer *(Do–Di 9–20 Uhr).* Der Palazzo liegt an der weiten, restaurierten *Piazza del Plebiscito,* die wir-

Napoli Sotterranea: Neapels Unterwelt – hier einmal ganz wörtlich genommen

sind zu sehen. *Do–Di 8.30–19.30 Uhr | Via Miano 2 | www.museocapodimonte. beniculturali.it*

## NAPOLI SOTTERRANEA (UNTERIRDISCHES NEAPEL) ★ ●

Die Stadt liegt auf Tuffstein, in den Höhlen, Zisternen und Katakomben gegraben sind. An der *Piazzetta San Gaetano 68* in der Altstadt steigt man hinab in Neapels Unterwelt, ein schon von Griechen und Römern in den Lavafels getriebenes Labyrinth. *Führungen tgl. 10–18 Uhr stdl., in Englisch 10, 12, 14, 16 und 18 Uhr | www.napolisotterranea.org*

kungsvoll eingefasst wird von der dem römischen Pantheon nachempfundenen klassizistischen Kirche San Francesco di Paola.

## SAN LORENZO MAGGIORE

Eine der schönsten mittelalterlichen Kirchen Neapels. Unter dem angeschlossenen Franziskanerkloster vermitteln die Ausgrabungen des römischen Markts eine Idee vom Shopping in der Antike. Ein Museum zeigt Ausstellungen zur Stadtgeschichte. *Tgl. 9.30–17.30 Uhr | Piazza San Gaetano | www.laneapolissotterrata.it*

140

# DER SÜDEN

### SANTA CHIARA

Zu der französisch-gotischen Kirche gehört der *Convento dei Minori,* der berühmt ist wegen seiner bunten Majolikalauben im Kreuzgang der Klarissen. *Mo–Sa 9.30–17.30, So 10–14.30 Uhr | Via Santa Chiara 49 | www.monasterodisantachiara.it*

### TEATRO SAN CARLO

Ein Tempel des Melodramas, ursprünglich in barocker Pracht, nach einem Brand 1816 neoklassizistisch wieder instand gesetzt. Eines der schönsten Operntheater Italiens, das man auch besichtigen kann. *Führungen tgl. 10.30–12.30 und 14.30–16.30 Uhr | Via San Carlo 98f | www.teatrosancarlo.it*

### ZAHNRADBAHNEN (FUNICOLARI) 🌿

Sie bringen zum höher gelegenen, einst großbürgerlichen Stadtteil Vomero: *Funicolare Centrale (Via Toledo–Piazza Fuga), Funicolare di Chiaia (Via Parco Margherita–Via Cimarosa), Funicolare di Montesanto (Piazza Montesanto–Via Morghen);* schöne Aussichten auf der Fahrt mit dem *Funicolare di Mergellina (Via Mergellina–Via Manzoni).*

### ESSEN & TRINKEN

### INSIDER TIPP ANTICA CAPRI

Mit ihrer authentischen neapolitanischen Küche ist diese kleine, familiengeführte Trattoria in den Quartieri Spagnoli sehr beliebt bei den Einheimischen. *So-Abend und Do geschl. | Via Speranzella 110 | Tel. 08 10 38 34 86 | www.anticacapri.it | €*

### DA MICHELE

Das Lokal ist immer voll, denn nach Ansicht der Neapolitaner isst man hier hervorragende Pizza, in geselliger Runde auf Holzbänken an Marmortischen. *So ge-* *schl. | Via Cesare Sersale 1–3 | keine Reservierungen | www.damichele.net | €*

### PASTICCERIA SCATURCHIO

Berühmt für ihre leckere *sfogliatella* (Gebäck mit Ricottafüllung) und den Rumkuchen *babà* ist diese Konditorei in der Altstadt. *Tgl. | Piazza San Domenico Maggiore 19 | www.scaturchio.it*

### EINKAUFEN

Edle Geschäfte konzentrieren sich vor allem in den Straßen *Via Chiaia, Via dei Mille* und der langen Fußgängerzone *Via Toledo* mit der schönen *Galleria Umberto I.* Die *Spaccanapoli* und deren Seitengassen sind voller kleiner Geschäfte und Händler. In der INSIDER TIPP Krippenstraße *Via San Gregorio Armeno* kann man den Kunsthandwerkern während des ganzen Jahres bei der Arbeit zuschauen. Auf den Wochenmärkten der Stadtviertel können Sie Schnäppchen ergattern und in den Alltag der Neapolitaner eintauchen.

### AM ABEND

Neben Volks-, Puppen-, und Avantgardetheater sowie Oper hat Neapel eine lebhafte Musikszene. Ein beliebter Treff ist die lauschige *Piazza Bellini* mit ihren Cafés unter Bäumen, etwa das *Intra Moenia (www.intramoenia.it).* Veranstaltungsprogramme und Karten: *Box Office | Galleria Umberto I 17 | Tel. 08 15 19 19 88 | Inx. boxofficenapoli.it*

### ÜBERNACHTEN

### B & B GRAND TOUR 🌿

Im eleganten Stadtviertel Chiaia ganz in der Nähe der Promenade wohnt man hier in Zimmern mit Landhauscharme; einige haben Meerblick. *6 Zi. | Via Santa*

**141**

# NEAPEL

Lucia 76 | Tel. 0811 93 24 41 0 | www.
grandtourbb.com | €–€€

### HOTEL PIAZZA BELLINI
Supermoderne Innenausstattung sowie
guter Komfort, und das mitten in der Altstadt zu fairen Preisen. *48 Zi., 2 Apart-
ments | Via Santa Maria di Costantino-
poli 101 | Tel. 0 81 45 17 32 | www.hotelpiazza
bellini.com | €–€€*

## AUSKUNFT

*Hauptbahnhof, Via San Carlo 9* und *Piaz-
za Gesù Nuovo | Tel. 0 81 40 23 94 | www.
regione.campania.it, www.portanapoli.
de, www.inaples.it.* Auch Neapel und Umgebung haben einen Besucherpass für
Ermäßigungen, die drei oder sieben Tage
gültige *Campania Artecard (www.campa
niartecard.it).*

## ZIELE IN DER UMGEBUNG

### AMALFI UND HALBINSEL VON
### SORRENT (191 F6) (📍 J9)
Südlich von Neapel schiebt sich die felsige, hoch aufgebockte 🌿 Halbinsel Sor-
rents weit ins Meer hinein auf die Insel
Capri zu, eine mächtige Trennwand zwischen dem Golf von Neapel und dem Golf
von Salerno. Das auf einem Felsplateau
hoch über der Küste liegende *Sorrento*
(17 000 Ew.) mit lebhaftem Sommertourismus und vielen traditionsreichen
Prachthotels hat sich auf das Handwerk
der Holzintarsien spezialisiert, zu bestaunen im *Museo Correale di Terranova (April–Okt. Di–Sa 9.30–18.30, So 9.30–13.30,
Nov.–März Di–Sa 9.30–13.30 Uhr | Via
Correale 50 | www.museocorreale.it).*
Bummeln Sie auch zum zauberhaften
Fischerhafen *Marina Grande,* der einer
Filmkulisse aus den 1950er-Jahren ent-
sprungen zu sein scheint. Mitten in der
Altstadt übernachten Sie in der Pension
*Casa Sorrentina (5 Zi. | Corso Italia 134 |
Tel. 08 18 07 22 52 | www.casasorrentina.
com | €€).*
Wie kaum anderswo ballen sich auf der
Halbinsel von Sorrent sternengekrönte
Gourmetadressen: In *Sant'Agata sui Due
Golfi* das *Don Alfonso 1890 (www.donal
fonso.com),* in *Vico Equense* das hoch
dekorierte *Torre del Saracino (www.torre
delsaracino.it)* und in *Nerano-Massa Lu-*

# VIVA LA PIZZA NAPOLETANA!

Sie taucht im 18. Jh. als schneller und
billiger Imbiss auf den Straßen Neapels
auf: ein ganz simpler, elastischer Teig
aus Mehl, Hefe, Wasser und Salz, ge-
würzt mit Olivenöl, Oregano und Knoblauch, später kommen Tomaten, Mozzarella und Basilikum dazu. Anfang des
19. Jhs. ist Neapel schon voller Pizzerien,
aber im restlichen Italien kennt man sie
noch nicht. Hierher gelangt sie erst im
20. Jh., und zwar auf dem Umweg über
Amerika. Dort hatte sich die Pizza durch
die italienischen Emigranten geradezu
boomartig verbreitet und von dort trat
sie nun ihren Siegeszug nach Europa an.
Bei einem Besuch Neapels sollten Sie
unbedingt eine echte *pizza napoletana*
probieren, am besten den Klassiker: mit
Tomaten, Mozzarella und Basilikum,
auch bekannt als Pizza Margherita.
2017 wurde die Kunst des neapolita-
nischen Pizzabäckers von der Unesco
sogar ins immaterielle Weltkulturerbe
aufgenommen.

# DER SÜDEN

Eine Häuserkaskade am Hang, dazu die markante Majolikakuppel: Positano an der Amalfiküste

brense das *Quattro Passi (www.ristoran tequattropassi.it).*
Auf der Südseite liegt die „göttliche" ★ ☼ *Costiera Amalfitana* mit den berühmten orientalisch anmutenden Städtchen Positano, Amalfi, Ravello, der wohl schönste Küstenfleck Italiens. Schroffe Steilklippen und sanftere Hänge, auf Terrassen Zitrushaine, Weinberge, Mandel- und Olivenbäume und überall wilde Rosen und Bougainvilleen: Atemraubende Panoramen erleben Sie bei einer Wanderung auf dem ☼ INSIDER TIPP *Sentiero degli Dei* („Weg der Götter") oberhalb der Küste von Amalfi.
Das zauberhafte *Positano* (4000 Ew.) charakterisieren helle und rötlich getönte Häuser, die sich mit Arkadenlogcien an den Klippen festhalten, dazu die *Pfarrkirche Santa Maria Assunta* mit Majolikakuppel. Beim Bummel durch die Treppengassen entdecken Sie Boutiquen mit farbenfroher *moda positana* und handgemachten *sandali*. Historisch berühmter ist *Amalfi* (5100 Ew.), einst einflussreiche Seerepublik mit reicher, dicht an die Felsen geklebter Architektur, darunter der *Dom* mit großartiger Freitreppe, bunter Mosaikfassade und arabisch-normannischem Campanile.
Für die ruhmreiche „Göttliche Küste" stehen ein paar exquisite Luxushotels, aber daneben gibt es auch charmante und einigermaßen bezahlbare Unterkünfte, z. B. in Positano ☼ *Palazzo Talamo (11 Zi. | Via Pasitea 117 | Tel. 0 89 87 55 62 | www.palazzotalamo.it | €€€)* oder 2 km außerhalb von Amalfi die *Locanda Costa d'Amalfi (6 Zi., 3 Apartments | Via Giovanni Augustariccio 50 | Tel. 0 89 83 19 50 | www.locandacostadamalfi.it | €–€€).*
Ein Einkaufstipp aus Amalfis Papiertradition: Handgeschöpftes Papier bekommen Sie in Geschäften in Amalfi und Po-

# NEAPEL

Wandkino in Pompeji: Ob wohl jugendfrei war, was in der Villa dei Misteri so vor sich ging?

sitano, seine Herstellung bestaunt man im *Museo della Carta (März–Okt. tgl. 10–18.30, Nov.–Jan. Di–So 10–16 Uhr | Via delle Cartiere 23 | www.museodellacarta.it)*. Oberhalb von Amalfi in den Bergen versteckt sich in üppiger Vegetation auf einem Felsrücken *Ravello* mit renommiertem Musikfestival und supermodernem *Auditorium* und gleich zwei wunderschönen Gärten mit Traumblicken und kostbaren Villen: neben dem romanischen Dom die *Villa Rufolo (tgl. 9–20 Uhr | Piazza Duomo | villarufolo.com)* sowie die *Villa Cimbrone (tgl. 9–20 Uhr | Via Santa Chiara 26)*, wo Sie von der ❀ „Terrasse der Unendlichkeit" die berühmte Postkartenansicht auf den Golf von Salerno genießen. www.amalficoast.com

### CASERTA UND CAPUA (191 F6) (*J9*)
Unter Unescoschutz steht die eindrucksvolle Gartenanlage in Caserta mit dem riesigen Barockschloss *Reggia di Caserta (Mi–Mo 8.30–19.30 Uhr, Park 8.30 Uhr– ca. 1½ Std. vor Sonnenuntergang | www.*

*reggiadicaserta.beniculturali.it)* mit 1200 Räumen, 1790 Fenstern und 94 Treppen (Bauzeit allein der Fassade 1752–74): das ehrgeizige Versailles Karls III. von Bourbon, König von Neapel.
Sehr sehenswert sind in *Capua* im *Museo Campano (Di–Sa 9–13.30, So 9–13, Di und Do auch 15–18 Uhr | www.museocampano.it)* die einzigartigen Votivstatuen (7.–1. Jh. v.Chr.) des Fruchtbarkeitsheiligtums Mater Matuta. Die steinernen Mütterfiguren halten gewickelte Babys im Arm; außerdem lohnt das römische *Amphitheater* bei *Santa Maria Capua Vetere* – das zweitgrößte Italiens – einen Besuch.

### HERCULANEUM (ERCOLANO)
(191 F6) (*J9*)
Steigen Sie ein in die Zeitmaschine und reisen Sie 2000 Jahre zurück! Während Pompeji unter Lavaregen verkohlte, als der Vesuv 79 n. Chr. ausbrach, erstickte Herculaneum unter heißem Schlamm. Durch den blieben die prächtigen Villen

# DER SÜDEN

mit ihren schönen Innenhöfen besonders gut erhalten. *Tgl. 8.30–17, April–Okt. bis 19.30 Uhr | Corso Resina | ercolano.beni culturali.it*

### PAESTUM UND CILENTO
(194 B1–2) (*K9–10*)

Am südlichen Bogen des Golfs von *Salerno* – der in letzter Zeit angenehm aufgefrischten Hafenstadt mit toller Promenade – erheben sich diese wunderbar erhaltenen, äußerst imposanten dorischen Tempel der griechischen Handelsstadt Poseido. Die Römer nannten sie ★ *Paestum (tgl. 8.30–19.30 Uhr, 1. und 3. Mo im Monat Museum nur bis 13.40 Uhr | www. infopaestum.it)*. Die Araber zerstörten die Stadt, ihre Ruinen lagen noch bis vor 200 Jahren unter dichtem Bewuchs verborgen.

Im Anschluss an die Ebene von Paestum erstreckt sich der *Cilento,* der mit einer besonders schönen, naturbelassenen und frei zugänglichen Küste mit ● Sandstränden, Buchten und Grotten aufwartet – z. B. zwischen Pisciotta und Palinuro oder zwischen Marina di Camerota mit der INSIDER TIPP  malerischen Bucht *Baia degli Infreschi* und dem Golf von Policastro. Im Hinterland locken die *Monti Alburni* und der *Monte Cervati* zum Wandern und Mountainbiken: Nationalpark und beliebtes Ferienziel mit Sehenswürdigkeiten wie der barocken Klosteranlage *Certosa di San Lorenzo (Mi–Mo 9–19 Uhr | Via Certosa 1)* in Padula.

### POMPEJI (POMPEI) ★
(191 F6) (*J9*)

Auf zu einer Zeitreise ins antike Rom! Beim verheerenden Vesuvausbruch 79 n. Chr. wurde eine ganze Stadt mit Thermen, Villen und Theatern verschüttet. Das Einzigartige dieser aus dem harten Lavagestein ausgegrabenen Stadt *(tgl. 9–17, April–Okt. bis 19.30 Uhr | www.pompeii sites.org)* sind nicht einzelne Bauwerke, sondern der Einblick in den römischen Alltag, den das Ensemble ermöglicht: Geschäfte, Kneipen, gepflasterte Straßen mit Wagenrillen ... Die Phallusdarstellung an den Eingangstüren diente der Abwehr böser Geister. Hier und da finden sich noch Fresken wie etwa die berühmte „Einweihung der Bräute in die dionysischen Geheimnisse" in der *Villa dei Misteri.*

### VESUV (VESUVIO) (191 F6) (*J9*)

Schauen Sie bei Ihrem Neapelbesuch unbedingt beim im Südosten der Stadt gelegenen Vesuv (1281 m) vorbei, dem nach wie vor aktiven imposanten Vulkanberg. Mit dem Auto fahren Sie über eine Serpentinenstraße zu einem kostenpflichtigen Parkplatz. Von hier gehts zu Fuß über Lavaschotter in ca. 20 Minuten bis zum Kraterrand, wo man einen eindrucksvollen Blick in den Schlund werfen kann. *April–Juni und Sept. tgl. 9–17, Juli/Aug. 9–18, März und Okt. 9–16, Nov.–Feb. 9–15 Uhr | www.parconazionaledelvesuvio.it*

145

# ERLEBNISTOUREN

## ① ITALIEN PERFEKT IM ÜBERBLICK

**START:** ① Comer See
**ZIEL:** ㉚ Bozen

Strecke:
➡ ca. 4200 km

**32 Tage**
reine Fahrzeit
ca. 65–80 Stunden

**KOSTEN:** ca. 7000–9000 Euro/2 Personen (Benzin, Maut, Eintritte, Essen, Übernachtungen)

**MITNEHMEN:** Sonnen- und Regenschutz, Wanderschuhe, bequeme Schuhe für Stadtbesichtigungen, Badesachen, Tagesrucksack, ggf. Sportausrüstung zum Surfen, Tauchen, Schnorcheln

**ACHTUNG:** Bei vielen besonders berühmten Zielen etwa in Rom, Mailand, Verona, Pisa oder Florenz empfiehlt es sich, vorab online zu buchen, um Wartezeiten zu vermeiden; in einigen Fällen ist die Anmeldung sogar obligatorisch.

**Sie wollen die einzigartigen Facetten dieser Region entdecken? Dann los!** Noch einfacher wird es mit der Touren-App: Laden Sie sich die Tour über den QR-Code auf Seite 2/3 oder über die Webadresse in der Fußzeile auf Ihr Smartphone – damit Sie auch offline die perfekte Orientierung haben. Bei Änderungen der Tour ist die App auf dem neuesten Stand und weicht ggf. von den Erlebnistouren im Buch ab. In diesem Fall finden Sie in den Events & News (s. S. 2/3) die neueste Tour als PDF.

**TOUREN-APP**

→ S. 2/3

Faszinierende Kunststädte, lange Strände und imposante Bergkulissen: Bei dieser Tour einmal komplett um den italienischen Stiefel erleben Sie die vielfältigen Facetten und den kulturellen und landschaftlichen Reichtum des Landes. Von Oberitalien fahren Sie in den Süden bis nach Kalabrien, an der ionischen und Adriaküste geht es zurück Richtung Alpen.

Den Auftakt **gleich hinter der schweizerischen Grenze** macht der ❶ **Comer See** → S. 77. Bei einer Bootsfahrt auf dem *lago* genießen Sie die Eleganz alter Villen mit ihren prächtigen Gärten und die traumhafte alpine Landschaft.

**TAG 1–4**

❶ Comer See

Bild: Uferpromenade am Comer See in Como

147

| 131 km |
| --- |

**2** Valcamonica 🌳 🛏

| 133 km |
| --- |

**3** Mailand 🍽 🏕 🛍 🛏

**TAG 5–10**

| 144 km |
| --- |

**4** Turin 🍽 ☕ 🎭 🛏

Ein schönes Quartier finden Sie z. B. in **Varenna**. **Vom Ostufer fahren Sie mit wunderbaren Blicken auf die Bergamasker Alpen über den Apricapass in die** **2** **Valcamonica → S. 75**, wo Sie **bei Capo di Ponte** Felszeichnungen aus über 8000 Jahren erwarten. Kunst und Design locken Sie für zwei Tage in die lombardische Metropole **3** **Mailand → S. 71**. Besuchen Sie Leonardo da Vincis Fresko **„Abendmahl" in der Kirche Santa Maria delle Grazie** und bummeln Sie durch Milanos exklusives Modeviertel **Quadrilatero um die Via Monte Napoleone.**

Italiens erste Hauptstadt **4** **Turin → S. 46** empfängt Sie mit eleganten Arkaden in ihrem barocken Zentrum. Wetten, dass Sie sich beim Bummel mehr als einmal zu Cappuccino und zart schmelzenden *gianduiotti* in einem der

148   Diese Touren finden Sie als App unter go.marcopolo.de/ita

# ERLEBNISTOUREN

traditionellen Caféhäuser verführen lassen? Den Aperitif genießen Sie besonders entspannt in den Lokalen der *murazzi* **am Ufer des Po. Südlich von Turin mäandern Sie zwei Tage lang zum Spazieren, Schlemmen und Weinverkosten durch die Rebhügel der** ❺ **Langhe** → S. 50. Probieren Sie hier in der Saison unbedingt ein Gericht mit Trüffeln. Was für ein Duft! **An die ligurische Küste ist es dann nur noch ein gutes Stündchen Fahrt. In** ❻ **Genua** → S. 39 versetzt Sie der Besuch der prächtigen Patrizierpaläste in der Altstadt, der **Palazzi dei Rolli,** zurück in die Zeit der stolzen Seerepublik. **Auf der Küstenstraße SS 1 gelangen Sie nach** ❼ **Levanto** → S. 43, wo Sie für zwei Nächte Quartier nehmen, um den Nationalpark ❽ **Cinque Terre** → S. 43 zu Fuß zu erkunden. Traumhafte Ausblicke aufs Meer verspricht u. a. der pinienduftende Küstenweg ins hübsche **Monterosso,** das verschwitzte Wanderer mit seinem kleinen **Strand** begrüßt.

In der Toskana wird es schräg: In ❾ **Pisa** → S. 105 müssen Sie natürlich rauf auf den **Schiefen Turm**! Auch Ihren Besuch in ❿ **Florenz** → S. 85 beginnen Sie am besten aussichtsreich: Das Erklimmen der **Domkuppel** wird mit einem großartigen Blick über die Dächer der Kunststadt belohnt, die mit ihren prächtigen Renaissancebauten am nächsten Tag einen ausgiebigen Besuch verdient. Im herrlich in den grünen Hügeln Umbriens gelegenen ⓫ **Assisi** → S. 97 besichtigen Sie die berühmte **Basilika,** bevor es tags darauf weitergeht nach ⓬ **Rom** → S. 112 mit einer überwältigenden Fülle an Sehenswürdigkeiten. Planen Sie für die Hauptstadt daher am besten drei Nächte ein. Dicke Füße vom vielen Pflastertreten? Mit dem Segway, z. B. von **Segway Roma** *(Tel. 38 03 01 29 13 | www.segwayroma.net),* gleiten Sie mühelos durch die Straßen.

Schon von Weitem begrüßt Sie der imposante Vesuv → S. 145 im brodelnden ⓭ **Neapel** → S. 137. Erkunden Sie die Stadt zwei Tage lang mit der **Metrò dell'Arte** → S. 133 und fahren Sie auf der Promenade mit einer Fahrradriksha von **Foxrent Bike** *(Via Partenope 37 | Tel. 08 17 64 50 60 | www.foxrent.it)* in den Sonnenuntergang! Und lassen Sie keinesfalls den **Zugausflug zu den Ausgrabungen von** ⓮ **Pompeji** → S. 145 aus, wo Sie sich auf eine spannende Zeitreise ins Römische Reich begeben. Was es in Neapel zur Stärkung gibt? Die leckerste, aromatischste Pizza Ihrer Reise! Traumpanoramen eröffnen sich dann **auf den Küstenstraßen der Halbinsel von Sorrent,** über die

149

Sie ein weiteres Highlight der Antike ansteuern: die griechische Tempelstadt **Paestum → S. 145**. Besichtigen Sie sie am besten INSIDER TIPP **früh am nächsten Morgen**, bevor die Ausflugsbusse kommen und die Sonne brennt. **An der naturbelassenen Cilentoküste entlang kommen Sie nach Maratea → S. 130**. Von der riesigen **Christusstatue** aus überblicken Sie den ganzen Golf von Policastro.

Am Strand relaxen, durch die Altstadt bummeln und eine Bootstour unternehmen: Das ist Ihre To-do-Liste für **Tropea → S. 134**, den vielleicht schönsten Küstenspot an der tyrrhenischen Küste Kalabriens. Da sind zwei Übernachtungen sicher nicht zu viel. **Die SP 1 bringt Sie dann durch die wilde Bergwelt des Aspromonte → S. 131 hinüber ans Ionische Meer**, wo ein erfrischendes Bad an den Stränden von **Capo Rizzuto → S. 132** genau richtig kommt. Übernachten Sie im Lakritzort **Rossano → S. 134** mit Museum und Shop von **Amarelli**. Nächste Etappe ist die berühmte Höhlenstadt **Matera → S. 130** mit bezaubernden Felsenkirchen und suggestiven Höhlenhotels.

Weiter geht es in den Salento zur Barockstadt **Lecce → S. 135**, wo ein Besuch der prächtigen **Basilica di Santa Croce** auch Kirchenmuffel begeistern wird. **Durch die Landschaft der *trulli* kommen Sie nach Alberobello → S. 125**, wo Sie sich für eine Nacht in einem dieser kuriosen Rundbauten einquartieren. **Wieder am Meer**, lockt in **Peschici → S. 127** am malerischen **Gargano** die wunderbare **Altstadt** mit stilvollem Kunsthandwerk. Tauchen oder Surfen ist dann angesagt an der **Riviera del Conero → S. 94**, einem besonders schönen Adriaflecken **im Süden Anconas.**

In der flachen Poebene liegt die Renaissancestadt **Ferrara → S. 71**. Nehmen Sie sich Zeit für eine kleine Radtour durch Italiens Fahrradhauptstadt! An der oberen Adria erreichen Sie die einzigartige Lagunenstadt **Venedig → S. 61**. Die prunkvollen Palazzi bewundern Sie am besten bei einer Fahrt im *vaporetto* auf dem **Canal Grande**. Am **Brentakanal** entlang, wo die venezianischen Adligen in kunstvoll ausgestatteten Villen ihre Sommerfrische verbrachten, **zuckeln Sie nach Padua und von dort weiter nach Verona → S. 63**. In der gewaltigen, 22 000 Zuschauer fassenden römischen **Arena** im Zentrum lauschen Sie unterm Sommerhimmel einer Verdi-Oper. Rüsten Sie sich für ein Picknick aus: Die Opern dauern bis zu

150    Diese Touren finden Sie als App unter go.marcopolo.de/ita

# ERLEBNISTOUREN

vier Stunden! Dass sich die Reise ihrem Ende zuneigt, merken Sie in Südtirols Hauptstadt ㉚ **Bozen** → S. 52 schon daran, dass auf den Straßen Deutsch gesprochen wird. Flanieren Sie zum Abschluss durch die habsburgisch geprägte **Altstadt** mit ihren hübschen Laubengängen und stimmen Sie sich mit Apfelstrudel oder Schlutzkrapfen auch kulinarisch auf die Heimat ein.

㉚ Bozen

## 2 ENTLANG DER VIA FRANCIGENA NACH ROM

**START:** ❶ Großer Sankt Bernhard
**ZIEL:** ⓯ Rom

**Strecke:**
➡ knapp 1000 km

**6 Tage**
reine Fahrzeit
ca. 18–24 Stunden

**KOSTEN:** ca. 1400–1800 Euro/2 Personen (Benzin, Übernachtungen, Essen, Eintritte)
**MITNEHMEN:** Sonnen- und Regenschutz, Badesachen

**ACHTUNG:** Der ❶ **Große Sankt-Bernhard-Pass** ist in der Regel von Mai bis Oktober geöffnet.
Konzertkarten für ❼ **Parma** vor der Tour bestellen!

Auf den Spuren mittelalterlicher Pilger entdecken Sie bei dieser Tour einige der schönsten Städte und Landschaften Italiens. Sie folgt weitgehend der Via Francigena *(www.viefrancigene.org),* der alten Frankenstraße durch Nord- und Mittelitalien nach Rom.

**Sie starten auf 2473 m Passhöhe am** ❶ **Großen Sankt Bernhard** in atemraubender Berglandschaft mit zahlreichen Wasserfällen, die zu einem kurzen Spaziergang verlockt, bevor Sie sich auf den Weg machen. **Ihr erster Halt ist in** ❷ **Aosta** → **S. 35**, wo Sie das Kloster **Santi Pietro e Orso** mit seinem einzigartigen Kreuzgang besichtigen. **Am Nachmittag folgen Sie dem Tal der Dora Baltea (SS 26) vor alpiner Bergkulisse und vorbei an den Burgen** → **S. 37 der einstigen Feudalherren. Machen Sie noch einmal halt im Städtchen** ❸ **Vigevano** → **S. 76** mit seiner wunderschönen ovalen **Piazza Ducale**, auf der Sie in einem der einladenden Cafés die Nachmittagssonne genießen. Ihr Tag endet im charmanten, ruhig in Reisfeldern gelegenen *agriturismo* ❹ **Cascina Mora** *(8 Zi. | Strada Mora 800 | Tel. 03 82 52 60 81 | www.cascinamora.it | €)* **bei Pavia.**

**TAG 1**

❶ Großer Sankt Bernhard

34 km

❷ Aosta

172 km

❸ Vigevano

42 km

❹ Cascina Mora

151

| TAG 2 |
|---|
| 10 km |
| **5 Certosa di Pavia** 🏠🍴 |
| 116 km |
| **6 Labirinto della Masone** 🌳🚶 |
| 21 km |
| **7 Parma** 🎵🚍🛍 |
| TAG 3 |
| 91 km 🌳 |
| **8 Pontremoli** 🛡🏰❗🍴❄ |
| 77 km |
| **9 Pietrasanta** 🏛 |
| 40 km |
| **10 Lucca** 🚍🛡🚲🏠 |
| TAG 4 |

**10 km nördlich von Pavia** erwartet Sie das Renaissancejuwel **5 Certosa di Pavia → S. 76** mit prachtvoll verzierter Fassade. Die **Locanda Vecchia Pavia Al Mulino** (So-Abend und Mo geschl. | Via al Monumento 5 | Tel. 03 82 92 58 94 | www.vecchiapaviaalmulino.it | €€€) verwöhnt Sie nach dem Besuch mit exquisiter lombardischer Gourmetküche. Am Nachmittag vergnügen Sie sich in **6 INSIDER TIPP Labirinto della Masone** (Mi–Mo 10.30–19 Uhr | Strada Masone 121 | www.labirintodifrancomariaricci.it) **bei Fontanellato**. In diesem größten Gartenlabyrinth Italiens folgen Sie dem Motto: „Nur wer sich verliert, kann sich finden." Den Tag beschließen Sie mit einem Konzertbesuch in der Musikstadt **7 Parma → S. 79**.

Nachdem Sie sich z. B. bei **La Prosciutteria** (Strada Farini 9c) mit Parmaschinken eingedeckt haben, geht es **durchs Tarotal hinauf in den Appenin.** Durch eine abwechslungsreiche Landschaft aus Bergen, Wiesen und Wäldern erreichen Sie **am Cisapass (1093 m)** die Toskana. Erkunden Sie das mittelalterliche Städtchen **8 Pontremoli** mit seinem Kastell, in dessen **Museo delle Statue Stele Lunigianesi** (Okt.–Mai tgl. 9.30–17.30, Juni–Sept. 10–18.30 Uhr | www.statuestele.org) Sie die rätselhaften Stelen bestaunen, Statuenmenhire aus der Zeit um 1200 v. Chr. Mittags essen Sie dann idyllisch im **Cà del Moro** (So-Abend und Mo geschl. | Via Bellotti 2 | Tel. 01 87 83 05 88 | www.cadelmororesort.it | €€€) mit herrlichem Ausblick. Am Nachmittag geht es **vor der Kulisse der Marmorberge von Carrara auf der SS 1 nach 9 Pietrasanta**, wo Sie sich im **MuSA** (Do–So 18–23 Uhr | Via Sant'Agostino 61 | www.musapietrasanta.it) über den Carrara-Marmor schlaumachen. In **10 Lucca → S. 91** übernachten Sie zentrumsnah im modernen **Hotel San Marco** (42 Zi. | Via San Marco 368 | Tel. 05 83 49 50 10 | www.hotelsanmarco lucca.com | €–€€) mit schöner Terrasse.

Nach dem Frühstück entdecken Sie Luccas wunderschöne **Altstadt** per Rad: Das stellt Ihnen nämlich das Hotel zur Verfügung! Werfen Sie dabei

Manhattan des Mittelalters: zwei der einst 72 Geschlechtertürme San Gimignanos

# ERLEBNISTOUREN

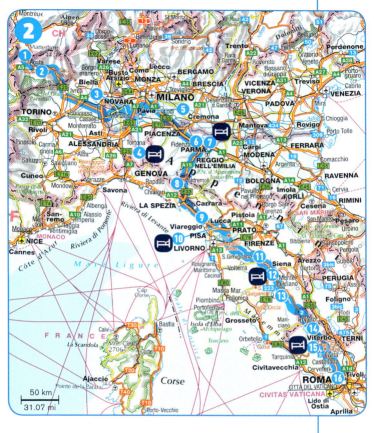

unbedingt auch einen Blick in den Dom **San Martino** mit seiner von Pilgern verehrten Christusfigur, dem Volto Santo. Mittags sind Sie dann in ⓫ **San Gimignano → S. 103**, wo Sie einen der **Geschlechtertürme** erklimmen und durch den gut erhaltenen mittelalterlichen Stadtkern spazieren, bevor Sie sich **5 km vom Zentrum in der Fattoria Poggio Alloro** *(nach Reservierung tgl. | Via Sant'Andrea 23 | Tel. 05 77 95 01 53 | www.fattoriapoggioalloro.com | €€)* zum Mittagessen mit herrlichem Ausblick niederlassen. Auch ein paar Flaschen Wein und Olivenöl aus eigener Produktion können Sie sich in dem Familienbetrieb mit auf den Weg geben lassen. Am späten Nachmittag erreichen Sie dann das mittelalterliche Gesamtkunstwerk ⓬ **Siena → S.**

153

100, wo Sie den Abend auf dem vielleicht schönsten Platz ganz Italiens verbummeln, der **Piazza del Campo**.

Auf zypressengesäumten Landstraßen **fahren Sie südwärts durchs Hügelland der Crete.** Seien Sie aber spätestens um 13 Uhr im romanischen Kloster ⓭ **Sant'Antimo → S. 102**, damit Sie den gregorianischen Gesängen der Mönche lauschen können! Am Nachmittag erreichen Sie den ⓮ **Lago di Bolsena → S. 121**, dessen sauberes Wasser Sie zum Baden einlädt. Zu Ihrem Quartier in ⓯ **Viterbo → S. 120** ist es dann nicht mehr weit. In Viterbo spazieren Sie am nächsten Morgen durch das mittelalterliche Zentrum, bevor Sie schließlich **auf der SP 1** Ihr Ziel ⓰ **Rom → S. 112** ansteuern.

# 3  MIT DEM RAD IN DEN DOLOMITEN

| START: ❶ Toblach  ZIEL: ⓫ Calalzo di Cadore | **2 Tage** reine Fahrzeit 5–7 Stunden |
|---|---|
| Strecke: ➡ 80 km   Schwierigkeitsgrad: 📶 leicht | |

**KOSTEN:** ca. 140 Euro/Person (Radmiete, Übernachtung, Eintritte, Seilbahn, zuzüglich Essen)
**MITNEHMEN:** Proviant und Trinkflasche fürs Rad, Sonnen- und Regenschutz, Badesachen

**ACHTUNG:** Radverleih beim Bahnhof in ❶ **Toblach**: **Dolomitislowbike** *(Dolomitenstr. 27a | Tel. 34 86 63 35 39 | www.dolomitislowbike.com)* Fahrradrückgabe in ⓫ **Calalzo** oder von Ende Juni bis Ende August Rückfahrt nach ❶ **Toblach** mit **Bike 'n' Bus** *(tgl. 15.45 Uhr | Tel. 04 37 21 72 26 | www.dolomitibus.it)*

**Auf dem Radwanderweg „Lange Straße der Dolomiten" erleben Sie diese einzigartige Gebirgslandschaft aus schroffen Felsformationen, die spektakulär mit den saftig grünen Almwiesen kontrastiert, ganz nah und mit allen Sinnen. Sie radeln über tiefe Schluchten, vorbei an türkisblauen Bergseen (in einem können Sie baden!) und malerischen Dörfern.**

Sie starten am Bahnhof in ❶ **Toblach**, nachdem Sie sich im **Naturparkhaus Drei Zinnen** *(Mai–Okt. Di–Sa, Juli/Aug. auch So 9.30–12.30 und 14.30–18 Uhr | Via Dolomiti 31 | www.grandhotel-toblach.com)* **gleich gegenüber** auf Ihr Dolomitenerlebnis eingestimmt haben. **Auf der Bahnhofstraße fahren Sie nach Westen und biegen vor der Brücke der SS 51 links ab.** Vor Ihnen liegt nun das Höhensteintal

154  Diese Touren finden Sie als App unter go.marcopolo.de/ita

# ERLEBNISTOUREN

mit der majestätischen Cristallo-Gruppe am Talende. **Nach einem schnurgeraden Stück erinnert Sie ein ❷ Soldatenfriedhof** an die hier während des Ersten Weltkriegs verlaufende Front. Nach insgesamt 12 km öffnet sich ein spektakulärer Panoramablick auf die imposanten Zacken der Drei Zinnen. **Kurz darauf erreichen Sie den ❸ Dürrensee**, der abflusslos und für seine hohe Lage (1410 m) daher erstaunlich warm ist – nutzen Sie diese tolle Gelegenheit zu einem erfrischenden Bad!

Zum Mittagessen kehren Sie **direkt am See** ins **Ristorante Lago di Landro** *(abends geschl. | Tel. 04 74 97 23 99 | €)* ein, das mit leckerer bodenständiger Küche und köstlichem Kuchen punktet. So gestärkt **überqueren Sie den höchsten Punkt der Strecke, den 1530 m hohen ❹ Passo Cimabanche**. Vorbei an drei kleinen Seen führt die Strecke auf einer Brücke über die tiefe Schlucht des Flüsschens Felizon. Wenig später haben Sie ❺ **Cortina d'Ampezzo → S. 54 erreicht,** wo Sie im fahrradfreundlichen **Hotel Des Alpes** *(32 Zi. | Via La Verra 2 | Tel. 04 36 86 20 21 | www.hoteldesalpescortina.it | €€)* übernachten und sich zuvor bei einer Hydromassage entspannen.

Bevor Sie sich wieder auf den Sattel schwingen, gönnen Sie sich als Zugabe einen spektakulären Gipfelblick: **In der Seilbahn Freccia nel Cielo schweben Sie hinauf zur Bergstation der ❻ Tofana di Mezzo → S. 55** auf stolzen 3191 m. **Zurück in ❼ Cortina d'Ampezzo**, treffen **Sie an der Via Cantore wieder auf den Radweg, der Sie in ca. einer knappen Dreiviertelstunde zum ❽ Albergo Ristorante Dogana Vecchia** *(in der Saison tgl. | Via Calvi 31 | San Vito di Cadore | Tel. 04 36 89 90 23 | albergodoganavecchia.com | €)* **bringt.** Versuchen Sie hier doch mal die hausgemachten *casunziei,* die typische gefüllte Pasta der Dolomiten!

❷ Soldatenfriedhof

5 km

❸ Dürrensee

5 km

❹ Passo Cimabanche

12 km

❺ Cortina d'Ampezzo

**TAG 2**

8 km

❻ Tofana di Mezzo

5 km

❼ Cortina d'Ampezzo

10 km

❽ Albergo Ristorante Dogana Vecchia

Ganz so nah werden Sie den Drei Zinnen auf Ihrer Tour nicht kommen

155

**4 km**
**⑨ San Vito di Cadore**

**20 km**
**⑩ Pieve di Cadore**

**4 km**
**⑪ Calalzo di Cadore**

Nun rollen Sie entspannt am Fluss Boite entlang nach ⑨ **San Vito di Cadore**. Cadore heißt das von den Dolomiten eingerahmte Tal von Boite und Piave; es ist weltweit bekannt als die Geburtsstätte des *gelato*. Da ist eine ordentliche Portion *gelato artigianale* natürlich angenehme Pflicht – z. B. beim „Eiskönig" **Il Re del Gelato** *(Corso Italia 17a)*. Nächstes Ziel der Tour ist das einstige Zentrum der Brillenproduktion ⑩ **Pieve di Cadore** mit dem originellen Brillenmuseum **INSIDERTIPP** **Museo dell'Occhiale** *(Juli/ Aug. tgl. 10–18.30, Sept.–Juni Di–Sa 9.30–12.30 und 15.30– 18.30 Uhr | Via Arsenale 15 | www.museodellocchiale.it).* **Von hier brauchen Sie dann keine halbe Stunde mehr bis zum Ziel in ⑪ Calalzo di Cadore.**

# ERLEBNISTOUREN

## DIE BERGWELT DER ABRUZZEN

**START:** ❶ Teramo
**ZIEL:** ⓫ Guardiagrele

Strecke:
➡ **ca. 340 km**

**4 Tage**
reine Fahrzeit
8–10 Stunden

**KOSTEN:** ca. 400 Euro/2 Personen (Benzin, Eintritte und Übernachtungen, zuzüglich Verpflegung)
**MITNEHMEN:** Feste Schuhe, Sonnen- und Regenschutz, Badesachen

Erleben Sie die raue Bergwelt des Apennins, eine einzigartige Landschaft von grandioser Schönheit. Auf gewundenen Straßen führt die Tour durch die Nationalparks der Abruzzen und des Majellagebirges mit ihrer reichen Tierwelt. Sie spazieren durch malerische Dörfer und entdecken lokale Spezialitäten.

In ❶ Teramo **starten Sie auf der SS 80 durch das wilde Vomanotal.** Herrliche Ausblicke auf die Gipfel des Gran-Sasso-Massivs begleiten die Fahrt nach ❷ Prati di Tivo. **Parken Sie hier und nehmen Sie in der Via Prati Bassi den Weg links (am Agriturismo dei Prati), erst durch dichten Wald und dann vorbei an der Bergwand des Corno Piccolo. In ca. zwei Stunden (hin und zurück)** führt Sie diese Wanderung zum wunderbaren Naturschauspiel des Wasserfalls des Rio Arno. Hungrig vom Wandern? Dann steuern Sie **im idyllischen Bergdorf Pietracamela** die ❸ Antica Locanda *(außer im Sommer Mi geschl. | Via Vicolo Stretto 1 | Tel. 08 61 95 51 20 | www.anticalocanda.eu | €–€€)* an und bestellen einen *timballo abruzzese,* den traditionellen Crêpesauflauf der Gegend. **Vorbei am von Bergen eingerahmten, riesigen Lago di Campotosto und dem malerischen, kleinen Lago di Provvidenza geht es über den Passo delle Capannelle (1300 m).** Genießen Sie die tollen Panoramen! Gegen Abend erreichen Sie ❹ L'Aquila → S. 106, die Hauptstadt der Abruzzen – genau richtig für einen Spaziergang durch das stimmungsvoll beleuchtete *centro storico.*

Nach der Stadterkundung versorgen Sie sich mit einem Picknick und entspannen sich im Parco del Sole an der schönen Basilika Santa Maria di Collemaggio, wo Sie sich

157

**❺ Celano**   🏛️ 🚶 ☀️
48 km

**❻ Pescasseroli**
🌳 🌲 🛏️

**TAG 3**
18 km

im Schatten Ihr Picknick schmecken lassen. **Über die Hochebenen des Parco Naturale Sirente-Velino fahren Sie dann nach ❺ Celano** mit dem mächtigen **Castello Piccolomini** *(Di–So 9–19.30 Uhr)*. Spazieren Sie hier über die Burgmauer mit ihrem tollen Ausblick! **Über den Passo del Diavolo geht es nun nach ❻ Pescasseroli → S. 111**, touristisches Zentrum des **Abruzzen-Nationalparks**. Dort können Sie z. B. bei einem abendlichen Ausflug mit **Ecotur** *(Via Piave 9 | Tel. 08 63 91 27 60 | www.ecotur.org)* dem Heulen der Wölfe lauschen.

Wenn Sie der eindrucksvolle Abend „unter Wölfen" neugierig gemacht hat, **stoppen Sie in Civitella Alfedena,**

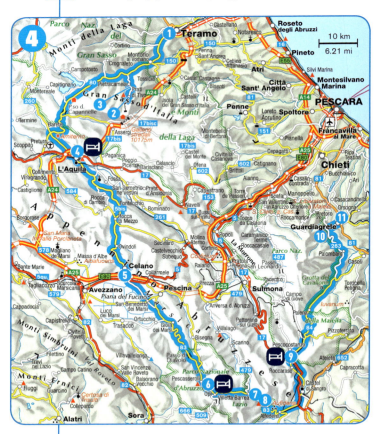

158   Diese Touren finden Sie als App unter go.marcopolo.de/ita

# ERLEBNISTOUREN

wo Sie im ❼ **Museo del Lupo Appenninico** *(April–Sept. tgl. 10–13.30 und 15–18.30, Okt.–März 10–13.30 und 14–17.30 Uhr | Via Santa Lucia)* Spannendes über den Wolf erfahren. Danach ist ein Bad im Lago di Barrea erfrischend, etwa am Strand des ❽ **Lido La Gravara** *(Juni–Sept. tgl. 9–20 Uhr | SS 83 km 62)*. Gegen Abend steuern Sie dann mit dem barocken ❾ INSIDER TIPP **Pescocostanzo** eines der „schönsten Dörfer Italiens" an. Mit Bergblick logieren Sie hier im B & B **La Rua** *(6 Zi. | Via Rua Mozza 1–3 | Tel. 08 64 64 00 83 | www.larua.it | €)*.

**Auf der SS 84 und der gewundenen SP 214** kommen Sie zum Majella-Nationalpark mit dem ❿ **Parco Avventura Majella** *(Ostern–Mai und Sept. Sa/So 10–19, Juni–Aug. tgl. 10–20, Okt. Sa/So 10–17 Uhr | Piana delle Mele | www.parconaturalemajella.it)*. Hier können Sie sich auf dem Kletterparcours zwischen Baumwipfeln und über schwankende Hängebrücken verausgaben. Ihren Appetit stillen Sie **im nahen** ⓫ **Guardiagrele → S. 110**. Der nette Ort ist bekannt für das Gebäck *sise delle monache*, das Sie besonders köstlich in der **Pasticceria Lullo** *(Via Roma 105)* bekommen. Und wer zum Abschluss ein Souvenir sucht, wird in der INSIDER TIPP **Bottega Artigianale** *(Di–Sa 10–12.30 und 17–19.30, So 9.30–13 Uhr | Via Roma 76)* von Stefania Santone mit farbenfroher handbemalter Keramik fündig.

❼ Museo del Lupo Appenninico

4 km

❽ Lido La Gravara

37 km

❾ Pescocostanzo

**TAG 4**

61 km

❿ Parco Avventura Majella

7 km

⓫ Guardiagrele

# ❺ HÖHEPUNKTE AM GOLF VON NEAPEL

**START:** ❶ Neapel
**ZIEL:** ❶ Neapel

**Strecke:**
knapp 100 km

**3 Tage**
reine Fahrzeit mit dem Schiff ca. 3 Stunden

**KOSTEN:** ca. 450 Euro/2 Personen (alle Transportkosten, Eintritte, zwei Übernachtungen, zuzüglich Verpflegung)
**MITNEHMEN:** Sonnenschutz, feste Schuhe, Rucksack

**ACHTUNG:** Bei schlechtem Wetter können Fähren ausfallen – von Sorrent nach Neapel dann auf die Bahn Circumvesuviana ausweichen

Die Sehnsuchtsinsel Capri, der zauberhafte Küstenort Sorrent, die Weltkulturerbe-Altstadt von Neapel: Auf dieser abwechslungsreichen Tour erleben Sie faszinierende Naturschönheiten und kulturelle Schätze am Golf von Neapel.

**TAG 1**
① Neapel
34 km
② Marina Grande
0,5 km
③ Capri
6 km
④ Anacapri
4 km
⑤ Capri

Starten Sie morgens mit der Fähre vom Hafen Molo Beverello in ① **Neapel** und lassen Sie vom Schiff aus den Blick über die Hänge des Vesuvs und die verschachtelten Häuser der Stadt schweifen. **Nach 50 Minuten erwartet Sie auf Capri der Hafen ② Marina Grande**, wo Sie die **Standseilbahn** hinauf in den Hauptort ③ **Capri** zur charmanten **Piazzetta Umberto I** nehmen. Bummeln Sie **durch die Via delle Botteghe und die noble Flanierstraße Via Vittorio Emanuele** zu den **Giardini di Augusto** *(tgl. 9–19.30 Uhr)*. Von dort haben Sie eine zauberhafte Aussicht auf das Wahrzeichen von Capri, die Faraglioni-Felsen. Nur einen Katzensprung entfernt können Sie in der Parfummanufaktur **Carthusia** *(Viale Matteotti 2d)* den Duft der Insel erstehen. Gute capresische Küche und die namengebende Aussicht genießen Sie dann im **Ristorante Panorama** *(tgl. | Traversa Lo Palazzo 2 | Tel. 08 18 37 52 90 | www.panoramacapri.com | €€€)*.

Freuen Sie sich nachmittags auf eine der schönsten Sehenswürdigkeiten der Insel: die in ④ **Anacapri** an der Steilküste gelegene **Villa San Michele** *(tgl. ab 9 Uhr–1 Std. vor Sonnenuntergang | Viale Munthe 34 | villasanmichele.eu | €€)* mit phantastischem Rundblick und bezauberndem Garten. **Hin und zurück kommen Sie in zehn Minuten mit dem Bus von der Piazzetta in Capri, von der Haltestelle Piazza Vittoria in Anacapri dann weiter zu Fuß über die Via Capodimonte.** Ihr Quartier ist in ⑤ **Capri** das **INSIDER TIPP Capri Wine Hotel** *(10 Zi. | Via Provinciale Marina Grande 69 | Tel. 08 18 37 91 73 | www.capriwinehotel.com | €€€)* inmitten von Weinreben.

„Benvenuti a Napoli": Das Castel Nuovo begrüßt Sie am Hafen in Neapel

160   Diese Touren finden Sie als App unter go.marcopolo.de/ita

# ERLEBNISTOUREN

Malerisch auf einem Felsen und eingerahmt von Zitronengärten liegt **6 Sorrent → S. 142**, dem Sie sich in 25 Minuten mit der Fähre nähern. Nehmen Sie den Bus zur Piazza Tasso und schlendern Sie über die Via San Francesco zur **Villa Comunale**, einem Park mit phantastischer Sicht auf den Golf von Neapel. Nur einen kurzen Spaziergang entfernt, sitzen Sie in der **Trattoria Emilia** *(Do-Abend geschl. | Tel. 08 18 07 27 20 | www.daemilia.it | €)* direkt am Wasser **im idyllischen Fischerhafen Marina Grande**. Nachmittags erwartet Sie die Altstadtgasse **Via San Cesareo** mit Souvenirshops und Feinkostgeschäften. Unbedingt probieren sollten Sie das hausgemachte *gelato al limone* bei **Raki** *(Nr. 48)* und einen Limoncello in der Likörfabrik **Limonoro** *(Nr. 49)*.

**Wieder mit der Fähre nehmen Sie Kurs auf 1 Neapel → S. 137**, wo Sie am Hafen vom imposanten **Castel Nuovo** begrüßt werden. **Von der Piazza Municipio fahren Sie dann mit der U-Bahn-Linie 1 bis Piazza Dante**, beides sehenswerte **Kunststationen der Metrò dell'Arte**. Über die Via Port'Alba/Via San Sebastiano kommen Sie in die **Altstadt** mit vielen Kunsthandwerkern. Nehmen Sie sich aber auch Zeit für einen Abstecher ins unterirdische Neapel von **Napoli Sotterranea** und genießen Sie unbedingt ein Stück neapolitanische Pizza *a portafoglio*, also auf die Hand!

161

# SPORT & WELLNESS

**Kaum ein europäisches Land ist geografisch so vielfältig wie Italien: eine weite, bis zu 4000 m hohe alpine Bergwelt, große Seen, mal sanftes, mal raues Hügelland und über 8000 km Küste. Entsprechend vielfältig sind die Sport- und Aktivangebote.**

Trendsetter ist die Sport-und-Spaß-Industrie an der Adria um Rimini und Riccione, das Kalifornien Italiens. Die weiten Sandstrände bilden den idealen Untergrund für Beachvolleyball. Viele Strandbäder setzen auf Fitness mit Gerätepark, Gymnastikanimation und Strandwettspielen. In den vielen Bergregionen, ob Alpen oder Apennin, bieten sich jede Menge Outdooraktivitäten an, vom Paragliding über Rafting und Skibergsteigen bis zu Mountainbiketouren.

### BERGSTEIGEN & KLETTERN

Im gesamten italienischen Alpenbogen sind anspruchsvolle Klettertouren möglich, allen voran auf die Viertausender im Aostatal. Klettersteige *(vie ferrate)*, mit Eisenhaken, Leitern, Drahtseilen gesicherte Routen, ziehen sich durch die Dolomiten und ermöglichen auch Nichtbergsteigern das Erklimmen von Felswänden. Die Felsen bei Arco am Gardasee und am Meer bei Finale Ligure sind beliebte Sportklettergebiete.

### GOLF

Auch die Italiener hat längst das Golffieber gepackt, überall im Land gibt es schöne Plätze (z. B. in *Val Ferret* im Aostatal).

**Ob Radfahren, Tauchen oder Skifahren: Die geografische Vielfalt Italiens spiegelt sich in einem außerordentlich breiten Sportangebot**

Unter *www.greenpassgolf.de* finden Sie detaillierte Platzbeschreibungen.

### RADFAHREN

Sportliches Radfahren ist in Italien sehr beliebt, am Wochenende schwärmen die Sportradler in großen Gruppen aus. Radwege gibt es allerdings ausgesprochen wenige, wohl aber jede Menge Prospekte mit Radtourenvorschlägen. In den Städten vor allem der Poebene wie Mailand, Ferrara, Ravenna oder Mantua können Sie in vielen Hotels oder am Bahnhof Räder mieten und so in den Städten INSIDERTIPP die verkehrsberuhigten Altstadtkerne erkunden. Beliebte MTB-Gegenden sind das Finale-Gebiet in Ligurien und der toskoemilianische Apennin. Mieträder erhalten Sie auch in den Badeorten, etwa an der Adria für Touren im Podelta oder längs der Strandpromenaden. Hilfreiche Websites sind *www.bicitalia.org* (Radwanderwege) und *www.albergabici.it* (fahrradfreundliche Unterkünfte).

## TAUCHEN

Küstenabschnitte, die für Taucher besonders lohnend sind, finden sich z. B. in Ligurien an der Halbinsel von Portofino und am Küstenabschnitt der Cinque Terre. An der oberen Adria lohnt sich die Triestiner Klippenküste beim Castello di Miramare. Weiter südlich, in den Marken, zieht es die Taucher an den Felsen Monte Conero bei Sirolo. Im Latium trifft man sich an der Landspitze San Felice des Naturschutzgebietes Circeo bei Sabaudia. Im Süden gehören zu den Highlights die Tremitiinseln, die Absatzspitze von Santa Maria di Leuca sowie die Meeresgründe an der Halbinsel von Capo Rizzuto und bei Scilla an der Meerenge von Messina. In Kampanien faszinieren die INSIDER TIPP Grotten von Palinuro und das Kap an der Sorrentinischen Halbinsel – oder man taucht ab in die INSIDER TIPP Ruinen der römischen Villen auf dem Meeresgrund vor Baia unweit Neapels.

## THERMEN & WELLNESS

Italiens renommierte Thermalorte bieten vielfältige, oft bereits seit der Antike genutzte Behandlungen wie Heilwasser, Fango, Inhalation in Grotten, Trinkkuren, Heubäder und mehr. Zu den bekanntesten Thermalspots zählen die Euganeischen Hügel, die Thermen der Toskana und die Insel Ischia. Die ursprünglich vulkanische Landschaft der Euganeischen Hügel weist noch heute geothermische Aktivität auf – daher die hohe Zahl an Thermalquellen in bedeutenden Kurorten wie *Abano Terme, Montegrotto Terme* und *Battaglia Terme.* Spezialität sind Fangobehandlungen mit Thermalschlamm, dessen Mikroalgen bei der Linderung von Knochen- und Gelenkproblemen helfen. Bereits die römischen Legionäre wandten Fangokuren an. Mit antiken Vulka-

nen, zahlreichen Schwefelquellen und geothermischer Aktivität ist auch die Toskana eine Wellnessoase. Alpine Höhenlagen verhelfen nicht nur Allergikern zur Entspannung, in Südtirol bietet der INSIDER TIPP *Klimastollen von Prettau* (www.ich-atme.com) ihnen und Asthmatikern Linderung. Seit der vorletzten Jahrhundertwende ist der Kurort *Meran* auf das Wohlbefinden seiner Gäste spezialisiert, heute in der modernen Therme *(www.termemerano.it)* des Architekten Matteo Thun.

## WANDERN

Ganz Italien kann man von Nord nach Süd auf dem Fernwanderweg *Sentiero d'Italia* durchwandern. Als Wandergebiet bestens erschlossen ist der gesamte Alpenbogen, vom Aostatal über Südtirol bis zu den Karnischen Alpen in Friaul. Wenig überlaufene Fernwanderwege ziehen sich über den piemontesischen Alpenkamm bis ans Meer Liguriens *(www.westalpen.eu, www.mountainzones.com).* Die bergige Küstenregion Liguriens hat traumhafte Wanderstrecken durch üppige mediterrane Macchia und mit atemraubenden Ausblicken aufs Meer. Ein phantastisches Landschaftserlebnis bieten auch die mit Wanderrouten versehenen Berge des Nationalparks Parco *Monti Sibillini* zwischen Umbrien und den Marken. Das gilt auch für die ★ *Nationalparks* der Abruzzen und des Monte Pollino zwischen Kalabrien und der Basilikata, der Sila und des Aspromonte, alle grandiose Bergwelten. Die Fremdenverkehrsämter helfen weiter mit Adressen von erfahrenen Bergführern und organisierten Gruppentouren. Neue Wanderwege zu alten Themen erschließen die Berge zusätzlich, z. B. der Pilgerweg *Via Francigena* vom Norden nach Rom, die Apenninüberquerung entlang der deutsch-

# SPORT & WELLNESS

amerikanischen Frontlinie im Zweiten Weltkrieg, der *Linea Gotica,* oder Wanderungen auf den Spuren des Franz von Assisi durch Mittelitalien. *www.italienwandern.de*

## WASSERSPORT

Topziel für Wassersportler ist der Gardasee, dessen Nordhälfte mit ihren Winden ganz besonders von Windsurfern geschätzt wird. Aber auch an allen touristisch erschlossenen Küstenabschnitten und in den großen Ferienanlagen finden Sie Surfbrettverleiher. Besonders beliebt sind die ligurische Küste, vor allem um Albenga und Noli, der Conero an der Adria sowie die Küste des Latium bei Sabaudia und Fregene. Segeln können Sie überall längs der Küste, die gespickt ist mit Sporthäfen.

## WINTERSPORT

Der gesamte Alpenbogen wartet mit einer perfekten Infrastruktur auf. Kaum ein größerer Alpenskiort, der nicht einen Snowpark für die Snowboarder oder Freestyler oder Eispaläste für die Schlittschuhläufer angelegt hätte. Besonders schöne Loipen finden Sie in den Tälern des Gran Paradiso im Aostatal, in Südtirol, im Trentino und in den Karnischen Alpen. Aber auch weiter südlich gibt es respektable Skigebiete, z. B. im Apennin am Abetonemassiv um Sestola oder weiter südlich in den Abruzzen bei Pescasseroli. Für naturbelassenes Skiwandern und Skibergsteigen eignen sich besonders die abgeschiedenen Täler der piemontesischen Seealpen, z. B. das Mairatal.

Unter Windsurfern ist der nördliche Gardasee das beliebteste Ziel

165

# MIT KINDERN UNTERWEGS

Der italienische Kindersommer verheißt ein angenehm warmes Mittelmeer und weite Sandstrände an der Adriaküste oder im Süden – und vor allem an der oberen Adria riesige Spaßbäder und Erlebnisparks.

In vielen Hotels hat sich Kinderrabatt durchgesetzt und in fast allen Restaurants bekommen Sie halbe Portionen. In die großen staatlichen Museen dürfen Kinder sogar gratis hinein. Besonders familienfreundliche Hotels finden Sie hier: *www.italyfamilyhotels.it*. Ein Tipp für den aktiven Familienurlaub ist die INSIDER TIPP **Erkundung der Lagunenwelt an der oberen Adria im komfortablen Hausboot:** Die 160 km lange Wasserstraße *Idrovia Veneta* verbindet die spektakuläre Lagune von Venedig mit den ruhigen Wasserlandschaften der Lagunen von Marano und von Grado, mit reicher Vogelwelt und Strandbädern: *www.leboat.de*.

## DER NORDWESTEN

### ACQUARIO DI GENOVA
(187 D5) (*D4*)
Das mit seinen Haifischen, Pinguinen und Unterwasserwelten aufregendste, artenreichste und meistbesuchte Aquarium Italiens steht im alten Hafen von Genua. *Juli/Aug. tgl. 8.30–21, März–Juni und Sept./Okt. Mo–Fr 9–20 Sa/So 8.30–21, Nov.–Feb. Mo–Fr 9.30–20, Sa/So 9.30–21 Uhr | 26 Euro, Kinder 4–12 Jahre 18 Euro | Porto Antico | Ponte Spinola | www.acquariodigenova.it*

166

Gletschermumie Ötzi, steinerne Monster im Barockpark, Langnase Pinocchio oder Tropfsteinhöhlen: Alle sind bereit für die Kleinen

## DER NORDOSTEN

**MUSEO ARCHEOLOGICO DELL'ALTO ADIGE IN BOZEN** (188 C2) (*F2*)
In Bozen hat „Ötzi", die bestens erhaltene, weltberühmte 5300 Jahre alte Mumie aus dem Gletscher des Similaun, seine letzte Ruhe gefunden. Zu ausgewählten Terminen gibt es auch spezielle Familienangebote im Haus. *Di–So, Juli/ Aug. und Dez. auch Mo 10–18 Uhr | 9 Euro, Kinder 7 Euro, bis 6 Jahre frei | Via Museo 43 | www.iceman.it*

## POEBENE UND SEEN

**ACQUARIO DI CATTOLICA LE NAVI** (189 D6) (*G–H5*)
Wie Schiffe sieht die futuristische Architektur aus den Dreißigerjahren des 20. Jhs. aus, in der am Strand von Cattolica dieses artenreiche Aquarium untergebracht ist. *Ostern–Mitte Juni und 1. Sept.-Hälfte tgl. 9.30–16.30, Mitte Juni– Aug. 10–21.30, Mitte Sept.–Ostern nur vereinzelt, meist Sa/So 9.30–16.30 Uhr | 20 Euro, Kinder 1 m–1,40 m 16 Euro | Piaz-*

167

zale delle Nazioni 1a | www.acquariodi
cattolica.it

### AQUAFAN IN RICCIONE
**(189 D6) (ロ G5)**
An der Adria überbieten sich die Attraktionen, eine davon ist dieser riesige Wasserspaßpark. *Juni–Mitte Sept. tgl. 10–18.30 Uhr, an ausgewählten Abenden länger | Zweitageticket 30 Euro, Kinder 1 m–1,40 m 21 Euro | Via Pistoia | www.aquafan.it*

### AQUALANDIA IN LIDO DI JESOLO
**(189 D3) (ロ G–H3)**
Mit seinen Kaskaden, Rutschen, Raftingtouren und karibischen Landschaften gilt der Aquapark als der spektakulärste Italiens. *Ende Mai–Mitte Sept. tgl. 10–18 Uhr | 33 Euro, Kinder 1 m–1,40 m 29 Euro | Via Michelangelo Buonarroti 15 | www. aqualandia.it*

### GARDALAND BEI PESCHIERA
### DEL GARDA **(188 B3) (ロ F3)**
Italiens berühmtester Vergnügungspark nach dem Disneyworld-Muster. *Ostern–Mitte Juni und 2. Sept.-Hälfte tgl., Okt. Sa/ So 10–17, Mitte Juni–Mitte Sept. tgl. 10–23 Uhr | 40,50 Euro, Kinder bis 10 Jahre 33 Euro, verbilligte Onlinetarife | www.gar daland.it*

### MIRABILANDIA BEI RAVENNA
**(189 D5) (ロ G4)**
Die Riesenkirmes gilt als stärkster Konkurrent zu Italiens berühmtestem Vergnügungspark Gardaland. *Stark gestaffelte Öffnungszeiten s. Website | Zweitageticket 35,90 Euro, Kinder 1 m–1,40 m 28 Euro, verbilligte Onlinetarife | SS 16 km 162 | www.mirabilandia.it*

### INSIDER TIPP ▶ STADIO GIUSEPPE
### MEAZZA IN MAILAND **(187 D3) (ロ D3)**
Wenn nicht gerade gespielt wird, kann man das größte Fußballstadion Italiens

besichtigen. Ein Museum zeigt die Erfolgsgeschichte der beiden Lokalrivalen Inter und AC Milan. *Tgl. 9.30–18 Uhr | 17 Euro, Kinder 6–14 Jahre 12 Euro | Via Piccolomini 5, Eingang Gate 14 | www.san sirotour.com*

## DIE MITTE

### PARCO DI PINOCCHIO IN COLLODI
**(190 A1) (ロ F5)**
Eigenwillige Skulpturen in schöner Vegetation erzählen die Geschichte des Lügenbolds. *März tgl. 9–18.30, April–Sept. 9–20, Okt. 9–19 Uhr, Nov.–Feb. Sa/So 10 Uhr–Sonnenuntergang | 13 Euro, Kinder (5–14 Jahre) 11 Euro, Nov.–Feb. 12/9 Euro | Via San Gennaro 3 | www.pinocchio.it*

### INSIDER TIPP ▶ PESCATURISMO AN DER
### TOSKANISCHEN KÜSTE ✪
**(190 B3) (ロ F7)**
Der für nachhaltige Fischerei und gegen Schleppnetze engagierte Paolo Fanciulli erklärt Meerestiere geduldig auf Touren vom Hafen *Talamone* aus. *Ostern–Okt. | Halbtagestour inkl. Antipasti 60 Euro, Kinder bis 14 Jahre 40 Euro, Tagestour inkl. Frühstück und Mittagessen mit fangfrischem Fisch vom Grill 100/60 Euro | Tel. (deutsch) 33 57 06 96 03 | www.paoloilpe scatore.it*

## ROM & DER APENNIN

### BIOPARCO IN ROM ✪
**(190–191 C–D4) (ロ G8)**
In üppige Vegetation gebettete Naturgehege am nördlichen Ende des Stadtparks Villa Borghese beherbergen u. a. sibirische Tiger, Affen und seltene Schildkröten. Der Zoo engagiert sich für den Artenschutz. *Tgl. 9.30–17, Ostern–Okt. bis 18 Uhr | 16 Euro, Kinder 1 m–10 Jahre 13 Euro | Piazzale del Giardino Zoologico 1 | www.bioparco.it*

**168**

# MIT KINDERN UNTERWEGS

In allen Formen und Farben: Luftballonstand in Roms Stadtpark Villa Borghese

### CASINA DI RAFFAELLO IN ROM
(190–191 C–D4) (*G8*)
Im Stadtpark Villa Borghese können Kinder bis zehn Jahre in diesem schönen, großen Zentrum toben, spielen, basteln. *Di–Fr 9–18, Sa/So 10–19 Uhr | 7 Euro | Viale della Casina Raffaello/Piazza di Siena | www.casinadiraffaello.it*

### RAINBOW MAGICLAND IN VALMONTONE-PASCOLARO (191 D4) (*H8*)
Vergnügungspark im Disneystil vor den Toren Roms an der Autobahn Richtung Neapel: eine Riesenkirmes mit Spaßbad, Märchenland, Animation und abendlichen Partys. *Stark gestaffelte Öffnungszeiten s. Website | 29 Euro, Kinder 1 m–14 Jahre 24 Euro | www.magicland.it*

### SACRO BOSCO IN BOMARZO
(190 C3) (*G7*)
Im auch als Parco dei Mostri („Monsterpark") bekannten Waldstück am Rand Bomarzos bei Orte im nördlichen Latium verbergen sich knapp drei Dutzend skurril-gruselige, verwitterte Steinmonster aus dem 16. Jh. *April–Aug. tgl. 8.30–19, Sept.–März 8.30 Uhr–Sonnenuntergang | 10 Euro, Kinder 4–13 Jahre 8 Euro | www.sacrobosco.it*

## DER SÜDEN

### TROPFSTEINHÖHLEN
Im Innern der vielen Gebirge, die den Stiefel Italiens bedecken, verbergen sich einige der größten Tropfsteinhöhlen Europas, unterirdische Säle, die märchenhaft schön geschmückt sind mit schillernden Kristallen. Zu den spektakulärsten gehören die *Grotte di Castelcivita* ((192 B5) (*K9*) | *März–Okt. tgl. 10.30, 12, 13.30, 15, April–Sept. auch 16.30 und 18 Uhr | 10 Euro, Kinder 6–12 Jahre 8 Euro | www.grottedicastelcivita.com*) im Bergland des Cilento und in Apulien die *Grotte di Castellana* ((193 D4) (*M9*) | *stark gestaffelte Zeiten s. Website | kurze Tour 12 Euro, Kinder 6–14 Jahre 10 Euro, lange Tour 16/13 Euro | www.grottedicastellana.it*).

169

# EVENTS, FESTE & MEHR

→ S. 2/3

### FEBRUAR/MÄRZ
*Karneval* wird im piemontesischen Ivrea mit einer orgiastischen *Orangenschlacht (www.storicocarnevaleivrea.it)*, in Venedig mit spektakulären Maskeraden, in Viareggio mit einem politsatirischen Wagenumzug gefeiert.

### MÄRZ/APRIL
Ergreifende Osterprozessionen, besonders eindrucksvoll die *Karfreitagsprozessionen* in Taranto (Apulien), Sorrento (Kampanien) und Chieti (Abruzzen), außergewöhnlich am Ostersonntag die Wiederauferstehung in Sulmona (Abruzzen): **INSIDER TIPP** *La Madonna che Scappa in Piazza*

### MAI
Mittelalterfest *Calendimaggio (www.calendimaggiodiassisi.com)* Anfang Mai in Assisi mit Umzug und Konzerten
★ *Corsa dei Ceri (www.ceri.it)* am 15. Mai in Gubbio (Umbrien): Große Votivgestelle werden im Laufschritt auf den Berg Ingino getragen – spektakulär!

### MAI/JUNI
*Maggio Musicale Fiorentino (www.operadifirenze.it):* internationale Musikfestwochen in Florenz

Fronleichnam: *Prozessionen* und bunte Blumenteppiche u. a. in Bolsena und Genzano bei Rom, in Spello (Umbrien) und in Campobasso (Molise)

### JUNI
★ *Napoli Pizza Village (www.pizzavillage.it):* Auf der Via Caracciolo, der Promenade von Neapel, steigt eine riesige, mehrtägige Pizzaparty.

### ENDE JUNI–MITTE JULI
*Festival dei Due Mondi (www.festivaldispoleto.com)* in Spoleto mit Theater-, Tanz- und Musikevents

### ENDE JUNI–ENDE AUGUST
**INSIDER TIPP** *I Suoni delle Dolomiti (www.isuonidelledolomiti.it):* auf Almwiesen unter den Dolomitengipfeln des Trentino suggestive Konzerte
Die weltberühmten *Opernfestspiele* in der römischen Arena von Verona *(www.arena.it)*
*Ravello Festival (www.ravellofestival.com):* hochkarätige Konzerte, einzigartig: das **INSIDER TIPP** Konzert bei Sonnenaufgang

### JULI
*Neapolis Festival (www.neapolis.it),* Rock-Pop-Festival in Neapel Mitte Juli

Auf der Suche nach noch mehr Events? go.marcopolo.de/ita

## Karnevalsumzüge, mittelalterliche Turniere und hochkarätige Musikfestivals: In Italien ist das ganze Jahr über Festtagsstimmung

**2. JULI UND 16. AUGUST**
*Palio di Siena:* Italiens berühmtestes – und aus Tierschutzgründen umstrittenes – Pferderennen auf der schönen Piazza

**MITTE JULI**
*Pescara Jazz* (www.pescarajazz.com) und *Umbria Jazz* (www.umbriajazz.com), zwei der besten unter den vielen Jazzfestivals
*Arezzo Wave Love Festival* (www.arezzo wave.com): Fünf Tage lang spielen in Arezzo die besten Gruppen neuer Rock-Pop-Trends auf.

**AUGUST**
Den ganzen Monat eine Fülle von Events wie Schlemmerfeste und zu **Ferragosto**, dem 15. Aug., phantastische Feuerwerke Mitte des Monats beleben **Buskers** (www.ferrarabuskers.com), internationale Straßenmusiker, die Plätze Ferraras.

**SEPTEMBER**
● *Trasporto della Macchina di Santa Rosa:* Zu Ehren ihrer Schutzheiligen tragen am 3. Sept. 100 Männer einen 30 m hohen Turm durchs mittelalterliche Viterbo. In Diamante in Kalabrien wird beim **Peperoncino Festival** (www.peperoncinofestival.org) mehrere Tage lang die feurige Chili gefeiert.

## FEIERTAGE

| | |
|---|---|
| 1. Jan. | Capodanno |
| 6. Jan. | Epifania |
| März/April | Pasquetta (Ostermontag) |
| 25. April | Liberazione (Befreiung vom Faschismus) |
| 1. Mai | Festa del Lavoro |
| 2. Juni | Festa della Repubblica (Tag der Republik) |
| 15. Aug. | Ferragosto |
| 1. Nov. | Ognissanti |
| 8. Dez. | Immacolata Concezione (Mariä Empfängnis) |
| 25. Dez. | Natale |
| 26. Dez. | Santo Stefano |

# LINKS, BLOGS, APPS & CO.

**LINKS & BLOGS**

www.getyourguide.de Über dieses Portal lassen sich Touren, Citycards, Stadtführungen, Weinverkostungen, Kochkurse, Sportaktivitäten und vieles mehr in ganz Italien buchen

www.reise-nach-italien.de Ausführliches Online-Reisemagazin mit Sehenswürdigkeiten, Links zu Ferienwohnungen, Flügen, mit Kochrezepten, Events etc., dazu eine lebhafte deutsch-italienische Community auf Facebook

forum.tiamoitalia.de Reges Forum zum Erfahrungsaustausch von Italienfans mit Tipps zu Kultur, Urlaub und Leben in Italien

www.marcopolo.de/italien Ihr Online-Reiseführer mit allen wichtigen Informationen, Highlights und Tipps, interaktivem Routenplaner, spannenden News und Reportagen sowie inspirierenden Fotogalerien

www.petrareski.com/blog Blog der in Venedig lebenden Journalistin Petra Reski mit brisanten, interessanten und unterhaltsamen Eindrücken zum Leben in Italien, zu Mafia und Politik

www.italienwandern.de Viele Tipps und Routenvorschläge für Wanderungen in den schönsten Regionen Italiens

www.italienforum.de In diesem Forum tauscht sich die Community der Italienfreunde und Italienreisenden aus, mit guten aktuellen Usertipps

www.facebook.com/EntdeckeItalien Auf dem Facebook-Auftritt des Italienischen Fremdenverkehrsamts finden Sie viele Inspirationen für Ihre Italienreise

www.partyamo.com Über dieses Netzwerkportal lernt man Leute kennen, die in Mailand leben oder sich gerade in der Stadt aufhalten. Man trifft sich regelmäßig zum Aperitif, zum Badmintonspiel, zum Sonntagsbrunch

Egal, ob für Ihre Reisevorbereitung oder vor Ort: Diese Adressen bereichern Ihren Urlaub. Da manche sehr lang sind, führt Sie der short.travel-Code direkt auf die beschriebenen Websites. Falls bei der Eingabe der Codes eine Fehlermeldung erscheint, könnte das an Ihren Einstellungen zum anonymen Surfen liegen

## LINKS & BLOGS

www.mafianeindanke.de Der Name dieser Website ist Programm

www.angelsfortravellers.com Einheimische aus vielen italienischen Städten geben Reisenden ihre ganz persönlichen Tipps und beantworten Fragen

www.spottedbylocals.com Lassen Sie sich von Einheimischen mit individuellen Tipps führen – zum Essen, Ausgehen, Kultur, Shopping … In Italien durch Rom, Mailand, Venedig, Florenz und Turin. Auch als App verfügbar

## VIDEOS

short.travel/ita2 Auf Youtube zeigt dieser wunderbare Fünf-Minuten-Clip des italienischen Comiczeichners und Trickfilmers Bruno Bozzetto in wenigen Strichen, dass die Italiener eben doch anders sind

www.italia.it/en/media/video.html Informative Videos zu vielen Regionen und Städten finden Sie unter diesem Link auf der Website der Italienischen Tourismuszentrale Enit

vimeo.com/33976434 In diesem Video hat Francesco Paciocco seine Impressionen von Mailand – Menschen, Plätze, Blickwinkel, Stimmungen, Momente – in einer wunderschönen, dichten und überhaupt nicht touristischen Sequenz zusammengefügt

short.travel/ita1 Mit diesem großartigen Videoporträt über Kampanien hat die Stadt Neapel die Ausrichtung der Universiade 2019, der Weltsportspiele der Studenten, gewonnen

## APPS

Italy Guides Hilfreiche Städteführer auf Englisch zu vielen italienischen Städten als Apps für I-Phone und I-Pad

Pocket Quiz Italien Ein herrlicher Spaß zur Reisevorbereitung oder beim Warten auf die Bahn, den Bus, den Kellner: Mit 150 Fragen testen (oder erweitern) Sie Ihr Wissen über Italien. Sie können mit einem Partner spielen oder gegen sich selbst

Für den Inhalt der auf diesen Seiten genannten Adressen übernimmt der Verlag keine Verantwortung

# PRAKTISCHE HINWEISE

## ANREISE

🚗 Die am meisten befahrene Strecke von Deutschland nach Italien ist die mautpflichtige Brennerautobahn von Österreich ins italienische Südtirol. Aus der Schweiz gelangt man durch den 17 km langen St.-Gotthard-Tunnel oder den 6,5 km langen San-Bernardino-Tunnel nach Oberitalien. Außerdem gibt es zahlreiche Passstraßen (einige mautpflichtig), die aber in den Wintermonaten meist nicht befahrbar sind. Im Sommer bieten sie herrliche Gebirgspanoramen, kosten aber erheblich mehr Zeit.

Urlaubs-Express (www.urlaubs-express.de) bietet im Sommer Verbindungen mit Auto- und Motorradtransport von Hamburg und Düsseldorf nach Verona an.

## GRÜN & FAIR REISEN

Auf Reisen können auch Sie viel bewirken. Behalten Sie nicht nur die $CO_2$-Bilanz für Hin- und Rückreise im Hinterkopf (www.atmosfair.de; de.myclimate.org) – etwa indem Sie Ihre Route umweltgerecht planen (www.routerank.com) –, sondern achten Sie auch Natur und Kultur im Reiseland (www.gate-tourismus. de; www.ecotrans.de). Gerade als Tourist ist es wichtig, auf Aspekte wie Naturschutz (www.nabu.de; www. wwf.de), regionale Produkte, wenig Autofahren, Wassersparen und vieles mehr zu achten. Wenn Sie mehr über ökologischen Tourismus erfahren wollen: europaweit www.oete.de; weltweit www.germanwatch.org

🚆 Die zwei Hauptstrecken nach Italien führen durch die Schweiz und den St.-Gotthard-Tunnel bzw. durch Österreich über den Brenner. Die modernen Euro-City-Züge der ÖBB verbinden Deutschland und Österreich mit vielen norditalienischen Städten (www.obb-italia.com). Durchschnittliche Reisezeiten: von München nach Florenz ca. acht bis zehn Stunden, nach Rom zehn bis zwölf, nach Neapel 13 bis 15 Stunden. In den Hauptreisezeiten ist es unbedingt nötig, einen Schlaf- oder Liegewagenplatz, möglichst auch einen Sitzplatz, lange im Voraus zu reservieren. www.bahn.de

🚌 Eine preiswerte Alternative sind Fernbusse. Linien finden und Angebote vergleichen lassen sich auf Portalen wie www.checkmybus.de. Einer der größten Anbieter ist Flixbus mit Verbindungen in Orte in ganz Italien: www.flixbus.de/fern bus/italien

✈ Die wichtigsten internationalen Flughäfen in Italien sind Bari, Bologna, Florenz, Genua, Mailand, Neapel, Pisa, Rom, Triest, Turin und Venedig. Viele Billigfluglinien fliegen von zahlreichen Flughäfen in Deutschland, Österreich und der Schweiz nach Italien, neben den oben genannten Städten außerdem nach Ancona, Bergamo, Brindisi, Lamezia Terme, Pescara, Reggio di Calabria, Rimini und Verona.

## AUSKUNFT

**ITALIENISCHE ZENTRALE FÜR TOURISMUS ENIT**
– Barckhausstr. 10 | 60325 Frankfurt | Tel. 069 23 74 34 | www.enit.de

# Von Anreise bis Zoll

**Urlaub von Anfang bis Ende: die wichtigsten Adressen und Informationen für Ihre Italienreise**

– *Mariahilferstr. 1b | 1060 Wien | Tel. 01 5 05 16 39 | www.enit.at*
– *Tödistr. 65 | 8002 Zürich | Tel. 04 45 44 07 97*
Auf der Website *www.italia.it* erhalten Sie vielfältige Informationen über das Reisen in Italien, Reisetipps, Informationen zu barrierefreiem Tourismus, eine Liste aktueller Veranstaltungen und eine Übersicht über die Smartphone-Apps der italienischen Regionen.

## AUTO

Vorgeschrieben sind Führerschein und Fahrzeugschein, empfohlen werden die grüne Versicherungskarte und eventuell ein Auslandsschutzbrief. Auch tagsüber müssen Sie außerhalb von Ortschaften mit Abblendlicht fahren. Das Tempolimit beträgt in Ortschaften 50 km/h, ansonsten 90, auf Autobahnen 130 (bei Regen 110), auf Schnellstraßen 110 km/h. Für Fahranfänger (bis drei Jahre nach der Führerscheinprüfung) gelten reduzierte Höchstgeschwindigkeiten: auf Autobahnen 100, auf Schnellstraßen 90 km/h. Die Promillegrenze liegt bei 0,5 (Fahranfänger: 0,0!). Pflicht ist das Mitführen einer Warnweste für Fahrer und alle Insassen. Die Autobahnen in Italien sind bis auf einige Streckenabschnitte im Süden mautpflichtig, Schnellstraßen *(superstrade)* sind hingegen gebührenfrei. Um Warteschlangen an den Mautstellen zu umgehen, kann man auch mit allen gängigen Kreditkarten schnell und bargeldlos passieren. Auf *www.autostrade.it* können Sie die Maut *(pedaggio)* berechnen und erhalten aktuelle Verkehrsmeldungen. Viele Innenstädte sind verkehrsberuhigt, es gibt fast nur noch gebührenpflichtige Parkbuchten mit Automaten. Rubbeltickets und magnetische Parkkarten bekommt man an Kiosken und in Tabakläden. Immer häufiger kontrollieren Kameras die Straßenzugänge zu den verkehrsberuhigten Ortskernen, *Z. T. L.* genannt *(zona traffico limitato).* Erkundigen Sie sich bei Ihrem Hotel ggf. nach Parkmöglichkeiten bzw. befristeter Einfahrtsgenehmigung. Bei besonders hohen Smogwerten verhängen viele Städte für ihre Zentren tageweise Fahrverbote für Autos der Euro-Schadstoffklassen 1, 2 und manchmal auch 3 sowie für ältere Diesel ohne Partikelfilter, was über Displays auf den Zufahrtsstraßen kundgegeben wird. Das Auto parkt dann in den Außenbereichen, es geht mit öffentlichen Verkehrsmitteln weiter, in den meisten Fällen gibt es ein P+R-System. Die Mailänder Innenstadt ist als ♻ Umweltzone „Area C" ausgeschrieben. Den Schadstoffklassen Euro 0 für Benziner und Euro 0, 1, 2, 3 für Dieselfahrzeuge ist die Zufahrt in die Area C generell untersagt. Alle anderen Fahrzeuge können eine Zufahrtsberechtigung erwerben, die bis spätestens Mitternacht des folgenden Tags aktiviert worden sein muss. Genaueres finden Sie auf *www.comune.milano.it/areac.*
Man tankt Super 95 oder *gasolio* (Diesel). Die Tankstellen – außer auf der Autobahn – schließen über die Mittagszeit (12.30–15 Uhr) und am Sonntag, aber viele haben Tankautomaten.

## DIPLOMATISCHE VERTRETUNGEN

**DEUTSCHE BOTSCHAFT IN ROM**
*Via San Martino della Battaglia 4 | Tel. 06 49 21 32 08 | www.rom.diplo.de*

**ÖSTERREICHISCHE BOTSCHAFT IN ROM**
*Via Giovanni Battista Pergolesi 3 | Tel. 0 68 44 01 41 | www.bmeia.gv.at/oeb-rom*

**SCHWEIZER BOTSCHAFT IN ROM**
*Via Barnaba Oriani 61 | Tel. 06 80 95 71 | www.eda.admin.ch/roma*

## GELD & KREDITKARTEN

Banken sind fast durchweg mit Geldautomaten *(bancomat)* versehen. Nahezu alle Hotels, Tankstellen, Supermärkte sowie die meisten Restaurants und Geschäfte akzeptieren die gängigen Kreditkarten. Nur in entlegenen Bergdörfern und auf Märkten sollten Sie auch Bargeld *(contanti)* bereithalten. Seit 2018 prägt Italien übrigens keine 1- und 2-Cent-Münzen mehr: Es wird nun auf 5-Cent-Beträge gerundet.

## GESUNDHEIT

Ärztliche Hilfe erhalten gesetzlich Versicherte theoretisch über die Europäische Krankenversicherungskarte EHIC, ohne die Kosten vorstrecken zu müssen. Allerdings behandeln viele niedergelassene Ärzte nicht im Rahmen des öffentlichen Gesundheitssystems (z. B. Zahnärzte), sodass die Behandlung oft bar bezahlt werden muss. Die Kosten können Sie sich zu Hause erstatten lassen (Rechnungen aufbewahren!). Mit einer privaten Auslandskrankenversicherung wäre auch ein teurer Rücktransport nach Hause abgedeckt. Die Notfallambulanz der Krankenhäuser *(pronto soccorso* oder *DEA Dipartimento d'Emergenza e Accettazione)* hilft gut, unbürokratisch und in ganz Italien kostenlos.

## INTERNETZUGANG & WLAN

Vielerorts finden sich Cafés mit *Wifi*-Zugang, wie WLAN auf Italienisch genannt wird. Das gilt auch für die große Mehrzahl der Hotels, die inzwischen fast alle eine drahtlose Internetverbindung anbieten, meist gratis, vereinzelt über ein an der Rezeption zu erwerbendes Passwort. Dasselbe gilt für Warte- und Barbereiche an Flughäfen und auf den großen Bahnhöfen sowie an manchen Autobahnraststätten vor allem im Norden. Rom *(www.digitromawifi.it),* Verona *(www.veronasmartcity.com)* und Mailand *(info.openwifimilano.it)* verfügen über besonders viele freie *Wifi*-Hotspots. Über die Websites der Kommunen erhalten Sie Informationen über kostenlose *Wifi*-Netze für Einwohner und Touristen.

## MIETWAGEN

An allen Flughäfen und größeren Bahnhöfen finden Sie Autovermietungen (Kreditkarte obligatorisch!). Für einen Kleinwagen zahlt man etwa 50 Euro pro Tag bzw. ab ca. 300 Euro pro Woche. Fragen Sie nach günstigen Ferien- und Wochenendtarifen! Buchungen vor Reiseantritt sind häufig preiswerter. Eine gute Suchmaschine für günstige Angebote auch in Italien ist *www.billiger-mietwagen.de.*

## MUSEEN & SEHENSWÜRDIGKEITEN

In diesem Band ist die Schließzeit angegeben, Kassenschluss ist oft früher. Die Eintrittspreise reichen meist von 4 Euro bis 10 Euro, vereinzelt mit einem Zuschlag bei Reservierung. Die staatlichen Museen *(musei nazionali)* sind für EU-Bürger unter 18 Jahren gratis, von 18 bis 25 Jahren zum halben Preis zugänglich. An jedem ersten Sonntag im Monat können alle staatlichen Museen gratis besucht werden.

Für viele der wichtigsten Museen und beliebtesten Sehenswürdigkeiten kön-

# PRAKTISCHE HINWEISE

nen Sie online Eintrittskarten erwerben, für einige wie etwa Leonardo da Vincis „Abendmahl" in Mailand ist das sogar obligatorisch. Nutzen Sie dieses Angebot unbedingt, um sich stundenlanges Anstehen zu ersparen. Informieren Sie sich auch über die Tourist Cards vieler italienischer Städte, deren Erwerb Angebote wie reduzierten Eintritt zu Museen und die kostenlose Benutzung öffentlicher Verkehrsmittel beinhaltet.

## NOTRUFE

Notruf *(pronto soccorso)* gratis von jedem öffentlichen Telefon:
– Polizei *Tel. 113*
– Feuerwehr *(Vigili del Fuoco) Tel. 115*
– Notarzt, Rettungswagen *Tel. 118*
– Pannenhilfe *Tel. 80 3116,* mit ausländischem Mobilfunkanbieter *8 00 1168 00*
– Europaweite Notrufnummer *Tel. 112*

## ÖFFENTLICHE VERKEHRSMITTEL

Eisenbahn und Bus sind relativ preiswert. Die Züge sind pünktlicher als ihr Ruf, jedoch häufig überfüllt. Neben der staatlichen Eisenbahn *(www.trenitalia.com)* gibt es die schnelle, komfortable Privatbahn Italo *(www.italotreno.it),* die ausgewählte Städte verbindet. Über den Service Viaggiatreno (*www.viaggiatreno.it* und als Smartphone-App) erhalten Sie in Echtzeit Informationen über Verspätungen. Die Hochgeschwindigkeitszüge Frecciarossa, Frecciargento und Frecciabianca verbinden die größeren Städte. Platzreservierungen sind hier obligatorisch. Mit den Regionalzügen, betrieben von regionalen Anbietern, gelangen Sie in kleinere Orte und abgelegenere Landstriche, z. B. mit Trenord in die lombardischen Täler oder mit Ferrovie Sudest durch den Salento in Apulien.

Bahnfahrkarten müssen vor Besteigen des Zugs an den gelben Automaten im Bahnhof abgestempelt werden! Aktuelle Informationen über anstehende Streiks *(sciopero)* erhalten Sie ggf. auf der Website des italienischen Transportministeri-

## WAS KOSTET WIE VIEL?

| | |
|---|---|
| **Kaffee** | **1,20–1,50 Euro** *für einen Cappuccino am Tresen* |
| **Eis** | **ab 2 Euro** *für eine kleine Portion (Becher oder Waffel)* |
| **Wein** | **ab 3 Euro** *für ein Glas am Tresen* |
| **Museen** | **4–10 Euro** *für den Eintritt* |
| **Benzin** | **um 1,60 Euro** *für 1 l Super* |
| **Strand** | **ab 14 Euro** *Tagesmiete für Sonnenschirm und Liegestuhl* |

ums *(scioperi.mit.gov.it),* jedoch nur auf Italienisch. In vielen Regionalzügen darf man Fahrräder (Zuschlag 3,50 Euro) mitnehmen. Großstädte wie Rom, Mailand und Neapel haben U-Bahnen und dichte Busnetze.

## ÖFFNUNGSZEITEN

Lebensmittelgeschäfte sind werktags meist von 8.30 bis 12.30 oder 13 und von 15.30 bis 19.30 Uhr geöffnet, Einzelhändler und Boutiquen in kleineren Städten schließen über die Mittagszeit. Supermärkte und Kaufhäuser sind durchgängig bis 20 oder 21 Uhr geöffnet, fast alle auch sonntags. An einem Vormittag in der Woche sind alle Geschäfte geschlossen. In Touristenorten bleiben Geschäfte und Boutiquen oft bis spät in die Nacht und sonntags offen. Kirchen sind meist von 8 bis 12 und von 15 bis 18 Uhr geöffnet.

## POST

Briefmarken *(francobolli)* bekommen Sie auf der Post und in *Tabacchi*-Läden. Das Porto für Briefe bis 20 g und Postkarten innerhalb Europas betrug bei Redaktionsschluss 1,15 Euro. Briefkästen in Italien sind rot.

## PREISE

An der Theke kostet ein Espresso um 1 Euro, am Tischchen oder auf der Terrasse sitzend, müssen Sie mit dem Doppelten, an Plätzen mit hohem Touristenaufkommen auch dem Dreifachen rechnen.

## REISEZEIT

Im August sind die Ferienorte hoffnungslos überfüllt. Die Preise klettern in schwindelnde Höhen und oft ist die Buchung von Halbpension obligatorisch. Während im Sommer die Städte und Museen leer sind, bersten sie zu Ostern und an langen Wochenenden. Gute Reisezeiten sind Mai/Juni und September/Oktober, allerdings schließen viele Ferienhotels schon Ende September. Wetterdaten rufen Sie online ab unter *www.tempoitalia.it*.

## TELEFON & HANDY

Die ehemaligen Vorwahlen sind fester Bestandteil der Rufnummer, man muss sie also auch bei Ortsgesprächen mit-

## WETTER IN ROM

| | Jan. | Feb. | März | April | Mai | Juni | Juli | Aug. | Sept. | Okt. | Nov. | Dez. |
|---|---|---|---|---|---|---|---|---|---|---|---|---|
| Tagestemperaturen in °C | 11 | 13 | 16 | 19 | 23 | 28 | 31 | 31 | 27 | 21 | 16 | 12 |
| Nachttemperaturen in °C | 4 | 5 | 7 | 10 | 13 | 17 | 20 | 20 | 17 | 13 | 9 | 5 |
| Sonnenschein Stunden/Tag | 4 | 4 | 5 | 7 | 8 | 10 | 11 | 10 | 7 | 6 | 5 | 4 |
| Niederschlag Tage/Monat | 8 | 9 | 8 | 8 | 7 | 4 | 2 | 2 | 5 | 8 | 10 | 10 |
| Wassertemperaturen in °C | 14 | 13 | 13 | 14 | 17 | 21 | 23 | 24 | 23 | 20 | 18 | 15 |

# PRAKTISCHE HINWEISE

wählen, ebenso muss bei Anrufen aus dem Ausland die Null mitgewählt werden. Vorwahlen: Deutschland *0049*, Österreich *0043*, Schweiz *0041*. Vorwahl nach Italien: *0039*

Dank der Abschaffung der Roaminggebühren innerhalb der EU telefonieren Sie in Italien mit dem Handy zu den Konditionen Ihres Inlandstarifs. Ausführliche Informationen finden Sie u. a. auf *www.teltarif.de/roaming/italien.*

## TRINKGELD

Man sollte nicht zu knauserig sein, Trinkgeld (fünf bis zehn Prozent) bekommen Kellner, Zimmermädchen, Kofferträger u. a. – vorausgesetzt, Sie waren mit dem Service zufrieden.

## UNTERKUNFT

### AGRITURISMO

Immer mehr Bauernhöfe in ganz Italien bieten Zimmer, Ferienwohnungen und Stellplätze für Camper und Zelte an. Häufig hat das aber nicht viel mit „Urlaub auf dem Bauernhof" zu tun, sondern handelt sich um edel restaurierte Landgüter, die entsprechend kosten. Eine sehr gute Website mit vielen bebilderten Angeboten ist *www.agriturist.it.* Weitere gute Websites: *www.agriturismo.it, www.roter hahn.it* (Ferien auf dem Bauernhof in Südtirol), *www.agriturismibiologici. net* (Biobauernhöfe)

### BED & BREAKFAST

Vor allem in den Städten gibt es mittlerweile zahlreiche Unterkünfte dieser Art. Infos im Internet u. a. unter *www.bbitalia. it, www.bed-and-breakfast.it.*

### CAMPING

Informationen zu Campingplätzen und Feriendörfern finden Sie im Internet un-

ter *www.camping.it* oder *www.camping-in-italien.com.*

### FERIENWOHNUNGEN

Listen mit Vermietern bzw. Agenturen finden Sie bei den Fremdenverkehrsämtern oder im Internet. Eine gute Website für Ferienwohnungen in Süd- und Mittelitalien ist *www.nonsolocasa.de.* Gute Unterkünfte für Süditalien gibt es auch auf *www.cilento-ferien.de.* Eine schöne Auswahl für Ligurien hat *www.sommerfri sche.it.* Die Restaurierung und Einrichtung von Unterkünften in alten Dörfern oder Altstadtkomplexen hat zum Begriff *albergo diffuso* geführt: *www.alberghidif fusi.it*

### HOTELS

In den Touristengebieten am Meer bzw. in den Bergen bekommt man in der Hochsaison Zimmer häufig nur mit Halboder Vollpension, außerdem steigen die Preise im Juli/August stark an. Das Portal der Umweltbewegung Lega Ambiente listet eine Reihe besonders umweltfreundlicher Hotels auf: *www.legambien teturismo.it.* Ganz besonders schöne Hotels finden Sie u. a. bei *www.siglinde-fi scher.de.*

### JUGENDHERBERGEN

Jugendherbergen, Backpackerhostels und preiswerte Hotels finden Sie unter *www. aighostels.com, www.hostelsclub.com* und *www.hostelworld.com/hostels/Italy.*

## ZOLL

Innerhalb der EU dürfen alle Waren für den persönlichen Verbrauch frei ein- und ausgeführt werden. Richtwerte hierfür sind u. a. 800 Zigaretten und 10 l Spirituosen. Für die Schweiz gelten erheblich geringere Freimengen, u. a. 250 Zigaretten und 5 l Wein.

# SPRACHFÜHRER ITALIENISCH

## AUSSPRACHE

| | |
|---|---|
| c, cc | vor e oder i wie tsch in „deutsch", Bsp.: dieci, sonst wie k |
| ch, cch | wie k, Bsp.: pacchi, che |
| g, gg | vor e oder i wie dsch in „Dschungel", Bsp.: gente, sonst wie g |
| gl | ungefähr wie in „Familie", Bsp.: figlio |
| gn | wie in „Cognac", Bsp.: bagno |
| sc | vor e oder i wie deutsches sch, Bsp.: uscita |
| sch | wie sk in „Skala", Bsp.: Ischia |
| z | immer stimmhaft wie ds |

Ein Akzent steht im Italienischen nur, wenn die letzte Silbe betont wird. In den übrigen Fällen haben wir die Betonung durch einen Punkt unter dem betonten Vokal angegeben.

### AUF EINEN BLICK

| | |
|---|---|
| ja/nein/vielleicht | sì/no/forse |
| bitte/danke | per favore/grazie |
| Entschuldige!/Entschuldigen Sie! | Scusa!/Scusi! |
| Wie bitte? | Come dice?/Prego? |
| Gute(n) Morgen!/Tag!/Abend!/Nacht! | Buon giorno!/Buon giorno!/ Buona sera!/Buona notte! |
| Hallo!/Tschüss!/Auf Wiedersehen! | Ciao!/Ciao!/Arrivederci! |
| Ich heiße ... | Mi chiamo ... |
| Wie heißen Sie?/Wie heißt Du? | Come si chiama?/Come ti chiami? |
| Ich möchte .../Haben Sie ...? | Vorrei .../Avete ...? |
| Wie viel kostet ...? | Quanto costa ...? |
| Das gefällt mir (nicht). | (Non) mi piace. |
| gut/schlecht | buono/cattivo |
| kaputt/funktioniert nicht | guasto/non funziona |
| zu viel/viel/wenig/alles/nichts | troppo/molto/poco/tutto/niente |
| Hilfe!/Achtung!/Vorsicht! | Aiuto!/Attenzione!/Prudenza! |
| Krankenwagen/Polizei/Feuerwehr | ambulanza/polizia/vigili del fuoco |
| Verbot/verboten/Gefahr/gefährlich | divieto/vietato/pericolo/pericoloso |

### DATUMS- & ZEITANGABEN

| | |
|---|---|
| Montag/Dienstag | lunedì/martedì |
| Mittwoch/Donnerstag | mercoledì/giovedì |
| Freitag/Samstag | venerdì/sabato |

# Parli italiano?

**„Sprichst du Italienisch?" Dieser Sprachführer hilft Ihnen, die wichtigsten Wörter und Sätze auf Italienisch zu sagen**

| | |
|---|---|
| Sonntag/Werktag/Feiertag | domenica/(giorno) feriale/festivo |
| heute/morgen/gestern | oggi/domani/ieri |
| Stunde/Minute/Tag/Nacht | ora/minuto/giorno/notte |
| Woche/Monat/Jahr | settimana/mese/anno |
| Wie viel Uhr ist es? | Che ora è? Che ore sono? |
| Es ist drei Uhr./Es ist halb vier. | Sono le tre./Sono le tre e mezza. |
| Viertel vor vier/Viertel nach vier | le quattro meno un quarto/le quattro e un quarto |

## UNTERWEGS

| | |
|---|---|
| offen/geschlossen | aperto/chiuso |
| Eingang/Einfahrt/Ausgang/Ausfahrt | entrata/entrata/uscita/uscita |
| Abfahrt/Abflug/Ankunft | partenza/partenza/arrivo |
| Toiletten/Damen/Herren | bagno/signore/signori |
| (kein) Trinkwasser | acqua (non) potabile |
| Wo ist ...?/Wo sind ...? | Dov'è ...?/Dove sono ...? |
| links/rechts/geradeaus/zurück | sinistra/destra/dritto/indietro |
| nah/weit | vicino/lontano |
| Bus/Straßenbahn/U-Bahn/Taxi | bus/tram/metropolitana/taxi |
| Haltestelle/Taxistand | fermata/posteggio taxi |
| Parkplatz/Parkhaus | parcheggio/parcheggio coperto |
| Stadtplan/(Land-)Karte | pianta/mappa |
| Bahnhof/Hafen/Flughafen | stazione/porto/aeroporto |
| Fahrplan/Fahrschein/Zuschlag | orario/biglietto/supplemento |
| einfach/hin und zurück | solo andata/andata e ritorno |
| Zug/Gleis/Bahnsteig | treno/binario/banchina |
| Ich möchte ... mieten. | Vorrei noleggiare ... |
| ein Auto/ein Fahrrad/ein Boot | una macchina/una bicicletta/una barca |
| Tankstelle/Benzin/Diesel | distributore/benzina/gasolio |
| Panne/Werkstatt | guasto/officina |

## ESSEN & TRINKEN

| | |
|---|---|
| Reservieren Sie uns bitte für heute Abend einen Tisch für vier Personen. | Vorrei prenotare per stasera un tavolo per quattro persone. |
| auf der Terrasse/am Fenster | sulla terrazza/vicino alla finestra |
| Die Speisekarte, bitte. | Il menù, per favore. |
| Flasche/Karaffe/Glas | bottiglia/caraffa/bicchiere |
| Messer/Gabel/Löffel | coltello/forchetta/cucchiaio |
| Salz/Pfeffer/Zucker | sale/pepe/zucchero |
| Essig/Öl/Milch/Sahne/Zitrone | aceto/olio/latte/panna/limone |

| | |
|---|---|
| kalt/versalzen/nicht gar | freddo/troppo salato/non cotto |
| mit/ohne Eis/Kohlensäure | con/senza ghiaccio/gas |
| Vegetarier(in)/Allergie | vegetariano/vegetariana/allergia |
| Ich möchte zahlen, bitte. | Vorrei pagare, per favore |
| Rechnung/Quittung/Trinkgeld | conto/ricevuta/ mancia |

## EINKAUFEN

| | |
|---|---|
| Wo finde ich ...? | Dove posso trovare ...? |
| Ich möchte .../Ich suche ... | Vorrei .../Cerco ... |
| Brennen Sie Fotos auf CD? | Vorrei masterizzare delle foto su CD? |
| Apotheke | farmacia |
| Bäckerei/Markt | forno/mercato |
| Einkaufszentrum/Kaufhaus | centro commerciale/grande magazzino |
| Lebensmittelgeschäft | negozio alimentare |
| Supermarkt | supermercato |
| Fotoartikel/Zeitungsladen | articoli per foto/giornalaio |
| Kiosk | edicola |
| 100 Gramm/1 Kilo | un etto/un chilo |
| teuer/billig/Preis | caro/economico/prezzo |
| mehr/weniger | di più/di meno |
| aus biologischem Anbau | di agricoltura biologica |

## ÜBERNACHTEN

| | |
|---|---|
| Haben Sie noch ...? | Avete ancora ...? |
| Einzelzimmer/Doppelzimmer | una (camera) singola/una doppia |
| Frühstück/Halbpension/Vollpension | colazione/mezza pensione/ pensione completa |
| Dusche/Bad/Balkon/Terrasse | doccia/bagno/balcone/terrazza |
| Schlüssel/Zimmerkarte | chiave/scheda magnetica |
| Gepäck/Koffer/Tasche | bagaglio/valigia/borsa |

## BANKEN & GELD

| | |
|---|---|
| Bank/Geldautomat/Geheimzahl | banca/bancomat/codice segreto |
| bar/Kreditkarte | in contanti/carta di credito |
| Banknote/Münze/Wechselgeld | banconota/moneta/il resto |

## GESUNDHEIT

| | |
|---|---|
| Arzt/Zahnarzt/Kinderarzt | medico/dentista/pediatra |
| Krankenhaus/Notfallpraxis | ospedale/pronto soccorso |
| Fieber/Schmerzen | febbre/dolori |
| Durchfall/Übelkeit/Sonnenbrand | diarrea/nausea/scottatura solare |
| entzündet/verletzt | infiammato/ferito |

# SPRACHFÜHRER

| | |
|---|---|
| Pflaster/Verband/Salbe/Creme | cerotto/fasciatura/pomata/crema |
| Schmerzmittel/Tablette/Zäpfchen | antidolorifico/compressa/supposta |

## TELEKOMMUNIKATION & MEDIEN

| | |
|---|---|
| Briefmarke/Brief/Postkarte | francobollo/lettera/cartolina |
| Ich brauche eine Telefonkarte fürs Festnetz. | Mi serve una scheda telefonica per la rete fissa. |
| Ich suche eine Prepaidkarte für mein Handy. | Cerco una scheda prepagata per il mio cellulare. |
| Wo finde ich einen Internetzugang? | Dove trovo un accesso internet? |
| Brauche ich eine spezielle Vorwahl? | Ci vuole un prefisso particolare? |
| wählen/Verbindung/besetzt | comporre/linea/occupato |
| Steckdose/Adapter/Ladegerät | presa/riduttore/caricabatterie |
| Computer/Batterie/Akku | computer/batteria/accumulatore |
| At-Zeichen(„Klammeraffe") | chiocciola |
| Internetadresse/E-Mail-Adresse | indirizzo internet/indirizzo email |
| Internetanschluss/WLAN | collegamento internet/wi-fi |
| E-Mail/Datei/ausdrucken | email/file/stampare |

## FREIZEIT, SPORT & STRAND

| | |
|---|---|
| Strand/Strandbad | spiaggia/stabilimento balneare |
| Sonnenschirm/Liegestuhl | ombrellone/sdraio |
| Seilbahn/Sessellift | funivia/seggiovia |
| (Schutz-)Hütte/Lawine | rifugio/valanga |

## ZAHLEN

| | | | |
|---|---|---|---|
| 0 | zero | 17 | diciassette |
| 1 | uno | 18 | diciotto |
| 2 | due | 19 | diciannove |
| 3 | tre | 20 | venti |
| 4 | quattro | 21 | ventuno |
| 5 | cinque | 30 | trenta |
| 6 | sei | 40 | quaranta |
| 7 | sette | 50 | cinquanta |
| 8 | otto | 60 | sessanta |
| 9 | nove | 70 | settanta |
| 10 | dieci | 80 | ottanta |
| 11 | undici | 90 | novanta |
| 12 | dodici | 100 | cento |
| 13 | tredici | 1000 | mille |
| 14 | quattordici | 2000 | duemila |
| 15 | quindici | ½ | un mezzo |
| 16 | sedici | ¼ | un quarto |

# REISEATLAS

■ Verlauf der Erlebnistour „Perfekt im Überblick"
■ Verlauf der Erlebnistouren

Der Gesamtverlauf aller Touren ist auch in der herausnehmbaren Faltkarte eingetragen

Bild: Crete südlich von Siena

# Unterwegs in Italien

**Die Seiteneinteilung für den Reiseatlas finden Sie auf dem hinteren Umschlag dieses Reiseführers**

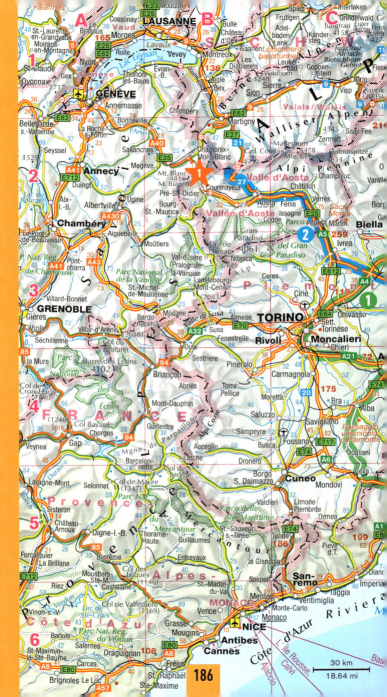

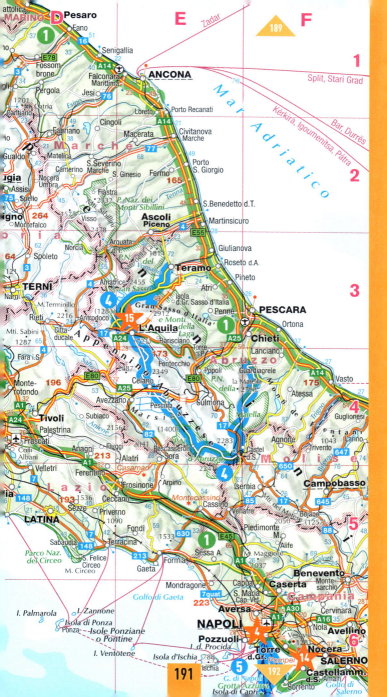

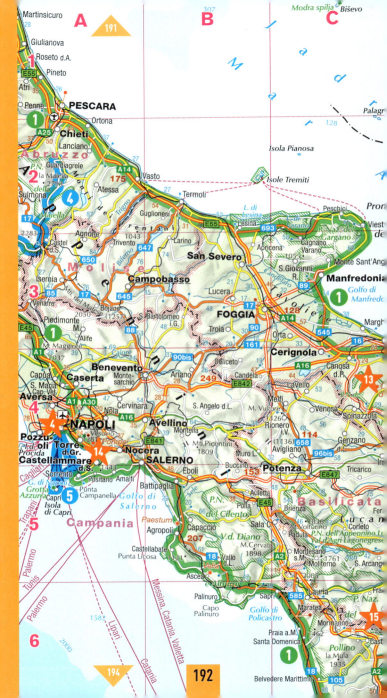

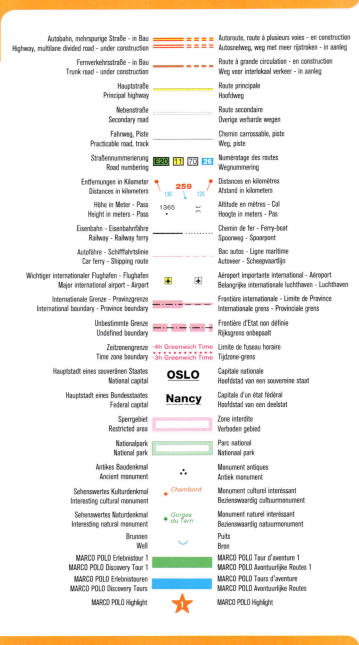

# REGISTER

Im Register sind alle in diesem Band erwähnten Orte und Ausflugsziele unter ihrem deutschen Namen verzeichnet. Gefettete Seitenzahlen verweisen auf den Haupteintrag. Burgen, Schlösser, Grotten usw. finden Sie jeweils unter dem Namen.

Abano Terme **57**, 164
Abbazia di San
  Galgano 102
Abetone 165
Acquafredda 130
Acuto 119
Agrital 130
Alassio 45
Alatri 119
Alba 49
Albenga 21, **45**, 165
Alberese 104
Alberobello **125**, 150
Alimini 136
Amalfi 18, 32, 122,
  **143**
Amiternum 107
Anagni 119
Ancona **92**, 174
Andora 21
Angera 78
Antey Saint-
  André 37
Aosta **35**, 42, 151
Apricale 45
Apuanische Alpen
  84, **105**
Aquileia 61
Arco 162
Arezzo **89**, 171
Armenzano 97
Arnouva 38
Arquà Petrarca 57
Artimino 91
Ascoli Piceno 92
Asolo 58
Aspromonte **131**,
  150, 164
Assergi 110
Assisi 24, **97**, 149,
  170
Asti 49
Atri 109
Bagnaia 121
Baia 164
Baia degli Infreschi
  145
Baia dei Turchi 136
Bard 37
Bardolino 77
Bardonecchia 51
Barga 92
Bari 27, 95, **123**,
  133, 174
Barolo 26, **49**
Battaglia Terme 164
Bellagio 77
Bereguardo 51
Bergamo **75**, 174
Bernate 20
Boccadasse 45
Bologna 22, **66**, 104
Bolsena **121**, 170
Bolsenasee **121**, 154
Bomarzo 169
Bordighera 45, 46
Borromäische
  Inseln 78
Bozen **52**, 151, 167
Bracciano 118

Brentakanal 56, 57,
  150
Brescia 75
Breuil-Cervinia 37
Brindisi 174
Brixen 53
Bruneck 55
Burano 32, 62
Bussana Mare 45
Bussana Vecchia 45
Busseto 79
Cadore 156
Calalzo di Cadore 156
Camaldoli 89
Camogli 42
Campo Imperatore
  110
Campobasso **110**,
  170
Canale 50
Cannobio 78
Capalbio 105
Capo Colonna 132
Capo di Ponte 75,
  148
Capo Rizzuto **132**,
  150, 164
Capo Vaticano 134
Capri 160
Capua 144
Carrara 105
Cartoceto 92
Cascate del Mulino
  105
Cascate delle
  Marmore 100
Casentino 89
Caserta 144
Castel Beseno 60
Castel del Monte 126
Castel Gandolfo 118
Castel Juval 55
Castelcivita 169
Castellana **127**, 169
Castell'Apertole 51
Castelli Romani 118
Castellina in
  Chianti 90
Castelluccio 99
Castelmezzano 130
Castiglioncello 104
Castiglione del
  Lago 99
Castro 136
Castrovillari 133
Cattolica 83, 167
Cavalese 60
Ceglie Messapica
  128
Celano 58
Celle Ligure 45
Certosa di Pavia 152
Cerveteri 106, **118**
Cervia 83
Cervo 45
Cesenatico 83
Chianatal 90
Chianti 31, **90**
Chiaravalle di
  Fiastra 94

Chieti **109**, 170
Chioggia 63
Chiusi 90
Cilento 16, 27, 123,
  **145**, 169
Cimone della
  Pala 60
Cingoli 93
Cinque Terre 13, 16,
  **43**, 149, 164
Ciociaria 119
Circeo **119**, 164
Città di Castello 97
Civita di Bagno-
  regio 121
Civitanova Marche
  92
Civitella Alfedena 158
Classe 83
Cogne 32, 38
Colline Metallifere
  103
Collio 31
Collodi 168
Comacchio 63, **82**
Comer See **77**, 147
Como 77
Conegliano 31
Copanello 21
Corniglia 43
Cortina d'Ampezzo
  54, 155
Cortona 90
Costa del Gelso-
  mini 132
Costiera Amalfitana
  16, 122, **143**
Courmayeur 38
Cremona 80
Crete 84, **102**, 154
Crotone 132
Crusinallo di
  Omegna 79
Cupra Marittima 92
Deruta 98
Desana 51
Diamante 171
Dolceacqua 45
Dorf Tirol 55
Duino 61
Este 58
Etruskische Riviera
  104
Euganeische Hügel
  **57**, 164
Fabriano 32, **93**
Faenza 70
Fano 92
Fasano 126
Fenestrelle 51
Fénis 37
Ferentillo 100
Ferentino 119
Fermo 93
Ferrara 16, 18, **71**,
  150, 163, 171
Fiascherino 44
Fidenza 33
Finale Ligure 45,
  162, 163

Fiuggi 119
Florenz 24, **85**, 95,
  98, 149, 170,
  173, 174
Foresta Umbra 126
Foreste Casentinesi
  83
Forte dei Marmi 105
Franciacorta 31, 75
Frasassi 94
Frascati 31, **118**
Fregene 20, 165
Gabicce Mare 92
Gaeta 106
Gaiole in Chianti 91
Gallipoli 136
Gardasee 21, 60,
  **77**, 162, 165
Gardone Riviera 78
Garfagnana 91
Gargano 17, 21,
  **126**, 133, 150
Genua 15, 18, 34,
  **39**, 42, 95, 149,
  166, 174
Genzano 170
Gerace 133
Giardini Botanici
  Hanbury 46
Giardino dei Taroc-
  chi 102, **105**
Giardino di Daniel
  Spoerri 102
Glurns 55
Gola del Sagittario
  112
Golf von Baratti 104
Golfo dei Poeti 44
Golfo di
  Sant'Eufemia 21
Gorino 82
Goro 82
Görz 26
Gradara 92
Grado 166
Gran Paradiso 19,
  **38**, 165
Gran Sasso d'Italia
  106, **110**
Gressoney-Saint-
  Jean 38
Gressoneytal 38
Greve in Chianti 90
Grosseto 104
Grotta Gigante 61
Grottaferrata 118
Grottaglie 32, 128
Grottammare 92
Große Dolomiten-
  straße **54**, 60
Großer Sankt Bern-
  hard 151
Guardiagrele **110**,
  159
Gubbio **98**, 170
Hanbury-Gärten 46
Herculaneum 144
Idrovia Veneta 166
Imperia 21
Impruneta 32

Innichen 55
Iseosee 75
Isernia 110
Isola Bella 78
Isola Cretaccio 129
Isola dei Pescatori
  78
Isola Madre 78
Isola San Domino
  129
Isola San Nicola
  129
Issogne 37
Ivrea 170
Jesi 31, **93**
La Mortola 46
La Spezia 43
La Verna 89
Labirinto della
  Masone 152
Lago di Albano 118
Lago di Barrea 159
Lago di Caldonazzo
  60
Lago di Levico 60
Lago Maggiore 78
Lago Trasimeno 99
Laigueglia 45
Lamezia Terme 21,
  174
Langhe 21, 26, 34,
  **49**, 50, 149
L'Aquila **106**, 157
Le Castella 132
Lecce 17, 32, **135**, 150
Lerici 44
Levanto 43, 149
Lido dei Saraceni 111
Lido di Jesolo 168
Lido di Monvalle 78
Lido di Venezia 63
Lido Riccio 111
Limone 78
Linea Gotica 165
Livorno 104
Locorotondo 128
Locri 132
Lomellina 51
Loreto 94
Lucca **91**, 152
Lugnano 92
Lurago Marinone 21
Macerata 31, **94**
Madonna di Cam-
  piglio 60
Mailand 15, 16, 18,
  20, 21, 26, 30,
  **71**, 74, 148, 163,
  168, 172, 173,
  174, 175, 177
Majella 159
Malcesine 77
Manarola 43
Manfredonia **126**,
  129
Mantua 16, 18, **81**,
  163
Maranello 71
Marano 166
Maratea 123, **130**, 150

# REGISTER

Maremma 104
Martina Franca 127
Massa Marittima 103
Matera 122, **130**, 133, 150
Matterhorn 37
Medici-Villen 91
Melfi 130
Melpignano 128
Meran **55**, 164
Mestre 65
Metaponto 131
Milano Marittima 83
Mira 57
Miramare **61**, 164
Modena 18, 22, **71**
Molise 26
Monferrato 34, **49**
Mont Blanc 38
Montaione 104
Montalcino 31, **102**
Monte Amiata 84, **103**
Monte Argentario 104
Monte Baldo 77
Monte Bisbino 77
Monte Cervati 145
Monte Circeo **119**, 164
Monte Conero **94**, 164
Monte Corno 110
Monte Pollino 122, **133**, 164
Monte Sant'Angelo 126
Monte Vulture 130
Montefiascone 121
Montegridolfo 83
Montegrosso d'Andria 126
Montegrosso d'Asti 50
Montegrotto Terme 57, 164
Monteluco 100
Montepulciano 103
Monterchi 90
Monteroni d'Arbia 20
Monterosso **43**, 149
Monti Alburni 145
Monti Sibillini 164
Monticchiello 103
Monticchio 130
Montone 98
Morano Calabro 133
Moscano 93
Mottarone 78
Mugello 33
Murano 32, 62
Naturns 56
Navelli 110
Neapel 15, 16, 18, 20, 24, 32, 33, 95, 122, 123, 133, **137**, 142, 149, 160, 161, 170, 173, 174, 177

Nerano-Massa Lubrense 142
Noli 45, 165
Norcia 99
Offida 92
Orbetello 104
Oropa 51
Orsogna 20
Orta San Giulio 78
Ortasee 51, **78**
Orvieto 99
Ostia 20, **119**
Ostuni 128
Otranto 136
Pacentro 112
Padua 24, **56**, 65
Padula 145
Paestum **145**, 150
Paganella 60
Palinuro 164
Pallanza 78
Palmanova 61
Palmaria 44
Parco delle Sculture del Chianti 102
Parco Nazionale d'Abruzzo, Lazio e Molise 19, 106, **110**, 158, 164
Parco Nazionale dell'Appennino Lucano 130
Parma 16, **79**
Passignano sul Trasimeno 99
Passo del Mercante 133
Pavia **76**, 151
Perugia 95
Pesaro 94
Pescara **111**, 171, 174
Pescasseroli **111**, 158, 165
Peschici 126, **127**, 133, 150
Peschiera del Garda 168
Pescocostanzo 159
Piacenza 81
Pienza 102
Pietracamela 157
Pietrapertosa 129
Pietrasanta 105, 152
Pievasciata 102
Pieve di Cadore 156
Pisa 16, 18, **105**, 149, 174
Pistoia 26, **91**
Pitigliano 104
Pizzomunno 127
Plose 54
Podelta **63**, 71, 82
Poggio a Caiano 91
Polignano a Mare 128
Pollino 122, **133**, 164
Pompeji 21, 122, **145**, 149
Pomposa 82
Pont Saint-Martin 39

Pontedera 98
Pontremoli 152
Ponza 106, 120
Populonia 104
Porto Ercole 104
Porto Santo Stefano 104
Portofino 42, **44**, 164
Portovenere 44
Positano 122, **143**
Potenza 133
Praglia 57
Prati di Tivo 157
Pré-Saint-Didier 38
Prettau 164
Punta Ala 104
Punta Chiappa 42
Punta Pellaro 21
Punta San Vigilio 77
Racconigi 51
Ravello 26, **144**, 170
Ravenna 18, **82**, 163, 168
Recco 42
Reggio di Calabria **134**, 174
Riccione **83**, 162, 168
Rimini 82, **83**, 162, 174
Riomaggiore 43
Ritten 54
Riva del Garda 77
Riviera del Conero **94**, 150, 165
Riviera di Levante 42
Riviera di Ponente 45
Rivoli 51
Rodengo Saiano 33
Rodi Garganico 126, 129
Roero 34, **49**, 50
Rom 14, 15, 18, 20, 21, 24, 26, 33, 106, **112**, 149, 154, 168, 169, 173, 174, 177, 178
Rossano **134**, 150
Rotonda 133
Rovereto 59
Ruvo di Puglia 128
Sabaudia 164, 165
Sabbioneta 81
Sacra di San Michele 51
Sacri Monti **51**, 78
Salento 135
Salerno 145
Salò 78
San Benedetto del Tronto 21, 92
San Casciano dei Bagni 92
San Cataldo 136
San Claudio al Chienti 94
San Clemente in Casauria 112
San Felice Circeo 119, 164

San Fruttuoso 42
San Galgano 102
San Gimignano **103**, 153
San Giovanni Rotondo 24, 126
San Leo 83
San Marino 83
San Martino di Castrozza 60
San Pietro in Valle 100
San Severino Lucano 133
San Severo 133
San Vito di Cadore 156
Sanremo 45
Santa Cesarea Terme 136
Santa Margherita Ligure 42
Santa Maria ad Cryptas 107
Santa Maria Capua Vetere 144
Santa Maria d'Anglona 130
Santa Maria di Leuca 136, 164
Santa Maria di Propezzano 110
Santa Maria di Siponto 126
Sant'Agata sui Due Golfi 142
Sant'Antimo 102, 154
Santarcangelo di Romagna 83
Santo Stefano di Sessanio 110
Santuario Madonna di Polsi 132
Saturnia 105
Scanno 112
Schlern 54
Scilla **134**, 164
Seggiano 102
Seiser Alm 54
Senigallia 92
Sentiero degli Dei 143
Serravalle Scrivia 33
Sestola 165
Sestri Levante 44
Sestriere 51
Siderno 133
Siena **100**, 153, 171
Silvi Marina 111
Sinio 50
Sirmione 77
Sirolo 95, 164
Sorano 104
Sorrent **142**, 161, 170
Sovana 104
Spello 170
Sperlonga 106, **120**
Spoleto 99, 100
St. Ulrich 54
Stenico 60
Stilfser Joch 55

Stilo 134
Stresa 78
Stupinigi 51
Subbiano 90
Südtiroler Weinstraße 55
Sulmona **111**, 170
Superga 51
Susa 51
Talamone 168
Tarent **128**, 170
Tarquinia 106, **121**
Teisten 55
Tellaro 44
Teramo 157
Termoli **112**, 129
Tirol (Dorf) 55
Tivoli 18, **120**
Toblach 55, 154
Todi 100
Tofana di Mezzo 55, 155
Toirano 45
Torbole 77
Torre dell'Orso 136
Trani 129
Trasimenischer See 99
Tremezzo 77
Tremitiinseln 112, **129**, 164
Trentino 15, 26, 31, **59**, 165, 170
Treviso 26, **58**
Trient 58
Triest 15, 26, **61**, 174
Triestiner Riviera 61
Triora 45
Tropea 17, 123, **134**, 150
Trostburg 54
Turin 15, 16, 21, 34, 42, **46**, 95, 148, 173, 174
Tuscania 121
Tuscolo 119
Udine 26, **61**
Urbino 95
Val Ferret 162
Valcamonica 75, 148
Valdobbiadene 31
Valle del Ticino 51
Valle d'Itria 126
Vallo di Nera 92
Vallombrosa 89
Valmontone-Pascolaro 169
Valnerina 100
Varallo 51
Varenna **77**, 148
Varese Ligure 44
Varigotti 45
Vasto 26
Venaria Reale 51
Venedig 15, 16, 18, 58, 61, 65, 150, 170, 173, 174
Venosa 131
Verbania 78
Vernazza 13, 43
Verona 18, 26, **64**, 65, 150, 170, 174

Lilly Nielitz-Hart, Simon Hart

# EDIN

W0002500

## Nicht verpassen!

Karte S. 5

**1 Edinburgh Castle [E9]**
Die beliebteste Sehenswürdigkeit Edinburghs – hier kann man Stunden verbringen. Man lernt viel über die Historie von Edinburgh und hat einen guten Ausblick über die Stadt (s. S. 62).

**6 St. Giles Church [F8]**
Die Kirche spielte eine Schlüsselrolle in Edinburghs Geschichte und bietet viele architektonische Besonderheiten (s. S. 67).

**10 Scottish Parliament [H8]**
Im umstrittenen Neubau des Parlaments nach Entwürfen des katalanischen Architekten Enric Miralles tagt seit 2004 das schottische Parlament (s. S. 73).

**11 Palace of Holyroodhouse und Holyrood Abbey [I8]**
Die offizielle Residenz der schottischen und britischen Könige seit Jakob IV. Angeschlossen ist die Queen's Gallery, wo Kunstwerke aus der Privatsammlung Queen Elizabeths II. ausgestellt sind (s. S. 74).

**16 National Museum of Scotland [F9]**
Das National Museum gibt in acht verschiedenen Galerien einen Überblick über die schottische Geschichte, Naturkunde, schottische Erfindungen und internationales Kunsthandwerk. Im obersten Stockwerk befindet sich eine Terrasse mit fantastischem Ausblick (s. S. 82).

**20 Princes Street, George Street und Queen Street [E7/8]**
Die Neustadt mit ihren drei Hauptstraßen ist ein Meisterwerk georgianischer Architektur (s. S. 85).

**29 National Monument [G7]**
Das unvollendete Pantheon auf dem Calton Hill ist eines der Bauwerke, die Edinburgh den Titel „Athen des Nordens" einbrachten. Da es nie fertiggestellt wurde, wird es auch als „Schottlands Stolz und Armut" bezeichnet (s. S. 92).

**38 Royal Yacht Britannia [H1]**
Die ehemalige Privatjacht der Queen im Hafen von Leith sollte man sich nicht entgehen lassen. Von hier hat man außerdem einen guten Blick auf das Nordufer des Firth of Forth mit den Ausläufern der schottischen Highlands (s. S. 101).

**39 Forth Rail Bridge**
Die Eisenbahnbrücke Forth Rail Bridge ist ein Meisterwerk viktorianischer Baukunst (s. S. 102).

### Leichte Orientierung mit dem cleveren Nummernsystem
Die Sehenswürdigkeiten sind im Text und im Kartenmaterial mit derselben **magentafarbenen ovalen Nummer** 1 markiert. Alle anderen Lokalitäten wie Geschäfte, Restaurants usw. tragen ein **Symbol und eine fortlaufende rote Nummer** (1). Die Liste aller Orte befindet sich auf Seite 138, die Zeichenerklärung auf Seite 140.

# Inhalt

### 7 Auf ins Vergnügen

8 Edinburgh an einem Wochenende
11 Zur richtigen Zeit am richtigen Ort
14 Edinburgh für Citybummler
16 *Ausflug in die Unterwelt –*
   *Edinburgh-Gruseltouren*
19 Edinburgh für Kauflustige
21 *Der Schottenrock*
25 Edinburgh für Genießer
33 Edinburgh am Abend
39 Edinburgh für Kunst- und
   Museumsfreunde
43 Edinburgh zum Träumen
   und Entspannen

### 45 Am Puls der Stadt

46 Das Antlitz der Stadt
48 Von den Anfängen bis zur Gegenwart
52 Leben in der Stadt
52 *Gardez l'eau*
54 *Rugby – der Six Nations Cup, Murrayfield Stadion*
57 Edinburgh – die Festivalstadt

### 61 Edinburgh entdecken

### 62 Old Town: Edinburgh Castle und Royal Mile

62 ❶ Edinburgh Castle ★ ★ ★ [E9]
65 ❷ The Edinburgh Old Town Weaving Company ★ [E8]
65 ❸ The Scotch Whisky Experience ★ ★ [E8]
65 ❹ Outlook Tower mit Camera obscura ★ [E8]
66 *Kleine Whiskykunde*
66 ❺ The Hub ★ ★ [F8]
67 ❻ St. Giles Church ★ ★ ★ [F8]
68 *Jakobiteraufstände – das Ende der Highlandclans*
71 ❼ Parliament Square mit Parliament House ★ [F8]
72 ❽ Scottish Storytelling Centre/ John Knox House ★ ★ [G8]
72 ❾ Canongate Tolbooth – People's Story Museum ★ [H8]
73 ❿ Scottish Parliament ★ ★ ★ [H8]
74 ⓫ Palace of Holyroodhouse und Holyrood Abbey ★ ★ ★ [I8]
74 *Auf den Spuren von Mary, Queen of Scots*
76 *Spaziergang auf dem Vulkan – Arthur's Seat*

## Zeichenerklärung

★ ★ ★ nicht verpassen
★ ★ besonders sehenswert
★ wichtig für speziell
   interessierte Besucher

[A1] Planquadrat im Kartenmaterial. Orte ohne diese Angabe liegen außerhalb unserer Karten. Ihre Lage kann aber wie von allen Ortsmarken mithilfe der begleitenden Web-App angezeigt werden (s. S. 137).

## Vorwahlen

❯ Großbritannien: 0044
❯ Edinburgh: 0131

◁ *Greyfriars Bobby* ⓱ *ist eine Stadtlegende (087ed Abb.: kw)*

**4** Inhalt

## 78 Südliche Altstadt
*78 Edinburgh, Hort der schottischen Aufklärung*
79 **12** Edinburgh University ★ [G9]
80 **13** Surgeons' Hall Museum ★ ★ ★ [G9]
81 **14** Festival Theatre ★ [G9]
82 **15** National Library ★ [F8]
82 **16** National Museum of Scotland ★ ★ ★ [F9]
83 **17** Greyfriars Kirche, Greyfriars Friedhof und Greyfriars Bobby ★ [F9]
84 **18** Grassmarket ★ ★ [E9]
84 **19** Victoria Street ★ ★ [F9]

## 84 New Town – die Neustadt
85 **20** Princes Street, George Street und Queen Street ★ ★ ★ [E7/8]
86 **21** Scottish National Gallery ★ ★ ★ [E8]
87 **22** Royal Scottish Academy ★ ★ ★ [E8]
87 **23** Scott Monument ★ ★ [F8]
*88 Nationalstolz und Schottenkaro*
89 **24** St. Andrew Square ★ ★ [F7]
90 **25** Charlotte Square ★ ★ [D8]
91 **26** Georgian House ★ ★ [D8]
91 **27** Scottish National Portrait Gallery ★ ★ [F7]

## 92 Der Osten – Calton Hill und Broughton
92 **28** Nelson Monument ★ ★ [G7]
92 **29** National Monument ★ ★ ★ [G7]
93 **30** Regent Terrace/ Royal Terrace ★ ★ [H7]
*94 Edinburgher Panoramen – eine Stadt mit Ausblick*
95 **31** Picardy Place, Broughton Street und Leith Street ★ [G7]

## 95 Stockbridge, Dean und Inverleith
95 **32** Fettes College ★ ★ [A5]
96 **33** Botanischer Garten ★ ★ ★ [D5]
97 **34** Dean Bridge, Dean Village ★ ★ [B8]
97 **35** Scottish National Gallery of Modern Art und Dean Gallery ★ ★ ★ [A8]
*98 Edinburghs literarische Verbindungen*

## 100 Entdeckungen außerhalb des Zentrums
100 **36** Shore of Leith ★ ★ [I2]
101 **37** Ocean Terminal ★ [H2]
101 **38** Royal Yacht Britannia ★ ★ ★ [H1]
102 **39** South Queensferry und Forth Rail Bridge ★ ★ ★ [S. 142]
103 **40** Crammond ★ [S. 142]
*104 Dunbar und North Berwick*

# Edinburgh auf einen Blick

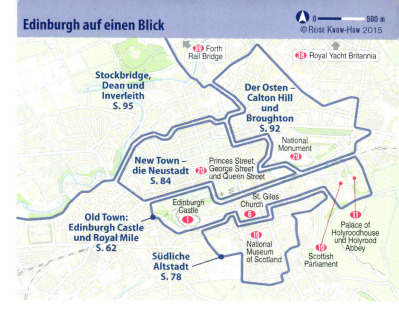

## 105 Praktische Reisetipps

| | | | |
|---|---|---|---|
| 106 | An- und Rückreise | 121 | Sprache |
| 108 | Ausrüstung und Kleidung | 121 | Stadttouren |
| 108 | Autofahren | 122 | Telefonieren |
| 109 | Barrierefreies Reisen | 123 | Uhrzeit |
| 110 | Diplomatische Vertretungen | 123 | Unterkunft |
| 110 | Ein- und Ausreise-bestimmungen | 126 | Verkehrsmittel |
| 111 | Elektrizität | 128 | Wetter und Reisezeit |
| 111 | Film und Foto | 128 | Zuschauersport |
| 111 | Geldfragen | | |
| *111* | *Edinburgh preiswert* | | |
| 114 | Informationsquellen | **129** | **Anhang** |
| *114* | *Unsere Literaturtipps* | 130 | Kleine Sprachhilfe |
| 116 | Internet und Internetcafés | 133 | Register |
| 116 | Maße und Gewichte | *137* | *Edinburgh mit PC, Smartphone & Co.* |
| 116 | Medizinische Versorgung | | |
| 117 | Mit Kindern unterwegs | 138 | Liste der Karteneinträge |
| 118 | Notfälle | 140 | Zeichenerklärung |
| 119 | Öffnungszeiten | 141 | Die Autoren |
| 119 | Post | 141 | Impressum |
| 119 | Radfahren | 142 | Landkarte Edinburgh Umgebung |
| 120 | Schwule und Lesben | | |
| 120 | Sicherheit | 144 | Liniennetzplan |

# Für Sie entdeckt

Edinburghs Einkaufsmeile, die **Princes Street** (s. S. 85), kann sich seit Beendigung der Bauarbeiten für die neue Straßenbahn wieder sehen lassen. Die Verkehrsführung rund um die Bahnschienen lässt allerdings noch zu wünschen übrig, was ein angenehmes Bummeln erschwert. Die Stadtväter wollen nun die berühmte Straße fußgängerfreundlicher gestalten. So kann man sich in naher Zukunft z. B. auf Caféterrassen freuen, die sich vor den Geschäften ausbreiten sollen. Von dort kann man den Blick auf die Altstadt bestens genießen.

Auch im Gebiet rund um den **Grassmarket** (s. S. 84) gibt es bald eine Neuerung. In der angrenzenden King's Stables Road sollen bis 2017 ein Neubaukomplex mit Hotel, Studentenwohnungen und ein Künstlerzentrum mit Café entstehen.

**Skandivische Gastronomie** ist momentan in Edinburgh angesagt. Die Schweden Anna und Mike Christopherson betreiben gleich fünf Etablissements in der Stadt, darunter auch die Boda Bar und das Café Hemma. In der angesagten Joseph Pearce's Bar (s. S. 35) kann man besonders gut brunchen. Die Einrichtung ist aus Second-Hand-Möbeln und IKEA-Artikeln bunt zusammengewürfelt. Neben schwedischen Spezialitäten wie Smørrebrød mit geräuchertem Fisch, Dill und Roter Beete gibt es auch schottisches Haggis ebenso wie alle Klassiker des English Breakfast.

061ed Abb.: kw

Auf ins Vergnügen **7**

# AUF INS VERGNÜGEN

# Edinburgh an einem Wochenende

*Edinburgh zieht viele internationale Touristen an, aber auch für die Einwohner des Vereinigten Königreichs ist es ein beliebtes Ausflugsziel für ein verlängertes Wochenende. Cafés, Bars und Restaurants zum Ausruhen und Verweilen gibt es in Edinburgh in Hülle und Fülle und ein ebenso aktives Nachtleben.*

Wer die wichtigsten Sehenswürdigkeiten an einem Wochenende bewältigen möchte, dem helfen die unten stehenden Vorschläge bei der Orientierung. Man sollte bei der Besichtigung Edinburghs darauf eingestellt sein, dass die auf erloschenen Vulkanen gelegene Stadt recht hügelig ist, sodass man durchaus schon mal ins Schwitzen kommen kann, wenn man die verschiedenen Ebenen der Stadt erwandert.

## 1. Tag: Rund um die Royal Mile

### Vormittags

Der beste Ausgangspunkt für eine Erkundung der Altstadt rund um die Royal Mile ist der **Schlossberg**, genannt Castlehill. Dort hinauf geht es z. B. von der Castle Terrace und der Johnston Terrace, die um die Südseite des Schlosses herumführen. Auf halber Höhe überwindet man die letzte Steigung bis zur Castle Esplanade über Stufen. Bereits auf dem Weg eröffnet sich eine gute Sicht auf die Stadt. Alternativ kann man auf der

◁ *Vorseite: Der Lawnmarket [F8] auf der Royal Mile ist eine Drehscheibe für Erkundungen zu Fuß oder per Bus*

### Routenverlauf im Stadtplan

Die hier beschriebenen Spaziergänge sind mit einer farbigen Linie im Stadtplan eingezeichnet.

Nordseite in den Castle Gardens den beschilderten Zick-Zack-Pfad hinaufwandern. Wer das **Schloss** ❶ besichtigen will, sollte mindestens zwei bis drei Stunden einplanen. Vom Schloss aus geht man im eigenen Tempo die **Royal Mile** hinunter und lässt sich links und rechts von Sehenswürdigkeiten und den zahlreichen Souvenirgeschäften ablenken (s. auch S. 62 „Old Town: Edinburgh Castle und die Royal Mile").

Wer möchte, kann die ganze Hauptstraße bis zum schottischen Parlament und dem Holyrood Palace hinabwandern und sich dabei das ein oder andere Museum ansehen, wie z. B. das Wohnhaus **Gladstone's Land** (Lawnmarket, s. S. 40) oder **Canongate Tolbooth – People's Story Museum** ❾. Auf jeden Fall sollte man nicht versäumen, einen Blick in die **St. Giles Church** ❻ (High Street) zu werfen, die zu den historisch bedeutsamsten Bauten auf der Royal Mile gehört. Wer hier schon hungrig geworden ist, kann im nahe gelegenen **Caffé Nero** (s. S. 32) eine Rast einlegen. Am unteren Ende der Royal Mile erhält man die Gelegenheit, die futuristische Architektur des **schottischen Parlaments** ❿ zu betrachten und zu fotografieren. Auch das Café im gegenüberliegenden **Palace of Holyroodhouse** ⓫ eignet sich für eine Mittagspause. Man kann auch einkehren, wenn man den Palast nicht besichtigt (für einen Besuch des Palastes sollte man mindestens eine Stunde einplanen).

## Auf ins Vergnügen
### Edinburgh an einem Wochenende

### Nachmittags

In die südliche Altstadt gelangt man über die South Bridge und die South Nicholson Street. Das **studentische Viertel** erstreckt sich von hier nach Westen, rund um die Universität. Über die Chambers Street gelangt man zum **National Museum of Scotland** ⓰. Bevor man sich in der mehrstöckigen Ausstellung einen Überblick über die Geschichte Schottlands verschafft, sollte man die Aussichtsterrasse im obersten Stockwerk aufsuchen, denn von dort aus hat man einen fantastischen Blick über die ganze Stadt. Gegenüber vom Museum führt die Candlemaker Row hinab auf den **Grassmarket** ⓲, einen der lebendigsten Plätze der Stadt mit Pubs und Restaurants. Auf dem ehemaligen Marktplatz der Stadt stand früher auch der Galgen. In dieser Gegend trieben die berüchtigten Verbrecher Burke und Hare ihr Unwesen (s. S. 16). Vom Grassmarket geht es über die malerische **Victoria Street** ⓳, die von ausgefallenen Läden wie Armstrong's Vintage Emporium (s. S. 23) gesäumt ist, wieder hinauf auf die Royal Mile. Entlang der Royal Mile wandert man Richtung South Bridge. Kurz vor der South Bridge führt die **Cockburn Street** hinab – ebenfalls mit flippigen Boutiquen wie Cookie, Pie in the Sky oder The Frayed Hem. Von hier gelangt man zu den Princes Street Gardens (s. S. 43) und dem Waverley Bahnhof, vor dem die Princes Street beginnt.

### Abends

Es bietet sich die Teilnahme an einer der zahlreichen geführten **Gruseltouren** (s. S. 16) an oder der Besuch einer Veranstaltung im Festival Theatre ⓴. Danach sollte man das Nachtleben in der Altstadt erkunden,

beispielsweise die Café-Bars um die Tron Kirk wie das **City Café** (s. S. 34) und das **Cabaret Voltaire** (s. S. 37) oder die Nacht- und Musikklubs auf der Cowgate. Wahlweise kann man eines der schicken Restaurants ausprobieren wie z. B. das **Tower Restaurant** (s. S. 28) mit Ausblick im National Museum of Scotland.

### 2. Tag: Unterwegs in der Neustadt

#### Vormittags

Am besten begibt man sich zuerst auf die **Princes Street** ⓴. Am Balmoral Hotel (s. S. 125) bzw. dem Waverley Bahnhof gewinnt man einen Überblick, wie Altstadt und Neustadt durch die Princes Street Gardens voneinander abgegrenzt sind. Man kann zum Einstieg die Princes Street westwärts in Richtung Schloss flanieren, vorbei am **Denkmal des schottischen Schriftstellers Sir Walter Scott** ㉓ auf

*Ausgefallene Shops entlang der malerischen Victoria Street* ⓳

## Auf ins Vergnügen
### Edinburgh an einem Wochenende

der südlichen und dem **Kaufhaus Jenners** (s. S. 22) auf der nördlichen Seite. Ein Blick in das historische Kaufhaus lohnt sich. Am Ostende der Gärten ist die National Gallery **㉑** einen Besuch wert.

Den Bummel durch die klassizistische Neustadt setzt man entlang der Geschäfte auf der **George Street** fort. Am **St. Andrew Square ㉔** lohnt außerdem das **Luxuskaufhaus Harvey Nichols** (s. S. 22) einen Besuch.

Besonders reizvoll sind die kleinen Seitensträßchen, die sich zwischen der Princes Street, George Street und Queen Street hindurchziehen. Auch die Querstraßen wie die Frederick Street und die Hanover Street gewähren immer wieder neue Ausblicke auf die Altstadt und den Firth of Forth. Zu den Cafés mit Außenterrasse gehört hier z. B. das **Café Rouge** (s. S. 31).

### Nachmittags

Wer zum Abschluss noch einmal einen weitreichenden Ausblick über die Stadt gewinnen möchte, der wandert vom Balmoral Hotel aus die Regent Street entlang und die Stufen zum **Calton Hill** hinauf. Hier kann man gut und gerne eine Stunde verbringen und vor der dramatischen Kulisse des **National Monument ㉙** picknicken. Ein Spaziergang entlang der **Regent Terrace und der Royal Terrace ㉚** rund um Calton Hill führt vorbei an eindrucksvoller klassizistischer Architektur auf die Leith Street. Von hier gelangt man über die Broughton Street vorbei am Picardy Place wieder zurück zum Balmoral Hotel.

### Abends

Abends sollte man eines der angesagten Restaurants der Neustadt ausprobieren, die entlang der George Street, Frederick Street oder den Sei-

## Das gibt es nur in Edinburgh

› **Edinburgher Schloss ①**: Über eine Million Besucher pro Jahr zieht das Schloss an. Im Sommer findet auf dem Vorplatz das Military Tattoo (s. S. 13) statt.

› **Arthur's Seat**: Der vulkanische Hausberg der Stadt ist als Naherholungsziel beliebt. Hier kann man die Hektik der Stadt aus der Ferne in völliger Stille beobachten (s. S. 76).

› **Edinburgher Festival**: Das Festival, das in den Sommermonaten (Juni–September) stattfindet und mehrere Hauptveranstaltungen umfasst, ist eine der Hauptattraktionen für Touristen. Schon allein das Treiben auf den Straßen ist sehenswert (s. S. 57).

› **Gruseltouren**: Wer sich gerne gruselt, kommt hier auf seine Kosten. Auf den Spuren schauriger Begebenheiten aus der Edinburgher Geschichte werden Nachtwanderer durch die verborgenen Gassen der Stadt geführt (s. S. 16).

› **Greyfriars Bobby ⑰**: Welche andere Stadt käme auf die Idee, einem treuen Polizeihund ein Denkmal zu setzen? Die Statue des Schnauzers Bobby ist mit einer anrührenden Geschichte verknüpft.

tenstraßen wie Thistle Street untergebracht sind wie z. B. das das **Rick's** (s. S. 30). Im Anschluss kann man gut das **Nachtleben** der Gegend erkunden und sich im Dome (s. S. 35), der Candy Bar (s. S. 34) oder dem Café Royal (s. S. 29) unter die Partyszene mischen.

▷ *Während der Festivalsaison verteilen Theatergruppen auf der Royal Mile Eintrittskarten und Flugblätter*

Auf ins Vergnügen 11
Zur richtigen Zeit am richtigen Ort

# Zur richtigen Zeit am richtigen Ort

*Von Juni bis September finden zahlreiche kulturelle Veranstaltungen in Edinburgh statt, die unter dem Titel „Edinburgh Festival" zusammengefasst werden. Die bekanntesten und größten Veranstaltungen darunter sind das Edinburgh International Festival, das Military Tattoo und das Fringe Festival. Zusammen ziehen die verschiedenen Events, die von klassischer Musik bis zu Comedy und politischen Diskussionsforen reichen, jährlich etwa drei Millionen Besucher an.*

Die kleineren Festivals finden zeitgleich zu den größeren Veranstaltungen von Juni bis September statt, sodass man als Besucher eine riesige Programmauswahl hat.

Ein weiteres großes Ereignis sind die Neujahrsfeierlichkeiten, genannt *Hogmanay*. Mehr und mehr Festivals kommen jedes Jahr hinzu und die Besucherzahlen für die Veranstaltungen steigen ständig.

## Januar

› **Burns Night:** Jedes Jahr am 25. Januar wird der Geburtstag des Nationalbarden Robert (Rabbie) Burns (1759–96) (s. S. 98) in ganz Schottland gefeiert. An verschiedenen Veranstaltungsorten (z. B. in der Whiski Bar, www.whiskibar.co.uk) der Stadt findet dann das sogenannte *Burns Supper* statt (ein Gedenkabendessen) und es werden Burns Gedichte rezitiert (www.edinburgh.org).

## Februar

› **Snowdrop Festival:** Von Anfang Februar bis Mitte März sieht man hier in verschiedenen öffentlichen Parks und Gärten besonders schöne Beete mit Schneeglöckchen (www.visitscotland.com).
› **Six Nations Rugby Cup:** Anfang Februar bis Mitte März finden im Murrayfield Stadion Rugbyspiele statt (s. S. 54), in denen sich das schottische Team mit anderen Nationen misst (www.rbs6nations.com).

## Zur richtigen Zeit am richtigen Ort

### März/April

> **Edinburgh Ceilidh Culture:** Während dieses Festivals, von Ende März bis Mitte April, wird schottische Kultur mit traditioneller keltischer Musik, Tanz, *Storytelling* (Geschichtenerzählen), Workshops und Ausstellungen zelebriert (www.ceilidh culture.co.uk).

> **Edinburgh International Science Festival:** Seit 1989 findet jeweils um die Osterzeit dieses Festival der Wissenschaften statt. Es wird eine Bandbreite von neuen Entwicklungen vorgestellt (selbst experimentelle Kochtechniken) und Visionen für die menschliche Zukunft auf der Erde und im All diskutiert (www.science festival.co.uk).

> **Beltane Fire Festival:** Dieses auf kelto-germanische Bräuche zurückgehende Fest findet jedes Jahr in der Nacht vom 30. April auf den 1. Mai statt. Es wird auch in England und anderen Ländern Europas gefeiert (z. B. in Deutschland als Walpurgisnacht) und leitet den Frühling ein. Fantasievoll verkleidete Gestalten veranstalten eine Fackelprozession zum Calton Hill (Samhuinn Fire Festivals) und zünden ein großes Lagerfeuer an (http:// beltanefiresociety.wordpress.com).

### Mai

> **Imaginate Festival – Bank of Scotland Children's International Theatre Festival:** Von der Bank of Scotland wird dieses internationale Kinder- und Jugendtheater-Festival gesponsort, das Mitte Mai den Auftakt für das Festival „der Erwachsenen" liefert (www.imaginate.org.uk).

### Juni

> **Edinburgh International Film Festival:** Hier werden von Mitte bis Ende Juni internationale und einheimische zeitgenössische Filme sowie Klassiker gezeigt. Ein Schwerpunkt liegt auf der Förderung von Nachwuchstalenten und auch der Dokumentarfilm erhält eine Plattform (www. edfilmfest.org.uk).

> **Leith Festival:** Jedes Jahr im Juni findet in Leith ein Straßenfest mit Umzügen, künstlerischen Darbietungen und Musik statt (www.leithfestival.com).

### Juli/August

> **Edinburgh Art Festival:** Auf diesem Festival, das von Ende Juli bis Mitte September parallel zu den anderen Festivals stattfindet, wird der bildenden Kunst eine Plattform gegeben. In den Galerien und Museen der Stadt finden zu dieser Zeit Ausstellungen statt, die entweder einzelne Künstler zeigen oder unter einem bestimmten Thema stehen. Die Künstler stammen aus der ganzen Welt (www.edinburghartfestival.com).

---

## Bank Holidays – offizielle Feiertage in Edinburgh

> **New Year's Day** (1. Januar)
> **January Bank Holiday** (2. Januar)
> **Good Friday** (Karfreitag)
> **Easter Monday** (Ostersonntag)
> **Spring Holiday** (jeweils Mitte April)
> **May Day** (Maifeiertag, erster Montag im Mai)
> **Victoria Day** (Mitte Mai)
> **Autumn Holiday** (Ende September)
> **Christmas Day** (25. Dezember)
> **Boxing Day** (26. Dezember)

Bitte beachten: Wenn Bank Holidays auf einen Samstag oder Sonntag fallen, so wird automatisch der darauffolgende Montag stattdessen zum Feiertag.

## Auf ins Vergnügen

### Zur richtigen Zeit am richtigen Ort

> **Edinburgh Festival Fringe:** Das Fringe ist das größte Festival der darstellenden Künste in der Welt. Von Anfang bis Ende August finden Hunderte von Shows an mehr als 300 Veranstaltungsorten statt (www.edfringe.com, dazu gibt es jetzt auch eine hilfreiche App).

> **Edinburgh International Book Festival:** Auf diesem Literaturfestival in Charlotte Square Gardens, das im Jahr 1983 ins Leben gerufen wurde, werden von Anfang bis Ende August zeitgenössische Autoren vorgestellt sowie Lesungen, Debatten und Workshops abgehalten. Es wird ein Literaturpreis vergeben und es findet ein Bücherverkauf statt (www.edbookfest.co.uk).

> **Edinburgh International Festival:** Mit dem Edinburgh International Festival fing die Festivaltradition der Stadt an und es ist noch immer das renommierteste aller hier stattfindenden Events. Der Schwerpunkt liegt auf klassischer Musik, Oper, Sprechtheater und Ballett. Es findet jedes Jahr von Anfang bis Ende August statt und dauert drei Wochen (www.eif.co.uk).

> **Edinburgh Jazz and Blues Festival:** Von Mitte Juli bis Anfang August treten international renommierte Jazz- und Blueskünstler auf. Musikveranstaltungen finden an unterschiedlichen Veranstaltungsorten statt, beispielsweise in der Queens Hall (s. S. 38), aber auch Open Air, z. B. in den Princes Street Gardens. Wo bestimmte Künstler oder Musikrichtungen zum Thema gemacht werden, finden Lesungen und Filmschauen statt (www.edinburghjazzfestival.co.uk).

> **Edinburgh Mela:** Das Edinburgh Mela wurde von Mitgliedern der ethnischen Minderheiten in Edinburgh im Jahr 1995 ins Leben gerufen. Es findet jeweils an einem Wochenende im August im Pilrig Park statt. Mela bedeutet in Sanskrit „Zusammenkommen" und es werden die unterschiedlichsten Darbietungen gezeigt, von Theaterstücken über indi-

schen Volkstanz bis zu Punjabi-Pop und Banghra (www.edinburgh-mela.co.uk).

> **Edinburgh Military Tattoo:** In der Anfangszeit des International Festivals, als man sich noch in eine eher klassische Richtung orientierte, entwickelte sich auch das Military Tattoo, das zum ersten Mal im Jahr 1950 stattfand. Organisiert wird das Ganze von der schottischen Armee und alle überschüssigen Einnahmen werden für wohltätige Zwecke vergeben (z. B. an Kriegsveteranen). Auf dem Vorplatz des Edinburgher Schlosses werden Aufmärsche von Dudelsackorchestern und Volkstanzdarbietungen von Regimentern der schottischen Armee gezeigt. Inzwischen sind daran Militärorchester und Volkstänzer aus über 40 Ländern, z. B. Australien, den USA, Kanada, Frankreich, den Niederlanden, Nepal und sogar den Fidschi-Inseln beteiligt. Das Wort „Tattoo" kommt aus dem Flämischen und wurde abgeleitet von dem Ausruf, den Kneipiers zur Sperrstunde von sich gaben. Am Ende jeden Tages wurden die Zapfhähne an den Wasser- und Bierfässern zugedreht, begleitet von den Worten *doe den tap toe* („dreh den Hahn zu"). Dies wurde von den Briten nicht richtig verstanden und so entstand der Begriff „Tattoo". Das Tattoo, das drei Wochen lang im August durchgeführt wird, ist jedes Jahr ausverkauft. Auch wer keine Karte bekommen hat, kann jedoch von der Royal Mile aus den Klängen lauschen oder sich das Ganze im Fernsehen ansehen (www.edintattoo.co.uk).

> **Festival of Politics:** Hier werden Menschen aus Kultur, Medien, dem öffentlichen Leben und der Politik zusammengebracht, um aktuelle Belange zu diskutieren (Infos: www.scottish.parliament.uk). Es findet für ca. vier bis fünf Tage Ende August statt.

> **Festival of Spirituality and Peace:** Dieses spirituelle Festival bemüht sich

um ein Verständnis zwischen verschiedenen Kulturen und Religionen. Es findet für drei Wochen im August statt (www.festivalofspirituality.org.uk).

## Oktober

> **International Storytelling Festival:** Dieses Festival hat der keltischen Tradition des *Storytelling*, d. h. Geschichtenerzählens, neues Leben eingehaucht. Die zweiwöchige Veranstaltung findet Ende Oktober im Scottish Storytelling Center statt (www.scottishstorytellingcentre.co.uk).

## Dezember

> **Edinburgh's Christmas:** Den ganzen Dezember lang erstrahlt Edinburgh in weihnachtlichem Glanz. Es gibt verschiedene Weihnachtsmärkte und Veranstaltungen. In Santas Rentiergarten kann man sich Weihnachtsgeschichten anhören (www.edinburgh.org).
> **Edinburgh's Hogmanay:** Auf Schottisch heißt Silvester *Hogmanay*. Dies feiern die Schotten ausgelassen, auf den Straßen ebenso wie in den Kneipen und mit einem großen Feuerwerksfinale. Um das Fest noch besser genießen zu können, hat man es gleich auf vier Tage ausgeweitet, an denen viele Veranstaltungen stattfinden wie z. B. die *Torchlight Procession* (Fackelprozession) und die weltbekannte *Royal Bank Street Party* (www.edinburghshogmanay.com).

▷ *Die pittoresken Gassen in der Altstadt sind bisweilen anstrengend*

# Edinburgh für Citybummler

*Edinburgh ist angenehm kompakt. Die wichtigsten Sehenswürdigkeiten befinden sich in der Altstadt und Neustadt relativ nah beieinander und sind zu Fuß oder mit dem Bus gut erreichbar. Da Edinburgh sehr hügelig ist, bieten sich dem Spaziergänger immer wieder neue Panoramen. Einen Blick auf die Stadt von oben sollte man sich auf keinen Fall entgehen lassen: entweder vom Schlossberg, dem Hausberg Arthur's Seat, Calton Hill oder auch von einem der Restaurants und Museen mit Aussichtsterrasse (s. S. 94).*

Auch auf einer Tour mit einem der **Touristenbusse** (genannt „Hop-on-hop-off"), zu denen man an verschiedenen Stellen zusteigen kann, erhält man einen guten Überblick (s. S. 121).

Die **Royal Mile**, beginnend beim Schloss, führt direkt durch das Herz der Altstadt. Ideal zum Flanieren geeignet sind die Abschnitte Castlehill, Lawnmarket und High Street, die als Fußgängerzone ausgebaut sind. Sie bilden das touristische Zentrum der Stadt, wo es an Souvenirläden nicht mangelt. Während des Festivals wird es hier so voll, dass man mit Tuchfühlung zu den anderen Festivalgängern rechnen muss.

Viele verschiedene Ansichten kann man in den unzähligen kleinen **Gässchen** (sogenannte *Closes* oder *Wynd*s) entdecken, die von der Royal Mile abzweigen. Sie führen in Hinterhöfe und von dort meist weiter hinab auf eine der nächsten Straßenebenen. In diesem Gewirr aus mittelalterlich anmutenden Straßenzügen, die kreuz und quer verlaufen, fühlt man sich wie in einem dreidimensionalen

## Auf ins Vergnügen 15
### Edinburgh für Citybummler

Verwirrspiel. Aspekte dieser verborgenen Seite Edinburghs kann man auch abends bei einer Gruseltour erkunden (s. S. 16).

Ein Abstecher auf die **Victoria Street** ⑲ empfiehlt sich auch. Hier gibt es viele interessante Geschäfte, in die man einen Blick werfen kann. Auf dem angrenzenden Grassmarket ⑱ laden im Sommer zahlreiche Kneipen mit Außenterrasse zu einer Erfrischung ein. Wahlweise kann man sich auch auf den Stufen ausruhen, die von der High Street auf den Tron Square führen. Die Cafés, die rund um den Platz legen, sind der Treffpunkt der jungen Szene.

Auf dem unteren Abschnitt der Royal Mile, **Canongate**, geht es etwas ruhiger zu. Um die Jeffrey Street und die St. Mary Street finden sich Cafés und Boutiquen, die nicht nur von Touristen frequentiert werden. Von hier kann man in Ruhe weiterspazieren bis zum schottischen Parlamentsgebäude ⑩ und dem Palace of Holyroodhouse ⑪.

Über die North Bridge gelangt man in die südliche Altstadt mit dem **Universitätsviertel** – die Gegend um den Nicholson Square gehört zu den multikulturellen Gebieten der Stadt. Die Universität ⑫ hat für die Stadt eine große Bedeutung und die Studenten prägen nicht nur das Nachtleben der Stadt. Reizvoll ist ein Spaziergang über die North Bridge nach Sonnenuntergang. Die Altstadtkulisse ist dann in ein Lichtermeer getaucht und Ströme von Nachtschwärmern bevölkern die Straßen.

Die **Princes Street Gardens** (s. S. 43) unterhalb der Altstadt sind die grüne Oase in der Innenstadt, immer bevölkert von Cityarbeitern und Citybummlern, die hier ihre Beine aus-

# Ausflug in die Unterwelt – Edinburgh-Gruseltouren

*Wer sich gerne mal gruselt, Schauergeschichten anhört und dies in einem passenden Ambiente erleben möchte, der sollte auf jeden Fall an einer der in Edinburgh angebotenen Gruseltouren teilnehmen.*

Die Touren sind unterschiedlich thematisiert: Zum einen gibt es Führungen in die unterirdischen vergessenen Gewölbe und Gassen der Stadt, die den Schwerpunkt auf (mehr oder weniger) historisch akkurate Fakten legen. Andere wieder gehen auf die Jagd nach Legenden und Spukgestalten und wollen paranormale Phänomene aufspüren. Verschiedene legendäre Geister sollen hier ihr Unwesen treiben wie beispielsweise der kopflose Trommler im Edinburgher Schloss, der Geisterhund, der über die Friedhöfe wandert, der MacKenzie-Poltergeist im Covenantors Prison oder die Todeskutsche, die auf der Royal Mile verlorene Seelen einsammelt.

Die **Altstadt mit ihren engen Gässchen** („Closes") birgt einige düstere Geheimnisse und Geschichten, die einem kalte Schauer über den Rücken jagen können. Robert Louis Stevenson soll Edinburgh nachgesagt haben, dass die ganze Stadt ein Doppelleben führe, so wie die von ihm geschaffenen literarischen Figuren des Dr. Jekyll und Mr. Hyde: auf der einen Seite die verkommenen düsteren Gassen der Altstadt, auf der anderen die klassizistischen sterilen Fassaden der Neustadt.

Bei den historisch ausgerichteten Touren erfährt man viel Wissenswertes über das Leben im Edinburgh der vergangenen Jahrhunderte. Interessant sind besonders Führungen, die durch die Wynds und Closes der mittelalterlichen Altstadt führen wie z. B. „Secrets of the Royal Mile" von Mercat Tours oder die thematischen Touren von Historic Edinburgh Tours.

Was im Untergrund vor sich ging, wird während der Touren von kostümierten Gestalten eindrucksvoll in Szene gesetzt. Als Vorlage für diese Figuren dienen den Veranstaltern zum Beispiel zwielichtige Gestalten der Edinburgher Historie. Da gab es die grausamen Serienmorde von **William Burke** und **William Hare**, die Menschen umbrachten, nur um die Leichname gewinnbringend an die

## Auf ins Vergnügen 17
### Ausflug in die Unterwelt – Edinburgh-Gruseltouren

Anatomie der medizinischen Fakultät zu verkaufen. Dies brachte ihnen den Namen „Bodysnatchers" (Körperfresser) ein. 17 unschuldige Opfer mussten auf diese Weise von November 1827 bis Oktober 1828 ihr Leben lassen. Nachdem die beiden entlarvt wurden, kaufte sich Hare frei, indem er Burke verriet, der 1828 gehängt wurde. Danach wurde sein Leichnam ebenfalls im Edinburgh Medical College seziert. Makabre Überreste von Burke wie z. B. seine Totenmaske werden im Surgeons' Hall Museum **13** ausgestellt. Burke und Hare hatten ihr Hauptquartier nicht weit vom Standplatz des Galgens auf dem Grassmarket **13**. City of Edinburgh Tours bietet eine „Body Snatchers To Murderers Tour" an, die sich auf die Spuren von Burke und Hare begibt. Das Thema wurde im Jahr 2010 humorvoll als „Burke & Hare" von Regisseur John Landis verfilmt.

Robert Louis Stevenson diente das Doppelleben des Bösewichts **Deacon Brodie** (1741–1788) als Vorlage für seine Erzählung **Dr. Jekyll and Mr. Hyde** (1885). Brodie war gelernter Schreiner und ein geachteter Bürger der Stadt, später sogar Mitglied des Stadtrats. Leider verfiel er der Spielsucht, hatte gleich zwei Geliebte und fünf Kinder, die versorgt sein wollten. Bei Nacht ging er daher mit einer Bande auf Raubzüge, um seine Kasse aufzubessern. Während seiner Schreinertätigkeit hatte er Gelegenheit, Häuser genau auszukundschaften und ließ Schlüssel nachmachen, mit denen er sich Zutritt verschaffen konnte. Schließlich wurde er erwischt und 1788 gehängt. In **Brodie's Close** am Lawnmarket (Royal Mile Nr. 304)

befand sich Brodies Haus, das er von seinem Vater 1780 geerbt hatte. Heute befindet sich im Erdgeschoss das **Deacon's House Café.**

Wer über die Hauptverbindungsachsen North Bridge und South Bridge wandert, versteht, dass die Altstadt auf verschiedenen Ebenen funktioniert. Es gibt Geschäfte und Gebäude auf den Brücken und Querstraßen unterhalb der Brücken. Die viaduktähnlichen Brückenbögen, die sich zwischen den links und rechts davon aufgerichteten Gebäuden hindurchziehen, bilden eine weitere Ebene. Hier entstanden 1785 durch Ausgrabungen unterhalb der South Bridge die **Katakomben** („Vaults"). In diesen Gewölben befanden sich noch bis 1830 Lagerräume, Geschäfte und Wohnungen, dann wurden sie zugemauert. Da die Altstadt auf einem Hügel gebaut ist, der zur Neustadt hin stark abfällt, wurden die Häuser an die Steilwand gebaut und hatten teilweise bis zu 10 Stockwerke. Nach unten hin gab es kaum Tageslicht und die Closes waren überaus eng und ein Herd für Epidemien.

Einige der Gruseltouren führen durch dieses unterirdische Gewirr von Gängen: Die South Bridge Vaults, auch bekannt als „Damnation Alley", werden von City of the Dead Tours besucht, South Niddry Street Vaults von Auld Reekie Tours, Blair Street Vaults von Mercat Tours. Dort spuken Verblichene angeblich als Geister herum und treiben noch heute mit den Besuchern Schabernack.

◁ City of Edinburgh Tours beginnen bei der Polizeibox vor der Tron Kirk

## 18 Auf ins Vergnügen
## Ausflug in die Unterwelt – Edinburgh-Gruseltouren

In **Mary King's Close,** das sich unterhalb der Royal Mile befindet, wurde gleich ein ganzes Gewirr von Gässchen und Häusern überbaut. Man setzte 1753 einfach die City Chambers (Sitz der Stadtverwaltung) obendrauf. Obwohl nun kein Tageslicht mehr in diese Gassen hineinkam, lebten in dem feuchten, düsteren unterirdischen Gebiet weiterhin Menschen. In dieses Areal erhält man Einlass durch das Museum The Real Mary King's Close, in dem historische Figuren die Führungen aus ihrer Sicht schildern. Diese Tour ist kinderfreundlicher, aber der Nachwuchs sollte zumindest an Geisterbahnen gewöhnt sein. Generell müssen Kinder über 5 Jahre alt sein, um an den Führungen teilzunehmen. Nicht kinderfrei ist die Tour „Ladies of Pleasure" von City of Edinburgh Tours, die sich auf die Spur von Lebedamen des alten Edinburgh begibt.

Wer mit Poltergeistern und anderen Spukgestalten auf Tuchfühlung gehen möchte, sollte eine der **Ghost Tours** buchen, z. B. „The Ghostly Underground" von Mercat Tours, „Ghost and Torture Tours" von Auld Reekie Tours, „City of the Dead Haunted Graveyard Tour" von City of the Dead Tours oder „Ghosts and Gore Tour" von The Cadies and Witchery Tours. Wer jeglichen Bezug zur greifbaren Realität über Bord werfen will, kann an einer **paranormalen Tour** teilnehmen, die „wirklichen Geistern" auf der Spur ist („Paranormal Underground" von Mercat Tours).

Alle Touren müssen im Voraus gebucht werden.

● 1 [G8] **Auld Reekie Tours,** 45 Niddry Street, EH1 1LG, Tel. 0131 5574700, www.auldreekietours. com. Eintritt: Preise variieren pro Tour von ca. 10 bis 12 £ Erwachsene. Bei manchen Touren sind Getränke mit eingeschlossen. Touren beginnen bei der Tron Kirk auf der Royal Mile.

● 2 [G8] **City of Edinburgh Tours,** Tel. 0131 2206868, www. cityofedinburghtours.com. Preise je nach Tour 7–12 £. Tourbeginn bei der Polizeibox auf der Royal Mile vor der Tron Kirk. Die Touren sind vom Historiker David Richie recherchiert.

● 3 [F8] **City of the Dead Tours,** Information Centre, St. Giles Church, Royal Mile, EH1 1RE, Tel. 0131 2259044, www.cityofthedead tours.com. Eintritt: 10 £ Erwachsene, 8 £ ermäßigt. Touren beginnen vor der St. Giles Church ❻ auf der Royal Mile.

● 4 [F9] **Historic Edinburgh Tours,** 28/2 Bridge Road Edinburgh EH13 0LQ, Tel. 07742612862, www. historicedinburghtours.co.uk. Preise je nach Tour ab 7 £. Geschichtlich interessante Touren durch die Altstadt und Greyfriars. Die Touren beginnen an verschiedenen Plätzen.

● 5 [G8] **Mercat Tours Ltd,** Mercat House, 28 Blair Street, EH1 1QR, www.mercattours.com, Tel. 0131 2255445, Eintritt: Preise variieren pro Tour von ca. 10 bis 11 £ für Erwachsene, 5 bis 6 £ für Kinder. Die Touren beginnen am Mercat Cross auf der Royal Mile.

❯ **The Real Mary King's Close** (s. S. 41)

● 6 [F9] **The Cadies and Witchery Tours,** 84 West Bow (Victoria Street), EH1 2HH, Tel. 0131 2256745, www.witcherytours.com, Eintritt: 8,50 £ Erwachsene, 6 £ Kinder

## Auf ins Vergnügen

### Edinburgh für Kauflustige

strecken oder ihren Lunch essen. In den Haupteinkaufsstraßen der Neustadt, Princes Street und George Street, herrscht ein ständiges Kommen und Gehen in und aus den Geschäften, Restaurants und Büros des Stadtteils. Lediglich in den Seitenstraßen des rechteckigen Straßenrasters aus der georgianischen Periode geht es etwas ruhiger zu.

Einen guten Blick auf die verschiedenen Perspektiven Edinburghs erhält man von den **drei größten Erhebungen der Stadt**: dem Castle Hill, dem Calton Hill und dem Arthur's Seat. Wer noch einen anderen Stadtteil sehen und die Umgebung etwas kennenlernen möchte, der kann zum Beispiel in das an die Neustadt angrenzende **Dean Village** 34 wandern. An den Ufern des **Water of Leith** (s. S. 43) findet man hier eine fast dörfliche Atmosphäre abseits der ausgetretenen Pfade.

**Stockbridge**, unweit der Neustadt gelegen, ist ein angesagtes Wohnviertel für Yuppies mit der zum Stil der Bewohner passenden Gastronomie. Auf der dortigen Raeburn Street findet sich ein Sammelsurium an Antiquitätenläden und Boutiquen.

Wer Seeluft nicht nur aus der Ferne schnuppern möchte, sollte den Bus nach **Leith** nehmen. Hier säumen Fischrestaurants das angesagte Ufer des Water of Leith, das „The Shore" 36 genannt wird. Bei einer Besichtigung der Royal Yacht Britannia 38 wird die Nähe Edinburghs zum Meer deutlich. In der Ferne sieht man sogar die Ausläufer der Highlands auf der anderen Seite des Meeresarms Firth of Forth.

Wer das Gewässer noch ein wenig weiter erkunden möchte, kann einen Ausflug nach South Queensferry zur Forth Bridge anschließen.

# Edinburgh für Kauflustige

*Wie es sich für eine moderne Großstadt gehört, besitzt Edinburgh eine Fülle von Geschäften, in denen Kauflustige alles finden, was das Herz begehrt, und zwar vom Dudelsack bis zu Designerkleidung. Dabei werden nicht nur die Touristen angesprochen. Aus ganz Schottland reist man zum Shopping in die Hauptstadt. Besuchern aus Deutschland wird auffallen, dass Kleidung und insbesondere Schuhe und Turnschuhe in Schottland preiswerter sind als zu Hause.*

Die **Princes Street** 20 ist wohl eine der am schönsten gelegenen Einkaufsstraßen der Welt. Auf der einen Seite kann man entlang der Geschäfte flanieren, auf der anderen Seite bietet sich der Ausblick auf die Princes Street Gardens und den Hügel mit der Altstadt und dem Schloss. Allerdings herrscht hier starker Verkehr und so soll sie nun insgesamt fußgängerfreundlicher gestaltet werden.

Die Neustadt ist das zentrale Einkaufsparadies mit Boutiquen, Geschäften namhafter Marken und Einkaufspassagen. Wer gerne alles unter einem Dach hat, findet schräg gegenüber vom Bahnhof Waverley Station und dem Sir Walter Scott Monument das alteingesessene Kaufhaus **Jenners** (s. S. 22). Es ist nicht nur eines der am besten ausgestatteten Kaufhäuser in Edinburgh, sondern auch eines der schönsten. Es stammt aus dem Jahr 1838 und war einst in Familienbesitz. Heute wird es von der britischen Kaufhauskette House of Fraser geführt. Weithin als „Harrods des Nordens" (in Anspielung auf das Luxuskaufhaus in London) bekannt, gibt es hier auf mehreren Stockwer-

## Edinburgh für Kauflustige

ken eine riesige Auswahl an Kleidung von bekannten Marken wie Barbour, Calvin Klein, Ralph Lauren, Missoni, Ted Baker, Hugo Boss etc.

Am östlichen Ende der Princes Street auf dem Weg zum St. Andrew Square befindet sich das **St. James Shopping Centre** (s. S. 22). Der eher unansehnliche Bau soll in den nächsten Jahren komplett umgestaltet werden. Auch hier findet man eine riesige Auswahl an Läden, vom Reisebüro über den Optiker bis zum Sportgeschäft sowie eine große Filiale der beliebten Kaufhauskette John Lewis.

Im Stadtteil Leith gibt es ein Kaufhaus mit über 70 Geschäften, in dem man den ganzen Tag verbringen kann: das **Ocean Terminal** ❸. Es beherbergt zusätzlich ein Spa sowie einen Indoor Skate Park. Das Shoppen dort kann man mit einem Besuch auf der Royal Yacht Britannia ❸ verbinden oder im Anschluss noch einige der angesagten Bars in Leith unsicher machen.

Parallel zur Princes Street verläuft die **George Street** ❷. Entlang der George Street zu flanieren macht besonderen Spaß, da man neben den Auslagen in den Schaufenstern auch die georgianische Architektur bewundern kann (www.edinburghgeorgestreet.co.uk). Von den Querstraßen wie Hanover Street und Frederick Street eröffnen sich außerdem immer wieder überraschende Aussichten – beispielsweise auf den Edinburgher Schlossberg auf der Südseite oder den Firth of Forth auf der Nordseite. Wenn man die Hanover Street oder Frederick Street bergauf und bergab läuft, entdeckt man außerdem, dass zwischen den großen Hauptachsen Princes, George und Queen Street kleinere Sträßchen verlaufen wie z. B. die Thistle Street,

### Shoppingareale
Die wichtigsten Shoppingbereiche der Stadt sind im Kartenmaterial mit einer rötlichen Fläche markiert.

Rose Street und Young Street. Dort befinden sich interessante Geschäfte sowie gute Restaurants und Pubs.

Am St. Andrew Square gibt es eine Filiale des Londoner Nobelkaufhauses **Harvey Nichols** (s. S. 22). Das Geschäft ist auf jeden Fall einen Besuch wert, denn hier kann man die ausgefallenen Kreationen britischer Designer bewundern (wenn auch nicht jeder sie sich leisten kann). Gleich nebenan im Mulltrees Walk finden sich internationale Designerläden der gehobenen Klasse.

Wer nach typischen schottischen Souvenirs Ausschau hält, der wird auf der **Royal Mile** in der Altstadt fündig. Hier fängt der Kaufrausch bereits direkt unterhalb des Schlosses beim Old Town Weaving Centre ❷ an. Hier kann man alle möglichen Webwaren im Schottenkaro (*Tartan*) erstehen. Wenn man die Royal Mile herunterwandert, fallen die Souvenirgeschäfte links und rechts ins Auge. Von Schottenmützen mit angeklebter Rothaar-Perücke bis zum Mäntelchen für den Pudel sind hier alle Varianten des Karos preiswert zu erhalten, ebenso wie Scotch Whisky und die allseits beliebten Shortbread-Kekse.

Wo die Royal Mile die St. Mary's Street kreuzt, findet man einige ausgefallene Designershops mit tragbaren Stücken schottischer Designer sowie Geschenkeshops und Boutiquen. Von der George IV. Bridge zweigt die **Victoria Street** ❶ ab, die in einer Kurve (bekannt als West Bow) bergab verläuft und auf den **Grassmarket** ❶

## Auf ins Vergnügen
### Edinburgh für Kauflustige

führt. Die Victoria Street bietet mit ihren bunten Häuserfassaden eine der schönsten Kulissen in der Altstadt. Hier paart sich der Altstadtcharakter mit touristischem Flair. In ausgefallenen Geschäften kann man Souvenirs oder Designerkleidung erstehen, ebenso Antiquitäten, Delikatessen und Bücher. Am Grassmarket gibt es außerdem zahlreiche Pubs und Restaurants, die bei schönem Wetter auch Außengastronomie betreiben. Von Mai bis September finden hier unterschiedliche Märkte, Jazz- und Blueskonzerte sowie Festival-Events statt. Ein Blumen- und Lebensmittelmarkt findet samstags statt. In der **Cockburn Street**, die von der Altstadt zu den Princes Gardens hinunterführt, findet man Boutiquen mit flippiger Kleidung und Plattengeschäfte. Im studentischen Viertel rund um die **North Bridge**, die **Nicholson Street** und ihrer Fortsetzung, der Clerk Street, dominiert ein Mix aus Second-Hand-Shops, Buch- und Plattenläden. Hier gibt es auch etliche kleinere Supermärkte. Das Yuppie-Wohnviertel **Stockbridge** hat ebenfalls einige gute Modegeschäfte und Designerläden um die Raeburn Street vorzuweisen. Es ist zudem bekannt für seine Antiquitätenläden.

Große **Lebensmittelketten** wie Tesco, Asda und Sainsbury findet man vor allem außerhalb des Zentrums in den Vorstädten (z. B. auf dem Weg zum Flughafen in Corstophine). Diese großen Zentren sind unter der Woche normalerweise 24 Stunden geöffnet. Eine kleine Filiale der Kette Sainsbury gibt es in der Rose Street, Ecke St. Andrew Square (geöffnet bis 22 Uhr). Ansonsten findet man das Nötigste in Ecklädchen, den sogenannten *Corner Shops,* wie ScotMid oder Cooperative.

## Der Schottenrock

*Der Schottenrock („Kilt") ist an den Seiten gefaltet und vorne glatt. Er hat einen Gürtel und wird vorne durch eine Anstecknadel („Kilt pin") verziert, die jedoch nicht die untere Stoffbahn durchdringen darf, sie hält also nicht den Stoff zusammen sondern dient nur zur Zierde. Die Tracht wird komplettiert durch lange Kniestrümpfe. Der „Sporran" ist eine kleine Leder- und Felltasche, die vor dem Kilt baumelt und in der man Wertsachen aufbewahrt. Früher trugen Schotten nur ein langes Hemd unter dem Kilt (keine Unterkleidung). Die Legende behauptet, dass ein richtiger Schotte auch heute noch der Unterwäsche unter dem Kilt entsagt ... Zur Ausstattung gehört außerdem ein kleiner Dolch, genannt „Sgian dubh", der früher in den Kniestrümpfen getragen wurde, und eine Glengarry-Mütze, d. h. eine kleine Kappe mit Bommel. Heute werden neben den traditionellen Kilts auch ausgefallenere Modelle in trendigen Boutiquen verkauft. Jüngere Männer geben hiermit ein modisches Statement ab, denn richtig kombiniert kann ein Schottenrock entweder elegant oder sogar flippig aussehen. Der Schottenrock wird von Schotten jeden Alters auch gerne bei offiziellen Anlässen, wie z. B. Hochzeiten oder offiziellen Empfängen, anstelle eines Anzugs getragen.*

Die meisten Geschäfte haben auch sonntags geöffnet. Unter der Woche sind die **Öffnungszeiten** von ca. 9 bis 17.30 Uhr, am Donnerstag haben viele Geschäfte bis 19 oder 20 Uhr

## Auf ins Vergnügen
### Edinburgh für Kauflustige

geöffnet. Samstags ist die Regelöffnungszeit 9–17 Uhr und sonntags 11–16 Uhr.

## Einkaufspassagen und Kaufhäuser

- 7 [F7] **Harvey Nichols,** 30–34 St. Andrew Square, Neustadt, EH2 2AD, Tel. 0131 5248388, www.harveynichols.com, Mo.-Mi. 10–18 Uhr, Do. 10–20 Uhr, Fr.-Sa. 10–19 Uhr, So. 11–18 Uhr. Das Edelkaufhaus bietet Kleidung von britischen und internationalen Designern an.
- 8 [F8] **Jenners,** 48 Princes Street, Neustadt, H2 2YJ, Tel. 0344 8003725, www.houseoffraser.co.uk, Mo.-Mi. 9.30–18.30 Uhr, Do. 9.30–20 Uhr, Fr. 9.30–19 Uhr, Sa. 9–19 Uhr, So. 11–18 Uhr. Sehenswertes historisches Kaufhaus aus dem Jahr 1838, heute in der Hand der Kaufhauskette House of Fraser. Designerware von gehobener Qualität.
- 37 [H2] **Ocean Terminal,** Leith, EH6 6JJ, www.oceanterminal.com, Tel. 0131 5558888, Mo.-Fr. 10–20 Uhr, Sa. 10–19 Uhr, So. 11–18 Uhr (Bars, Restaurants und Kino bis Mitternacht), ca. 4 Kilometer vom Stadtzentrum, Anreise: Lothian Busse Nr. 11, 22, 34/Leith Street, Nr. 35/High Street, Nr. 36/Market Street (Info: Tel. 0131 5556363, http://lothianbuses.com). Obwohl nach Leith eine kurze Anfahrt erforderlich ist, ist das Ocean Terminal sicherlich das luftigste und freundlichste der großen Einkaufszentren. Der Extrabonus: Es gibt hier zahlreiche Cafés und Restaurants, von denen man einen tollen Blick auf den Firth of Forth und die Royal Yacht Britannia hat. Wer sich zwischendurch komplett entspannen möchte, kann einen Besuch in dem Pure Spa einlegen und sich z. B. einer indischen Kopfmassage unterziehen.
- 9 [F7] **St. James Shopping Centre,** Leith Street, Neustadt, EH1 3SS, Tel. 0131

## Auf ins Vergnügen
### Edinburgh für Kauflustige

5570050, www.stjamesshopping.com,
Mo.–Mi., Fr. 9–18 Uhr, Do. 9–20 Uhr,
Sa. 9–18 Uhr, So. 10–18 Uhr. Hier fin-
det man alles vom Reisebüro und der
Hauptpost über Optiker und Kosmetiklä-
den bis hin zu Sportgeschäften.

## Ausgefallene Souvenirs

**10** [F6] **Coco,** 71 Broughton Street,
EH1 3RJ, Tel. 0131 5582777, www.
cocochocolate.co.uk, Mo.–Sa. 10–18,
So. 12–17 Uhr. Hier gibt es Bioschoko-
lade aus den feinsten Zutaten. Der Shop
veranstaltet sogar Workshops zur Scho-
koladenherstellung (Chocolate School).

**11** [I3] **Flux,** 55 Bernard Street, Leith, EH6
6SL, Tel. 0131 5544075, www.get2flux.
co.uk, Mo.–Sa. 11–18 Uhr, So. 12–17
Uhr, Anreise: Bus Nr. 34 von Leith Street,
Bus Nr. 35 von der High Street. In diesem
Laden findet man schottisches Kunsthandwerk mit modernem Design.

**12** [G8] **Present,** 18 St. Mary's Street,
Altstadt, EH1 1SU, Tel. 0131 5565050,
www.presentboutique.co.uk, Mo., Mi.,
Fr.–Sa. 10–18 Uhr, Do. 10–19 Uhr,
Di./So. geschlossen. Diesen gemütlichen Laden kann man in aller Ruhe
nach ausgefallenen Geschenkideen
durchforsten.

**13** [F8] **The Red Door Gallery,** 42 Victoria Street, südl. Altstadt, EH1 2JW, Tel.
0131 4773255, www.edinburghart.
com, Mo.–Fr. 10.30–18 Uhr, Sa. 10–18
Uhr, So. 10.30–17.30 Uhr. Hier gibt es
Designprodukte aus Papier.

## Delikatessen

**14** [D6] **I J Mellis Cheesemongers,**
6 Bakers Place, Stockbridge, EH3 6SY,
Tel. 0131 2256565, Mo.–Fr. 9–19, Sa.
9–18, So. 10–17.30 Uhr. Anreise: Bus
Nr. 29 von der North Bridge. Delikatessenladen mit verschiedenen Käse- und
Wurstspezialitäten mitten in Stockbridge.

**15** [F8] **Royal Mile Whiskies,** 379 High
Street, Altstadt, EH1 1PW, Tel. 0131
2253383, www.royalmilewhiskies.com,
Mo.–Mi. 10–18, Do.–Sa. 10–19, So.
10–18 Uhr. Hunderte von Malt-Whisky-
Sorten und einige seltene Flaschenabfül-
lungen werden hier geführt.

## Musik

**16** [E9] **Avalanche Records,** 5 Grassmarket, Altstadt, EH1 2HY, Tel. 0131
6597708, http://vsilly.com/avalanche_
shop, Mo.–Sa. 11–18, So. 12–18 Uhr.
Angesagter Plattenladen in der Altstadt.
Hier erhält man auch Informationen über
Konzerte von Edinburgher Bands.

**17** [B9] **Bagpipes Galore,** 20 Haymar-
ket Terrace, Haymarket, EH12 5JZ, Tel.
0131 3461111, www.bagpipe.co.uk.
Dieser Laden verkauft seit 12 Jahren
Dudelsäcke (früher auf der Royal Mile).
Der Eigentümer des Ladens stellt selbst
Dudelsäcke her und berät Kunden vor
dem Kauf eingehend.

## Mode

**18** [F9] **Armstrong's Vintage Emporium,**
64–66 Clerk Street, EH8 9JB, Tel. 0131
6673056, www.armstrongsvintage.
co.uk, Mo.–Do. 10–17.30 Uhr, Fr./Sa.
10–18 Uhr, So. 12–18 Uhr. In diesem
gut sortierten Laden findet man Second-
hand-Kleidung aus der Zeit von 1920 bis
1980. Weitere Filialen finden sich in der
Clerk Street und am Teviot Place.

**19** [G8] **Corniche,** 2 Jeffrey Street, Altstadt, EH11 1DT, Tel. 0131 5563707,
www.corniche.org.uk, Mo.–Sa. 10.30–
17.30 Uhr. Corniche wurde mehrfach
zum britischen Designerladen des Jahres gekürt. Der Shop führt unter ande-

*◁ Das Kaufhaus Jenners
besteht seit 1838*

rem die Vivienne-Westwood-Kollektion „Anglomania".

**20** [F9] **Fabhatrix Hat Shop,** Cowgatehead, Grassmarket, Altstadt, EH1 1JY, Tel. 0131 2259222, www.fabhatrix. com, Mo.–Fr. 10.30–18 Uhr, Sa. 10.30–17.30 Uhr, So. 12–17 Uhr, an manchen Sonntagen geschlossen. Ein unabhängiger Hutladen mit über 300 Designermodellen für Herren und Damen.

**21** [E7] **Hobbs,** 47 George Street, Neustadt, EH2 2HT, Tel. 0131 2205386, www.hobbs.co.uk, Mo.–Mi., Fr. 9.30–18 Uhr, Do. 9.30–19.30 Uhr, Sa. 9–18 Uhr, So. 11–17.30 Uhr. Modische Kleidung mit britischem Einschlag für Damen.

**22** [E7] **Kakao by K,** 45 Thistle Street, Neustadt, EH2 1DJ, Tel. 0131 2263584, www.kakao.co.uk, Mo.–Mi., Fr. 10–18 Uhr, Do. 10–19 Uhr, Sa. 10–18 Uhr. Diese kleine Boutique in einer der versteckten Seitenstraßen der Neustadt führt Mode von skandinavischen Designern.

**23** [F8] **Ness,** 367 Lawnmarket, Altstadt, EH1 2PW, Tel. 0131 2265227, www.ness.co.uk, Mo.–So. 10–18 Uhr. Schottenkaro für die Dame in den Farbkombinationen Pink und Hellblau. Weitere Filialen gibt es am Lawnmarket und im Ocean Terminal **37**.

**24** [C6] **The Stockbridge Boutique,** 20 Deanhaugh Street, Stockbridge, EH4 1LY, Tel. 0131 332 4911, www. stockbridgeboutique.co.uk, Di. 10–17, Mi./Fr./Sa. 10–18, Do. 10–19, So. 11–17 Uhr. Hier findet man ausgefallene Einzelstücke und Accessoires von verschiedenen Designern.

**25** [E7] **21st Century Kilts,** 48 Thistle Street, Neustadt, EH2 1 EN, Tel. 0131 2209450, www.21stcenturykilts.com, Di.–Sa. 10–18 Uhr. In dieser Boutique finden Modemutige hypermodische Designerkilts für Männer, Frauen und Kinder.

## Markt

**26** [D9] **Edinburgh Farmer's Market,** Castle Terrace, EH1 2DP, auf der Südseite des Schlossberges, Tel. 0131 6525940, www.edinburghfarmers market.com, Sa. 9–14 Uhr. Ein Markt mit frischen Erzeugnissen, der jeden ersten Samstag im Monat stattfindet.

**27** [F9] **The GrassMarkets,** am Grassmarket, Altstadt, www.grassmarket. net. Von Mai bis September finden hier wechselnde Märkte und Musikveranstaltungen sowie Festival-Events statt. Ein Blumen- und Lebensmittelmarkt findet jeden Samstag von 10 bis 17 Uhr statt.

◁ *Zwischen Queen St. und Princes St. in der New Town laden Gassen wie die Rose Street zum Bummeln ein*

## Edinburgh für Genießer

*Edinburgh ist bekannt für seine vielfältige Gastronomie. Gleich vier Etablissements mit Michelin-Sternen kann die Stadt aufweisen, darunter Restaurants von „Celebrity"-Köchen wie Tom Kitchin (The Kitchin, s. S. 28) und Martin Wishart. Wer gerne elegant und teuer speist, hat die Qual der Wahl. Aber auch für den kleineren Geldbeutel gibt es ein großes und gutes Angebot.*

### Gourmetstadt Edinburgh

Obwohl man den Schotten nachsagt, dass sie sich schlecht ernähren, trifft dies auf die Edinburgher sicher nicht zu. Der hungrige Besucher findet hier alles von traditionellen Restaurants bis zu modernen *Eateries,* das heißt schicken Café-Bars, in denen Gourmets (sogenannte *Foodies)* ihr Essen genießen.

In den letzten Jahren hat sich in der schottischen Küche einiges getan und man bekommt fast überall frische und gesunde Gerichte.

Das Schlagwort der modernen britischen Küche ist **Fusion,** d. h., es werden Einflüsse aus verschiedenen internationalen Küchen miteinander kombiniert, wie z. B. der französischen, italienischen aber vor allem auch der asiatischen. Traditionell ist das indische Curry eine der Nationalspeisen der Briten und so findet man fast auf jeder Speisekarte auch ein oder zwei scharf gewürzte Gerichte. Britische Klassiker wie Lamm, Wild oder Wildgeflügel hingegen werden neu aufgelegt und auf leichte Art verfeinert. In den zahlreichen indischen Restaurants werden auch sehr schmackhafte vegetarische Gerichte angeboten.

Die Schotten lieben vor allem **Fisch und Schalentiere.** Viele Fischrestaurants befinden sich in Leith. Hier kommt der Fang frisch von den Nordseeschiffen. Zu den Spezialitäten in vielen Restaurants gehören *Scallops* (Jakobsmuscheln), *Oysters* (Austern) und *Langoustines* (Langusten).

Historisch gesehen ist Schottland eng mit Frankreich verbunden und ein **französischer Einschlag** ist in den feineren Restaurants auf jeden Fall zu bemerken. Einige Restaurants bezeichnen ihre Fusionsküche explizit als „schottisch-französisch".

Das schottische **Nationalgericht** *Haggis* (gefüllter Schafsmagen) ist, obwohl sehr nahrhaft, sehr wahrscheinlich nicht jedermanns Sa-

## Smoker's Guide

In Großbritannien und damit auch in Edinburgh gilt **ausnahmslos ein allgemeines Rauchverbot,** das streng eingehalten wird. Rauchen ist an allen öffentlichen Plätzen, in allen öffentlichen Einrichtungen und an Arbeitsplätzen verboten. Dies gilt auch für Bahnhöfe und das Rauchverbot soll nun sogar auf Bushaltestellen ausgeweitet werden. Selbst auf der Straße ist Rauchen nicht gern gesehen. Wer das Verbot nicht beachtet, wird unter Umständen sogar von Personen auf der Straße ermahnt.

In Edinburgh gibt es keine Lokale oder Restaurants, in denen man Rauchen darf. Das gesetzlich festgelegte Rauchverbot wird strikt eingehalten. Gastronomische Einrichtungen haben jedoch jeweils einen **für Raucher reservierten Außenbereich.** Dieser Außenbereich bietet meist einige Sitzgelegenheiten und wird bei manchen Einrichtungen im Winter durch Terrassenheizungen erwärmt.

# Edinburgh für Genießer

che. Es besteht aus Schafsinnereien, Haferflocken und Gewürzen und wird wie eine Wurst gekocht und serviert. Traditionellerweise isst man den *Haggis* während der Burns Night (s. S. 11). Der Nationaldichter Burns war ein großer Fan des Gerichts und verfasste sogar eine „Ode an den Haggis". Er nannte es den „Großmeister aller Wurstarten". Es gibt auch eine vegetarische Variante des *Haggis* und in einigen Cafés sogar Haggis-Sandwiches.

## Vom Frühstück bis zum Abendessen

Das **schottische Frühstück,** das in Hotels und B&Bs serviert wird, unterscheidet sich nicht wesentlich vom *English Breakfast* und besteht aus Spiegeleiern, Speck *(Bacon),* Würst-

chen und Bohnen in Tomatensoße *(Baked Beans).* In den meisten Hotels werden vorher auch Zerealien *(Cereals)* wie Cornflakes oder Müslimischungen gereicht. Dazu gibt es Orangensaft.

Ganz im Gegensatz zum Rest Großbritanniens findet man in Edinburgh eine ausgedehnte **Kaffeehauskultur,** die an europäische Hauptstädte erinnert. In den letzten Jahren hat sich eine Flut von Coffeeshops etabliert wie beispielsweise die Ketten Costa Coffee oder Caffè Nero. Edinburgh hat außerdem auch eine Fülle von unabhängig geführten Cafés. Die meisten sind mittags stark frequentiert, da man hier Sandwiches und verschiedene andere Snacks bekommt. Außer dem englischen Toastbrot gibt es hier auch internationale Brotsorten wie Ciabatta, Baguette oder Wraps. Die Sandwiches kann man aus vielen verschiedenen Belägen wie Käse, Wurst, Thunfisch, Krabben, Eiersalat u. a. zusammenstellen.

Zu den **preiswerten Klassikern,** die man überall findet, gehört zum Beispiel die *Jacket Potato* oder auch *Baked Potato* (Folienkartoffel), die mit verschiedenen Füllungen angeboten wird *(Baked Beans,* Thunfisch, Hüttenkäse etc.). Beliebte Snacks sind auch Teigtaschen wie *Cornish Pasties,* die mit Fleisch und Gemüse gefüllt sind, oder *Cheese and Onion Pasties* (Käse und Zwiebeln) sowie *Sausage Rolls* (Wurst im Teigmantel).

Für den **Nachmittagstee** bieten die meisten Cafés eine Auswahl an Kuchen an sowie die Klassiker *Toas-*

---

**EXTRATIPP**

### Preiswert speisen in schicken Restaurants

Die Restaurants in Edinburgh sind fast immer voll, denn das Essengehen gehört zu einer der Lieblingsbeschäftigungen der hiesigen Städter und hierfür gibt man auch schon einmal etwas mehr aus. Zum Mittagessen gibt es in vielen der teureren Restaurants ein **Lunch Menu.** Dieses preiswerte Angebot wird in den Aushängen beworben und man bekommt dann zwei Gänge mit Getränk bereits ab ca. 20 £ pro Person. Ein weiteres Schnäppchen, das **Pre-Theatre Menu,** wird am frühen Abend bzw. nach 22 Uhr angeboten, für die Gäste, die vor oder nach dem Theater etwas essen möchten. Die Preise sind hier ähnlich günstig wie beim *Lunch Menu.* In den angesagten Restaurants sollte man **vorher reservieren.** Fast überall ist auch eine kundenfreundliche Buchung auf den Websites der Restaurants von zu Hause aus möglich.

▷ *Das Blackfriars Restaurant (s. S. 29)*

## Auf ins Vergnügen
### Edinburgh für Genießer

*ted Teacakes* (getoastetes Rosinenbrot), Scones, Muffins und *Oatcakes* (Hafermehlplätzchen).

Das soll nicht heißen, dass es in Edinburgh gar keine **Imbissbuden und Fast-Food-Ketten** gibt. Natürlich gibt es sie und hier kann man sich mit *Fish and Chips,* Pizza, Hamburger oder Kebab eindecken. Die Imbisse und Ketten werden oft von den Nachtschwärmern frequentiert, da sie länger geöffnet haben als die Restaurants und Cafés. Sie sind gegen 22 Uhr oft voller als tagsüber.

Am Wochenende wird das Ausgehen gerne mit einem **Abendessen** in einer der trendigen Café-Bars verbunden, die es in Edinburgh so zahlreich gibt. Diese bieten zwar passable Küche, allerdings wird man meist von sehr lauter Musik beschallt, da Speiseraum und Bar nicht wirklich voneinander getrennt sind. Im Wesentlichen geht es hier eher ums Sehen und Gesehenwerden als um die Mahlzeit. Türsteher sorgen dafür, dass eine Kleiderordnung eingehalten wird.

Die **Preise** für Hauptgerichte in einer Café-Bar liegen bei etwa 12 bis 14 £, in einem Pub bei ca. 8 bis 10 £. Allerdings kommen die Gerichte im Pub (genannt *Pub Grub)* oft aus der Mikrowelle und stammen aus Großküchen. Im Restaurant mit mehreren Gängen und Getränken muss man mit 40 £ pro Person für ein Abendessen rechnen. Mittags kann man bis zu 75 % weniger zahlen, wenn man das Mittagsmenü bestellt. In Restaurants wird oft eine *Service Charge* von 10 % auf die Rechnung gesetzt. Diese ist obligatorisch, es sei denn, man hat eine berechtigte Beschwerde. Wenn man mit dem Service besonders zufrieden war, kann man noch zusätzlich ein Trinkgeld geben.

## 28 Auf ins Vergnügen
### Edinburgh für Genießer

## Preiskategorien

| £ | bis 15 £ |
|---|---|
| ££ | 15 bis 25 £ |
| £££ | ab 25 £ |

(Preistendenz für ein Hauptgericht ohne Getränke)

Zu beachten ist außerdem, dass es in Pubs und in manchen Cafés keinen Tischservice gibt, d. h., man muss an der Bar bestellen und die Getränke selbst mitnehmen, das Essen wird dann an den Tisch gebracht. Wo es Tischservice gibt, wartet man allerdings am Eingang, bis ein Tisch zugewiesen wird.

In einer Gruppe von Briten ist es üblich, dass jeder eine **Runde ausgibt,** sodass abwechselnd gezahlt wird. Im Pub geben Briten dem Barpersonal oft eher ein Getränk aus, anstatt Trinkgeld anzubieten. Als Tourist kann man das handhaben wie gewünscht, das Personal freut sich über jede Gabe.

**Mittagessen** wird in der Regel zwischen 12 und 14 Uhr angeboten. Das Abendessen serviert man von ca. 18 bis 22 Uhr. In Pubs und Bistros wird die letzte Essensbestellung allerdings meist nur bis 21 Uhr angenommen. Die meisten Pubs schließen um 23 oder 24 Uhr. Restaurants in Edinburgh sind normalerweise bis 22 oder 23 Uhr geöffnet.

### Schicke Restaurants

**28** [D9] **Castle Terrace** £££, 33/35 Castle Terrace, Altstadt, Tel. 0131 2291222, www.castleterracerestaurant.com, Di.–Sa. 12–14, 18.30–22 Uhr. Von Tom Kitchin (s. The Kitchin) geführtes Restaurant. Lohnend ist das Überraschungs-Menü für 60 £.

**29** [F8] **Grain Store** £££ @@, 30 Victoria Street, 1. Stock, südl. Altstadt, Tel. 0131 2257635, www.grainstore-restaurant. co.uk, Mo.–Fr. 12–14 Uhr, Sa./So. 12–15 Uhr und tägl. 18–22 Uhr. Modernes Restaurant mit Blick über die Victoria Street. Das schottisch-französische Menü bietet Wild- und Fischgerichte, z. B. Fischsuppe und Fasan. Hauptgericht à la carte um 20 £, Mittagsmenü drei Gänge bereits ab 15 £.

**30** [D7] **The Honours** £££ @@, 58a North Castle Street, EH2 3LU, Tel. 0131 2202513, www.martin-wishart.co.uk. In diesem Restaurant setzt der Starkoch Martin Wishart aus Edinburgh sein Können ein, das ihm bereits für sein anderes Restaurant, Martin Wishart, einen Michelin-Stern einbrachte.

**31** [I2] **The Kitchin** ££, 78 Commercial Quay, Leith, EH6 6LX, Tel. 0131 5551755, www.thekitchin.com, Di.–Do. 12.15–14.30 und 18.30–22 Uhr, Fr./ Sa. von 12.15–14.30 Uhr und 18.30–22.30 Uhr, Anreise: Bus N1, 10, 16, 22, 35, 36 von Princes Street. Das Restaurant des Chefkochs Tom Kitchin in Leith ist mit einem Michelin-Stern gekrönt. Hier wird moderne schottische Küche mit französischem Einschlag serviert.

**32** [F9] **Tower Restaurant** ££ @@, National Museum of Scotland, Chambers Street, südl. Altstadt, EH1 1JF, Tel. 0131 2253003, www.tower-restaurant.com, tägl. 12–16.30 Uhr und 17–23 Uhr. Dieses moderne Restaurant im National Museum of Scotland bietet einen schönen Blick über die Dächer der Altstadt.

### Gastro- und Nightlife-Areale

Bläulich hervorgehobene Bereiche in den Karten kennzeichnen Gebiete mit einem dichten Angebot an Restaurants, Bars, Klubs, Discos etc.

## Auf ins Vergnügen 29

### Edinburgh für Genießer

Es wird von James Thompson geführt, der auch für Witchery by the Castle verantwortlich zeichnet. 3-Gänge-Menü ab 33 £.

**33** [E8] **Witchery by the Castle** £££ ⊚⊚, 352 Castlehill, am Schloss, EH1 2NF, Tel. 0131 2255613, www.thewitchery. com, tägl. 12–16 Uhr und 17.30–23.30 Uhr. Untergebracht in einem Gebäude aus dem 16. Jh. erinnert das Interieur mit den dunklen Holzpaneelen an eine mittelalterliche Filmkulisse. Im hinteren Teil des Hauses befindet sich das **Secret Garden Restaurant.** Hauptgerichte von 25 £ bis 70 £. Lunchmenü sowie Theatermenü zu sehr vernünftigen Preisen.

### Preiswerte Restaurants und Café-Bars

**34** [D10] **The Blackbird** £ ⊚⊚, 37–39 Leven Street, EH3 9LH, Tollcross, Tel. 0131 2282280, http://theblackbird edinburgh.co.uk, Dieser trendige Gastropub bietet einfache, aber leckere und frisch zubereitete Gerichte. Am Wochenende Brunch. Zudem hat der Pub einen großen Biergarten.

**35** [G8] **Blackfriars** ££ ⊚⊚, Blackfriars Street, südl. Altstadt, EH1 1NB, Tel. 0131 558 8684, www.blackfriarsedin burgh.co.uk, Lunch Mi.–Sa. 12–14, So. 12.30–14.20 Uhr, Dinner Mi.– So. 18–22 Uhr. Modern British ist die Küchenrichtung in diesem Restaurant mit Klassikern wie Steak, Lamm- und Fischgerichten.

**36** [F7] **Café Royal** ££, 19 West Register Street, Neustadt, EH2 2AA, Tel. 0131 5561884, www.caferoyaledinburgh. co.uk, Mo.–Mi. 11–23 Uhr, Do.–Sa. 11–1 Uhr, So. 12.30–23 Uhr. Wenn man durch die Eingangstür des denkmalgeschützten, historischen Gebäudes tritt, fühlt man sich an ein französisches Bistro erinnert. Hier werden bereits seit Beginn des 19. Jahrhunderts Austern

**EXTRATIPP**

### Dinner for One

Wer alleine unterwegs ist, legt hin und wieder mal Wert auf Plätze, wo man in Ruhe sitzen und das Treiben drumherum ungestört beobachten kann. Demjenigen seien die folgenden Restaurants und Cafés ans Herz gelegt:

> **Dubh Prais.** Für diejenigen, die die schottische Küche probieren wollen, ist dieses gemütliche Restaurant mit zuvorkommendem Service geeignet (s. S. 29).

> **Elephant House.** In dieses Café kann man immer einkehren, auch wenn man alleine unterwegs ist. Der berühmteste Stammgast, der als „Single" hierher kam, war sicher die Bestsellerautorin J. K. Rowling (s. S. 32).

> **Henderson's Restaurant.** Auch wer nicht aufgrund der vegetarischen Kost herkommt, fühlt sich gut aufgehoben in der freundlichen Atmosphäre (s. S. 30).

und Muscheln serviert. Das angegliederte Restaurant hat auch Fleisch- oder Wildgerichte auf der Karte. Achtung: Einen Sitzplatz bekommt nur, wer früh am Abend hier einkehrt.

**37** [B7] **Channings** £ ⊚⊚, 12–16 St. Learmont Gardens, Stockbridge, EH4 1EZ, Tel. 0131 274 7465, www.channings. co.uk, Mo.–So. 11.30–22 Uhr. Dieses Restaurant im gleichnamigen Boutique-Hotel (s. S. 125) ist in einer ruhigen Ecke in Stockbridge untergebracht. Es gibt mexikanische Spezialitäten, aber auch britische Klassiker wie Burger, *Sausage and Mash* (Wurst und Kartoffelbrei). Romantisch ist die Außenterrasse.

**38** [G8] **Dubh Prais** ££, 123b High Street, Altstadt, Tel. 0131 5575732, www. dubhpraisrestaurant.com, Di.–Sa.

## Edinburgh für Genießer

17–22.30 Uhr. Dieses gemütliche Restaurant auf der High Street, nahe dem John Knox Haus, bietet schottische Wild- und Fischgerichte ebenso wie Vegetarisches. Der gälische Name Dubh Prais (gesprochen: Doo Prash) bedeutet „Kochtopf".

**39** [I2] **Fisher's Bistro** £ @@, 1 Shore, Leith, EH6 6QW, Tel. 0131 5545666, www.fishersbistros.co.uk, tägl. 12 Uhr bis spät. Exzellentes Fischrestaurants mit einer Filiale in der Neustadt (Fisher's in the City, 58 Thistle Street). Die Einrichtung aus dunklem Holz mit einer Galionsfigur über der Bar erinnert an einen alten Segelschoner.

**40** [H7] **The Gardener's Cottage** ££ @@, 1 Royal Terrace Gardens, London Road, EH7 5DX, östlich des Calton Hill, Tel. 0131 5581221, http://www.thegardenerscottage.co, Lunch: 12–14.30, Dinner: 17–22 Uhr. Das Restaurant der Küchenchefs Dale Mailley and Edward Murray befindet sich in einem alten Cottage aus dem Jahr 1836. Das sechsgängige Menu (35 £) besteht aus saisonalen Zutaten und die Kräuter stammen aus dem eigenen Vorgarten. Am Wochenende gibt es Brunch.

**41** [G7] **Howies** ££ @@, 29 Waterloo Pl, EH1 3BQ, Neustadt, Tel. 0131 5565766, www.howies.uk.com. Am Fuß des Calton Hill speist man hier in freundlicher, heller Atmosphäre. Serviert werden heimische Spezialitäten wie Fisch und Wild.

**42** [E6] **L'Alba d'Oro** £, 7 Henderson Row, Stockbridge, EH3 5DH, Tel. 0131 5572580, www.lalbadoro.com, So.–Mi. 17–22 Uhr, Do.–Sa. 17–23 Uhr. In Stockbridge befindet sich dieses Imbiss-Restaurant, das vom schottischen Fremdenverkehrsamt mit 4 Sternen gekürt wurde. Hier gibt es *Fish and Chips,* sowie Pies und andere Speisen zum Mitnehmen. Gleich nebenan befindet sich die Pizzeria Anima, geführt von denselben italienischen Betreibern.

**43** [E7] **Rick's** £ @@, 55a Frederick Street, Neustadt, EH2 1LH, 0131 6227800, www.ricksedinburgh.co.uk, tägl. 7.30–22.30. Das Restaurant in diesem angesagten Hotel bietet schottische Küche mit viel Fisch und Grillgerichten. Gute Kleidung ist in diesem Treffpunkt für die junge Schickeria empfehlenswert.

## Vegetarische Restaurants

**44** [G8] **David Bann** ££, 56–58 St. Mary's Street, Altstadt, EH1 1SX, Tel. 0131 5565888, www.davidbann.com, Mo.–Do. 12–22 Uhr, Fr./Sa. 11–22.30 Uhr, So. 11–22 Uhr, Sa./So. Brunch bis 17 Uhr (6 £). Das Interieur in diesem Restaurant ist minimalistisch und modern, so wie in den anderen kulinarischen Tempeln der Stadt. Dabei sind die Preise für das Niveau sehr kundenfreundlich geblieben. Ein Hauptgericht wie z. B. ein vegetarisches Curry oder einen Crêpe mit Pilzen bekommt man bereits für 11–13 £.

**45** [E7] **Henderson's Restaurant** £ @@, 94 Hanover Street, Neustadt, EH2 1DR, www.hendersonsofedinburgh.co.uk, Tel. 0131 2252131, Mo.–Sa. 8–22 Uhr, So. 11–16 Uhr. Henderson's ist ein Familienunternehmen, das es seit den 1960er-Jahren in Edinburgh gibt und das mittlerweile mehrere Filialen betreibt. Hier kommen Vegetarier und Veganer auf ihre Kosten. In der Hanover Street befindet sich über dem Café-Restaurant im Souterrain außerdem ein Delikatessenladen. Ein etwas schickeres Bistro gibt es in der Thistle Street Nr. 25 und ein weiteres Café in der Lothian Road/Ecke Princes Street, unterhalb der St. John's Kirche. Ein Menü mit drei Gängen kostet nur etwa 10 £. Während des Festivals finden im Henderson's auch Veranstaltungen statt.

**46** [G10] **Kalpna** £, 2–3 St. Patricks Square, südl. Altstadt, EH8 9EZ,

## Auf ins Vergnügen
### Edinburgh für Genießer

www.kalpnarestaurant.com, Tel. 0131 6679890, Mo.-Sa. 12-14 Uhr und 17.30-22.30 Uhr, Mai-Sept. auch So. 18-22.30 Uhr. Die indische Küche hat traditionellerweise sehr viele vegetarische Gerichte. Die Betreiber dieses Restaurants kommen aus der Provinz Gujarat. Alle Speisen sind frisch und von sehr guter Qualität. Auch für Veganer gibt es eine Auswahl. Ein all you can eat-Lunchbuffet, von dem man so oft nachnehmen kann, wie man möchte, wird für 8 £ angeboten.

## Internationale Küche

⊂**47** [E7] **Café Rouge** £ ⊛, 43 Frederick Street, Neustadt, EH2 1EP, www.caferouge.co.uk, Mo.-Sa. 7.15-23 Uhr, So. 7.15-22 Uhr. Eine Bistrokette mit großer Außenterrasse auf der Frederick Street. Es gibt Crêpes, Salate, Suppen sowie Fleischgerichte. Ein spezielles Menü für Kinder wird angeboten.

**48** [E7] **Café St. Honore** ££, 34 North West Thistle Street Lane, Neustadt, EH2 1EA, www.cafesthonore.com, Tel. 0131 2262211, tägl. 12-14.15 Uhr und 18-22 Uhr. Ein waschechtes französisches Bistro mitten in Edinburgh mit täglich wechselndem Menü.

**49** [D8] **Chaopraya** £, 4th Floor, 33 Castle Street, EH2 3DN, Neustadt, Tel. 0131 2267614, http://chaophraya.co.uk/venues/chaophraya-edinburgh/, Mo.-So. 12-22 Uhr. Von diesem Thai-Restaurant hat man einen Blick auf das Edinburgh Castle. Zudem gibt es eine große Cocktail-Karte.

**50** [D8] **Contini Ristorante** ££ ⊛, 103 George Street, Neustadt, EH2 3ES, Tel. 0131 2251550, www.contini.com, Mo.-Fr. 7.30-24 Uhr, Sa. 9-24 Uhr, So. 9-20 Uhr, WLAN. Dieses italienische Restaurant ist eine der angesagten Café-Bars der Neustadt. Es besteht aus Restaurant, Bar und Souterrain. Untergebracht ist das Ganze in einem der beeindruckendsten klassizistischen Gebäude auf der George Street.

**51** [G9] **The City Restaurant** £, 35 Nicholson Street, EH8 9BE, Tel. 0131 6672819, www.thecityrestaurant.

▷ *Die große Terrasse des Café Rouge ist sehr beliebt*

## Edinburgh für Genießer

co.uk, Mo.–Fr. 8–1, Sa./So. 9–1 Uhr.
Die Auswahl in diesem Restaurant ist
erstaunlich: Hier gibt es so unterschiedliche Gerichte wie Pizza, Linsensuppe
und Scampi. Das heute von einer italienischen Familie geführte Restaurant
eröffnete bereits Mitte des 20. Jh. als
Fish-&-Chips-Bude. Zentral gelegen,
nahe dem Festival Theatre.

🔟52 [G9] **Suruchi** ££, 14a Nicholson Street,
südl. Altstadt, EH8 9DH, Tel. 0131
5566583, www.suruchirestaurant.com,
Mo.–Do. 12–22 Uhr, Fr./Sa. 12–23
Uhr. Die Küche im Suruchi kommt aus
der Region des Punjab. Es ist besonders
bei Indern sehr beliebt. Hier finden alle
möglichen kulturellen Veranstaltungen
wie Jazzkonzerte, Lyriklesungen und indi-
scher Tanz statt. Das Restaurant hat eine
Filiale im Stadtteil Leith in der Constitu-
tion Street.

## Cafés

🔘53 [G9] **Brew Lab/Artisan Coffee
Bar** £ @@, 6–8 South College Street, südl.
Altstadt, EH8 9AA, Tel. 0131 6628963,
www.brewlabcoffee.co.uk, Mo.–Fr.
8–18, Sa./So. 9–18 Uhr. Hier wird aus
der Kaffeebrauerei eine Kunst gemacht,
alte und neue Traditionen werden vermischt und neue Kaffeemischungen aus-
probiert, dazu stehen feine Kleinigkeiten
auf der Speisekarte.

🔘54 [F8] **Cafe Hub** @@, Castlehill, Royal
Mile, Altstadt, www.thehub-edinburgh.
com, Tel. 0131 4732067, tägl. 9.30–17
Uhr. Das beliebte Café ist im Festivalbüro des International Festival 5 untergebracht. Es gibt eine gute Auswahl an
Sandwiches, Suppen und Kuchen.

---

### WLAN-Hotspots
Lokalitäten mit WLAN-Hotspots sind
hier mit „@@" gekennzeichnet.

---

**EXTRATIPP**

### Für den späten Hunger
Die meisten Café-Bars servieren
Gerichte bis 22 oder sogar 23 Uhr.
Wer in den frühen Morgenstunden
noch etwas zu sich nehmen will,
muss sich in das studentische Viertel in der südlichen Altstadt begeben. Hier bietet das City Restaurant
(s. S. 31) bis 1 Uhr morgens Ess-
bares an.

---

🔘55 [F8] **Caffè Nero** @@, 1 Parliament
Square, Royal Mile, EH1 1RF, Tel. 0131
2200383, www.caffenero.com, Mo.–
Fr. 6.30–18, Sa. 7–20 Uhr, So. 7–19
Uhr. Die Filiale der empfehlenswerten
Kette des Caffè Nero bietet Getränke
und schmackhafte Snacks wie Paninis,
Salate und Kuchen.

🔘56 [F9] **Elephant House** @@, 21 George
IV. Bridge, südl. Altstadt, EH1 1EN, Tel.
0131 2205355, www.elephanthouse.
biz, Mo.–Do. 8–22, Fr. 8–23, Sa. 9–23,
So. 9–22 Uhr. Das Café diente schon
vielen Literaten Edinburghs als Inspiration, J. K. Rowling schrieb hier fleißig an
ihren Harry-Potter-Romanen. Vom hinteren Teil des Raumes sieht man den
Schlossberg. Beliebt bei Studenten und
Touristen gleichermaßen.

🔘57 [E8] **Fredericks Coffee House** @@, 30
Frederick Street, EH2 2JR, Tel. 0131
2609997, www.frederickscoffeehouse.
com, Mo.–Fr. 9–23, Sa./So. 10–23 Uhr.
Im ersten Stock über der Frederick Street
kann man vom Fensterplatz aus das Treiben beobachten. Es gibt leckere Kuchen
und Kaffee sowie leichte Snacks.

🔘58 [G8] **Mimi's Picnic Parlour,**
250 Canongate, Altstadt, Tel. 0131
5566632, http://mimisbakehouse.
com/pages/picnic-parlour, Mo.–Fr.
8–18 Uhr, Sa./So. 10–18 Uhr. Dieses
winzige Café hat eine riesige Auswahl an
leckeren Backwaren.

Auf ins Vergnügen **33**

## Edinburgh am Abend

○**59** [G9] **Spoon** ℮℮, 6a Nicholson Street, Edinburgh, EH8 9DH, Tel. 0131 6231752. Mo.–Sa. 10–23, So. 12–17 Uhr. Ein freundliches Altstadtcafé mit Gerichten wie Panninis und Suppen. Beliebt bei Jung und Alt.

○**60** [C5] **Terrace Café**, Royal Botanic Gardens, 20a Inverleith Row, Inverleith/Stockbridge, EH2 5LR, Tel. 0131 5520606, tägl. 10–18.15 Uhr. Entspannte Atmosphäre mitten im Grün des Botanischen Gartens.

○**61** [D9] **Two Thin Laddies** £ ℮℮, High Riggs, westl. Neustadt, EH3 9BX, Tel. 131 229 0653, www.twothinladdies.co.uk, Mo.–Fr. 7.30–18, Sa./So. 9–18 Uhr. Familiengeführtes Café mit liebevoll hausgemachten Suppen, warmen Gerichten, Sandwiches und Kuchen.

# Edinburgh am Abend

*Lange Zeit stand Edinburgh – was das Nachtleben anging – im Schatten der Nachbarstadt Glasgow. Glasgows Amüsiermeile Sauchihall Street wurde auch von Edinburghern frequentiert, wenn man einmal richtig ausschweifend feiern wollte. Diese Zeiten gehören lange der Vergangenheit an. Heute ist Edinburgh nachts genauso lebhaft wie am Tag, und zwar zu jeder Jahreszeit.*

## Nachtleben

Das Nachtleben in Edinburgh konzentriert sich nicht nur in einem einzigen Viertel oder auf einer einzigen Straße. Es gibt eine große Auswahl an unterschiedlichsten Kneipen und Veranstaltungsorten für jeden Geschmack. Viele der Etablissements sind multifunktional, d. h., tagsüber dienen sie als Café oder Lounge und abends verwandeln sie sich in eine Bar mit lauter Musik, teilweise mit DJ und man bekommt fast überall bis 22 Uhr noch alle Gerichte von der Speisekarte.

In der **Neustadt** überwiegen die **trendigen Café-Bars.** Hier schmeißt man sich in Schale und Türsteher achten darauf, dass der Kleidungsstil und das Schuhwerk ins Ambiente der Lokalität passen. Frauen zeigen hier auch bei Niedrigsttemperaturen viel Haut und mit Schmuck und Accessoires wird geklotzt.

In der **südlichen Altstadt** gibt es **Klubs mit Livemusik,** in denen man eher ein studentisches Publikum antrifft. Um die Tron Kirk herum, zu der man direkt von der Royal Mile gelangt, befinden sich einige alteingesessene Szenecafés. Auf der unteren Ebene der Altstadt, der Cowgate, gibt es Kneipen mit einem gemischten Programm an Livemusik, wechselnden DJs und Themenabenden.

Das Gebiet um die **Lothian Road im Südwesten** wird gerne von größeren Gruppen jüngerer Leute frequentiert, die dem *Binge Drinking* (Komatrinken) frönen, d. h., hier ist weniger Qualität als Quantität gefragt. Die Broughton Street, der Leith Walk und der Picardy Place ③ werden als **Pink Triangle** (rosa Dreieck) bezeichnet, denn dort befinden sich die meisten **Schwulenkneipen,** aber auch Nachtklubs für heterosexuelles Publikum.

Zwischen den trendigen Etablissements stößt man immer wieder auf traditionelle **Pubs** *(Public Houses),* die bei allen Altersgruppen beliebt sind und eine gute Auswahl an Fassbieren und Whisky im Angebot haben.

Wie überall in Großbritannien gibt es auch in Schottland eine lebendige **Livemusikszene.** In vielen Kneipen treten regionale Newcomerbands kostenlos auf. Zur Unterhaltung spielen auch oft *Tribute Bands* (Coverbands)

## Auf ins Vergnügen
### Edinburgh am Abend

oder Solokünstler. In den Pubs gibt es außerdem Billardtische, Darts und andere Spiele zur Unterhaltung.

Neben Whisky trinken die Schotten vor allem **Bier,** es werden neben internationalen Flaschenbieren fast überall Sorten regionaler Brauereien angeboten. Gute Weine sind im Schnitt um einiges teurer als in Deutschland.

Die meisten Pubs schließen trotz aufgehobener Sperrstunde um 23, spätestens 24 Uhr. Die Café-Bars sind meist bis 1 Uhr geöffnet, Nachtklubs bis 3 Uhr. Während des Edinburgh Festivals haben Kneipen länger geöffnet, da dort dann Theater- und Comedyveranstaltungen stattfinden.

Einen verlässlichen **Veranstaltungskalender** bieten die Tageszeitungen oder auch das Magazin *The List* (www.list.co.uk).

### Bars und Pubs

❶62 [D10] **Bennets Bar,** 8 Leven Steet, EH3 9LG, Tollcross, Tel. 0131 2295143, www.bennetsbar.co.uk, Mo.–Sa. 11–1, So. 12–1 Uhr. Dieser kleine, historische Pub aus dem Jahr 1906 hat immer noch sein edwardianisches Interieur. Hier kann man sehr gediegen und gemütlich sitzen.

❶63 [F9] **Bow Bar,** 80 West Bow, Victoria Street, südl. Altstadt, EH1 2HH, Tel. 0131 2267667, Mo.–Sa. 12–23.30 Uhr, So. 12.30–23 Uhr. Bei Einheimischen und Touristen beliebt ist dieser kleine historische Pub mit der größten Auswahl an Whiskysorten (140) in der Stadt. Außerdem gibt es einige seltene Biere.

❶64 [D8] **Candy Kitchen & Bar,** 113 George Street, Neustadt, EH2 4JN, Tel. 131 2259179, www.candybaredinburgh.co.uk, tägl. 12–1 Uhr. Eine lebhafte Café-Bar in der Neustadt, wo man an Sommertagen auch auf der Terrasse sitzen kann. Es gibt leckere Bistro-Küche.

❶65 [F8] **City Café,** 19 Blair Street, Altstadt, EH1 1QR, www.thecitycafe.co.uk, Tel. 0131 2200125, Mo.–Sa. 11–1 Uhr, So. 11–0.30 Uhr. Alteingesessenes Szenecafé. In dieser Café-Bar genießt man sein Frühstück ebenso gerne wie seinen abendlichen Cocktail. In der oberen Etage

## Auf ins Vergnügen 35
### Edinburgh am Abend

gibt es Billardtische. Im Keller ist ein Veranstaltungsraum, in dem die unterschiedlichsten Events stattfinden – von Salsakurs bis DJ-Party.

◑66 [D10] **Cloisters** ℗℗, 26 Brougham Street, nahe Lothian Road, Tollcross, EH3 9JH, Tel. 0131 2219997, Mo.–Do. 12–24 Uhr, Fr./Sa. 12–1 Uhr. So. 12.30–24 Uhr. Eine Studentenkneipe in einem ehemaligen Pfarrhaus findet man nicht alle Tage. Ein freundlicher, ruhiger Pub, in den man sich flüchten kann, wenn einem die Lothian Road um die Ecke zu laut geworden ist.

❶67 [E7] **Dome,** 14 George Street, Neustadt, EH2 2PF, Tel. 0131 6248624, www.thedomeedinburgh.com, Grill Room tägl. 12 Uhr–open end, Club Room Mo.–Mi. 10–17 Uhr, Do.–Sa. 10 Uhr–open end. Dieses Gebäude kann man kaum übersehen – man betritt es durch einen klassizistischen Portikus mit riesigen Säulen. Innen überspannt eine Glaskuppel den Raum. Ehemals war hier eine Bank untergebracht, heute fungiert es tagsüber als Café und abends als Bar und Restaurant. Wer es intimer will, kann im Club Room speisen.

◑68 [F7] **Guildford Arms,** 1–5 West Register Street, Neustadt, EH2 2AA, Tel. 0131 5564312, www.guildfordarms.co.uk, Mo.–Sa. 11–24 Uhr, So. 12–23.30 Uhr. Ein urtümlicher Real-Ale-Pub, in den man einkehren kann, wenn man im nebenan gelegenen Café Royal (s. S. 29) keinen Platz mehr bekommen hat. Für den Hunger gibt es *Pub Grub* (Kneipenessen).

◑69 [C6] **Hector's** ℗℗, 47–49 Deanhaugh Street, Stockbridge, EH4 1LR, Tel. 0131 3431735, www.hectorsstockbridge. co.uk, Mo.–Mi. 12–24 Uhr, Do./Fr. 12–1 Uhr, Sa. 11–1 Uhr (Brunch bis 16

◁ *Der Szenetreff City Café in der Altstadt*

Uhr), So. 11–24 Uhr. Einer der beliebtesten Pubs in Stockbridge. Donnerstags legt ab 21 Uhr ein DJ auf.

◑70 [G6] **Joseph Pearce's Bar** ℗℗, 23 Elm Row, EH7 4AA, Leith Walk, Tel. 0131 5564140, www.bodabar.com/joseph-pearces, So.–Do. 11–24, Fr./Sa. 11–1 Uhr. Schwedisch inspirierte, trendige Café-Bar, wo man auch brunchen und gut essen kann. Gleich nördlich des Calton Hill auf dem Leith Walk.

◑71 [D8] **Oxford Bar,** 8 Young Street, Neustadt, EH2 4JB, Tel. 0131 5397119, www.oxfordbar.co.uk, tägl. 11–1 Uhr. Dieser Pub wurde berühmt durch Ian Rankins Inspektor Rebus (s. S. 99). Dennoch verkehren in diesem ruhigen Teil der Neustadt vor allem Stammkunden.

◑72 [G9] **Pear Tree House** ℗℗, 36 West Nicholson Street, südl. Altstadt, EH8 9DD, Tel. 0131 6677533, www.pear-tree-house.co.uk, Mo.–Mi. 11–24 Uhr, Do.–Sa. 11–1 Uhr, So. 12.30–24 Uhr. Das Besondere an dieser Studentenkneipe ist der große Biergarten, der in dieser Form in Edinburgh wohl einmalig ist. Während des Festivals gibt es manchmal Livemusik.

◑73 [C8] **Sygn** £ £ ℗℗, 15 Charlotte Lane, Neustadt, EH2 4QZ, Tel. 0131 2256060, www.sygn.co.uk, tägl. 11–1 Uhr. Belebte, angesagte Café-Bar mit internationaler Küche. Markenzeichen ist die einfallsreiche Cocktailkarte, zu der regelmäßig neue Kreationen hinzugefügt werden.

❶74 [E7] **The Bon Vivant** ℗℗, 55 Thistle Street, Neustadt, EH2 1DY (Filiale in Stockbridge, Dean Street), Tel. 0131 2253275, tägl. 10–22 Uhr, Bar bis 1 Uhr. Eine gemütliche, von Kerzenlicht beleuchtete Bar mit einer großen Auswahl an feinen Getränken. Außerdem kann man schmackhafte Häppchen bestellen, die alle nur um 1 £ kosten.

❶75 [D8] **Tigerlily** ℗℗, 125 George Street, Neustadt, EH2 4JN, Tel. 0131 2255005,

## Auf ins Vergnügen
### Edinburgh am Abend

www.tigerlilyedinburgh.co.uk. Bar: Mo.-So. 11-1 Uhr. Eines der angesagtesten multifunktionalen Etablissements auf der George Street. Es ist zugleich ein Hotel, Restaurant und eine Bar.

**76** [D9] **Traverse Theatre Bar**, 10 Cambridge Street, westl. Neustadt, EH2 1DY, www.traverse.co.uk/eating-drinking, Tel. 0131 2285383, Mo.-Mi. 11-24 Uhr, Do.-Sa. 11-1 Uhr. Die Bar in diesem Theater ist nicht nur während des Festivals einen Besuch wert. Hier kann man in Ruhe sitzen, essen, trinken und am Computer arbeiten. Wenn Vorstellungen sind, kehren hier auch die Künstler ein.

**77** [G8] **The Tron**, 9 Hunter Square, EH1 1QW, Tel. 0131 2253784, www.thetronedinburgh.co.uk, Mo.-Sa. 11-1, So. 12.30-1 Uhr. Dieser Pub ist ein Studententreffpunkt. Im Sommer bildet sich auf dem Vorplatz hinter der Tronkirk eine Menschentraube.

### Livemusik

**78** [G8] **Bannermans**, 212 Cowgate, Altstadt, EH1 1EQ, Tel. 0131 5563254, www.bannermanslive.co.uk, tägl. 12-1 Uhr. Ein Labyrinth aus mehreren Räumen, das besonders bei Studenten beliebt ist. Hier spielen einheimische Rock- und Indiebands.

**79** [G9] **Royal Oak**, 1 Infirmary Street, südl. Altstadt, EH1 1LT, Tel. 0131 5572976, www.royal-oak-folk.com, Mo.-Sa. 11.30-2 Uhr, So. 12.30-2 Uhr. Kleine historische Kneipe, in der mehr oder weniger rund um die Uhr Folkmusik live gespielt wird. Irgendjemand greift immer zur Fiedel oder Gitarre. In die Bar passen nur 40 Menschen, daher wird es meist etwas eng.

**80** [I2] **The Shore**, 3 Shore, Leith, Tel. 0131 5535080, www.fishersbistros.co.uk/the-shore-bar-and-restaurant.php, tägl. 12-1 Uhr. In diesem Restaurant und Pub gibt es immer dienstags bis donnerstags ab 20.30 Uhr Livemusik. Sonntagnachmittags wird Jazz gespielt.

**81** [D8] **Whighams Wine Cellar**, 13 Hope Street, Charlotte Square, Neustadt, EH2 4EL, www.whighams.com, Tel. 0131 2258674, So.-Do. 12-24 Uhr, Fr./Sa. 12-1 Uhr. Angenehmer Weinkeller mit angegliedertem Jazzklub. Hier finden unter der Woche Jamsessions statt und sonntags gibt es das „open mic", wo junge Talente eine Auftrittschance bekommen. Es wird eine gute Auswahl an leckeren Gerichten angeboten.

**82** [G8] **Whistlebinkies**, 7 Niddry Street/South Bridge, Altstadt, EH1 1NL, www.whistlebinkies.com, Tel. 0131 5575114, tägl. 13-3 Uhr. In dieser etwas schummrigen Kneipe spielen Rock-, Pop- und Indiebands, Eintritt frei.

*Von außen nicht zu sehen: das Kellergewölbe-Labyrinth im Nachtklub Espionage*

## Auf ins Vergnügen 37
### Edinburgh am Abend

## Nachtklubs

**83** [G8] **Cabaret Voltaire** °°, 36 Blair Street, Altstadt, EH1 1QR, Tel. 0131 2206176, www.thecabaretvoltaire.com, tägl. 23–3 Uhr, bis 23.30 Uhr Eintritt frei. Der Klub hat verschiedene Klubnächte im Programm, z. B. eine Punk-Funk-Electro-Disco am Mittwoch, außerdem spielen regelmäßig Newcomerbands.

**84** [F8] **Espionage**, 4 India Buildings (Cowgate), Victoria Street, Altstadt, EH1 2EX, www.espionage007.co.uk, Tel. 0131 4777007, tägl. 19–3 Uhr. Hier geht es nach unten (und zwar wörtlich) in ein Labyrinth von Kellergewölben. Das übergeordnete Designthema ist Spionage und es kann die ganze Nacht dauern, bis man die spärlich beleuchteten Räume mit 5 Bars durchforscht hat. Allerdings gibt es einen rettenden Hinterausgang auf die Cowgate.

**85** [E7] **Opal Lounge**, 51a George Street, Neustadt, EH1 2HT, Tel. 0131 2262275, www.opallounge.co.uk, Mo.–Fr., So. 17–3 Uhr, Sa. 12–3 Uhr. Ein Abend in diesem Nachtklub ist nicht ganz billig, allerdings geht hier der ein oder andere Celebrity aus und ein. Wer im Voraus eines der Klubpakete bucht (z. B. Q-Jump & VIP), kommt garantiert am Türsteher vorbei. Ein exklusiver Champagner-Tisch kostet 175 £ pro Nacht.

**86** [F9] **Opium**, 71 Cowgate, Altstadt, EH1 1JW, Tel. 0131 258382, www.opiumedinburgh.co.uk, 20–3 Uhr. Zweistöckiger Klub, beliebt bei Studenten, gespielt wird Punk, Rock, Metal und Goth.

**87** [H8] **The Bongo Club**, 66 Cowgate, EH1 1JX, 0131 5588844, www.the bongoclub.co.uk, 23–3 Uhr (je nach Veranstaltung). Hier gibt es angesagte Klubnächte mit Musik von Drum'n'Base, Electro, Hip-Hop, House bis Reggae.

**88** [F7] **Vodoo Rooms** °°, 19a West Register Street, EH2 2AA, Altstadt, Tel. 0131 5567060, www.thevodoorooms. com, Fr.–So. 12–1, Mo.–Do. 16–1 Uhr.

Dieser Nachtklub befindet sich direkt oberhalb des Café Royal. Die Innenräume wurden wie im Untergeschoss originalgetreu restauriert und bieten ein einzigartiges Ambiente für wechselnde Klubnächte.

## Theater und Konzerte

Jedes Jahr im Juli und August wird Edinburgh während des Festivals zum Zentrum der modernen Theaterwelt und zur Comedyhauptstadt. In dieser Zeit werden so viele Veranstaltungen angeboten, dass die Besucher mit dem Programm kaum Schritt halten können. Dann wird fast jede Kneipe und jeder Hinterraum zur Bühne. Einige der großen Veranstaltungsorte haben nur in diesen zwei Monaten eine Bedeutung (wie z. B. **Udderbelly**, **Guilded Balloon** und **Pleasance Courtyard**, s. S. 60). Außerhalb der Festivalsaison sind diese Etablissements geschlossen oder organisieren nur vereinzelt Events.

Das **Festival Theatre** und das Traverse Theatre hingegen bieten das ganze Jahr über ein Programm an. Im Festival Theatre gibt es Comedy, Ballet, Theater und Konzerte. Hier sieht man Gastspiele der Scottish National Opera und des Scottish Dance Theatre. Im angeschlossenen **King's Theatre** gastieren Ensembles mit populären Klassikern und Komödien. Im **Traverse Theatre** werden auch eigene Produktionen gezeigt und im **Royal Lyceum** kann man Inszenierungen von Klassikern wie Shakespeare sehen. Eine gute Auswahl an klassischen Konzerten bieten die großen Konzerthallen Queens Hall und Reid Concert Hall. Neben regelmäßigen Gastauftritten des Royal Scottish National Orchestra und des Scottish Chamber Orchestra finden allerdings auch Konzer-

## Auf ins Vergnügen
### Edinburgh am Abend

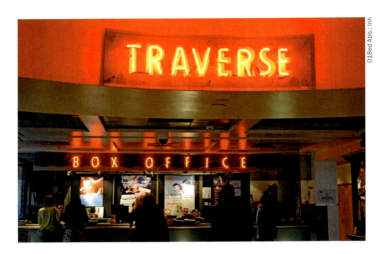

te aus anderen Musiksparten von Jazz bis Pop statt. Musicalproduktionen sieht man vor allem im **Playhouse**. Die **Usher Hall** bietet eine Programmmischung aus klassischen Konzerten und Auftritten bekannter Popinterpreten und Bands. Das Zentrum für zeitgenössischen Tanz befindet sich in der **Dance Base** am Grassmarket.

- **89** [E9] **Dance Base**, 14–16 Grassmarket, südl. Altstadt, EH1 2JU, Tel. 0131 2255525, www.dancebase.co.uk. Hauptsächlich finden hier Kurse für alle modernen Tanzrichtungen statt. Professionelle Tänzer erhalten die Chance, ihre Stücke, z. B. beim Edinburgh Festival, aufzuführen.
- **90** [G7] **Edinburgh Playhouse**, 18–22 Greenside Place, Broughton, EH1 3AA, www.edinburghtheatreguide.com/playhouse.htm, Tel. 0844 8717627. Der Platz für Musicals, Mainstream-Comedy, Tribute Bands, Zauberer etc.
- **14** [G9] **Festival Theatre**, 13/29 Nicholson Street
- › **King's Theatre**, 2 Leven Street (s. S. 81)
- **91** [G10] **Queens Hall**, 85–89 Clerk Street, Newington, EH8 9JG, Tel. 0131 6682019, www.thequeenshall.net. Der Schwerpunkt in dieser modernen Konzerthalle liegt auf klassischer Musik, es finden aber auch Jazz-, Folk- oder Popkonzerte statt.
- **92** [D9] **Royal Lyceum Theatre**, 30 Grindlay Street, West End EH3 9AX, Tel. 0131 2484848, www.lyceum.org.uk. Dieses Theater ist spezialisiert auf Sprechtheater von Ibsen bis Shakespeare.
- **93** [D9] **Traverse Theatre**, 10 Cambridge Street, westl. Neustadt, EH1 2ED, Tel. 0131 2281404, www.traverse.co.uk. Einer der wichtigsten Treffpunkte für Theaterleute während des Festivals. Allerdings ist es ganzjährig eines der meistbesuchten Theater – auch wegen der hauseigenen Café-Bar.
- **94** [D9] **Usher Hall**, Lothian Road, westl. Neustadt, EH1 2EA, Tel. 0131 2281155, www.usherhall.co.uk. Klassische Konzerte, Popkonzerte bekannter Interpreten, Tribute Bands und andere Shows.

*Das Traverse Theatre (s. S. 38) gehört zu den meistbesuchten Kulturstätten Edinburghs*

◰ *Kunstmarkt unterhalb der Kirche St. John's [E9] im West End*

# Edinburgh für Kunst- und Museumsfreunde

*Wer im Zusammenhang mit Edinburgh an Kultur denkt, dem fallen automatisch das Festival und die vielen Veranstaltungen der darstellenden Künste ein. Die bildenden Künste erhalten wesentlich weniger Aufmerksamkeit. Dennoch zeigen Edinburghs Museen und Galerien seit langer Zeit eine große Bandbreite an sehenswerten Ausstellungen. Im Verhältnis zur Größe kann sich die Anzahl an Galerien in der Stadt mit der in London messen. Hier gibt es alles von Klassikern über Porträts bis hin zu Werken aus der persönlichen Sammlung von Königin Elizabeth II. Moderne Kunst ist mehrfach vertreten. Und wer an Gegenwartskunst interessiert ist, findet kleinere Galerien, in denen man die Werke auch gleich kaufen kann.*

Tatsächlich gibt es in Großbritannien nur wenige Städte, die so viele Museen wie Edinburgh vorzuweisen haben. An regnerischen oder trüben Tagen (von denen es in der Stadt leider einige gibt) kann man es sich in den Museen richtig gemütlich machen, denn alle haben inzwischen gute Cafés oder sogar angegliederte Restaurants (z. B. das National Museum of Scotland ⓰ oder die National Gallery of Scotland ㉑). Mit dem Edinburgh Art Festival von Ende Juli bis Mitte September tritt dann auch die bildende Kunst für einige Wochen in den Vordergrund (s. S. 12).

Viele der großen Museen wurden in den letzten Jahren renoviert. Das bedeutet, dass man mit einem sehr hohen Standard und einem modernen Ausstellungskonzept rechnen kann.

## Museen

❾ [H8] **Canongate Tolbooth/The People's Story.** Das Gebäude, das dieses Museum zur Geschichte der „einfachen" Leute Edinburghs beherbergt, gehört

## Edinburgh für Kunst- und Museumsfreunde

Museen, die mit einer magentafarbenen Nummer (**❶**) als Hauptsehenswürdigkeit ausgewiesen sind, werden im Kapitel „Edinburgh entdecken" ausführlich beschrieben. Dort finden sich auch alle praktischen Informationen wie Adresse, Öffnungszeiten usw.

aufgrund seines Uhrturms zu den auffallendsten Bauwerken in Canongate.

**❶** [E9] **Edinburgh Castle.** Das Schloss ist unbestritten die Hauptsehenswürdigkeit Edinburghs. Es ist vollgepackt mit Informationen zur Geschichte und beherbergt mehrere interessante Museen.

**95** [G8] **Edinburgh Museum of Childhood,** 42 High Street, Altstadt, EH1 1TG, www.edinburghmuseums.org.uk, Tel. 0131 5294142, Mo.–Sa. 10–17 Uhr, So. 12–17 Uhr, Eintritt frei. Dieses Museum öffnete 1955 und war das erste seiner Art. Außer einer Dauerausstellung von Spielzeug aus verschiedenen Epochen gibt es ein wechselndes Unterhaltungsprogramm für Kinder.

**26** [D8] **Georgian House.** Auf drei Stockwerken kann man in diesem mit antiken Möbeln, Porzellan, Silber und Kunstgegenständen ausgestatteten Haus einen Eindruck über das Leben zur Zeit des 18. Jahrhunderts gewinnen.

**96** [F8] **Gladstone's Land,** 477b Lawnmarket, Altstadt, Tel. 0844 4932120, www.nts.org.uk/Property/Gladstones-Land, April–Juni tägl. 10–17 Uhr, Juli–Aug. tägl. 10–18.30 Uhr, Sept.–Okt. tägl. 10–17 Uhr, Eintritt: Erwachsene 6,50 £, ermäßigt 5 £. Dieses ehemalige Wohnhaus wurde in ein stadtge-

schichtliches Museum über das Leben im Edinburgh des 17. und 18. Jahrhunderts umfunktioniert. Es verdeutlicht, wie beengt die Bewohner der Altstadt in den schmalen, hohen Häusern lebten.

**97** [H8] **Museum of Edinburgh,** Huntly House, 142 Canongate, Altstadt, Tel. 0131 5294143, www.edinburghmuseums.org.uk, Mo.–Sa. 10–17 Uhr, Aug. auch So. 12–17 Uhr. Dieses Museum beschäftigt sich mit der Geschichte der Stadt von den frühesten Ansiedlungen bis zum heutigen Tage. Einige der wichtigsten Ausstellungsstücke sind die Originalpläne für die Neustadt.

**98** [F8] **Museum on the Mound,** The Mound, EH1 1YZ, Altstadt, Tel. 0131 2435464, www.museumonthemound.com, Di.–Fr. 10–17 Uhr, Sa./So. 13–17 Uhr, Eintritt frei. Im Hauptquartier der Lloyds Banking Group befindet sich dieses Geldmuseum, das z. B. die älteste Banknote Schottlands beherbergt. In dem interaktiven Museum darf man sich sogar als Safeknacker versuchen.

**16** [F9] **National Museum of Scotland.** Das National Museum of Scotland ist auf mehreren Ebenen angelegt und der Besucher kann sich fast in einem Labyrinth von Gängen verlieren. Hier wird ein umfassender Überblick über die Geschichte Schottlands gegeben, von der Prähistorie bis heute.

**22** [E8] **Royal Scottish Academy.** Schottische Nachwuchstalente der Modernen Kunst erhalten hier eine Plattform.

**21** [E8] **Scottish National Gallery.** Die Nationalgalerie ist eine der Hauptsehenswürdigkeiten Edinburghs mit klassischer Kunst aus verschiedenen Jahrhunderten.

**35** [A8] **Scottish National Gallery of Modern Art und Dean Gallery.** Ebenfalls der Modernen Kunst gewidmet sind diese beiden Galerien, die vor allem Werke von Künstlern aus dem 20. Jahrhundert ausstellen.

▷ *Im Park der Scottish National Gallery of Modern Art* **35** *findet man Skulpturen u. a. von Henry Moore*

## Auf ins Vergnügen
### Edinburgh für Kunst- und Museumsfreunde

🔴 [F7] **Scottish National Portrait Gallery.** Porträts berühmter schottischer Persönlichkeiten sind in diesem Museum vereint.

🔴 [G8] **Scottish Storytelling Centre/ John Knox House.** Ein historisches Haus wurde hier intelligent in das Konzept des Storytelling Centres eingegliedert und daher bieten sich dem Besucher gleich zwei Attraktionen.

🔴 [G9] **Surgeons' Hall Museum.** Ein außergewöhnliches Museum, das die Geschichte der medizinischen Profession in Edinburgh dokumentiert.

🔴 [E8] **The Edinburgh Old Town Weaving Company.** Hier kann man sich unter anderem darüber informieren, wie Schottenkaro gewebt wird, und man gewinnt Einblicke in die Geschichte der schottischen Clans.

🏛 99 [F8] **The Real Mary King's Close,** 2 Warriston Close, The Royal Mile, www.realmarykingsclose.com, Tel. 0845 0706244, Apr.–Nov. 10–21 Uhr, Nov.–März So.–Do. 10–17 Uhr, Fr./Sa. 10–21 Uhr, Eintritt 13,25 £ Erwachsene, 7,75 £ Kinder, erm. 11,75 £. Wohl einmalig auf der Welt ist dieses Museum über die Edinburgher Unterwelt. Es muss unbedingt im Voraus gebucht werden, da es selbst außerhalb der Hochsaison lange Wartelisten gibt. Dauer der Tour ist eine Stunde.

🔴 [E8] **The Scotch Whisky Experience.** Hier erfährt man alles über das schottische Nationalgetränk, den Whisky.

🏛 100 [F8] **Writer's Museum,** Lady Stair's Close, Altstadt, Tel. 0131 5294901, www.edinburghmuseums.org.uk, Mo.–Sa. 10–17 Uhr, im August auch So. 12–17 Uhr, Eintritt frei. Den Literaten Edinburghs ist dieses Museum gewidmet.

### Galerien

🟢 101 [G9] **Dovecot Studios,** 10 Infirmary Street, EH1 1LT, Altstadt, http://dovecotstudios.com, Mo.–Sa. 10.30–17.30 Uhr, Eintritt frei. Hier webt man seit 1912 künstlerische Wandbehänge. In den heutigen Studios in einem umgebauten

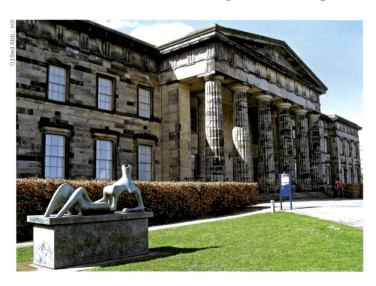

## Auf ins Vergnügen
### Edinburgh für Kunst- und Museumsfreunde

Swimmingpool stellen sechs Weber Auftragsarbeiten her. Zudem finden thematische Wechselausstellungen statt.

**102** [E9] **Edinburgh College of Art,** 74 Lauriston Place, westl. Altstadt, EH3 9DF, Tel. 0131 6515800, www.ed.ac.uk/eca. Die unterschiedlichsten Ausstellungen, Lesungen und sogar Modenschauen finden in dieser Kunstschule statt. Öffnungszeiten für die Events findet man auf der Website.

**103** [G6] **Edinburgh Printmakers,** 23 Union Street, EH1 3LR, Tel. 0131 5572479, www.edinburgh-printmakers.co.uk. Eine Galerie für Kunstdrucke, in der auch Events stattfinden.

**104** [F8] **Fruitmarket Gallery,** 45 Market Street, EH1 1DF, Tel. 0131 2252383, www.fruitmarket.co.uk. Junge schottische und internationale Künstler erhalten hier eine Plattform.

**105** [G9] **Talbot Rice Gallery,** University of Edinburgh Old College, South Bridge, EH8 9YL, südl. Altstadt, Tel. 0131 6502210, www.ed.ac.uk/about/museums-galleries/talbot-rice, Di.–Sa. 10–17 Uhr, Eintritt: frei. Der Hauptausstellungsraum dieser an die Universität angegliederten Galerie ist die **White Gallery**, wo Werke schottischer und internationaler Künstler zu sehen sind – von Malerei, Skulpturen, experimentellen Installationen bis zu Kunstprojekten. Eine Dauerausstellung klassischer Werke gibt es in der **Georgian Gallery** (Malerei, Skulptur und Bronzen aus der Zeit der Renaissance).

**106** [I8] **The Queen's Gallery,** Palace of Holyroodhouse, Tel. 0131 5565100, www.royalcollection.org.uk, April–Okt. tägl. 9.30–18 Uhr, Nov.–März tägl. 9.30–16.30 Uhr, Eintritt: Erwachsene 6,60 £, erm. 6 £, Kinder 5–17 Jahre 3 £ (unter 5 Jahren frei). Hier werden Wechselausstellungen mit Werken aus der persönlichen Sammlung von Queen Elizabeth gezeigt.

# Edinburgh zum Träumen und Entspannen

*Edinburgh ist von atemberauben-
der Natur umgeben und es weht
fast immer eine frische Brise von der
See. Man hat nie das Gefühl, in einer Großstadt eingezwängt zu sein.
Dennoch werden beim Bummeln die
Füße hin und wieder müde und dann
bieten sich die Parks und Flussufer
der Stadt zum Ausruhen an. Insgesamt hat die Stadt fast 1500 Hektar
Grünfläche vorzuweisen.*

Die Parkanlage der **Princes Street
Gardens** ist eine grüne Oase mitten
in der Stadt, die von Edinburghern
wie auch Touristen gleichermaßen
geschätzt wird. Früher war das Gelände von einem See bedeckt, dem
Nor Loch, der zum Teil auch als
Schlossgraben diente. Von den Parkanlagen aus hat man einen guten
Blick auf die darübergelegene Kulisse der Altstadt mit dem Schlossberg.
Zum Abschluss des Edinburgher Festivals Ende August findet hier das
große Feuerwerk statt. Die Silvester-
feierlichkeiten zu *Hogmanay* werden
ebenfalls hier ausgerichtet – allerdings muss man rechtzeitig Tickets
reservieren, da die Nachfrage sehr
groß ist. Auf der Westseite des Parks
befindet sich eine Bühne für Livemusik, der Ross Bandstand. Während
des Edinburgher Jazz Festivals kann
man dort tagsüber viele Bands hören. Außerdem gibt es einen Kinderspielplatz. Bei den Castle Gardens im
Osten beginnt ein Spazierweg, der im
Zickzack zum Schloss hinaufführt. Im
Süden ist der Park durch den Waverley Bahnhof begrenzt.

**The Meadows** ist ein Wiesenge-
lände südlich der Universität mit gutem Blick auf Arthur's Seat. Die Wiesen werden vor allem von Anwohnern
und Studenten zur Erholung und für

sportliche Betätigung genutzt. Während des Edinburgh Festivals wird
es hier beim kinderfreundlichen Festival Sunday richtig voll. Das gigantische Schachspiel am Ostende des
Parks, gestiftet von dem klassischen
Pianisten Jason Kouchak, muss man
fünf Tage vorher buchen, unter mike.
shields@edinburgh.gov.uk.

Der **Holyrood Park** umfasst ein
Areal von etwa 5 Quadratmeilen
(ca. 12 km²) und war seit dem 12.
Jahrhundert das königliche Jagdgelände, das zum Ausreiten und für andere Aktivitäten genutzt wurde. Der
Queen's Park Drive führt rund um die
hügelige Landschaft des Arthur's Seat
(s. S. 76) und die Salisbury Crags herum. Hier sieht man viele Radfahrer
und Jogger oder Eltern, die mit ihren
Kindern Drachen steigen lassen. Nur
ein paar Schritte über den Queen's
Drive und man kann sich in der hügeligen Moorlandschaft verlieren, entweder auf den Felsen herumkraxeln,
an einem der Seen sitzen und die
Schwäne beobachten oder sich beim
Spazierengehen entspannen.

Das **Water of Leith** ist der Fluss,
der sich quer durch verschiedene
Stadtteile Edinburghs windet und bei
Leith in den Meeresarm Firth of Forth
mündet. Entlang des Flussufers gibt
es etwa 28 Meilen (ca. 43 km) Spa-
zier- und Fahrradwege. Empfehlenswert ist besonders der Abschnitt bei
Dean Bridge **34**, den man mit einem

◁ *Blick von den Princes Street
Gardens auf die Altstadt*

## Edinburgh zum Träumen und Entspannen

Besuch in der Scottish National Gallery of Modern Art und der Dean Gallery **35** verbinden kann. Ein weiterer Abschnitt führt von Stockbridge (beim Pizza Express) bis nach Canonmills und von dort weiter nach Leith. Außerhalb der Stadtgrenzen, südlich von Edinburgh gelangt man in Craiglockhart zu einem Besucherzentrum (Water of Leith Visitor Centre).

Der **Botanische Garten** **33** ist eine grüne Oase nicht weit weg von der Stadt. Ein Spaziergang hier ist sehr entspannend, besonders bei Regen, wenn die Pflanzen ganz besonders grün erscheinen. Er ist einer der friedlichsten Orte in Edinburgh und heute noch ein führendes Zentrum für botanische Forschung und Landschaftsgartenbau. Der Eintritt auf das Gelände ist frei, aber für die Gewächshäuser auf der Ostseite wird eine Eintrittsgebühr verlangt. Inmitten der Gartenlandschaft befindet sich das Terrace Café (s. S. 33), in dem man sich mit leckeren Kleinigkeiten erfrischen kann.

Gegenüber dem Westeingang des Botanischen Gartens erstreckt sich der **Inverleith Park.** Hier gibt es Fußballplätze, ein Rugbyfeld, ein Cricketfeld, Pétanque und einen Kinderspielplatz.

Der **Union Canal** endet in Edinburgh am Edinburgh Quay. Von hier verläuft er südwestlich in die Lowlands, wo bald eine sehr einladende Landschaft beginnt. Der Kanal eignet sich gut für einen Fahrradausflug. Im Juli findet am Quay das Edinburgh Canal Festival statt, mit Regatta, Musik und Bootsschau.

**33** [D5] **Botanischer Garten,** 20 Inverleith Row, Stockbridge/Inverleith, EH3 5LR, Tel. 0131 5527171, www.rbge.org.uk

● **107** [J8] **Holyrood Park,** Queen's Drive, östl. Altstadt, EH8 8HG

● **108** [C5] **Inverleith Park,** Inverleith, www.inverleithpark.co.uk, www.edinburgh.gov.uk

● **109** [E8] **Princes Street Gardens,** 16 Waterloo Place, Stadtmitte, EH1 3EG

● **110** [F10] **The Meadows,** südl. Altstadt, www.edinburgh.gov.uk

● **111** [D10] **Union Canal,** British Waterways – Scotland Lowlands Canals, Tel. 0141 3326936, www.scottishcanals.co.uk/our-canals/union-canal/events, https://canalrivertrust.org.uk/see-and-do/cycling

● **112** **Water of Leith Visitor Centre,** 24 Lanark Road, Craiglockhart, EH14 1TQ, Tel. 0131 455 7367, www.wateroflleith.org.uk, geöffnet: tägl. 10–16 Uhr

---

**EXTRATIPP**

### Oase der Ruhe für Morgenmuffel

Das **Fredericks Coffee House** (s. S. 32) ist ein angenehmer, großer Raum, im ersten Stock mit Blick auf die Frederick Street. Hier kann man es sich gemütlich machen und von einem der Fensterplätze aus bei Kaffee und Zeitung das Treiben auf der Straße beobachten. Zum Frühstück wird ein „Full English Breakfast" angeboten, aber auch Rühreier mit Toast oder Bagel mit Frischkäse und Beerenmüsli mit Jogurt. Daneben gibt es auch Snacks wie Paninis. Will man danach etwas bummeln, gelangt man am Ende der Straße gleich auf die Princes Street und die darunterliegenden Princes Gardens. Hier wird man von einem spektakulären Blick auf das Edinburgh Castle begrüßt.

Am Puls der Stadt 45

# AM PULS DER STADT

# Das Antlitz der Stadt

*Edinburgh zieht Touristen wie ein Magnet an. Aufgrund ihrer einzigartigen Lage und der bewundernswerten Architektur wurden große Teile der Altstadt und Neustadt (hierzu gehören etwa 4500 denkmalgeschützte Gebäude) 1995 von der UNESCO zum Weltkulturerbe erklärt.*

Edinburgh verdankt seine Existenz nicht zuletzt seiner vorteilhaften Lage. Vor etlichen Millionen Jahren entstanden auf dem Areal der heutigen Stadt verschiedene **Vulkane**, die eine Reihe natürlicher Barrieren bildeten. Auf einem dieser so entstandenen **sieben Hügel**, dem Castlehill, wurde das Edinburgher Schloss errichtet. Der Hügel war ideal zur Verteidigung geeignet, da er nur von einer Seite zugänglich war (während die anderen drei Seiten als uneinnehmbar galten) und weil er einen guten Ausblick auf das Umland ermöglicht.

❰ *Vorseite: Blick auf die geschäftige Einkaufsmeile Princes Street* ❷⓿

## KURZ & KNAPP
### Die Stadt in Zahlen
❱ **Gegründet:** 943
❱ **Einwohner:** 482.600
❱ **Einwohner/km²:** 1844
❱ **Fläche:** 264 km²
❱ **Höhe ü. M.:** 45–135 m
❱ **Weiteres:** Edinburgh sitzt auf sieben vulkanischen Hügeln. Große Teile der Altstadt und der Neustadt (4500 denkmalgeschützte Gebäude) gehören zum UNESCO-Weltkulturerbe.

Der schottische Nationaldichter Sir Walter Scott nannte Edinburgh *mine own romantic town* – „meine eigene romantische Stadt" – und tatsächlich ist die Stadt umgeben von einer **beeindruckenden natürlichen Kulisse.** Im Süden sieht man die grünen Erhebungen der Lowlands, die die Stadt einrahmen. Im Norden glitzern die Wasser des Firth of Forth, der hier in die Nordsee mündet. Das Wetter lässt die Szenerie noch dramatischer erscheinen – es beleuchtet die Kulisse mit strahlendem Sonnenschein oder hüllt sie in Wolkenformationen und Nebel.

## Am Puls der Stadt
### Das Antlitz der Stadt

Der **Hausberg Arthur's Seat** bildet die höchste Erhebung und nicht nur von hier erschließen sich dem Besucher immer wieder neue Panoramen: von mittelalterlichen Gässchen über griechische Säulen bis hin zu origineller moderner Architektur. Quer durch die Stadt fließt der Fluss Water of Leith und im Westen beginnt der lange Union Canal, der bei Glasgow in den Clyde mündet und die beiden Städte auch heute noch als Wasserweg verbindet.

Edinburghs zweiter Beiname, **Auld Reekie**, ist weniger romantisch. Er bedeutet so viel wie „Alte Rauchige" oder „Alte Verräucherte". Laut Schriftsteller Robert Louis Stevenson entstand dieser Name, weil Edinburgh aus der Ferne gesehen in den Rauch aus den Kohleöfen der Stadt gehüllt war. Aus diesem Nebel konnte man nur den Schlossberg und Arthur's Seat herausragen sehen.

Erst im 18. Jahrhundert brach man aus den mittelalterlichen Stadtgrenzen heraus. Die **klassizistische Neustadt** verdiente sich aufgrund ihrer griechisch inspirierten Architektur den Beinamen „Athen des Nordens".

Das neue Gebiet war in erster Linie als Wohnviertel für die wohlhabenden Bürger der Stadt gedacht. Die weniger begüterten Edinburgher mussten noch fast eineinhalb Jahrhunderte warten, bis das Konzept der Sozialwohnungen entwickelt wurde und ihnen in den Vorstädten neue, günstige Unterkünfte zur Verfügung standen. Besonders im Westen, auf den Ausfallstraßen in Richtung Flughafen, reihen sich daher eher charakterlose Vororte aneinander und hierher hat man auch die großen Einkaufszentren und wenige Industrie der Stadt verbannt. Die Gebiete am Ufer des Firth of Forth, die ein großes touristisches Potenzial haben könnten, hat man lange vernachlässigt.

Nun werden diese Problemgebiete saniert. Ein Beispiel hierfür ist der Stadtteil Leith. Aus den unansehnlichen Lagerhäusern wurden begehrte Lofts und es haben sich Künstler und feine Gastronomie angesiedelt.

*▽ Vom Schloss ❶ eröffnet sich ein weiter Blick über die Neustadt bis zum Firth of Forth*

## Am Puls der Stadt
### Von den Anfängen bis zur Gegenwart

Einer der ehrgeizigsten Pläne Edinburghs, der Bau einer **neuen Straßenbahnlinie im Stadtzentrum**, kam aufgrund von Unstimmigkeiten zwischen der Managementfirma und den Konstrukteuren immer wieder zum Stillstand. Im Mai 2014 wurde die Edinburgh Tram schließlich mit drei Jahren Verspätung und fast 231 Mio. £ Extrakosten in Betrieb genommen. Statt der geplanten Strecke vom Flughafen bis zum Ocean Terminal in Leith ist die Strecke nur 14 km lang und endet am York Place in der Neustadt. Für eine Verlängerung der Strecke fehlen in den nächsten Jahren die Mittel, daher sind die Baupläne erst einmal auf Eis gelegt. Ein Untersuchungsausschuss soll nun im Nachhinein herausfinden, wer die Schuld an der Verzögerung und den gestiegenen Kosten trägt.

Die Neustadt ist das **kommerzielle Zentrum** der Stadt mit Firmensitzen, Geschäften, Restaurants, Bars, Hotels und Nachtklubs. Die Hauptschlagader ist die Princes Street, mit den angrenzenden Straßen George Street und Queen Street. Nur sehr wohlhabende Menschen können es sich heutzutage leisten, hier zu wohnen. Es gibt wahre Kämpfe um freiwerdende Wohnungen und hierüber sind sogar Fernsehkrimis gedreht worden. Um eine Wohnung in den georgianischen Häusern der Neustadt zu ergattern, sei es zur Miete oder zum Kauf, braucht man außer viel Geld vor allem gute Beziehungen. In den an die Neustadt angrenzenden Stadtteilen wie Stockbridge und Dean, die ebenfalls die begehrte klassizistische Architektur aufweisen, haben Yuppies inzwischen die Studenten und weniger betuchten Einwohner vertrieben.

Alt- und Neustadt werden optisch und räumlich durch die Princes Street Gardens getrennt und durch die North Bridge wieder miteinander vereint. Die North Bridge schlägt eine Achse in die **südliche Altstadt**, wo sich die renommierte Edinburgher Universität **12** befindet. Von hier aus ging im 18. Jahrhundert das Gedankengut der schottischen Aufklärung nach ganz Europa. Edinburgh war von jeher ein Platz für die „feinere Gesellschaft" wie Anwälte oder Ärzte. Dies ist auch heute noch so, denn Edinburgh ist das schottische Zentrum des Rechtswesens und hat die größte Anzahl an Anwaltskanzleien im Lande. Die angrenzenden Vororte im Süden – wie das elegante Morningside, Marchmont und Bruntsfield – werden noch heute von der betuchten intellektuellen Elite bevölkert.

# Von den Anfängen bis zur Gegenwart

*Edinburgh hat ca. 482.600 Einwohner und im Vergleich zu anderen Großstädten in Großbritannien ist dies nicht gerade viel. Noch bis ins 18. Jahrhundert hinein war Edinburgh jedoch die größte Stadt in Schottland und von jeher Sitz der Monarchen. Das erste Königreich in Schottland wurde im 6. Jahrhundert von der irischen Königsdynastie Dal Riata gegründet, aber bereits aus der Bronze- und Eisenzeit finden sich Hinweise auf Besiedlung. Der schottisch-gälische Name für Edinburgh war Dùn Èideann oder Dunedin (Fort von Eidyn bzw. Edwin) und ging auf König Edwin von Northumbria zurück.*

▷ *Die St. Giles Church* **6** *ist eines der historisch bedeutsamsten Bauwerke auf der Royal Mile*

# Am Puls der Stadt
## Von den Anfängen bis zur Gegenwart

## Stadtgeschichte in Zahlen

**943** Edinburgh gewinnt unter König Malcolm I. Bedeutung als Sitz des Königs und der Verwaltung. Der Hofstaat wird von Malcolm III. Canmore (gest. 1093) im späten 11. Jahrhundert im **Edinburgher Schloss** angesiedelt. Die umliegende Siedlung auf dem Castlehill besteht nur aus wenigen Häusern.

**1128** Der Sohn von Malcolm III., König David, lässt eine Abtei im Osten Edinburghs errichten. Der Legende nach war David bei der Jagd im Holyrood Park von einem männlichen Hirsch angegriffen worden und konnte sich nur retten, indem er dem Tier ein Kruzifix entgegenhielt. Als Dank für seine Rettung nannte er die Abtei „Holy Rood", „Heiliges Kreuz". Im Laufe der Jahre bildete sich um die Abtei herum die Ansiedlung Canongate, das Viertel, das bis heute den östlichen Teil der Royal Mile bildet.

**1325** Robert the Bruce begründet die schottische **Dynastie der Stuarts.** Er ernannte Edinburgh zur Hauptstadt Schottlands, beruft 1327 dort sein Parlament ein und gibt der Stadt die Nutzungsrechte für den Hafen in Leith. Um 1437 wird die Stadtmauer gebaut.

**1498** Jakob IV. lässt in Holyrood einen zweiten Königspalast ausbauen, den **Palace of Holyroodhouse.** Dieser diente den Königen und Königinnen der Schotten fortan als Residenz, denn er war moderner und komfortabler als das zugige mittelalterliche Schloss. Die heutige Queen Elizabeth II. residiert zu Beginn des Sommers jeweils eine Woche in Holyrood, um dort Gartenpartys und offizielle Zeremonien abzuhalten.

**1560** John Knox erzielt das **Reformation Settlement** mit Elizabeth I. und Schottland wird protestantisch. Knox begründete die presbyterianische Konfession der **Church of Scotland**, im schottischen auch „The Kirk" genannt, die vom Cal-

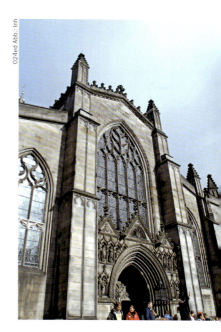

vinismus beeinflusst war. Dies führte zu einem Konflikt mit der Monarchie der Stuarts, die traditionell katholisch und eng mit dem Königshaus in Frankreich verbunden war.

**1561 Maria Stuart**, oder auch Mary, Queen of Scots (1542–1587, s. S. 74), wird Königin von Frankreich und Schottland. Im Jahr 1561 kehrt sie aus Frankreich nach Schottland zurück und setzt sich mit John Knox über Glaubensfragen auseinander. Sie wird 1567 zur Abdankung gezwungen.

**1603 Jakob VI.**, Marias Sohn, vereint die Kronen Englands und Schottlands. Schottland hat jedoch weiterhin ein selbstständiges Parlament. In Fragen der Religion, Justiz und Bildung war Schottland unabhängig von England, und dies ist bis heute so.

**1637** Revolte in der St. Giles Church gegen das von Karl I. eingeführte angli-

# 50 Am Puls der Stadt
## Von den Anfängen bis zur Gegenwart

kanische Gebetsbuch. Im Jahr 1638 unterzeichnen schottische Gläubige in der Greyfriars Kirche einen **Covenant** (Vertrag), der sie direkt mit Gott verbindet und jegliche Autorität von außen ablehnt. Das Gebetsbuch Karl I. wird als illegal verurteilt.

**1642** Der **Bürgerkrieg** bricht aus. Die Edinburgher Covenanter kämpfen auf der Seite der englischen Rebellen und verhelfen den Revolutionären 1646 zum Sieg.

**1689** Die **Advocates Library** wird gegründet, die den Grundstein für die spätere schottische Nationalbibliothek bildet.

**1698** Eine schottische **Expedition nach Darien** (Panama) wird durchgeführt. In dieses Unterfangen hatten auch Edinburgher Kaufleute Unmengen an Geld investiert, da man sich davon große Gewinne versprach. Der Versuch, dort eine Kolonie zu errichten, scheitert jedoch kläglich und die Investoren büßen etwa 500.000 £ ein, was die schottische Wirtschaft fast in den Bankrott treibt.

**1701 Jakob III.** *(The Old Pretender)* erklärt sich zum schottischen Thronnachfolger und die Rebellengruppe der **Jakobiter** entsteht.

**1707** Der **Act of Union** vereint die beiden Parlamente Englands und Schottlands. Dies führt zu politischer Stabilität und wirtschaftlichem Aufschwung. Von nun an ist das schottische Parlament aufgelöst und Schottland entsendet einige Abgeordnete nach London. Erst 1999 wird im Rahmen der Politik der Devolution das schottische Parlament in Edinburgh wieder selbstständig und mit neuer Macht ausgestattet.

**1715 Erster Jakobiteraufstand** *(The Fifteen)*. Der Act of Union findet nicht überall Zustimmung. Es kommt zu zwei Aufständen, 1715 unter Jakob III. und 1745 *(The Fortyfive)* unter Karl Eduard Stuart („Bonnie Prince Charlie", *The Young Pretender*). In der Schlacht

bei Culloden 1746 werden die Jakobiter jedoch endgültig besiegt und die Gefahr ist gebannt (s. S. 68).

**1736 Porteous Riots.** Ein Lynchmob tötet den Kapitän der Stadtgarde. Seit Jahren haben die Schotten viele Waren am Zoll vorbeigeschmuggelt und Steuern einfach nicht gezahlt. In den Jahren 1724/25 führt Premierminister Walpole die *Malt Tax* ein, die den Bierpreis erheblich in die Höhe treibt. Daraufhin werden Zollbeamte in mehreren Großstädten tätlich angegriffen. Der Kapitän der Stadtgarde Edinburghs, Porteous, lässt öffentlich einige Schmuggler auf dem Grassmarket hinrichten. Es kommt zu Unruhen und dabei kommen mehrere unschuldige Menschen zu Tode. Hierfür wird Porteous im Tolbooth Gefängnis, nahe St. Giles Church (wo sich heute das Heart of Midlothian befindet), inhaftiert. Allerdings kommt es nicht zu einer Verhandlung, denn er wird von einem Lynchmob aus dem Gefängnis geholt und gehängt.

**1767** Der Plan für die Gestaltung eines neuen Stadtteils, der **Edinburgher Neustadt**, wird von James Craig entworfen. Die zwei Architekten, die das Gesicht der Stadt Edinburgh besonders prägen, sind Robert Adam (1728–1792) und **William Henry Playfair** (1790–1857). **Robert Adam** bringt Inspirationen von seinem Studium in Italien mit nach Hause. Seine Version des klassizistischen Stils, der italienische, griechische und byzantinische Einflüsse vermischt, wird schnell bei wohlhabenden Briten beliebt. Playfair zeichnet verantwortlich für viele griechisch inspirierte Fassaden wie z. B. das National Monument auf Calton Hill. Die Neustadt wird in verschiedenen Stufen von 1765 bis 1850 fertiggestellt. Um 1820 entsteht – aufgrund der klassizisti-

▷ *Das schottische Parlamentsgebäude* ❿ *ist auch architektonisch etwas Besonderes*

## Am Puls der Stadt
### Von den Anfängen bis zur Gegenwart

schen Architektur – der Begriff von Edinburgh als **Athen des Nordens.**

**1772** Die **Royal Bank of Scotland** wird gegründet. 1728 führt sie die ersten Überziehungskredite der Welt ein.

**1820** **Typhusepidemien** grassieren in den unhygienischen Behausungen in der Edinburgher Altstadt zwischen 1820 und 1839.

**1822 George IV.** ist der erste britische Monarch seit dem Jahr 1651, der Edinburgh besucht. **Sir Walter Scott** ist an der Organisation des Besuchs beteiligt und lebt seine keltischen Fantasien aus. Bei den Begrüßungsfeierlichkeiten trägt der Monarch einen Kilt.

**1829** Der Serienmörder **William Burke** wird gehängt.

**1871** Das erste internationale **Rugbymatch** wird zwischen England und Schottland am Raeburn Place in Edinburgh ausgetragen.

**1890** Die **Forth Rail Bridge** wird nach sechs Jahren Bauzeit eröffnet.

**1913** Der **Edinburgher Zoo** wird eröffnet.

**1914–1918** Im ersten Weltkrieg sterben etwa 150.000 Schotten. 1929 wird zum Andenken an die Gefallenen das Scottish National War Memorial im Edinburgher Schloss eingerichtet.

**1919** Der **Housing und Town Planning Act** führt zur Sanierung der Slums in der Altstadt, beginnend mit der „Ausräumung" der Altbauten. Die Bewohner werden in Neubauwohnungen in den Randbezirken der Stadt untergebracht und die **Altstadt** wird unter Denkmalschutz gestellt.

**1920** Auf der Suche nach besseren Lebensbedingungen emigrieren Hunderttausende von Schotten ab Mitte des 19. Jhs. in die Kolonien des britischen Empire, insbesondere nach **Kanada.**

**1934** Die **Scottish National Party** wird gegründet.

**1939** Am 16. Oktober 1939 greift die deutsche Luftwaffe Schiffe der Royal Navy auf dem Firth of Forth an.

**1947** Das **Edinburgh International Festival** (EIF) wird ins Leben gerufen.

**1960** Die erste **Nierentransplantation** in Großbritannien wird erfolgreich in Edinburgh durchgeführt.

**1970** Die britischen **Commonwealth Games** werden in Edinburgh abgehalten.

**1980** Die **Katakomben Edinburghs** werden entdeckt und geöffnet. Zunächst

## Gardez l'eau

In der mittelalterlichen Altstadt von Edinburgh gab es kein Abwassersystem. Die Altbauten hatten alle mehrere Stockwerke und die Menschen, die in den oberen Stockwerken wohnten, schütteten ihre Fäkalien direkt auf die Straße. Wer abends durch Edinburgh wanderte, musste daher oft mit einer nassen Überraschung rechnen. Wer von oben einen solchen Nachttopf ausleerte, rief üblicherweise „Gardyloo", abgeleitet aus dem Französischen „Gardez l'eau" – „Achtung Wasser", sodass wer immer unten unterwegs war, Gelegenheit hatte, sich davonzumachen. Morgens wurden die Fäkalien von städtischen Beamten in den Nor Loch, in den Princes Gardens, hinuntergespült – allerdings nicht samstags, da man den Sabbat streng einhielt.

werden sie für Punk- und Rockkonzerte genutzt, später zu einer Besucherattraktion ausgebaut.

**1996** Der *Stone of Destiny* (Krönungsstein) wird von den Engländern an die Edinburgher zurückgegeben.

**1997** Das erste geklonte Säugetier, Schaf „Dolly", wird in Roslin bei Edinburgh „erzeugt".

**1999** 292 Jahre nachdem das letzte schottische Parlament aufgelöst wurde, tritt zum ersten Mal wieder ein schottisches Parlament in Edinburgh zusammen. Im Jahr 1997 erfüllt die Labour Partei unter Tony Blair das Versprechen, Verantwortungsbereiche der Westminsterregierung wieder an die einzelnen Nationen in Großbritannien zurückzugeben.
   Edinburgh wird Sitz für die **neue schottische Nationalversammlung Scottish Assembly.**

**2004** Das umstrittene Parlamentsgebäude in Holyrood wird fertiggestellt.

**2007** Die Scottish National Party, die die größte Anzahl an MPs *(Members of Parliament)* hat, bildet eine Minderheitenregierung.

**2009** Inmitten der Rezession erzielt das Festival Einnahmen in Höhe von 2,58 Mio. £.

**2011** Bei den Parlamentswahlen erlebt die Scottish National Party (SNP) einen Erdrutschsieg und regiert seitdem mit einer absoluten Mehrheit. Auch auf lokaler Ebene ist sie die größte Partei Schottlands.

**2014** Im Mai wird die neue Straßenbahn, Edinburgh Tram, mit drei Jahren Verspätung in Betrieb genommen.

**2014** Am 18. Sept. entscheidet sich die Mehrheit der Schotten (55 %) in einem Referendum dafür, im Verbund des Vereinigten Königreichs zu verbleiben. Premierminister Cameron kündigt dennoch umfassende konstitutionelle Änderungen für das Königreich an. Schottland soll noch größere Autonomie erhalten.

# Leben in der Stadt

*Edinburgh, von jeher Sitz der Monarchen, war bis ins 18. Jahrhundert hinein die größte Stadt Schottlands. Nach der Vereinigung der Nationen England und Schottland im Jahr 1707 verlor die schottische Hauptstadt jedoch an Bedeutung. Edinburgh blieb zwar das Zentrum der Justiz und der Verwaltung, allerdings ohne wirkliche politische Macht, denn man unterstand der Zentralverwaltung in London. Im Jahr 1999 trat nach mehr als 200 Jahren zum ersten Mal wieder ein schottisches Parlament in Edinburgh zusammen, sodass man den Titel „Hauptstadt" wieder zu Recht tragen durfte. Heute gehört Edinburgh zu den herausragenden europäischen Metropolen.*

## Am Puls der Stadt
### Leben in der Stadt

*Die Einwohner sind wohlhabend, die hier ansässigen Berufszweige und Industrien sind modern, die Stadt lebt zwar von, aber nicht nur für die Touristen. Man schaut nach Süden, nach London, dessen Modell einer kosmopolitischen, jungen, weltoffenen und multikulturellen Stadt man gerne nachahmen möchte.*

Die Rückgabe des Rechtes zur Selbstverwaltung an Schottland durch die britische Regierung erfüllte für viele Schotten ein jahrhundertelanges Sehnen nach größerer Unabhängigkeit von der Union.

Die völlige Autonomie Schottlands gehört zu den erklärten Zielen der regierenden Scottish National Party (SNP). Im Einvernehmen mit London initiierte die Partei für den 18.9.2014 eine **Volksbefragung über den Austritt aus dem Vereinigten Königreich.** Befürworter („Yes" Campaign) und Gegner („No" Campaign) kämpften fast ein Jahr lang erbittert um Wähler. Schließlich entschieden sich 55 % aller Schotten gegen den Austritt. Bis zum Tag der Abstimmung war die Währungszugehörigkeit nicht eindeutig geklärt worden, denn Westminster band das englische Pfund an den Verbleib im Verbund. Als neue Nation hätte Schottland außerdem die Aufnahme in die EU neu beantragen müssen. Zu den Gründen für die Entscheidung gehörten sicher auch die Auswirkungen der Wirtschaftskrise vom Ende der ersten Dekade des neuen Jahrtausends, die immer noch zu spüren sind. Nach der Bekanntgabe des Ergebnisses trat der First Minister Alex Salmond zurück, seine Nachfolgerin ist Nicola Sturgeon, die jetzige Vorsitzende der SNP. Premierminister Cameron kündigte umfassende konstitutionelle Änderungen an und versprach, dass Schottland in Zukunft noch größere Autonomierechte erhalten soll. Die Verhandlungen dauern zurzeit noch an.

Mit ca. 482.600 Einwohnern ist Edinburgh nach Glasgow die **zweitgrößte Stadt Schottlands.** Im 19. und 20. Jahrhundert fanden zwar die wichtigsten Veränderungen und das größte wirtschaftliche Wachstum in der Nachbarstadt Glasgow statt. Mit dem Niedergang der traditionellen Industrien wie Schiffsbau und Stahlverarbeitung gegen Ende des 20. Jahrhunderts geriet jedoch Glasgow auf das Abstellgleis, während die Sektoren der Dienstleistungsbranchen in Edinburgh große Erfolge verbuchen konnten. Etwa 12 % aller Beschäftigten in Edinburgh arbeiten in und für die Tourismusindustrie und die Branche erwirtschaftet etwa 2 Milliarden Pfund pro Jahr für die Stadt. Obwohl Edinburgh nur etwa 18 % des schottischen Bruttosozialproduktes erarbeitet (Glasgow etwa 33 %), geht es den Edinburghern heute (trotz Krise) wirtschaftlich besser als den Glasgower Nachbarn.

Eine grundlegende **Rivalität mit Glasgow,** das nur ca. 80 km weiter im Westen liegt, bleibt bestehen und beide Städte definieren sich gerne als Gegensatz zueinander. Edinburgh hat die klassizistische Architektur, Glasgow hat den Jugendstil. Museen, Galerien und kulturelles Leben gibt es in beiden Städten und das Glasgower Nachtleben ist von jeher schillernd und vielfältig. So befinden sich beide Städte ständig im Wettstreit darum, wer innerhalb Schottlands und auf internationaler Ebene das größere Gewicht hat. Edinburgher sehen den Nachbarn Glasgow als einen Ort der religiös gefärbten Konflikte, der Engstirnigkeit der alten Arbeiterklasse und als Synonym für die schlechte

## 54 Am Puls der Stadt
### Leben in der Stadt

# Rugby – der Six Nations Cup, Murrayfield Stadion

Der Six Nations Cup besteht aus einer Abfolge von Rugbyspielen, die zwischen den sechs Nationen England, Schottland, Frankreich, Wales, Irland und Italien ausgetragen werden. Die Spiele der schottischen Mannschaft finden im Edinburgher Murrayfield Stadion statt.

„Rugby Football" hatte seinen Ursprung in der Mitte des 19. Jahrhunderts in den Privatschulen Englands und breitete sich von dort aus schnell auf Wales und Schottland aus. Im Jahr 1854 machten die zwei Studenten Francis und Alexander Crombie das Spiel in Schottland populär. Sie gründeten das erste Rugbyteam der Edinburgher Universität. Bis 1873 entstanden noch weitere Mannschaften an anderen Universitäten, sodass man eine Liga beginnen konnte. Die Scottish Rugby Union wurde gegründet, die sich fortan um die Organisation der Spiele kümmerte.

Bald darauf hatte Schottland eine Nationalmannschaft, die es mit England aufnehmen konnte, und die erste Begegnung war bei den ersten sogenannten „Internationals" (Internationale Spiele) im Jahr 1879 am Raeburn Place in Edinburgh. Dieses Turnier gilt als der älteste Rugbywettkampf und wird immer noch jedes Jahr zwischen England und Schottland ausgetragen. Der Gewinner bekommt den „Calcutta Cup". Im Jahr 1883 kamen Wales, Irland, Schottland und England in einer Reihe von Spielen zusammen, die man das Home Nations Championship nannte. Im Jahr 1910 stieß Frankreich hinzu und der Wettkampf wurde unter den Five Nations ausgefochten. Schließlich komplettierte Italien den Bund und man sprach fortan von den Six Nations.

Genau genommen gehören Wales und Schottland in den Bund mit Großbritannien und sind zumindest verwaltungstechnisch keine eigenständigen Nationen. Im Sport allerdings stellt jedes Land sein eigenes Team.

Zwischen Februar und März finden zahlreiche Spiele zwischen den Nationen statt. Wenn eines der Länder England, Schottland, Wales oder Irland alle anderen britischen Länder (Home Nations) besiegt, gewinnt es die „Triple Crown" (dreifache Krone). Wenn zusätzlich eines der anderen beiden Teams, d. h. Frankreich oder Italien, geschlagen wird, gewinnt das jeweilige Siegerteam den Grand Slam.

Ernährungsweise, die man den Schotten nachsagt. Ein Bewohner Glasgows hingegen sieht den Edinburgher als Snob, reserviert und hochmütig, der sich selbst viel zu ernst nimmt.

Der „City Worker", ein sogenannter Suit („Anzug"), der in der Neustadt arbeitet, relativ wohlhabend ist und seine Wochenenden in den eleganten Bars und Restaurants der Stadt verbringt, wird dem Vorurteil des „Edin-

burgher Snobs" scheinbar gerecht. Allerdings gibt es nicht nur **wohlhabende Edinburgher**, die in einem der angesagten Vororte wie Stockbridge oder dem eleganten Morningside wohnen. Wie jede Großstadt hat auch Edinburgh Schattenseiten. Nicht erst seit dem Erfolg des Films „Trainspotting" (nach dem Roman von Irvine Welsh), der in der Drogenszene und der delinquenten Unter-

## Am Puls der Stadt
### Leben in der Stadt

*Das Murrayfield Stadion wurde am 21. März 1925 eröffnet und hat eine Kapazität von 67.500 Zuschauern. Es ist nach dem Stadtteil benannt, in dem es liegt – nicht weit vom Zoo (s. S. 118). Im Stadion finden außer Rugby auch andere Veranstaltungen und Konzerte statt. An veranstaltungsfreien Tagen werden Führungen angeboten.*

*An Spieltagen während des Six Nations Cup im Februar und März kann es in der Stadt sehr voll werden. Wer keine Eintrittskarten ergattern kann, kann sich die Spiele in einem der vielen Pubs der Stadt anschauen, die die Veranstaltungen auf großen Bildschirmen übertragen. Es ist ein beliebter Freizeitsport, in einem Pub zusammenzukommen, der die richtige Atmosphäre für den „Männersport" hat.*

- **113 Murrayfield Stadium,** Roseburn Street, EH12 5PJ, Tel. 0131 3465160, www.edinburghrugby.com, Anreise: Bus Nr. 12, 26 und 31 von Princes St., Führungen: Tel. 0131 346 5160, www.scottishrugby.org/murayfield-stadium/tours, Mo.–Sa. 11 Uhr, Erw. 6 £, erm./Kinder 3 £.

› **Six Nations Cup,** www.rbs6nations.com

welt von Edinburgh spielt, wird ein Aspekt der Stadt wahrgenommen, den man lieber verleugnen möchte: Auch hier gibt es **Kriminalität, Drogen, Armut und Fremdenhass.**

Craigmillar war früher ein Industrievorort, in dem sich Brauereien, Stahlwerke und Kohlengruben befanden und der in den 1970er-Jahren langsam verfiel. Muirhouse war vornehmlich ein Arbeiterwohnviertel. Beide Orte werden nun langsam saniert, um die sozialen Bedingungen zu verbessern. Die Spannungen zwischen Alt und Neu, Arm und Reich in Edinburgh offenbaren sich erst, wenn man tiefer in das Wesen der Stadt eintaucht. Neben glitzernden, trendigen Bars, die sich mit denen in London messen können, gibt es auf der anderen Seite altmodische Pubs und Etablissements, die sich weigern, sich der jungen modernen Klientel anzupassen.

Nicht zuletzt wird Edinburgh von den Studenten der vier **Universitäten** – University of Edinburgh, Napier University, Heriott Watt University und Queen Margaret University – geprägt. Sie kommen zum großen Teil aus dem Ausland. Auch während des Festivals kommen Besucher aus aller Herren Länder nach Edinburgh und Gastronomie, Nachtleben und Kultur strahlen ganzjährig **kosmopolitisches**

*Multikulturelle Atmosphäre findet man am Nicolson Square [G9] im Universitätsviertel*

**Flair** aus. Im Vergleich zu London, Birmingham oder deutschen Großstädten gibt es jedoch nur eine kleine Anzahl an Einwohnern ethnischer Minderheiten mit anderer Hautfarbe. Die mag zum Teil damit zu tun haben, dass zwar viele Besucher, Studenten und Saisonarbeiter die Demografie der Stadt kurzzeitig verändern, sich jedoch relativ wenige Ausländer hier niederlassen. Viele Saisonarbeiter bleiben nur kurz Zeit, um in der Gastronomie und Hotelindustrie zu arbeiten. Die meisten kommen aus Spanien, Polen, Indien und Irland.

Unbestritten ist das **Edinburgher Festival** eines der größten Kulturereignisse der Welt, zieht Hunderttausende von Besuchern an und ist ein wichtiger Wirtschaftsfaktor. Es wächst jedes Jahr und droht, die Stadt zur Festivalsaison aus allen Nähten platzen zu lassen.

Edinburgh ist jedoch das ganze Jahr auf Touristen eingestellt und **neben London die meistbesuchte Stadt Großbritanniens.** Amerikaner gehen hier auf die Suche nach ihren schottischen Ahnen. Bei den Briten ist Edinburgh vor allem ein beliebtes Ziel für einen Kurztrip. 40 Millionen Tagesreisen werden alleine von Gästen aus Schottland und England jährlich hierhin unternommen. In Edinburgh kauft man ein, besucht eine kulturelle Veranstaltung oder geht schick aus. Außerdem findet hier jedes Jahr der größte Wettbewerb des Rugbysports, das Six Nations Championship, im Murrayfield Stadium (s. S. 54) statt. In den letzten Jahren hat Edinburgh mehr als ein Dutzend Preise als „beste Stadt" und „bestes Reiseziel für einen Kurztrip" gewonnen. Aufgrund des permanenten Touristenstroms (jährlich ca. 3,45 Mio.) können Unterkünfte

knapp werden. Obwohl es zahlreiche Hotelbetten, B&Bs, Pensionen und Mietwohnungen gibt, haben die meisten davon Auslastungsraten von 80 % über das Jahr hinweg.

Die Touristen haben natürlich auch Auswirkungen auf das Leben in der Stadt, insbesondere auf die Hauptattraktion Royal Mile. Hier regiert das Schottenkaro und es wird keine Gelegenheit versäumt, die Touristen mit immer neuen „schottischen" Geschenkideen anzulocken. Die Royal Mile ähnelt fast einem Themenpark, in dem Gestalten in „waschechten" Kilts Dudelsack spielen und wo man sehen kann, wie „Braveheart" sein Schwert schwingt und man sich mit ihm fotografieren lassen kann. Viele junge Edinburgher lehnen sich gegen die Verniedlichung der Stadt durch die schottische Mythologie auf und betonen, dass Edinburgh eine moderne, kultivierte und schicke Stadt ist, die mit beiden Beinen im 21. Jahrhundert steht. Allerdings hat man auch erkannt, dass das touristische Treiben für das wirtschaftliche Wohl der Stadt unabdingbar ist. Als Anwohner meidet man daher die touristischen Zentren und echte Edinburgher trifft man vielmehr in Stadtteilen wie Leith, Stockbridge oder Bruntsfield an, die eher zu den touristenfreien Zonen gehören.

## Originalton

*„Edinburgh ist weniger eine Stadt als vielmehr ein Lebensstil ... Ich bezweifle, dass ich jemals überdrüssig werden könnte, Edinburgh zu erforschen, sei es zu Fuß oder auf dem Papier."*
*(Ian Rankin)*

# Edinburgh – die Festivalstadt

*Jedes Jahr im August verwandelt sich Edinburgh in eine riesige Bühne. Das Edinburgh Festival hat sich über die Jahre hinweg zu einem der größten Kulturfestivals in der Welt entwickelt und etwa drei Millionen Besucher kommen jährlich zu den Veranstaltungen, die hier stattfinden. Dann fällt die ganze Stadt in einen Festivaltaumel und Ströme von Besuchern ziehen durch die Straßen.*

Von Ende Juli bis Anfang September **finden sieben verschiedene Veranstaltungen** mehr oder weniger parallel statt: das Edinburgh International Festival (EIF), Edinburgh Military Tattoo, Edinburgh Festival Fringe (Fringe), Edinburgh International Book Festival, Edinburgh Mela, Edinburgh Jazz and Blues Festival und das Edinburgh Film Festival. In jüngerer Zeit gesellte sich noch das Edinburgh Art Festival hinzu. Weitere Festivals, die ebenfalls in den letzten Jahren entstanden, sind das Festival of Spirituality and Peace, Festival of Politics und Festival of Science.

Mit am bekanntesten und schillerndsten ist das **Fringe Festival**, das jedes Jahr die meisten Touristen in die Stadt lockt. Im Rahmen dieser Veranstaltung findet Theater nicht nur in den dafür vorgesehenen Veranstaltungsorten statt, sondern auch auf der Straße. In und um die Royal Mile zeigen Künstler Ausschnitte aus ihren Produktionen, um damit Publikum für die Vorstellungen anzulocken. Wer möchte, kann auf diese Art den ganzen Tag auf der Royal Mile verbringen und sich mit Flugblättern oder kostenlosen *gimmicks* (kleinen Geschenken oder Freikarten) eindecken und die besondere Atmosphäre aufsaugen.

Immer wieder wird man auch zu **kostenlosen Comedyvorstellungen** eingeladen. Darbietungen finden den ganzen Tag und an den unterschiedlichsten Orten statt. Die große Nachfrage von Künstlern nach Auftrittsmöglichkeiten hat dazu geführt, dass Bartheken, Versammlungsräume in Kirchen oder private Garagen zu Bühnen umgewandelt werden, ja angeblich wurden sogar öffentliche Telefonzellen und Kofferräume von Bussen schon als improvisierte Theaterkulisse benutzt. Der Radius, in dem sich das Festival abspielt, reicht inzwischen bis weit über die City hinaus.

Die **Veranstaltungsorte** *(Fringe Venues)* sind alle nummeriert, ihre Nummer ist üblicherweise außen am Eingang angebracht. Meist treten mehrere Künstler hintereinander in denselben Räumen auf, weshalb sich der Weg auch zu entlegeneren Veranstaltungen lohnt, da man gleich mehrere Darbietungen sehen kann. Im Jahr 2013 wurde mit 2871 unterschiedlichen Shows mit insgesamt 45.464 Auftritten, die an 273 Veranstaltungsorten aufgeführt wurden, ein neuer Veranstaltungsrekord aufgestellt. Comedyveranstaltungen haben den größten Anteil, dicht gefolgt von Theaterstücken. Außerdem finden Musikaufführungen, Tanz, Kindertheater und Ausstellungen ebenso wie Workshops und andere Events statt.

Alles begann mit dem **Edinburgh International Festival** (**EIF**), das im Jahr 1947 ins Leben gerufen wurde. Das Ziel des International Festival war es, den kulturellen Austausch zwischen den europäischen Ländern zu fördern. Der Schwerpunkt des EIF lag und liegt auf Darbietun-

## Am Puls der Stadt
### Edinburgh – die Festivalstadt

gen klassischer Kunst wie Konzerten, Oper, Ballet und Sprechtheater. Sehr schnell zog das Festival **renommierte Künstler** an. Unter anderem traten bereits in den ersten Jahren des Festivals die New Yorker Philharmoniker (1951), Yehudi Menuhin (1954) und die Berliner Philharmoniker unter Herbert von Karajan (1961) hier auf. Im Jahr 2013 stand neben Dido und Aeneas (Oper Frankfurt) eine Retrospektive zu Samuel Beckett auf dem Programm, ebenso wie Coriolanus in einer Produktion vom Volkstheater Peking sowie experimentelle Stücke wie Don Quichotte du Trocadéro von José Montalvo. 2015 darf man z. B. Pianisten wie Rudolf Buchbinder und Mitsuko Uchida entgegensehen. Das EIF hat seinen Sitz im **Festivalbüro The Hub ❺** auf der Royal Mile. Hier erhält man einen Überblick über alle verfügbaren Tickets, auch für das Edinburgh Jazz & Blues Festival sowie Edinburgh Mela.

In den ersten Jahren des Festivals gab es ein wachsendes Interesse von schottischen Theatergruppen und Musikern, die nicht in den Rahmen des klassischen Festivals passten und eine Plattform suchten, aber wenig Geld und keine Sponsoren hatten. Sie folgten dem Ruf des Festivals in die Stadt und so entstand ein Randfestival, das sogenannte **Fringe**, das über die Jahre hinweg ein Eigenleben und seine eigene Organisation entwickelte. Ein provisorisches Büro für das Fringe wurde damals in der Edinburgher Universität eingerichtet. Hier wurden preiswerte Unterkünfte vermittelt und warme Mahlzeiten angeboten. Ab 1955 gab es eine offizielle Verkaufsstelle für Fringet-Tickets sowie ein Festival-Café. 1958 entstand die **Fringe Society**, die zum ersten Mal Programme veröffentlichte. Das

Credo der Fringe Society ist die künstlerische Freiheit, d. h. die Gesellschaft übt keine Auswahl nach Qualität oder Quantität von Künstlern aus. Jeder der auftreten will und einen Veranstaltungsort finden kann, darf es probieren. Die Gesellschaft, die inzwischen Wohltätigkeitsstatus erlangt hat, fungiert lediglich als Vermittler von Veranstaltungsorten, organisiert den Ticketverkauf und stellt ein Programmheft her. Man baut vor allem auf den Enthusiasmus der darstellenden Künstler, denn noch heute erhält kaum ein **Fringekünstler** ein Honorar. Von den eingenommenen Eintrittsgeldern versucht man die Unkosten für den Aufenthalt, die Produktion der eigenen Kunst und die Anmietung des Veranstaltungsraumes so gut wie möglich zu decken. Amateurgruppen oder Neulinge der Szene finanzieren nicht nur die Produktionen, sondern auch ihre Anreise, Unterkunft und Verpflegung selbst. Einige lassen ihre normale Berufstätigkeit für vier Wochen ruhen, nehmen ihren Jahresurlaub und verprassen auf diese Weise ihr mühsam Gespartes. Ob einem die Darbietungen gefallen oder nicht, man muss den Künstlern schon alleine hierfür einen gewissen Respekt zollen. Nur wenige werden mit dem ganz großen Erfolg belohnt, finden Erwähnung in den Medien oder werden von Produzenten entdeckt und unter Vertrag genommen.

Die fehlende Qualitätskontrolle führt dazu, dass die Spanne von interessanten und bahnbrechenden Neuproduktionen leider auch zu quasi unerträglichen Amateurpro-

▷ *Vor dem Festivaltheater Gilded Balloon wird die Comedybühne Udderbelly aufgebaut (s. S. 60)*

## Am Puls der Stadt
### Edinburgh – die Festivalstadt

duktionen reicht. Allerdings gibt es auch Vorteile: **Innovatives und experimentelles Theater** findet hier eine Plattform und ein Publikum, zu dem es in der herkömmlichen Theaterlandschaft keinen Zugang hätte. Das Fringe hat eine kreative Atmosphäre, die so auf der Welt einzigartig ist (obwohl vielfach versucht wurde, das Konzept zu imitieren, z. B. in den USA und Australien). Das Fringe ist vor allem für **Comedykünstler** ein Einstieg. So traten z. B. bereits John Cleese und Graham Chapman, die Mitglieder der Monty Python Truppe, auf. Aber auch Größen der Theaterlandschaft wie z. B. der Regisseur Trevor Nunn fanden hier ihren Einstieg in die Karriere. 1969 wurde Tom Stoppards „Rosencrantz and Guildenstern are Dead" hier uraufgeführt und auch einige andere Produktionen schafften es von Edinburgh direkt bis auf die Bühnen des Londoner Westends. Die wichtigsten Adressen für zeitgenössisches Theater sind das Traverse Theatre (s. S. 36) und die Usher Hall (s. S. 38).

Mindestens ebenso wichtig wie die Teilnahme ist das Sehen und Gesehen werden, und die Chance, wichtige **Kontakte zu knüpfen.** Was in der britischen Comedywelt Rang und Namen hat, lässt es sich daher nicht nehmen, hier jedes Jahr wieder aufzutreten. Comedy sieht man vor allem in den Veranstaltungsorten Gilded Balloon/Udderbelly, Pleasance Courtyard und Assembly Rooms. Alle diese Orte haben gleich mehrere Bühnen sowie Bars und Cafés – der Gilded Balloon kann sogar einen Nachtklub vorweisen, wo man den ein oder anderen Prominenten sichten kann.

Wer seinen Besuch gut organisieren und die Festivalzeit optimal nutzen will, der kann bereits ab Mai auf der Website des Fringe Festivalbüros (www.edfringe.com) nähere Infos finden. Das endgültige **Programm** wird meist Anfang/Mitte Juni veröffentlicht (auch online zum Download) und dann beginnt auch der **Kartenvorverkauf.** Die Eintrittspreise reichen von 5 bis 20 £, preiswerte Tickets erhält man z. B. am Eröffnungswochenen-

## Am Puls der Stadt
### Edinburgh – die Festivalstadt

de oder durch die Künstler selbst, die mit Freikarten Zuschauer anwerben. Man sollte so früh wie möglich buchen, da die Tickets sehr begehrt sind und man sonst nur noch auf eine Warteliste kommt. Allerdings zeichnen sich teilweise auch erst während des Festivals bestimmte Publikumsrenner ab. Das Fringe Festivalbüro veröffentlicht einen Daily Guide, aus dem ersichtlich ist, für welche Vorstellungen noch Karten erhältlich sind. Kritiken und Kommentare zu den Vorstellungen findet man in den großen Tageszeitungen wie z. B. The Scotsman, Edinburgh Evening News, The Herald oder ihren Onlineausgaben.

Der Fringe Sunday, der jeweils am zweiten Sonntag nach Beginn des Festivals open air in den Meadows (s. S. 43) stattfindet, ist ein riesiges Volksfest mit vielen Darbietungen wie Akrobatik und Kindertheater.

Fast jedes der Festivals vergibt einen oder mehrere Preise *(Awards)*. So wird der Fringe First Award von der Zeitung The Scotsman für neue Theaterstücke vergeben, der Herald Angels Award von den Kritikern der Zeitung The Herald. Während des Filmfestivals wird eine Reihe von Filmpreisen vergeben, die vom UK Film Council gefördert sind. Einer der renommiertesten und bekanntesten Preise ist sicher der ehemalige Perrier Award, seit 2009 umbenannt in Edinburgh Comedy Award oder kurz Eddie (sozusagen der „Edinburgher Oscar"). Dieser Preis wird seit 1981 für den besten Newcomer der Comedyszene vergeben.

**❺** [F8] **EIF Edinburgh International Festival,** The Hub, Castlehill, EH1 2NE, Tel. 0131 4732000, www.hubtickets. co.uk, www.thehub-edinburgh.co.uk, www.eif.co.uk. Verwaltungsbüro für das International Festival.

●**114** [F8] **Edinburgh Festival Fringe,** 180 High Street, EH1 1QS, Tel. 0131 2260000/2260026, www.edfringe. com. Verwaltungsbüro und Theaterkasse für das Fringe Festival.

## Wichtige Veranstaltungsorte

◑**115** [E8] **Assembly Theatre,** 2/2, 50 George St, südl. Altstadt, EH2 2LE, Tel. 0131 6233030 oder 3000, www. assemblyfestival.com, Theaterkasse: August tägl. Mo. – Fr. 10 – 16 Uhr, Vorstellungen von 9 bis 22 Uhr. Vorwiegend Comedyveranstaltungen.

◑**116** [F9] **Gilded Balloon,** Teviot Row House, 13 Bristo Square, südl. Altstadt, Tel. 0131 6226555, www.gildedballoon. co.uk, Theaterkasse: August: Mo. – Fr. 10 – 16 Uhr, Vorstellungen von 9 bis 22 Uhr täglich. Einer der Hauptveranstaltungsorte für Comedy mit verschiedenen Bühnen und Bars.

◑**117** [G9] **Pleasance Courtyard Edinburgh** (nur August), 60 Pleasance, EH8 9TJ, www.pleasance.co.uk, Tel. 0131 5566550 oder 5561513. Theaterkasse: tägl. 10 – 24 Uhr. Das Pleasance Theatre residiert in London im Stadtteil Islington und verlagert im August seinen Sitz nach Edinburgh. Es ist einer der wichtigsten Comedyveranstalter des Festivals. Im Pleasance Courtyard befinden sich mehrere Bühnen sowie ein Informationsbüro.

◑**118** [F9] **Udderbelly,** Cowgate, Bristo Square, südl. Altstadt, EH8 9AL, Tel. 0844 5458282, www.underbelly.co.uk, Theaterkasse: 5. – 30. Aug. tägl. 10 – 1 Uhr. Udderbelly ist ein aufblasbares Zelt, in Form einer umgedrehten lila Kuh. Während des Festivals, wird es normalerweise auf dem Platz direkt vor dem Gilded Balloon aufgebaut. Hier gibt es Comedyvorstellungen und abends Disco. Weitere Veranstaltungsorte gibt es auf der Cowgate und den George Square Gardens.

Edinburgh entdecken | 61

# EDINBURGH ENTDECKEN

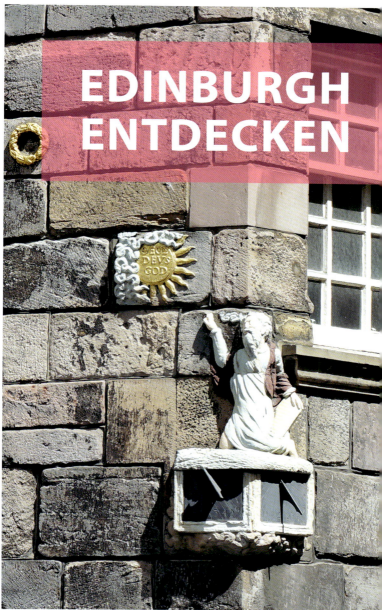

## Edinburgh entdecken
### Old Town: Edinburgh Castle und Royal Mile

Die Innenstadt Edinburghs ist im Wesentlichen in Old Town (Altstadt) und New Town (Neustadt) unterteilt, zwischen denen die Princes Street Gardens verlaufen. Dies macht eine Orientierung für Besucher vergleichsweise einfach. Alle Stadtteile sind mit Bussen gut an das Zentrum angebunden. Seit 2014 ist zudem die neue Straßenbahnline in Betrieb, die vom Flughafen bis zum York Place in der Neustadt führt.

# Old Town: Edinburgh Castle und Royal Mile

Entlang der sogenannten Royal Mile, die sich vom Schloss bis zum Palace of Holyroodhouse erstreckt, befinden sich einige der wichtigsten Sehenswürdigkeiten der Stadt. Die verschiedenen Abschnitte der „Meile" sind mit den Namen Castlehill, Lawnmarket, High Street und Canongate versehen. Die Royal Mile ist gesäumt von zahlreichen Museen und interessanten Bauwerken. Nach einem Besuch des Schlosses wandern die meisten Touristen die Royal Mile hinunter und werden in den Sog der Souvenirgeschäfte gezogen. Hier gibt es Schottenkaro im Überfluss ebenso wie Whisky, Shortbread und Dudelsäcke. Zwischen den Souvenirgeschäften befinden sich zahlreiche interessante Gebäude, Museen und Ausstellungen, sodass man gut und gerne mehrere Tage damit verbringen könnte, alle Sehenswürdigkeiten zu erkunden.

### ❶ Edinburgh Castle ★★★ [E9]

Das Edinburgher Schloss kann man getrost die Hauptattraktion der Stadt nennen. Hier sind immer Ströme von Touristen unterwegs – über eine Million Besucher pro Jahr. Das Schloss ist eine Sehenswürdigkeit, für deren Erkundung man einen ganzen Tag einplanen könnte. Der Gebäudekomplex umfasst unter anderem den Palast mit den schottischen Kronjuwelen und dem Stone of Destiny (Krönungsstein), die St. Margaret's Chapel, das National War Memorial und das National War Museum of Scotland.

Man betritt das Schloss durch das **Portcullis Gate**, wo man einen Audioguide ausleihen kann, den es natürlich auch in deutscher Sprache gibt. Wer genug Englisch spricht, kann sich auch einer der geführten Touren anschließen, die in regelmäßigen Abständen stattfinden. Diese Touren sind im Eintrittspreis inbegriffen.

Auf der rechten Seite des Eingangs befinden sich mehrere Kanonen, genannt die **Argyle Battery**, die über die Neustadt in den Norden hinausragen. Wenn man daran vorbeigeht, gelangt man zu der berühmten **One O'Clock Gun**, die seit dem Jahr 1861 jeden Tag (außer sonntags) um 13 Uhr mittags einen Schuss abfeuert. Ursprünglich diente die Kanone den Schiffen im Hafen von Leith als Zeitansage.

Hinter der One O'Clock Gun führt der Weg in einer Kurve auf einen breiten Hof, genannt **Middle Ward**. Die Museen, die diesen Hof säumen – das **National War Museum of Scotland**, **The Regimental Museum of the Royal Scots Dragoon Guard** und

◁ *Vorseite: Fassadendetail am John Knox House* ❽

# Edinburgh entdecken
## Old Town: Edinburgh Castle und Royal Mile

das **Royal Scots Regimental Museum** – beschäftigen sich mit der militärischen Geschichte Schottlands und seiner Regimenter. Auf der entgegengesetzten Seite des Platzes gelangt man durch das **Foogs Gate** in den oberen Teil des Schlosses, die Zitadelle.

Das erste Gebäude, das hier ins Auge fällt, ist das älteste noch erhaltene Gebäude im Schlosskomplex und eines der ältesten in Edinburgh. Die **St. Margaret's Chapel** wurde im Jahr 1130 erbaut. Im Laufe der Jahre geriet das Gebäude in Vergessenheit und wurde als Lagerraum genutzt, bis seine Bedeutung im 19. Jahrhundert erkannt wurde und man es daraufhin restaurierte.

Neben der Kapelle befindet sich eine Kanone, die aus der Zeit der Belagerung des Schlosses im Mittelalter stammt, mit dem Spitznamen **Mons Meg**. Solche Kanonen waren dazu gedacht, die dicken Mauern von Befestigungen zu durchbrechen und Mons Meg konnte eine Steinkugel fast 3 Kilometer weit schleudern.

Auf der rechten Seite geht es hinauf zu dem höchstgelegenen Platz, an dem sich der **Royal Palace** (Königlicher Palast), die **Great Hall** (der Große Saal), **The Scottish National War Memorial** (Nationale Kriegsgedenkstätte) und das **Queen Anne Café** befinden.

Der Bau des Schlosses wurde von Jakob IV. veranlasst. Zeitweilig wurde es von **Maria Stuart** bewohnt. In den Steinmauern findet man ihre Initialen und die ihres Ehemannes Lord Darnley eingeritzt. Man kann das Schlafzimmer besichtigen, in dem 1566 ihr Sohn **Jakob VI.** (der spätere Jakob I., erster König eines vereinten Englands und Schottlands) geboren wurde.

Eine der größten Attraktionen für Besucher sind die sogenannten **Honours of Scotland** (Ehrenzeichen Schottlands). Sie bestehen aus den Kronjuwelen, die auf die schottischen Könige Jakob IV. und V. im 15. und 16. Jahrhundert zurückgehen. Sie wurden bei Krönungszeremonien getragen. Queen Elizabeth II. trug die Juwelen im Jahr 1953 bei ihrem ersten Besuch in Schottland als neugekrönte britische Königin. Die **Krönungsinsignien** bestehen aus einer Krone, einem Zepter und dem Staatsschwert. Sie erscheinen auch auf dem Wappen Schottlands.

Vor den Wirren des Bürgerkrieges wurden die Kronjuwelen in einem Versteck vergraben, da man befürchtete, dass ihnen dasselbe Schicksal bevorstand wie den englischen Juwelen, die von Oliver Cromwell vernichtet worden waren. Nach der Vereinigung mit England im Jahr 1707 hielt man sie für überflüssig und sie wurden in einer Katakombe des Schlosses eingemottet und gerieten in Vergessenheit. Erst im Jahr 1818 unternahm Sir Walter Scott Anstrengungen, die Juwelen wiederzufinden. Bei einer gründlichen Suche wurde die Kiste entdeckt. Während des Zweiten Weltkrieges wurden die Juwelen wiederum in Sicherheit gebracht. Seither werden sie jedoch im Edinburgher Schloss ausgestellt.

Im Jahr 1996 wurde der **Stone of Destiny** (Stein des Schicksals oder Krönungsstein), auch bekannt als **Stone of Scone**, wieder zu den Insignien hinzugefügt. Der Stein soll traditionell bei der Krönung der schottischen Könige in der Vergangenheit eine Bedeutung gehabt haben. Edward I. entwendete den Stein im Jahr 1296 während der angelsächsisch-schottischen Kriege. Fortan verblieb

# Edinburgh entdecken
## Old Town: Edinburgh Castle und Royal Mile

er 700 Jahre in der Westminster Abbey und war in einen Thron eingebaut. Erst im Jahr 1996 wurde der Stein von der Labour Regierung an Schottland zurückgegeben. Um den Stein ranken sich viele Legenden und eine davon besagt, dass Edward nie den echten Krönungsstein besaß, sondern dass er von Mönchen am River Tay vergraben wurde. Tatsächlich sieht der Stein neben den glitzernden Kronjuwelen etwas unscheinbar aus.

Vor dem Schloss befindet sich die **Castle Esplanade**, ein breiter Platz, der als Parkplatz für Busse und Autos genutzt wird. Im August werden hier Zuschauertribünen für das **Military Tattoo** aufgebaut (s. S. 13). Der Ausdruck „Tattoo" bezeichnet den allabendlichen Trommelwirbel, der die Soldaten dazu aufrief, in die Kaserne zurückzukommen, und der sie ermahnte, dass es Schlafenszeit war. Das Tattoo ist ein fester Bestandteil des Edinburgher International Festivals und umfasst einen Aufmarsch von Dudelsackorchestern verschiedener militärischer Regimenter, ein spektakuläres Feuerwerk und andere Darbietungen des Militärs.

Wenn man von der Castle Esplanade nach oben schaut, sieht man die beeindruckende **Half Moon Battery** (halbmondförmige Geschützgruppe) aus dem Jahr 1578. Sie wurde als Verstärkung für die Verteidigungsanlagen des Schlosses gebaut. Sie überblickte die Royal Mile und damit angreifende Truppen, die auf das Schloss zumarschierten.

› **Edinburgh Castle**, Castlehill, EH1 2NG, www.edinburghcastle.gov.uk, Tel. 0131

*Majestätischer Anblick – das Edinburgher Schloss thront über der Stadt*

## Edinburgh entdecken

### Old Town: Edinburgh Castle und Royal Mile

2259846, Apr.–Sept. 9.30–18 Uhr, Okt.–März 9.30–17 Uhr, Eintritt April–Sept.: Erwachsene 16,50 £, Kinder 5 bis 15 Jahre 9,90 £, ermäßigt 13,20 £. Bei Online-Buchung holt man die Tickets am Automaten und muss nicht Schlange stehen. Audioguides gibt es in verschiedenen Sprachen (Erw. 3,50 £, erm. 2,50 £, Kinder 1,50 £) ebenso wie Informationstafeln in Blindenschrift. Während des Military Tattoo im August können sich die Öffnungszeiten ändern.

### ❷ The Edinburgh Old Town Weaving Company ★ [E8]

Nichts wird öfter mit Schottland assoziiert als das **Schottenkaro**, genannt *Tartan,* und der **Schottenrock**, genannt *Kilt.* Auf der Royal Mile wird den Touristen das Karo in vielen Formen angeboten.

Die **Weberei** Old Town Weaving Centre ist zwar touristisch ausgerichtet, ein Besuch ist aber durchaus interessant und lohnenswert. Man kann hier die Karomuster der Highlandclans (s. S. 88) vom laufenden Meter kaufen zuzüglich der nötigen Accessoires wie Hüte, *Sporran* (kleine Leder- und Felltasche) etc. sowie Decken, Mützen und Teddybären im Schottenkaro.

Im Museum werden Webstühle in Aktion gezeigt und ein Tonband erklärt, wie die komplizierten Muster aus den vielen verschiedenfarbigen Fäden gewebt werden. Beim Besuch wird der Besucher über verschiedene Ebenen einer relativ geräumigen Fabrikhalle geleitet. Wer einen Stoff kaufen möchte, kann sich über die Clanzugehörigkeit informieren oder gleich die entsprechende Hintergrundliteratur kaufen. Wer ein spaßiges Andenken mit nach Hause nehmen möchte, kann sich in voller Kluft als Clanchief

vor historischem Hintergrund fotografieren lassen. Dies ist so beliebt, dass man sich in der Hochsaison hierfür vorher anmelden muss.

> **Old Town Weaving Company,** 555 Castlehill, EH1 2ND, www.geoffreykilts. co.uk, www.royal-mile.com/interest/ tartanweavingmill.html, Tel. 0131 2261555, tgl. 9–17.30 Uhr

### ❸ The Scotch Whisky Experience ★★ [E8]

Empfehlenswert ist die einstündige Tour durch dieses Museum, das direkt unterhalb des Schlosses liegt. Hier erfährt man Interessantes über die Whiskyherstellung und kann Whiskys aus verschiedenen Regionen probieren. Er wird auch erklärt, wie Verschnitte hergestellt werden. Eine Audioführung gibt es in deutscher Sprache.

Wer keine Tour unternehmen will, findet im angeschlossenen Museumsshop eine große Auswahl verschiedener Whiskysorten. Hier kann man außerdem Probierfläschchen kaufen, wenn man sich nicht für eine Sorte entscheiden kann.

> **The Scotch Whisky Experience,** 345 Castlehill, EH1 2NE, Tel. 0131 2200441, www.scotchwhiskyexperience. co.uk, tägl. 10–18 Uhr, Juni–Aug. tägl. 9.30–18.30 Uhr, Eintritt: Es gibt verschieden lange Touren und die Preise rangieren von 14 £ bis 60 £ pro Person.

### ❹ Outlook Tower mit Camera obscura ★ [E8]

Durch das Periskop der Camera obscura sieht man Ansichten der Stadt aus einer ungewöhnlichen Perspektive. Die Camera stammt aus dem Jahr 1853 und ist ein Periskop, das Ansich-

## Old Town: Edinburgh Castle und Royal Mile

# Kleine Whiskykunde

*Das Wort „Whisky" ist die englische Version des gälischen Ausdrucks „uisge beatha" und bedeutet „Lebenswasser". Im Whiskyland Schottland werden mehr als 120 Sorten Single Malt (Scotch) hergestellt, außerdem gibt es viele sogenannte Blends (Verschnitte). Single Malt Whiskys werden aus Wasser, Hefe und gemälzter Gerste hergestellt. Verschnitte hingegen sind oft wesentlich billiger und enthalten preiswerteren Whisky, der außer Gerste auch noch andere Getreidesorten enthält. Whisky ist wie Brandy ein warmes Getränk, das sein Aroma am besten entfaltet, wenn es bei Zimmertemperatur getrunken wird. Über Menschen, die ihren Whisky „on the rocks" trinken, rümpfen Whiskykenner daher eher die Nase. Allerhöchstens gibt man ein paar Tropfen Wasser hinzu, das Zimmertemperatur hat.*

*In Schottland gibt es zahlreiche Destillerien, in denen Whiskys mit den unterschiedlichsten Geschmacksnoten gebrannt werden. In der Region Speyside wird über die Hälfte aller Scotch Whiskys gebrannt. Hier befinden sich z. B. die Destillerien Glenfiddich und Glenlivet. Auf der Insel Islay wird Whisky mit Torfrauch aromatisiert. Dadurch erhalten z. B. die Sorten Lagavulin und Laphroaig einen würzigen Geschmack.*

*Je länger ein Whisky im Fass gelagert wurde, umso besser sind der Geschmack und seine Qualität. Die minimale Lagerzeit beträgt drei Jahre. Die teureren Whiskys haben allerdings eine Lagerzeit von 8 oder 12 Jahren, in Einzelfällen sogar von bis zu 25 Jahren.*

ten aus der Stadt direkt auf eine weiße Leinwand projiziert. Die Stars der Show sind die Bewohner der Stadt und ihre Aktivitäten, die auf Ameisengröße verkleinert dargestellt werden. Der Rest der Ausstellung zeigt ungewöhnliche optische Objekte wie z. B. 3-D-Hologramme, mit denen Erwachsene und Kinder interaktiv herumspielen können. Diese Attraktion eignet sich daher besonders gut für Kinder.

> **The Outlook Tower,** Castlehill, EH1 2ND, www.camera-obscura.co.uk, Tel. 0131 2263709, Apr.–Juni, tägl. 9.30–19 Uhr, Juli–Aug. tägl. 9.30–21 Uhr, Sept.–Okt. tägl. 9.30–19 Uhr, Nov.–März tägl. 10–18 Uhr, Eintritt: Erwachsene 13,95 £, erm. 11,95 £, Kinder 5–15 Jahre 9,95 £, Kinder unter 5 Jahren frei

## ❺ The Hub ★★ [F8]

Die Heimat des Büros des Edinburgh International Festivals ist das ganze Jahr über geöffnet. Hier gibt es Ausstellungen und das angenehme Café-Restaurant **Cafe Hub.** Das Gebäude, ursprünglich die Kirche **Tolbooth Kirk,** entstand in den Jahren 1842 bis 1844 und wurde von dem Stararchitekten der viktorianischen Ära Augustus Pugin in Zusammenarbeit mit James Gillespie Graham entworfen. Einige Bauelemente ähneln denen der Houses of Parliament in London, die auch von Pugin konzipiert wurden. Der Kirchturm des Gebäu-

**KLEINE PAUSE**

**Cafe Hub**
Das Café im Hub Festivalbüro ist für eine Pause zu empfehlen, es gibt nette Kleinigkeiten zu essen. Wer draußen sitzt, kann außerdem das Treiben auf der Royal Mile verfolgen (s. S. 32).

# Edinburgh entdecken
## Old Town: Edinburgh Castle und Royal Mile

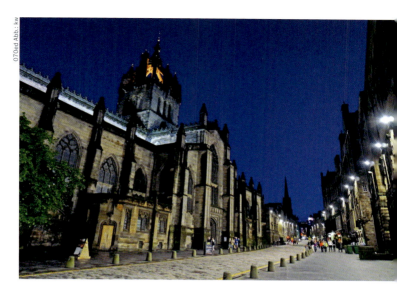

des ist mit 74 Metern der höchste in Edinburgh und das Gebäude hat viele neugotische Verzierungen. Es wurde einst als Versammlungshalle der Church of Scotland genutzt. Seit 1984 ist die ehemalige Kirche der Sitz der Verwaltung des Edinburgh International Festivals. Hier bekommt man während des Festivals die nötigen Tickets (das Fringe Festival hat allerdings sein eigenes Büro etwas weiter unten auf der High Street).
> **The Hub Fstivalbüro und Café,**
  Castlehill, EH1 2NE, Tel. 0131 4732000, www.hubtickets.co.uk, Mo-Sa 10-17 Uhr

*Der Touristentrubel vom Tage ist verebbt: die beleuchtete St. Giles Church an der High Street*

### ❻ St. Giles Church ★★★ [F8]

*Die St. Giles Church ist nach dem Schutzpatron der Stadt benannt. Sie ist die wichtigste Kirche Edinburghs, von der aus John Knox die schottische Reformation vorantrieb.*

Der Glockenturm ist wie eine Krone geformt. Die verschiedenen Gebäudeteile der Kirche datieren aus verschiedenen Jahrhunderten. Die Säulen, die den Kirchturm stützen, sind normannischen Ursprungs. Aus dem Mittelalter sind die Steinmetzarbeiten in der Albany Aisle (Seitenschiff). Der **Kirchturm** selbst, der an eine Königskrone erinnert, stammt aus dem Jahr 1485. Die bunten **Glasfenster** von Edward Burnes Jones und William Morris in der Albany Aisle entstanden zum Teil in der viktorianischen Ära und zum Teil in der präraffaelitischen Periode (d. h. Vorläufer des Jugendstils). Es gibt auch ein **Burns Window** aus dem Jahr 1985,

## Old Town: Edinburgh Castle und Royal Mile

# Jakobiteraufstände – das Ende der Highlandclans

*Die Bevölkerung der Highlands blieb bis etwa 1700 weitgehend unangetastet von den Missionierungen durch die presbyterianische Kirche. Die Clangesellschaft war nach der alten Feudalordnung aufgebaut und die Clanaristokratie verhielt sich loyal zu den Königen der Stuarts, d. h. dem katholischen Glauben. In Anlehnung an den Namen des letzten Stuart-Königs Jakob II. entstand die **Rebellengruppe der Jakobiter**, die sich gegen die protestantische Reformation aussprach und für die Wiedereinsetzung der katholischen Stuart-Monarchie kämpfte. Unterstützung fanden die Jakobiter vor allem unter den Highlandclans im Norden und Westen (nördlich des River Tay). Als der im Jahr 1688 abgesetzte König Jakob 1701 verstarb, erklärte sich sein Sohn Jakob Friedrich Eduard Stuart zu seinem rechtmäßigen Nachfolger, zu Jakob III. („The Old Pretender"). Mit Unterstützung von König Louis XIV. von Frankreich betrieben die Jakobiter fortan eine Politik, Jakob III. zum Thron zu verhelfen. Die Engländer sahen in diesen Bestrebungen eine direkte Bedrohung für die englische Monarchie und man fürchtete eine Konterreformation, insbesondere gegen Georg I. von Hannover, der seit 1714 regierte.*

*1715 kam es zum **ersten Jakobiteraufstand** (auch „The Fifteen" genannt) unter dem Earl of Mar. Jakob III., der in Frankreich lebte, landete mit dem Schiff im Dezember 1715 in Peterhead. Der Earl of Mar hatte derweil eine Armee von 10.000 Mann zusammengetrommelt, vor allem aus den schottischen Lowlands. Es fanden verschiedene Kämpfe statt, jedoch unterlagen die Jakobiter und Jakob reiste 1716 wieder nach Frankreich zurück.*

*1745 kam es zu einem weiteren **Aufstand** („The Fortyfive") unter dem Sohn von Jakob III., Karl Eduard Stuart (auch bekannt als **Bonnie Prince Charlie** oder „The Young Pretender"). Der Plan von Karl war es, mit einer Armee von 10.000 Mann an der Südküste Englands zu landen und dort die Hannoveraner in eine Schlacht zu verwickeln. Dieser Plan wurde vereitelt und so landete er im Sommer 1745 in den westlichen Highlands auf der Hebriden-Insel Skye.*

*Mit sich gebracht hatte er letztlich nur eine Handvoll Männer und einige Goldreserven. Er versammelte eine Armee, hauptsächlich bestehend aus Angehörigen der Highlandclans, die mit der Fähre in North Berwick landeten. Sie hatten zunächst einigen Erfolg und trieben die Regierungstruppen nach Süden, nach Prestonpans nahe Dunbar, wo man einen Sieg errang. Das **Edinburgher Schloss** besetzte Bonnie Prince Charlie im September 1745 praktisch ohne Kampf.*

das Szenen aus dem Werk von Robert Burns darstellt.

Die Kirche spielte während der schottischen **Reformation**, aber auch während des englischen Bürgerkriegs im 17. Jahrhundert eine wichtige Rolle. **John Knox** wurde 1555 Pfarrer in St. Giles und setzte sich dafür ein, dass der presbyterianische Glauben zur offiziellen Religion Schottlands wurde. Im westlichen Flügel der Kirche befindet sich eine Statue aus dem Jahr 1904, die an ihn erinnert. Die St. Giles Church wird gerne auch

# Edinburgh entdecken

## Old Town: Edinburgh Castle und Royal Mile

Allerdings weigerte sich der Stellvertretende Gouverneur, General George Preston, sich zu ergeben und offiziell blieb die Verwaltung des Schlosses daher in seiner Hand. Am 21. September versuchten die Jakobiter eine Blockade um das Schloss zu errichten, worauf General Preston sie unter Beschuss nehmen ließ. Im November gaben die Jakobiter das Vorhaben auf.

Karls Pläne einer Invasion Englands waren mit seiner kleinen Truppe illusorisch. Die Unterstützung, die er sich vom französischen König erhofft hatte, blieb ebenfalls aus. Die wenigen Schiffe, die gesendet wurden, waren außerstande, durch die Verteidigungslinien der Royal Navy zu brechen. Um Inverness im Norden zu halten, beorderte Karl seine Armee aus dem Süden zurück nach Norden, wo es schließlich am 16. April **1746** zur entscheidenden **Schlacht bei Culloden** kam. Hier gewannen die Regierungstruppen unter dem Duke of Cumberland und die jakobitische Bewegung wurde ein für alle Mal besiegt. Etwa 200 Clansmänner fanden in der Schlacht den Tod. Karl versteckte sich noch einige Zeit in den Highlands und entkam schließlich im September 1746 nach Frankreich. Er verstarb an den Folgen von Alkoholismus. Im Jahr 1844 wurde in Erinnerung an seine Flucht der **Skye Boat Song** veröffentlicht, der die tragische Geschichte von Bonnie Prince Charlie romantisiert. Das Lied wird auch heute noch gerne und oft gesungen.

Die britische Regierung begann nun eine systematische Politik der **Zerschlagung der Highlandclans** („Highland Clearances"). Viele nördliche Gebiete wurden von der Armee besetzt. Die Vertreibung dauerte fast ein Jahr lang. Viele Gemeinden in den Highlands wurden geplündert und in Brand gesteckt. Die Clanchiefs, denen man eine Unterstützung der Jakobiter nachweisen konnte, wurden enteignet. Von Befestigungen wie Fort Augustus und Fort William aus überwachte die Armee das Gebiet.

Mit dem **Disarming Act von 1746** wurde das Tragen von Waffen und Schottenkaro verboten, da man annahm, dass dies den Nationalismus und die Rebellionsbereitschaft der Highlander fördern könne. Im Jahr 1782 wurde diese Verordnung jedoch wieder aufgehoben. Dennoch war dies der Anfang vom Ende der alten Clanordnung. Viele der Clanchiefs waren eher daran interessiert, am wirtschaftlichen Aufschwung Schottlands teilzuhaben, als für eine verlorene Sache zu kämpfen. Nach der Schlacht von Culloden wuchsen die beiden Nationen England und Schottland fester zusammen.

eine „Kathedrale" genannt, was sie aber eigentlich nicht ist. 1633 erhob Karl I. die Kirche zwar in den Stand einer Kathedrale, indem er einen Bischof für die Diözese Edinburgh ernannte. Da die presbyterianische Kirche die Autorität von Bischöfen jedoch ablehnte, verlor das Gebäude den Anspruch auf den Titel bald wieder. 1582 kam es zu einer Aufspaltung der presbyterianischen Kirche in die gemäßigte **Scottish Episcopal Church** sowie die radikalere **Church of Scotland** („The Kirk"). Die letztere war

# Edinburgh entdecken
## Old Town: Edinburgh Castle und Royal Mile

viel demokratischer, sah eine direkte Verbindung von Gott zu den Gläubigen und lehnte Bischöfe ab.

Karl I., der sich in Schottland krönen ließ, unternahm Anstrengungen, die Church of Scotland an die Traditionen der anglikanischen Kirche in England anpassen. 1637 ließ er von anglikanischen Bischöfen ein Gebetsbuch erstellen, das fortan in Schottland benutzt werden sollte. Dies erschien den protestantischen Presbyterianern fast wie ein Rückschritt zum Katholizismus und ein unüberwindliches Hindernis. Während eines Gottesdienstes, bei dem aus dem Gebetsbuch gepredigt wurde, brodelten die Emotionen und eine gewisse Jenny Geddes, eine ortsansässige Marktverkäuferin, nahm den Klappstuhl, auf dem sie gesessen hatte und warf ihn auf den Pfarrer. Daraus entwickelte sich ein gewalttätiger Aufstand, der zu einer offenen Revolte gegen Karl I. anwuchs. Dies war eine der ersten Vorandeutungen des Bürgerkrieges. An dieses Ereignis erinnert heute ein dreibeiniger Stuhl in der Kirche.

1638 führte die Rebellion zur Festlegung des National Covenant, eines Gelübdes der schottischen Presbyterianer gegenüber Gott, ihre Kirche gegen die Eingriffe durch Karl I. zu verteidigen. Viele der Aufständischen unterzeichneten das Dokument in der Greyfriars Kirche ⑰, angeblich mit ihrem eigenen Blut. Heute ist das Dokument in dem Flügel der Preston Aisle ausgestellt.

Zwei der Männer, die hierin involviert waren, liegen in der Kirche begraben: James Graham, **Marquess of Montrose**, und Archibald Campbell, **Marquess of Argyll**. Sie sind ein Beispiel dafür, wie die Reformation und der Bürgerkrieg Schottland aufspalteten. Beide Männer unterzeichneten den National Covenant gegen Karl I., aber Montrose entschloss sich später dazu, den König zu verteidigen und mobilisierte eine Armee gegen Argyll. Zur Strafe wurde er 1650 vor der Kirche geköpft und sein Kopf wurde auf einem Speer als Warnung ausgestellt. Argyll wurde während der Restauration durch Karl II. 1661 auf ähn-

## Old Town: Edinburgh Castle und Royal Mile

liche Weise hingerichtet. Beide Männer wurden später (zusammen mit ihren Köpfen) in der Kirche begraben. Das Grab von Montrose findet sich im Flügel der **Chepman Aisle** und Argylls Grab in **St. Eloi's Aisle.**

Nach der Reformation erlebte die Kirche eine abenteuerliche Geschichte: Sie war Polizeistation, beheimatete kurzzeitig die Feuerwehr, eine Schule und diente als Kohlenkeller. Das schottische Parlament traf hier zusammen ebenso wie die Stadtverwaltung und die Generalversammlung der Church of Scotland. Heutzutage wird die Kirche für Staatsanlässe genutzt, beispielsweise von der Queen.

Die Kapelle auf der Südostseite gehört dem **Orden der Distel** (Order of the Thistle), einem Ritterorden ähnlich dem der Templer, der der höchstrangige Orden Schottlands ist. Der Schutzheilige Schottlands, St. Andrews, ist auch der Schutzheilige des Ordens. Die Kapelle, die im Jahr 1911 gebaut wurde, ist ausladend dekoriert und weist mittelalterliche Stilelemente auf wie z. B. Wappen mit Tiermotiven, gotische Kreuzgänge und thronähnliche Stühle.

❯ **St. Giles Church,** Royal Mile, Parliament Square, EH1 1RE, Tel. 0131 2259442, www.stgilescathedral.org.uk, Winter (Okt.–April) Mo.–Sa. 9–17 Uhr, So. 13–17 Uhr, Sommer (Mai–Sept.) Mo.–Fr. 9–19 Uhr, Sa. 9–17 Uhr, So. 13–17 Uhr. Der Eintritt ist frei, aber es wird um eine Spende von 3 £ für die Erhaltung des Gebäudes gebeten. Fotografieren ist erlaubt, kostet aber 2 £.

◁ *Grab des Marquess of Montrose in der St. Giles Church*

### ❼ Parliament Square mit Parliament House ★ [F8]

Der Platz, auf dem sich die Kirche St. Giles ❻ befindet, ist auf drei Seiten umgeben von Gebäuden, die heute zum großen Teil zum Justizpalast gehören. Das Gebäude direkt hinter der Kirche beheimatete für mehrere Jahre das schottische Parlament, bevor dieses mit dem englischen Parlament zum britischen Parlament zusammengelegt wurde und fortan im Palace of Westminster tagte. Obwohl das Gebäude heute von Anwälten und ihren Klienten genutzt wird, ist es für Besucher offen und man kann einen Blick in die große Haupthalle werfen, in der von 1639 bis 1707 die 314 Abgeordneten des schottischen Parlaments tagten. Die Halle beherbergt eine kleine Ausstellung über die Geschichte des Gebäudes. Im Jahr 1707, als der Act of Union beschlossen wurde, beendete Kanzler Seafield die Sitzung mit den Worten: „Diese Versammlung ist vertagt". Damals ahnte wohl niemand, dass es bis zum Jahr 1999 dauern würde, bis das schottische Parlament erneut zusammentreten würde.

Das gotische Deckengewölbe erinnert an die Konstruktion der Westminster Kathedrale in London. Das Parliament House wurde im 18. Jh. restauriert und eine neue klassizistische Fassade wurde angefügt, um es in Einklang mit der restlichen Architektur des Platzes zu bringen.

In der Mitte des Parliament Square befindet sich ein in das Pflaster eingebautes Muster in Form eines Herzens. Auf diesem sogenannten **Heart of Midlothian** befand sich früher das alte Gefängnis, das direkt an die Justizgebäude angeschlossen war. Ein alter Aberglaube besagt, dass es

# Edinburgh entdecken
## Old Town: Edinburgh Castle und Royal Mile

Glück bringt, auf das Herz zu spucken. Das „Heart" hat auch einem der Fußballteams Edinburghs seinen Namen verliehen (s. S. 128).

> **Parliament House,** Royal Mile, Parliament Square, EH1

### ❽ Scottish Storytelling Centre/ John Knox House ★★ [G8]

Das **ehemalige Wohnhaus von John Knox** aus dem Jahr 1470 ist eingegliedert in das Storytelling Centre. Hieran grenzte einst eines der mittelalterlichen Stadttore, das sogenannte **Netherbow Gate.** An dieser Stelle befand sich die Stadtgrenze zwischen der Altstadt und dem Viertel Canongate. Wer die Altstadt durch dieses Tor betreten wollte, musste Zoll zahlen – auch wenn er eigentlich in der Altstadt wohnte und diese nur kurzzeitig verlassen hatte. Dies führte dazu, dass viele der ärmeren Einwohner nie die Stadtgrenzen verließen, da sie sonst nicht mehr in der Lage gewesen wären, nach Hause zurückzukehren. Das Tor selbst wurde 1764 abgerissen. Ursprünglich war das Haus von dem Goldschmied von Mary, Queen of Scots bewohnt worden, wurde jedoch zur letzten Residenz von John Knox. Die Königin und der Reformator trafen hier mehrfach zusammen. Die Glocke aus dem Stadttor, die **Netherbow Bell** aus dem Jahr 1621, wurde in den Glockenturm des Storytelling Centre integriert. Das neue Storytelling Centre erinnert an die **alte keltische Tradition des Geschichtenerzählens** und der Rezitation von Epen. Hier gibt es Veranstaltungen für Kinder und Erwachsene, die sich mit keltischer Tradition beschäftigen und im Oktober findet das Storytelling Festival statt (s. S. 14)

Im **John Knox House** werden die Lebensgeschichte von John Knox und sein religiöser Konflikt mit Maria Stuart dargestellt. Ein Audioguide über die Geschichte des Hauses und seiner Bewohner ist erhältlich.

> **Scottish Storytelling Centre,** John Knox House, 43–45 High Street, EH1 1SR, www.scottishstorytellingcentre.co.uk, Tel. 0131 5569579, John Knox House: Mo.–Sa. 10–18 Uhr, Juli–Aug. auch So. 12–18 Uhr, Eintritt: Erwachsene 5 £, erm. 4 £, Kinder 1 £, unter 7 Jahren frei

### ❾ Canongate Tolbooth – People's Story Museum ★ [H8]

Dieses Gebäude aus dem Jahr 1591 ist eines der ältesten Gebäude in Edinburgh und fällt wegen seines Uhrturms ins Auge, der auf die Straße herausragt (die Uhr stammt aus dem Jahr 1884). Das Haus wurde von dem Feudalherren Sir Lewis Bellenden of Auchintoul errichtet. Die Verwaltung des Bezirks Canongate nutzte es zur Rechtsprechung und als Gefängnis. Außerdem mussten hier Zoll und Steuern entrichtet werden. 1879 wurde es restauriert. Heute ist hier ein **Museum über die Geschichte der Bewohner Edinburghs** untergebracht. Das Museum beschreibt das Leben der „einfachen Leute" aus dem 17. Jahrhundert bis zum heutigen Tage. Die Informationen, basierend auf Augenzeugenberichten und Situationen des täglichen Lebens, werden eindrucksvoll in Szene gesetzt.

Nicht weit von hier, vor dem Eingang des Canongate Friedhofs, kann man eine **Statue des Poeten Robert Fergusson** sehen, dessen Ge-

▷ *Der Palace of Holyroodhouse* ⓫*, eingebettet in eine weite Parkanlage*

## Edinburgh entdecken
### Old Town: Edinburgh Castle und Royal Mile

dicht „Auld Reekie" Edinburgh seinen Spitznamen gab. Hier liegt auch der Privatsekretär von Maria Stuart, David Rizzio, begraben (s. S. 74).

> **Canongate Tolbooth/The People's Story,** EH8 8BN, Tel. 0131 5294057, www.edinburghmuseums.org.uk, Mo.–Sa. 10–17, Aug. auch So. 12–17 Uhr, Eintritt: frei

### ❿ Scottish Parliament ★★★ [H8]

*Das schottische Parlamentsgebäude ist ein Wahrzeichen der neugewonnenen Unabhängigkeit Schottlands im Jahr 1999. Am unteren Ende der Canongate wurde das Gebäude errichtet und im Jahr 2004 eingeweiht.*

Voller Ambitionen gab man 1999 den Bau des Parlamentsgebäudes in Auftrag, ein Projekt, das viele Kontroversen auslöste. Der katalanische Architekt Enric Miralles, der den Entwurf für das Gebäude lieferte, verstarb bereits im Jahr 2000 und der Bau ging nur langsam voran. Aus den anfänglich geplanten 40 £ Millionen für den Bau wurden bis zur Fertigstellung im Jahr 2004 400 £ Millionen. Dies führte zu vielen Diskussionen und der Anklage, dass Edinburgh Anwandlungen von Größenwahn habe. Seit das Parlament hier tagt, hat es zwar keine weiteren Diskussionen gegeben, es gibt allerdings immer noch Kritiker, die behaupten, Miralles Entwurf habe es nicht geschafft, sich geschmackvoll in die umliegende Landschaft des Holyrood Parks und die historische Architektur des Holyrood Palastes einzupassen. Das umstrittene Gebäude gewann im Jahr 2005 den Architekturpreis des Royal Institute of British Architects (RIBA).

Die Fassade des Gebäudes zeigt eine Reihe von fantasievollen asymmetrischen Linien und Dekorationen. Das Bauwerk hebt sich von der klassischen Eleganz des gegenüberliegenden Hollyrood Palastes und den moosbewachsenen Felsen der Salisbury Crags im Hintergrund ab. Man kann sich einer Führung durch das Gebäude anschließen, wenn das Parlament nicht tagt.

# Edinburgh entdecken
## Old Town: Edinburgh Castle und Royal Mile

> **Scottish Parliament**, Canongate, EH99 1SP, Tel. 0131 3485200, www.scottish.parliament.uk, Mo, Fr, Sa und Feiertage 10–17, Di–Do 9–18.30 Uhr. Auf der Website kann man sich für eine kostenlose Führung vormerken lassen.

### ⑪ Palace of Holyroodhouse und Holyrood Abbey ★ ★ ★ [I8]

*Der Palast war und ist der bevorzugte Sitz der gekrönten Häupter Großbritanniens, wenn diese in Schottland weilen. Er ist auch die offizielle Residenz der Queen, wenn sie Edinburgh besucht und wird gerne für schottische Staatsanlässe genutzt.*

Jakob IV. veranlasste im Jahr 1498 den Bau des Palastes, um etwas mehr Komfort zu haben, da das alte Schloss zugig und unmodern geworden war. Seitdem wurde das Gebäude erweitert und erneuert, insbesondere durch Karl II. Was Besucher heute sehen, ist im Wesentlichen das Gebäude aus dem 17. Jahrhundert. Die Innendekoration versucht sich mit der barocken Pracht des Schlosses Versailles von Louis XIV. zu messen.

Man kann eine Anzahl von Räumen besichtigen, u. a. die privaten Gemächer von Maria Stuart, in denen sich die grausige Ermordung ihres Privatsekretärs David Rizzio durch ihren Mann, Lord Darnley, zutrug (s. S. 75). Bonnie Prince Charlie hielt sich kurzzeitig hier auf, bevor er vor dem Hannoveraner König Georg II. seine Niederlage erklären musste. Die *Great Gallery* (Große Galerie) ist sehr sehenswert, denn hier befinden sich 96 Porträts von gekrönten Häuptern Schottlands bzw. Herrschern aus den frühesten Jahrhunderten.

An den Palast angeschlossen ist die **Abbey of Holyrood**. Hierhin ge-

## Auf den Spuren von Mary, Queen of Scots

*Dem Vermächtnis von Maria Stuart, oder auch Mary, Queen of Scots (1542–1587), begegnet man in Schottland überall. Obwohl zu Lebzeiten umstritten und nicht unbedingt vom gesamten schottischen Volk geliebt, ist sie heute eine Ikone. Vor allem ihr bewegtes Liebesleben und ihr tragisches Schicksal machen sie für heutige Generationen interessant.*

*Sie war die Tochter von Jakob Stuart V. von Schottland (1512–1541) und Maria von Guise (1515–1560). Nach dem Tod von Jakob Stuart wurde die nur neun Monate alte Maria zu seiner Nachfolgerin gekrönt, wobei ihre Mutter als eigentliche Regentin fungierte. Als Französin versuchte Maria von Guise, die Verbindungen mit Frankreich aufrechtzuerhalten. Im Alter von sechs Jahren wurde Maria Stuart an den französischen Hof gesandt, wo sie mit dem französischen Thronerben Franz II. aufwuchs, mit dem sie 1558 im Alter von 16 Jahren vermählt wurde. Franz II. bestieg 1559 den französischen Thron, wodurch Maria gleichzeitig Königin von Frankreich und Schottland wurde. 1561 verstarb ihr Ehemann und Maria kehrte nach Schottland zurück, wo sie ein durch die protestantische Reformation verändertes Land vorfand. Die Mitglieder des Rates waren fast alle Protestanten und standen auf der Seite Englands. Als Katholikin war sie daher nicht gern gesehen. John Knox, der sich bereits mit ihrer Mutter auseinandergesetzt hatte, führte nun mit ihr religiöse Streitgespräche, die sie zuweilen zur Verzweiflung trieben. Maria*

## Auf den Spuren von Mary, Queen of Scots

war jedoch auch dafür bekannt, dass sie lebenslustig war, gerne tanzte, jagte und Wert auf eine gute Garderobe legte. 1565 heiratete Maria ihren Cousin Lord Darnley. Darnley war ein Katholik und weder Elizabeth I. noch die protestantischen Räte waren über die Verbindung besonders glücklich. Die Ehe stand unter keinem guten Stern und Darnley wurde 1567 angeblich erwürgt im Garten an seinem Haus aufgefunden. Gleichzeitig hatte in dem Haus aber auch eine Explosion stattgefunden, sodass die Todesursache nie ganz geklärt wurde. Maria wurde beschuldigt, an seinem Tod nicht ganz unschuldig gewesen zu sein, denn kurz zuvor war Lord Darnley in den Mord ihres Privatsekretärs und Vertrauten David Rizzio verwickelt gewesen, was sie ihm nie verzeihen konnte. Im Palace of Holyroodhouse ⓫ erinnert eine Plakette in den Gemächern der Königin an die Ermordung von Rizzio. Rizzio wurde auf dem Friedhof der Canongate Church begraben.

Aus der Ehe mit Lord Darnley ging Jakob VI. hervor (1566–1615), der im Edinburgher Schloss ❶ geboren wurde. Als Thronerbe wuchs er jedoch nicht bei ihr auf, sondern unter der Aufsicht von Protestanten in Linlithgow Palace. Nach einem Besuch bei ihrem Sohn im Jahr 1567 wurde Maria auf dem Rückweg nach Edinburgh von Lord Bothwell aufgehalten. Er verbrachte sie auf seinem Schloss in Dunbar (s. S. 104), wo er, den Quellen zufolge, gegen ihren Willen ein Eheversprechen von ihr erzwang. Später stellte sich heraus, dass Bothwell wahr-

scheinlich in die Ermordung von Lord Darnley verwickelt war, da er das Schießpulver besorgt haben soll, das zur Explosion von Darnleys Haus geführt hatte.

Auch diese dritte Ehe wurde vom schottischen Adel nicht gutgeheißen und Maria wurde im Schloss Leven unter Hausarrest gestellt. Am 24. Juli 1567 wurde sie gezwungen, der schottischen Krone zu entsagen, die damit auf ihren Sohn überging.

1568 floh Maria aus dem Gefängnis in Loch Leven nach England, wo sie von den Offizieren von Elizabeth I. gefangengenommen wurde. Elizabeth sah in ihr eine zu große Bedrohung für die englische Krone und so verbrachte Maria die nächsten Jahre in Gefangenschaft in verschiedenen Schlössern Englands. Von den schottischen Lords gab es Bestrebungen, sie für den Mord an Lord Darnley rechtmäßig zu verurteilen. Schließlich wurde Maria nachgewiesen, dass sie versucht hatte, durch Komplotte Elizabeth I. zu stürzen, um an den englischen Thron zu gelangen. Obwohl es ihr widerstrebte, sich an ihrer Verwandten und einer ehemaligen Königin zu vergreifen, sah Elizabeth I. schließlich keine andere Möglichkeit, als Maria zu verurteilen. Am 7. Februar 1587 wurde Maria in Fotheringhay Castle in Northamptonshire geköpft.

Porträts der gesamten Stuart-Familie, von Jakob V. bis Franz II., kann man in der Scottish National Portrait Gallery ㉑ sehen. Hier gibt es sogar eine dramatisierte bildliche Darstellung von Marias Hinrichtung.

# Spaziergang auf dem Vulkan – Arthur's Seat

*Edinburgh sitzt auf sieben Hügeln vulkanischen Ursprungs. Arthus's Seat – der Hausberg der Edinburgher – ist einer davon. Dort, wo die Royal Mile am Holyrood Palace und dem schottischen Parlament endet, beginnt der Holyrood Park (s. S. 43), aus dem der Hausberg im Osten herausragt. Der graswachsene Arthur's Seat ist mit 251 Metern ü. d. M. die höchste Erhebung der Stadt und etwa 350 Millionen Jahre alt. Südwestlich erheben sich weitere Ausläufer der Hügelkette – die zerklüfteten Felsen der Salisbury Crags.*

*Wie der Berg zu seinem Namen kam, ist nicht ganz geklärt. Viele glauben hierin eine Anspielung auf König Arthur der Angelsachsen zu sehen. Historisch macht dies jedoch wenig Sinn. Wahrscheinlicher ist, dass der Name von dem Ausdruck „Archers' Seat" (Sitz der Bogenschützen) abgeleitet wurde. Archäologische Funde haben belegt, dass sich in der Eisenzeit ein oder mehrere Hügelforts hier befunden haben.*

*Der **Holyrood Park**, der insgesamt 270 Hektar umfasst, war einst das Jagdgelände der königlichen Familie. Erst im Jahr 1856 wurde das Gebiet landschaftlich gestaltet, vornehmlich vom Gemahl Königin Victorias, Prinz Albert. Er ließ die Seen St. Margaret's Loch und Dunsapie Loch künstlich anlegen. Heute kümmern sich die Holyrood Park Rangers um den Park und bieten auch geführte Touren an: www.historic-scotland.gov.uk/ranger. Beim Ranger Cottage schauen gigantische Pflanzenskulpturen von den Bäumen auf die Wanderer.*

*Der einzige natürliche See in dem Gebiet ist **Duddingston Loch** im Süden des Parks. Er ist heute ein Vogelschutzgebiet. Duddingston Village ist ein hübsches Örtchen mit einem historischen Pub, dem Sheep Heid Inn. Hier kann man nach einem Spaziergang gut einkehren.*

*Am kürzesten und einfachsten ist der **Aufstieg auf Arthur's Seat** von Dunsapie Loch auf der Ostseite des Berges (dauert nur ca. 20 Min.). Weitere Aufstiegsmöglichkeiten gibt es vom Parkplatz bei St. Margaret's Loch, vorbei an der Ruine der St. Athony's Chapel, die auf das 15. Jahrhundert zurückgeht. Dies ist ein langsam ansteigender Pfad.*

*Auch vom Duddingston Loch aus gibt es einen Wanderweg. Wer nicht mit dem Auto unterwegs ist, kann auch direkt beim Parlament die Straße überqueren und entlang der Straße auf dem asphaltierten Pfad in Richtung St. Anthony's Chapel laufen. Beim St.*

## Old Town: Edinburgh Castle und Royal Mile

*Margaret's Loch steigt der Pfad auf den lang gezogenen Kamm des Berges, der aufgrund seiner Form auch mit einem schlafenden Löwen verglichen wird.*

*Der **Wissenschaftler James Hutton** (1726-1797), der als Vater der modernen Geologie angesehen wird, entwickelte zur Zeit der Aufklärung anhand der Gesteinsformationen und Erdschichten, die er unter anderem bei den Salisbury Crags entdeckte, die Theorie, dass die Erde sich in einem Zyklus ständiger Wandlung von Zerstörung und Erneuerung befindet und dass geologische Aktivitäten die Zusammensetzung des Erdreichs beeinflussen. Diese Forschungen, die er 1785 veröffentlichte, waren bahnbrechend, denn selbst zu dieser Zeit war man noch der Annahme, die Erde sei nur etwa 6000 Jahre alt. Nach Abschluss seiner Dissertation lehrte er Geologie an der Universität von Edinburgh. Die sogenannte „Hutton's Section", wo sich verschiedene Gesteinsschichten am Berg zeigen, sieht man beim Aufstieg auf die Salisbury Crags bei der Radical Road.*

*Für die Edinburgher ist der Holyrood Park mit dem Hausberg ein **beliebter Naherholungsort**. Gruppen von Studenten wandern auch nachts hierher, um bei Sternenlicht das ein oder andere Bier zu genießen. Unabhängig von der Tageszeit sollte man beim Wandern in dem Gelände angemessenes Schuhwerk tragen, denn die Pfade sind teilweise uneben und können bei Regen rutschig sein. Auch für Wetterumschwünge sollte man ausgerüstet sein, denn in dieser Ecke Schottlands ist es sehr windig und es kann bei Regen recht kühl werden.*

🔴**119** *Sheep Heid Inn, 43-45 The Causeway, EH15 3QA, Tel. 0131 6617974, www.sheepheidinn.co.uk*

langt man nur durch den Palast. König David I., der Sohn von Malcolm III. Canmore, ließ hier im Jahr 1128 eine Abtei errichten. Angeblich war David bei der Jagd im Holyrood Park von einem männlichen Hirsch angegriffen worden und konnte sich nur retten, indem er dem Tier ein Kruzifix entgegenhielt. Als Dank für seine Rettung nannte er die Abtei „Holy Rood", „Heiliges Kreuz". Im Laufe der Jahre bildete sich um die Abtei herum die Ansiedlung Canongate, das Viertel, das bis heute den östlichen Teil der Royal Mile bildet, und die Stadt wuchs langsam zusammen. Die ursprüngliche Abtei wurde im Laufe der Jahre immer wieder renoviert und ausgebaut, so z. B. für die Krönung von Karl I. im Jahr 1633. Zwar überstand sie die turbulenten Zeiten der Reformation und des Bürgerkrieges, wurde jedoch als Symbol des Katholizismus 1688 von einem wütenden Mob niedergebrannt. Heute sind nur noch Ruinen zu besichtigen, die zum größten Teil auf das 17. Jahrhundert zurückgehen. Dem Palast angegliedert in der ehemaligen Holyrood Free Church befindet sich die **Queen's Gallery** (s. S. 42), in der Werke aus der privaten Kunstsammlung der Queen ausgestellt werden.

❯ **Palace of Holyroodhouse/Holyrood Abbey,** Canongate, Tel. 0131 5565100, www.royalcollection.org.uk, April–Okt. tägl. 9.30–18 Uhr, Nov.–März tägl. 9–16.30 Uhr, geschl.: während Besuchen der Queen, Eintritt: Erwachsene 11,60 £, erm. 10,60 £, Kinder 5–17 Jahre 7 £, Kinder unter 5 Jahren frei

◁ *Vorbei an der Ruine von St. Anthony's Chapel (am St. Margaret's Loch) geht es hinauf zum Arthur's Seat*

# Südliche Altstadt

Von der Royal Mile gelangt man auf der South Bridge und dann weiter auf der Nicholson Street in die südliche Altstadt. Die verschiedenen räumlichen Ebenen der Altstadt werden hier deutlich. Von der South Bridge sieht man hinunter auf die Straße Cowgate. Hier reihen sich verschiedene Nachtklubs und Musikkneipen aneinander und nachts ist es sehr belebt. Die South Nicholson Street führt in das Universitätsviertel von Edinburgh. Hier befindet sich auch das Festival Theatre, Anlaufstelle für Besucher des International Festival. Um den Nicholson Square herum gruppieren sich multikulturelle Läden und die Gegend hat ein studentisches Flair. Über die Potter Row gelangt man zum Teviot Place, wo während des Fringe Festival die große Comedybühne des Udderbelly (s. S. 60) aufgestellt wird. Hier befindet sich auch das Theater Gilded Balloon (s. S. 60), einer der wichtigsten Veranstaltungsorte für das Fringe. Über die Forrest Road gelangt man in nördlicher Richtung zur Kreuzung der Chambers Street mit der George IV. Bridge. Von hier aus führt die Candlemaker Row auf den Grassmarket **18**. Über die Victoria Street **19** geht es wieder hinauf auf die Royal Mile.

## Edinburgh, Hort der schottischen Aufklärung

In der zweiten Hälfte des 18. Jh. kam es mit dem wirtschaftlichen Aufschwung auch zu einer geistigen und kulturellen Blüte. Nach 1730 wurden die Universitäten reformiert und es wurde modernes, zukunftsweisendes Gedankengut gelehrt, man sprach von der schottischen Aufklärung. Tatsächlich waren die schottischen Universitäten an der **vordersten Front der Aufklärungsbewegung** in Großbritannien. Man lehrte Newtons „Principia Mathematica" (1687) und Lockes „Essay Concerning Human Understanding" (1689), lange bevor dies in den Universitäten Englands zum Lehrstoff wurde. Bereits um 1710 basierten die Kurse zur Naturphilosophie alle auf Newtons Lehren. Die schottischen Universitäten erarbeiteten sich schnell einen Ruf als Vorreiter auf den Gebieten der Philosophie, der Geschichte, der Naturwissenschaften und des Rechts.

In der Stadt entstanden verschiedene humanistische Gesellschaften und Salons, wo Gelehrte zusammenkamen und Ideen austauschten. Den Denkern wurden nur wenige Grenzen gesetzt, da ihre dominanten Figuren fast alle Mitglieder des gesellschaftlichen Establishments waren – die Führer der aufklärerischen Bewegung waren fast alle Universitätsprofessoren. Umgekehrt floss jedoch dadurch das neue Gedankengut in alle Bereiche des täglichen Lebens ein. Die Faculty of Advocates etablierte die **Advocates Library**, eine Bibliothek, die den Gelehrten Zugang zu den wichtigen literarischen Werken ermöglichen sollte. Das hier zusammengetragene Material bildete später den Grundstock für die schottische Nationalbibliothek.

Das neue Gedankengut hatte vor allem Auswirkungen auf die **Sozialphilosophie.** Die neuen Theorien waren

**Edinburgh entdecken** **79**

**Südliche Altstadt**

## ⑫ Edinburgh University ★ [G9]

Die Universität von Edinburgh wurde im Jahr 1582 von Jakob IV. gegründet und gehört damit zu den ältesten Universitäten im Vereinigten Königreich. Im 18. Jahrhundert erwarb die Universität großen Ruhm, denn von hier ging die **schottische Aufklärung** aus. Aufgrund der Denker dieser Zeit, von denen viele an der Universität studierten, und aufgrund der griechisch inspirierten Architektur erwarb sich die Stadt den Beinamen „Athen des Nordens".

Zu den herausragendsten Köpfen der Zeit zählen der Philosoph und Nationalökonom Adam Smith sowie der Empiriker David Hume. Es war eine Zeit der Blüte der Wissenschaften und Erfindungen.

Zu den **berühmtesten Absolventen der Universität** gehören Alexander Graham Bell, der Erfinder des Telefons, der Biologe Charles Darwin, der Mathematiker James Clerk Maxwell, der Autor J. M. Barrie (Verfasser des Romas „Peter Pan"), der Schriftsteller Robert Louis Stevenson und natürlich der Nationaldichter Sir Walter Scott. Momentan hat die Universität 24.000 Studenten. Die Hochschule gehört seit Jahren zu den 20 besten in der Welt. Weitere Gebäude der Universität finden sich nahe der Meadows (s. S. 43) im Süden der Stadt, am Holyrood Park (s. S. 43)und am Teviot Place.

*bestrebt, die menschliche Gesellschaft und die natürliche Welt zum Besseren hin zu verändern. Außer einem moralischen Anspruch der Verbesserung des Menschen wurde auch Wert auf einen praktischen Nutzen der Ausbildung und die tatsächliche Anwendbarkeit von Theorien gelegt. Unter anderem wurde daher auch Latein durch Englisch als Lehrsprache ersetzt.*

*Mit der schottischen Aufklärung wird vor allem die „Science of Man", die Wissenschaft des Menschen assoziiert. **Adam Smith** war Philosoph und der erste Nationalökonom der Welt. Seine Werke „Theory of Moral Sentiments" (1759) und „The Wealth of Nations" (1776) sind Meilensteine der Wissenschaft. **John Millars** Werk „Origins of the Distinction of Ranks" (1771) war eines der ersten Werke der Soziologie. Er studierte die Verhaltensweisen und die soziale Entwicklung des Men-*

*schen in verschiedenen Klassen. Er wollte ein besseres Verständnis dafür gewinnen, wie die Persönlichkeit des Menschen geformt wird und inwieweit dies von den sozialen Lebensumständen abhängt. **David Hume** führte die von John Locke aufgestellte Theorie des Empirismus weiter. Er war von allen schottischen Aufklärern der herausragendste, aber auch der radikalste. Sein Werk „Treatise of Human Nature" (1739-1740) inspirierte nachfolgende Philosophen wie Immanuel Kant. Humes Extremismus kostete ihn zwar den Lehrstuhl für moralische Philosophie an der Edinburgher Universität, er gab jedoch weiter seine Schriften heraus und war Mitglied aller wichtigen Zirkel. 1752 erhielt er den Posten des Bibliothekars der Advocates Library. David Hume ist auf dem Calton Hill Burial Ground am Waterloo Place beerdigt. Außerdem steht eine Statue von ihm auf der Royal Mile.*

# Edinburgh entdecken
## Südliche Altstadt

Für die Öffentlichkeit zugänglich ist die **Talbot Rice Gallery** (s. S. 42) auf dem Gelände der Universität in der südlichen Altstadt. Sie wurde im Jahr 1975 gegründet und ist nach dem ehemaligen Professor für bildende Künste David Talbot Rice (1934–1972) benannt. Hier wird zeitgenössische Kunst gezeigt und es gibt Wechselausstellungen zu verschiedenen Themen.

> **The University of Edinburgh Old College,** South Bridge, südl. Altstadt, EH8 9YL, Tel. 0131 6501000, www.ed.ac.uk

## ⓭ Surgeons' Hall Museum ★★★          [G9]

*Das Museum für Pathologie gibt Aufschluss über die lange Geschichte der medizinischen Profession in Edinburgh, die in der Stadt von jeher besonders renommiert war und ist. Es beherbergt die größte Sammlung zur Geschichte der Anatomie in Großbritannien. Das Gebäude wurde von dem Architekten William Playfair entworfen.*

In dem Museum erfährt man z. B. über **Robert Sibbald** (1641–1722), der 1681 das Royal College of Physicians of Edinburgh gründete. Er wurde 1685 erster Medizinprofessor an der Universität. Aus seinem medizinischen Garten bei Holyrood entwickelte sich später der Botanische Garten ㉝.

Im 18. Jahrhundert kam es zu der Etablierung zahlreicher Schulen für Anatomie in Edinburgh. **Alexander Munro** (1697–1767) gründete eine der ersten medizinischen Akademien in Edinburgh, die zum ersten Mal wissenschaftlich an den menschlichen Körper und dessen Heilung durch Medizin und Chirurgie herangingen. Er wurde 1722 erster Professor für Anatomie in Edinburgh. Unter seinem Sohn, Alexander III., erlangte die Fakultät Ruhm in ganz Europa. Weitere wissenschaftliche Fortschritte machten z. B. die Mediziner **James Young Simpson** (1811–1870), der die Betäubungseigenschaft von Chloroform entdeckte, und **Joseph Lister** (1827–1912), der die antiseptische Chirurgie begründete.

In der ehemaligen **Surgeons' Hall** (der Halle, wo die Leichen seziert wurden) ist heute das Museum untergebracht. Verbrecher wie Hare und Burke nutzten den Bedarf der anatomischen Fakultät an Leichen für ihre Zwecke, indem sie völlig gesunde Menschen umbrachten und dann die Leichen verkauften (s. S. 16). Ein makabres Ausstellungsstück des Museums ist ein kleines Notizbuch, das angeblich mit Burkes Haut bespannt ist.

Das Museum gibt einen guten Einblick in die eher gruseligen Instrumente und Behandlungsweisen der frühen Jahre der Medizin und angehende Mediziner finden hier sicher einiges, was für das Studium interessant ist. Man kommt auch um eingelegte Körperteile in Formaldehyd nicht herum.

Das Museum ist in einigen Bereichen interaktiv gestaltet, sodass Besucher ihre eigenen Fähigkeiten mit modernen chirurgischen Instrumenten testen können. Ebenfalls zu besichtigen sind gruselige zahnärztliche Instrumente aus verschiedenen Jahrhunderten.

▷ *Die klassizistische Fassade des Surgeon's Hall Museum stammt von William Playfair*

# Edinburgh entdecken
## Südliche Altstadt

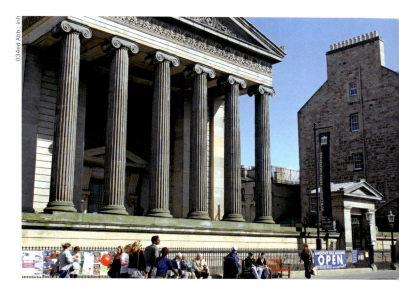

> Surgeons' Hall Museum, Nicholson Street, südl. Altstadt, EH8 9DW, Tel. 0131 5271711/1600, www.museum.rcsed.ac.uk, April–Okt. tägl. 10–17 Uhr, Nov–März, Mo.–Fr. 12–16 Uhr, geschl.: an Feiertagen, Eintritt: Erwachsene 5 £, Rentner/Studenten 3 £. Wegen Umbau ist das Museum bis zum Sommer 2015 geschlossen.

### 14 Festival Theatre ★ [G9]

Das **Festival Theatre** ist eine der wichtigsten Anlaufstellen während des Edinburger Festivals, denn es ist der Sitz der Verwaltung für das International Festival. Hier erhält man Karten und Informationen. Das Theater mit dem beeindruckenden Glasvorbau befindet sich auf dem Platz des ehemaligen Empire Theaters und öffnete seine Pforten im Jahr 1994. Es hat die größte Bühne in ganz Schottland und die zweitgrößte in Großbritannien. Es ist eine der renommiertesten Theateradressen in Schottland.

Hier finden Gastspiele des Schottischen Balletts und der Schottischen Oper statt. Während des Edinburgh International Festival hat es sich außerdem als erste Adresse für Ballet und zeitgenössischen Tanz herauskristallisiert.

Das **King's Theatre** ist spezialisiert auf Sprechtheater – hier gastieren Produktionen aus dem Londoner West End und von der Royal Shakespeare Company. Ursprünglich war das King's Theatre im Jahr 1906 als ein Varietétheater gebaut worden. Jedes Jahr zu Weihnachten findet hier ganz in diesem Sinne die beliebte *Pantomime,* d. h. Märchenspiele für die ganze Familie, statt.

> Festival Theatre, 13/29 Nicholson Street, südl. Altstadt, EH8 9FT, Tel. 0131 5296000, www.edtheatres.com

◯120 [D10] **King's Theatre,** 2 Leven Street, Tollcross, EH3 9LQ

# Edinburgh entdecken
## Südliche Altstadt

### ⓯ National Library ★ [F8]

Die schottische Nationalbibliothek ging aus der ehemaligen Advocates Library hervor (s. S. 78) und verfügt über Belegexemplare aller schottischen Publikationen, inklusive Musikarchiv. Sie feiert im Jahr 2010 ihren 300sten Geburtstag. Die Sonderausstellungen informieren z. B. über bedeutende schottische Wissenschaftler oder andere Persönlichkeiten. Es werden auch kostenfreie Veranstaltungen und Workshops durchgeführt. Im Erdgeschoss gibt es außerdem eine kleine Ausstellung über die Geschichte des Buchdrucks. Das Ganze wird komplettiert durch ein nettes Café und einen Buchladen. Die Bibliothek ist auch beteiligt an der Organisation verschiedener Stiftungen und Preise für Autoren und Dichter wie z. B. dem Robert Louis Stevenson Fellowship in Zusammenarbeit mit dem Scottish Arts Council.

› National Library, George IV. Bridge, südl. Altstadt, EH1 1EW, Tel. 0131 6233700, www.nls.uk, Mo., Di., Do., Fr. 9.30–20.30 Uhr, Mi. 10–20.30 Uhr, Sa. 9.30–13 Uhr. Die Ausstellungen sind geöffnet Mo.–Fr. von 10–20 Uhr, Sa.10–17 Uhr, So. 14–17 Uhr, das Café Mo.–Fr. 9.30–20 Uhr, Sa. 9.30–17 Uhr, So. 14–17 Uhr

### ⓰ National Museum of Scotland ★★★ [F9]

*Das Museum eröffnete 1866 als Edinburgh Museum of Science and Art. Mit 20.000 Ausstellungsstücken, ist es heute das größte Museum Großbritanniens außerhalb Londons.*

Im Jahr 2011 wurde der ursprüngliche, viktorianische Bau des Royal Museum in den modernen Bau des National Museum integriert und die Sammlungen wurden zusammengeführt. Die Exponate bieten einen detaillierten Einblick in die Geschichte und Naturkunde Schottlands.

# Edinburgh entdecken
## Südliche Altstadt

Das moderne, helle Gebäude hat einen interessanten Rundturm aus dem Jahr 1998, der einem mittelalterlichen Burgturm nachempfunden ist. Darin befindet sich auch das renommierte Tower Restaurant (s. S. 28). Ganz oben auf dem Dach gibt es eine **Aussichtsterrasse**, die man auf jeden Fall besuchen sollte.

Die Sammlung ist unterteilt in acht Galerien. In der **Grand Gallery** sind besonders große Stücke untergebracht. **Window on the World** bietet Gemälde und Kunsthandwerk und **Discoveries** Erfindungen, die die britischen Kolonialisten mit nach Hause brachten. In der Galerie **Scotland** gewinnt man einen detaillierten Einblick in die Geschichte Schottlands von der prähistorischen Zeit bis zum heutigen Tage. **World Cultures** ist eine volkskundliche Abteilung mit Kunstgegenständen aus aller Welt. Die **Natural History Galerie** mit Dinosaurierskeletten zieht besonders Kinder an.

Die Abteilung **Art and Design** wirft einen Blick auf Gebrauchsgegenstände und Kunsthandwerk aus verschiedenen Kulturen. In der Galerie **Science and Technology** sieht man neben zahlreichen schottischen Erfindungen, wie z. B. medizinischem Gerät, auch die ausgestopften Überreste von „Dolly", dem ersten geklonten Schaf. Dieser Bereich des Museums ist besonders interaktiv gestaltet. Im Abschnitt über die industrielle Revolution ist eine ganze Dampflokomotive ausgestellt.

❯ **National Museum of Scotland,** Chambers Street, südl. Altstadt, EH1 1JF, Tel. 0300 1236789, www.nms. ac.uk, tägl. 10–17 Uhr, Eintritt: frei

◁ *Morbider Charme an historischer Stätte: Greyfriars Friedhof*

## ⑰ Greyfriars Kirche, Greyfriars Friedhof und Greyfriars Bobby ★ [F9]

Der **Greyfriars Friedhof** ist ein schönes Beispiel für einen historischen Friedhof mit den typischen verwitterten Grabsteinen.

Die **Kirche** stammt aus dem Jahr 1620 und war die erste Kirche in Edinburgh, die nach der Reformation in Schottland gebaut wurde. Das Gelände, auf dem die Kirche errichtet wurde, gehörte ursprünglich dem Franziskanerorden „Greyfriars". In der Kirche trafen sich die rebellischen Presbyterianer, die im Jahr 1638 den **National Covenant** unterzeichneten (s. S. 70, eine Kopie des Covenant kann man in der Kirche besichtigen). Jeden Sonntag findet ein Gottesdienst in gälischer Sprache statt. Ganzjährig finden unregelmäßig Konzerte und andere Veranstaltungen statt.

Das ganze Ensemble bietet die richtige Hintergrundkulisse für viele Gruseltouren, die hier Station machen.

Viele werden sich fragen, was es mit der **Statue des Hundes** auf sich hat, die schräg gegenüber vom Greyfriars Friedhof auf der George IV. Bridge steht. Der Terrier auf dem Podest ist den Edinburghern aufgrund einer anrührenden Geschichte ans Herz gewachsen. Er war der treue Hund des Polizeiwachtmeisters John Gray. Nachdem Gray 1858 verstarb, fand man den Hund wenige Tage später auf dem Grab seines Herrchens sitzend. Zunächst wollte der Friedhofsgärtner den Hund vertreiben. Wie ein Bumerang kehrte dieser jedoch immer wieder zurück. Schließlich gestattete man es dem „Bobby" über das Grab seines Herrchens zu wachen, was er denn auch 14 Jahre

# Edinburgh entdecken
## New Town – die Neustadt

lang tat, bis er schließlich verstarb. Der Hund entwickelte sich bereits zu Lebzeiten zu einer Legende. Er wurde sozusagen ein „Gemeinschaftshund" der Edinburgher, für den die Städter alle zusammen sorgten. Die Geschichte wurde in den letzten Jahrzehnten mehrfach verfilmt.

> Greyfriars Tolbooth and Highland Kirk, Greyfriars Place, südl. Altstadt, Tel. 0131 2265429, www.greyfriarskirk.com, Nov.–März Do. 13.30–15.30 Uhr, April–Okt. Mo.–Fr. 10.30–16.30 Uhr, Sa. 11–14 Uhr, Eintritt: frei

### 🔴18 Grassmarket ★★ [E9]

Neben der Statue führt die Candlemaker Row hinab zum Grassmarket. Er ist gesäumt von Restaurants und ausgefallenen Geschäften untergebracht in historischen Gebäuden. Diese entstanden vorwiegend im 17. Jahrhundert rund um den **ehemaligen Marktplatz**. Heute finden unregelmäßig unterschiedliche Märkte statt. Der offene Platz eignet sich gut für Veranstaltungen und das ganze Jahr über, jedoch insbesondere während des Edinburgh Festivals werden hier zahlreiche Konzerte und Theaterstücke aufgeführt. In den Pubs und Restaurants, die an den Platz angrenzen, kann man bei gutem Wetter draußen sitzen.

Am Grassmarket stand früher der **Galgen**. Im Pflaster des Platzes ist ein Kreuz zu finden, das auf den ehemaligen Standort des Galgens hinweist.

▷ *Der Uhrturm des Balmoral Hotel dient auf der Princes Street als Orientierungsmarke. Im Vordergrund zum futuristisch anmutenden Eingang zum Bahnhof Waverly.*

Der Grassmarket war auch der Schauplatz der **Porteous Riots**, einem Aufstand, bei dem der Kapitän der Stadtgarde von einer wütenden Menge gelyncht wurde, nachdem er mehrere Schmuggler hinrichten ließ (s. S. 50).

### 🔴19 Victoria Street ★★ [F9]

Die malerische Victoria Street führt vom Grassmarket wieder hinauf auf die Royal Mile. Die bunten Ladendekorationen bieten eine gute Fotokulisse und die unterschiedlichsten Geschäfte laden zum Bummeln ein. Die Straße wurde im 18. Jahrhundert als Verbindung zur Royal Mile und zur George IV. Bridge angelegt. Die Victoria Terrace überschaut das hübsche Sträßchen und von hier gelangt man über verschiedene Stufen wieder auf die Royal Mile. Die Ansicht von der Victoria Terrace wird sehr oft als Hintergrund für Fernsehaufnahmen verwendet.

## New Town – die Neustadt

*Die Neustadt wurde im klassizistischen Stil erbaut, der in Großbritannien als „georgianischer Stil" bezeichnet wird – in Anlehnung an die Hannoveraner Könige der Zeit, die den Vornamen „Georg" trugen. Obwohl nicht mehr in dem Sinne als „neu" zu bezeichnen, spielt sich in der Neustadt auch heute noch das moderne Großstadtleben ab. Der Stadtteil wurde nach einem Flächenraster symmetrisch angelegt und war Ausdruck eines neu gewonnenen Selbstbewusstseins Schottlands, als Teil der Union mit England im Jahr 1707. Seit 1995 gehört die Edin-*

## Edinburgh entdecken
### New Town – die Neustadt

burgher Neustadt zusammen mit Teilen der Altstadt zum Weltkulturerbe der UNESCO. Die drei Architekten, die für die Neustadt verantwortlich zeichnen, sind James Craig, Robert Adam und William Playfair.

### ⓴ Princes Street, George Street und Queen Street ★★★ [E7/8]

Der Plan für das Raster der Straßen Princes Street, George Street und Queen Street mit den zwei Plätzen St. Andrew Square ㉔ und Charlotte Square ㉕ wurde von James Craig entworfen. Die drei Straßen bilden die Längsachsen, die von verschiedenen Querachsen wie z. B. der Frederick Street und der Hanover Street durchschnitten werden. An den beiden Enden wird das Raster von den Plätzen St. Andrew Square und Charlotte Square gesäumt. Der Charlotte Square entstand nach einem Entwurf von Robert Adam.

Die **Princes Street** ist die eigentliche Hauptstraße der Stadt. Sie ist immer belebt und hier befinden sich die größten Kaufhäuser, der **Waverley-Bahnhof** – der Hauptbahnhof der Stadt – und das **Balmoral Hotel** (s. S. 125), das Anfang des 20. Jahrhunderts erbaut wurde. Ursprünglich war das Balmoral als Bahnhofshotel gedacht, heute ist es jedoch eines der luxuriösesten Hotels der Stadt. Da der Bahnhof versenkt angelegt ist, diente der Uhrturm des Hotels Reisenden als Orientierung. Heute ist er als Wahrzeichen nicht mehr von der Princes Street wegzudenken. Die Princes Street soll in den nächsten Jahren fußgängerfreundlicher gestaltet werden. Stadtbummler sollen von erweiterten Gehwegen und weniger Verkehr profitieren, außerdem will man die Straße durch mehr Cafés mit Außenterrassen beleben.

In der **George Street** befinden sich trendige Boutiquen und Restaurants sowie Geschäftshäuser. Die **Queen Street** ist etwas ruhiger, hier gibt es einige sehr exklusive Restaurants und private Klubs.

Mitte des 18. Jahrhunderts wurde die Altstadt, die noch in ihre mittelal-

## Edinburgh entdecken
### New Town – die Neustadt

terlichen Strukturen gezwängt war, zu eng für ihre zahlreichen Bewohner. Die sanitären Anlagen waren unzureichend und Krankheiten grassierten. Man hatte über die Jahrhunderte hinweg mehr Geld in die Befestigungsanlagen der Altstadt gesteckt als in die Verbesserung der Lebensqualität der Bewohner. Wo sich heute die **Princes Street Gardens** erstrecken, befand sich früher ein See, der Nor Loch, der auch als Schlossgraben diente. Leider wurden, in Abwesenheit eines Kanalisationssystems, auch die Fäkalien, die die Bewohner der Altstadt auf die Straße schütteten, morgens von der Stadtreinigung den Berg hinunter in den Nor Loch gespült, sodass der See sehr übel roch. Außerdem verhinderte der See eine Ausweitung von neuen Bauprojekten nach Norden hin. Im Zuge der Konstruktion der Neustadt und anschließender Restaurierung der Altstadt wurde der See über mehrere Jahrzehnte hinweg langsam trockengelegt, ein Prozess, der im Jahr 1816 abgeschlossen war.

Als 1707 zwischen Schottland und England Frieden einkehrte, machten sich die Stadtplaner daran, ihr Augenmerk auf die umliegenden Gegenden zu richten. Im Jahr 1766 fand eine Ausschreibung für Vorschläge zur Gestaltung eines neuen Stadtteils statt, der nördlich des Nor Lochs errichtet werden sollte. Der Plan des 22 Jahre alten **James Craig** machte das Rennen. Die ausgearbeiteten Pläne aus dem Jahr 1776 kann man heute noch im Museum of Edinburgh (s. S. 40) besichtigen.

Craigs Plan verband die Neustadt mit der Altstadt durch die **North Bridge**, die noch heute eine der Hauptverbindungsachsen zwischen den beiden Stadtteilen ist. Die Pläne sahen ein Raster vor mit der George Street in der Mitte als Rückgrat, begrenzt durch zwei elegante Plätze, St. Andrew im Osten und Charlotte Square im Westen. Auf der Südseite des Rechtecks befand sich die Princes Street, die auf den Schlossberg blickt und auf der Nordseite die Queen Street, mit Blick auf den Firth of Forth. Craigs Konzept passte sich sehr harmonisch in die vorhandene natürliche Umgebung ein. Zwischen den Hauptachsen mit ihren eleganten Hausfronten befanden sich parallel kleinere Straßen, die für Händler, Lieferfahrzeuge und Kutschen gedacht waren.

### ㉑ Scottish National Gallery ★★★ [E8]

*Der National Gallery Complex (National Gallery of Scotland und Royal Scottish Academy) in den Princes Street Gardens ist nach dem Schloss ❶ die meistbesuchte Sehenswürdigkeit Edinburghs. Das Gebäude der National Gallery entstand in den 1850er-Jahren und der Architekt, der hierfür verantwortlich zeichnete, war William Playfair. Er hatte zuvor bereits die Royal Scottish Academy (RSA) ㉒ entworfen.*

Seit seiner Öffnung hat das Museum eine sehr attraktive Sammlung an Werken klassischer Kunst von der Renaissance bis ins 19. Jahrhundert angesammelt. Zur Besichtigung benötigt man etwa eine Stunde. Berühmte Künstler, die hier ausgestellt sind, sind unter anderem Raphael, Titian, Rembrandt, van Gogh, Monet, Turner und Gauguin. Die beiden Museen National Gallery und RSA sind durch den **Weston Link** miteinander verbunden. Im Weston Link, der in den Princes Gardens unterhalb der beiden Gebäude gelegen ist, befindet

# Edinburgh entdecken
## New Town – die Neustadt

sich auch der Haupteingang für beide Gebäude. In dem Durchgang gibt es einen Vorlesungsraum, ein Geschäft sowie ein großes Café-Restaurant.
> **National Gallery Complex,** The Mound, EH2 2EL, Tel. 0131 6246200, www.nationalgalleries.org, Mo.–Mi./Fr.–So. 10–17 Uhr (Aug. bis 18 Uhr), Do. 10–19 Uhr, Eintritt: frei

### 22 Royal Scottish Academy ★★★ [E8]

*Die Idee der Institution der Royal Scottish Academy als Forum für zeitgenössische Kunst wurde während eines Treffens verschiedener Künstler geboren. Man machte es sich zum Ziel, angehende Künstler zu fördern, indem man ihnen eine kostenfreie Ausbildung, einen Ausstellungsraum und Zugang zu einer öffentlichen Bibliothek ermöglichte.*

Die erste Ausstellung fand 1827 statt. Heutzutage gibt es in der RSA internationale Ausstellungen zeitgenössischer Kunst zu sehen. Die Lehrtätigkeit wurde in das Edinburgh College of Art (s. S. 42) ausgelagert, allerdings erhalten die Studenten immer noch die Möglichkeit, ihre Kunstwerke auszustellen. Die RSA vergibt darüber hinaus verschiedene Stipendien und Kunstpreise wie z. B. den New Contemporaries Award für junge schottische Künstler. Die Akademie beansprucht jeweils ein Werk der Künstler als Diplomarbeit. So hat man inzwischen ein beträchtliches Archiv zusammengetragen. Die Bibliothek der Akademie hat ihren Schwerpunkt auf Werken des 19. und 20. Jahrhunderts.
> **Royal Scottish Academy,** The Mound, EH2 2EL, www.royalscottishacademy.org, Tel. 0131 2256671, Mo.–Sa. 10–17 Uhr, So. 12–17 Uhr, Eintritt: frei

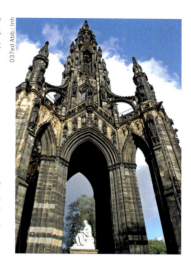

### 23 Scott Monument ★★ [F8]

Wenn man vor dem immensen Denkmal steht, das **Sir Walter Scott** (1771–1832) auf der Princes Street gewidmet ist, ahnt man bereits, dass er von den Schotten nicht nur aufgrund seines literarischen Talents geachtet wird.

Scott war unzweifelhaft eine der herausragendsten Persönlichkeiten im Schottland des 19. Jahrhunderts. Er machte Öffentlichkeitsarbeit für die schottische Sache und dies führte dazu, dass der Tourismus in Edinburgh florierte. Scott verdiente seinen Lebensunterhalt durch seine Tätigkeit als Jurist, hatte jedoch zu Lebzeiten auch einigen Erfolg mit Romanen wie „Waverley", „Rob Roy" oder „Lady of the Lake", die von 1814 bis 1819

*Das Scott Monument beherbergt auch ein kleines Museum über den Schriftsteller Sir Walter Scott*

## Nationalstolz und Schottenkaro

Das Bild des „typischen" Schotten ist für die meisten mit **Schottenrock** („Kilt") und Dudelsack verbunden. Der Kilt war jedoch kein weitverbreitetes Kleidungsstück und wurde ausschließlich von den Bewohnern des bergigen Hochlandes (Highlands) getragen. In den Lowlands trug man im Wesentlichen dieselbe Kleidung wie die englischen Nachbarn. Über die Highlander selbst hatten die Bewohner der Lowlands keine besonders gute Meinung. Die entlegenen Bergregionen, die zum großen Teil unwegsam waren, verleiteten zu dem Vorurteil, dass Highlander ungebildet seien, barbarisch und primitiv. In den Bergen trieben viele berüchtigte Banden ihr Unwesen, was diese Vorurteile begründete.

Die Kluft der Highlander bestand aus gewebten, knielangen Wollstoffbahnen, die man wie einen Plaid über die Schulter warf und die von einem Gürtel in der Mitte zusammengehalten wurden. Der obere Teil konnte auch über den Schultern durch eine Schnalle zusammengehalten werden, wodurch man noch eine Kapuze hinzugewann. Solche Plaids waren entweder einfarbig oder braun oder grau kariert. Dies gab dem Träger eine perfekte Tarnung in der Moorlandschaft der Berge.

Dieser altertümliche „quelt" wäre wahrscheinlich irgendwann in Vergessenheit geraten, hätte nicht der Engländer Thomas Rawlinson, ansässig in Inverness, um 1720 auf die Bitten der Arbeiter gehört, die ihm mitteilten, dass das Plaid für Arbeiten im Wald nicht geeignet sei. Rawlinson entwarf

daraufhin eine kürzere Version, den „small kilt" (kleinen Kilt), der es den Arbeitern erlaubte, ihre Arme frei zu bewegen. Dieser kurze Rock setzte sich schnell durch.

Nach dem **Jakobiteraufstand** von 1745, an dem viele Highlander beteiligt waren, wurde das Tragen von Kilts und Karo („Tartan") sowie Waffen durch den sogenannten „Disarming Act" von 1746 verboten. Es wurde offiziell erst 1782 wieder erlaubt. Insgeheim bewunderte man jedoch den Mut und den Kampfgeist der Highlander und man rekrutierte sie für den Militärdienst in der britischen Armee. Es entstanden verschiedene „Highlandregimenter" und der karierte Kilt wurde zu ihrer Uniform - er durfte von ihnen auch in der Zeit des Verbotes getragen werden. Jedes Regiment hatte sein eigenes Muster, wie z. B. der „Black Watch Tartan" (in den Farben grün, blau und schwarz). So unterschied man sich von den englischen Truppen, die den „Redcoat" trugen.

Gegen Ende des 18. Jahrhunderts gewannen im Zuge der Epoche der Romantik Gebiete wie die Highlands aufgrund ihrer wilden Schönheit an Attraktivität. Als König Georg IV. im Jahr 1822 Edinburgh besuchte, brachte Sir Walter Scott ihn dazu, einen Kilt zu tragen. Georg wählte den **Royal Stuart Tartan** der schottischen Königslinie aus. Der farbenfrohe Tartan, hellrot mit grün-gelben und blauen Streifen ist auch heute noch eines der bekanntesten und beliebtesten Karomuster.

Ab dem Jahr 1815 machte man sich schließlich daran, alle Clantartans

## Edinburgh entdecken
### New Town – die Neustadt

ordentlich zu katalogisieren. Man schrieb die Clanchiefs an und bat sie, ein Muster ihres Tartans mitzuschicken. Leider führte dies nicht immer zum Erfolg. So schrieb z. B. Lord MacDonald an die Highland Society, dass er nicht wisse, was das Karo des MacDonald-Clans sei und bat die Society, ihm eines zu empfehlen. Man erkannte, dass hier ein Fall von „Invention of Tradition" (erfundene Tradition) vorlag, d. h., dass die langjährige Geschichte, die man in die Karomuster hineininterpretiert hatte, zum großen Teil nicht auf Fakten beruhte. In den Highlands hatten die Clans oft mehr oder weniger die Stoffe getragen, die gerade verfügbar waren und sich nicht unbedingt auf ein einziges Muster festgelegt, das den Clan auszeichnete.

1963 wurde die **Scottish Tartan Society** gegründet. Jedes neue Karo, das seitdem entworfen und benutzt wird, muss vom jeweiligen Clanchief beglaubigt werden und darf dann erst den Namen des Clans tragen. Die Geschäfte auf der Royal Mile und die Kiltschneider verkaufen Schottenkaro jedoch am laufenden Meter mit wachsender Begeisterung an Touristen, auch wenn gar keine Verwandtschaft zu einem Clan besteht.

Von britischen Designern wie Vivienne Westwood werden die Stoffe verarbeitet und „coole" Kilts werden in trendigen Boutiquen überall in Edinburgh verkauft. Heute hat jede größere Organisation oder Vereinigung in Schottland wie z. B. die Scottish Rugby Union ihr eigenes Tartan, das Briefpapier und Marketingartikel schmückt.

entstanden. Um 1832 fand eine Ausschreibung für die Gestaltung eines Denkmals für Scott statt und der Auftrag wurde an den Schreiner George Meikle Kemp vergeben. Die Bauarbeiten begannen im Jahr 1844. Das 61 Meter hohe neugotische Denkmal hat verschiedene Ebenen, die durch Treppen erreichbar sind. Von oben hat man einen guten Ausblick auf die Altstadt. In der ersten Ebene findet sich ein kleines Museum mit Informationen über Scott. Das Monument hat viele kleine Nischen, in denen Abbildungen von Charakteren aus Scotts Romanen zu sehen sind. In der gewölbten Decke sieht man Abbildungen anderer schottischer Poeten. Leider fand Kemp einen tragischen Tod. Zwei Jahre bevor das Monument 1846 enthüllt wurde, ertrank er nach einem Unfall im Union Canal.

❯ **Scott Monument,** East Princes Street Gardens, Stadtmitte, EH2 2EJ, Tel. 0131 5294068, www.edinburgh.gov.uk, Apr.–Sept. Mo.–Sa. 10–19 Uhr, So. 10–18 Uhr, Okt.–März Mo.–Sa. 9–16 Uhr, So. 10–18 Uhr, Eintritt: 3 £

## ㉔ St. Andrew Square ★★ [F7]

Am östlichen Ende des Straßenrasters der Neustadt befindet sich der St. Andrew Square, Heimat teurer Designerläden und Banken. Zur Zeit seiner Entstehung gehörte er zusammen mit dem Charlotte Square im Westen zu den begehrtesten Wohnadressen der Neustadt.

Der **St. Andrew Square** wurde 1772 angelegt und heute befinden sich nur noch auf der Nordseite des Platzes Wohnungen. Die restlichen Gebäude sind von Banken und Versicherungen bzw. von Luxusgeschäften wie Harvey Nichols und Filialen von Designern wie Georgio Armani, Louis

# Edinburgh entdecken
## New Town – die Neustadt

Vuitton und Kurt Geiger belegt. Der Platz gilt daher als eine der teuersten Gegenden Schottlands, da hier die wertvollsten Immobilien auf einem Platz versammelt sind.

Auf der Ostseite, im ehemaligen **Dundas House**, steht bereits seit dem Jahr 1825 der Hauptsitz der **Royal Bank of Scotland** (RBS). In der Mitte des St. Andrew Square befindet sich eine Gartenanlage, aus der das **Melville Monument** aus dem Jahr 1821 hervorragt. Es erinnert an Sir Henry Dundas, erster Viscount von Melville, Sohn der einflussreichen Anwaltsfamilie Dundas, deren Heimat das Dundas House war. Er war ein *Member of Parliament* und später Mitglied im House of Lords.

Die zum Platz gehörige **St. Andrew's Church** (heute St. Andrew's und St. George's Church) aus dem Jahr 1784 befindet sich an der Ecke zur George Street. Sie war eines der ersten Gotteshäuser in Großbritannien, dessen Kirchenschiff elliptisch angelegt und dessen Eingang von einem Portikus überdacht wurde.

Ein imposantes Bauwerk am St. Andrew Square ist das im Jahr 1789 eröffnete **Register House** von Robert Adam, welches das schottische Nationalarchiv beherbergt. Mit seinen korinthischen Säulen gehört es zu den beeindruckendsten klassizistischen Gebäuden auf der Princes Street. Da es sich um ein Verwaltungsgebäude handelt, können Besucher sich nur im Foyer umsehen. Allerdings ist das historische Archiv für diejenigen zugänglich, die ihre schottische Familiengeschichte erforschen möchten.

› **The National Archives of Scotland,** H M General Register House, 2 Princes Street, Neustadt, Tel. 0131 5351314, www.nrscotland.gov.uk, Mo.-Fr. 9-16.30 Uhr

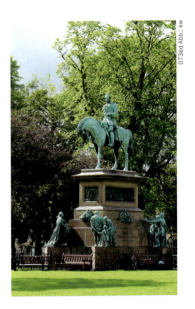

### ㉕ Charlotte Square ★★ [D8]

Am westlichen Ende der George Street befindet sich der Charlotte Square mit seinen eleganten georgianischen Fassaden.

Das Denkmal in der Mitte des Charlotte Square ist **Prinz Albert** gewidmet, dem deutschen Gatten von Queen Victoria. Es wurde von Königin Victoria selbst enthüllt. In der Gartenanlage um das Denkmal findet jedes Jahr das **Edinburgh Book Festival** statt.

Die Gebäude rund um den Platz wurden alle von dem britischen Stararchitekten des Klassizismus, Robert Adam, im Jahr 1791 entworfen. Die Nordseite des Platzes ist besonders beeindruckend. Die Hausnummer 6 beheimatet das **Bute House**, den Sitz des **First Ministers of Scotland** (d. h. des Premierministers für Schottland).

## Edinburgh entdecken 91
### New Town – die Neustadt

Dies ist vergleichbar mit Nr. 10 Downing Street in London. Hier finden Sitzungen des schottischen Kabinetts statt, es werden Minister empfangen und Pressekonferenzen ausgerichtet. Vor Wiedereinsetzung des schottischen Parlamentes im Jahr 1999 war das Bute House die Residenz des Secretary of State of Scotland, d. h. des Ministers für schottische Belange der britischen Regierung. Seit der Politik der Devolution ist dieser Posten aber angesichts der neuen Regierungsgewalt des schottischen Parlaments etwas in den Hintergrund getreten. Lange Zeit wohnte an diesem Platz die Crème de la Crème von Schottlands Aristokratie. In der Hausnummer 24 wurde zum Beispiel Feldmarschall Douglas Haig geboren. Er war ein umstrittener General im Ersten Weltkrieg, der für große Verluste auf den Schlachtfeldern in Flandern verantwortlich gemacht wurde. Haig ist ein Denkmal auf der Castle Esplanade gewidmet. Alexander Graham Bell, der Erfinder des Telefons, wurde nicht weit vom Charlotte Square, in der South Charlotte Street Nr. 38, geboren.

### 🄰 Georgian House ★★ [D8]

Die interessanteste Attraktion am Charlotte Square ist sicherlich das Georgian House. Ebenfalls von Robert Adam entworfen, wurde es ab 1796 von Mitgliedern der schottischen Aristokratie bewohnt. Der erste Eigentümer war der Clanchief des Lamont-Clans, der hier bis 1815 lebte. Der letzte Eigentümer verstarb 1966 und damals wurde das Haus vom **National Trust for Scotland** übernommen – einer Organisation, die sich um die Denkmalpflege in Schottland kümmert.

Das Haus wurde renoviert und für die Öffentlichkeit zugänglich gemacht. Heute ist auf drei Stockwerken das Leben zur Zeit des 18. Jahrhunderts dargestellt, mit antiken Möbeln, Porzellan, Silber und Kunstgegenständen dieser Epoche und sogar einem Weinkeller. Man gewinnt einen Eindruck, wie das Leben in den eleganten oberen Stockwerken verlief, und auch davon, wie hart die Bediensteten im Souterrain arbeiteten, um den Haushalt zu führen. Es empfiehlt sich, zum Vergleich noch ein anderes restauriertes Wohnhaus wie z. B. das Gladstone's Land (s. S. 40) in der Altstadt zu besichtigen.

❯ **Georgian House,** 7 Charlotte Square, EH2 4DR, Tel. 0844 4932118, www. nts.org.uk/Property/Georgian-House, 2.–26. März tägl. 11–16 Uhr, 27. März– 30. Juni tägl. 10–17 Uhr, 1. Juli– 31. Aug. tägl. 10–18 Uhr, 1. Sept.– 31. Okt. tägl. 10–17 Uhr, 1.–30. Nov. 11–16 Uhr, 1.–20. Dez. 11–16 Uhr, Eintritt: Erwachsene 6,50 £, ermäßigt 5 £, Familienticket 16,50 £, Erwachsene und ein Kind 11,50 £

### 🄱 Scottish National Portrait Gallery ★★ [F7]

Das beeindruckende Gebäude der Porträtgalerie ist aus rotem Sandstein und zeigt viele Merkmale der Neugotik. Architektonisch bildet der Bau einen deutlichen Gegensatz zum homogenen klassizistischen Stil der Neustadt. Das Gebäude erhebt den Anspruch, das erste Museum in Großbritannien gewesen zu sein, das speziell für den Zweck der Ausstellung

◁ *Prinz-Albert-Denkmal auf dem Charlotte Square*

# Edinburgh entdecken
## Der Osten – Calton Hill und Broughton

von Porträts gebaut wurde. Das Museum wurde nach einem Umbau im Jahr 2011 wiedereröffnet.

Im ersten Stock finden sich einige sehr interessante zeitgenössische Porträts und auch Fotografien aus verschiedenen Dekaden. Im Erdgeschoss gibt es u. a. ein ungewöhnliches Porträt des Küchchefs Tom Kitchin (s. auch S. 28) zu sehen.

Im zweiten Stock sind die Abbildungen bekannter schottischer Persönlichkeiten ausgestellt – die Bandbreite reicht von Mary, Queen of Scots über Bonnie Prince Charlie und Robert Burns bis zu Sean Connery.

❯ **Scottish National Portrait Gallery,** 1 Queen Street, Tel. 0131 6246200, www.nationalgalleries.org, Mo.–Mi., Fr.–So. 10–17 Uhr, Do. 10–19 Uhr

# Der Osten – Calton Hill und Broughton

*Im Osten der Neustadt erhebt sich ein weiterer der sieben Hügel Edinburghs, der Calton Hill. Von hier oben hat man den besten Ausblick auf den Firth of Forth, den Hafen in Leith, den Gipfel von Arthur's Seat und die Neustadt. Während des Beltane Fire Festival (s. S. 12) ziehen die Fackelprozessionen auf den Berg und es wird ein Lagerfeuer veranstaltet. An Hogmanay (s. S. 14) hat man von hier aus die beste Aussicht auf das grandiose Neujahrsfeuerwerk. Um den Calton Hill herum führen die Regent und die Royal Terrace, die einige interessante Gebäude aufzuweisen haben. Am Fuße des Hügels erstreckt sich westlich das Gebiet um den Picardy Place und den Stadtteil Broughton, mit der Broughton Street und Leith Street, die nachts besonders belebt sind.*

## 28 Nelson Monument ★★  [G7]

Das Nelson Monument aus dem Jahr 1815 wurde zum Gedenken an **Admiral Lord Nelson** errichtet, der im Jahr 1805 die britische Flotte siegreich durch die Schlacht bei Trafalgar führte und dabei sein Leben ließ. Der Turm soll von der Form her einem umgedrehten Fernrohr ähneln. Eine Treppe mit 143 Stufen führt zu einer Aussichtsplattform. Der 32 Meter hohe Turm diente dazu, Signale an die Schiffe im Hafen von Leith weiterzuleiten. Jeden Tag um 12 Uhr im Winter und 13 Uhr im Sommer fällt noch heute ein roter Ball innerhalb der Turmspitze herunter. Er half den Seefahrern, ihre Chronometer zu justieren, mit denen sie die Längengrade bestimmten. Gleichzeitig wurde im Edinburgh Castle ❶ die One O'Clock Gun abgefeuert, sodass jeder Seemann wusste, was das Stündchen geschlagen hatte.

❯ Nelson Monument, Calton Hill, östl. Neustadt, EH1, Tel. 0131 5562716, www.cac.org.uk, Apr.–Sept. Mo.–Sa. 10–19 Uhr, So. 12–17 Uhr, Okt.–März Mo.–Sa. 10–15 Uhr, Eintritt: 4 £

## 29 National Monument ★★★  [G7]

*Das unvollendete National Monument mit seinen griechischen Säulen, das verloren in der Landschaft steht, ist eines der ungewöhnlichsten Bauwerke Edinburghs. Es wurde nach dem Vorbild des Parthenon in Athen gestaltet. Da es nie fertiggestellt wurde, wird es auch als „Schottlands Stolz und Armut" bezeichnet.*

▷ *Das National Monument – Schottlands Stolz und Armut*

## Edinburgh entdecken
### Der Osten – Calton Hill und Broughton

Ursprünglich war es als Denkmal an die Soldaten gedacht, die in den napoleonischen Kriegen ihr Leben lassen mussten und es sollte dem Parthenon in Athen gleichen. Es war eines von vielen Bauprojekten, die Edinburgh den Titel „Athen des Nordes" einbrachten. William Playfair, der auch für viele andere griechisch inspirierte Projekte verantwortlich zeichnete, war der Architekt. König Georg IV. ebenso wie Sir Walter Scott befürworteten den Bau des Denkmals, da sie hofften, dass hier später einmal historische Persönlichkeiten oder schottische Helden eine angemessene Ruhestätte finden würden. Die Bauarbeiten begannen im Jahr 1822, aber man geriet fast sofort danach in finanzielle Bedrängnis. Spendenaufrufe wurden nicht beantwortet und man hatte große Probleme, die Finanzwelt für die Sache zu mobilisieren. Bereits 16 Monate nach Beginn des Projektes musste man daher Bankrott anmelden. Ganz hat man mit dem Projekt noch nicht abgeschlossen und es gibt immer wieder Ideen, wie man das Bauwerk wiederbeleben könnte. Die „Ruine" bietet auf jeden Fall eine gute Fotokulisse. Um auf das Parthenon zu klettern, muss man allerdings recht sportlich sein, denn es gibt keinen Zugang über eine Treppe.

Ebenfalls auf dem Calton Hill befindet sich das ehemalige **City Observatory.** Das Observatorium wurde im Jahr 1818 entworfen und war bis Ende des 19. Jahrhunderts in Benutzung. Aufgrund von Luftverschmutzung und zunehmender Beleuchtung in der Stadt war der Platz jedoch nicht mehr geeignet und die Astronomen zogen in ein neues Gebäude am Blackford Hill um. Das City Observatory ist nun geschlossen.

› **National Monument,** Calton Hill, östl. Neustadt, EH1, Tel. 0131 5569536

### ㉚ Regent Terrace/ Royal Terrace ★★ [H7]

Rund um das Raster der Neustadt, die ein begehrtes Wohnviertel bildete, entstanden im Laufe der Jahre weitere Wohnanlagen. Unterhalb des

# Edinburgher Panoramen – eine Stadt mit Ausblick

*Es gibt nur wenige Städte, die dem Besucher so viele verschiedene Panoramen eröffnen. Da die Stadt auf Hügeln gebaut ist, gibt es immer wieder neue und unerwartete Ansichten auf die umliegende Landschaft. Hier schimmert ein Streifen blaues Wasser am Horizont im Norden, dort erheben sich im Süden die Berge der Lowlands und des Grenzgebietes zwischen Schottland und England. Wenn man in der Stadt unterwegs ist, zeigen sich immer wieder neue landschaftliche Facetten. Da sind zunächst die drei Hügel Arthur's Seat (s. S. 76), Calton Hill (s. S. 92) und der Schlossberg ❶.*

*Eine besonders umfassende Aussicht bietet die Terrasse des National Museum of Scotland ⓰. Vom Scott Monument ㉓ sieht man auf die Kulisse der Altstadt, die sich über den Princes Street Gardens erhebt.*

*Wer die Aussicht in Ruhe genießen will und dabei etwas essen oder einen Kaffee trinken möchte, dem sei z.B. das Tower Restaurant (s. S. 28) im National Museum of Scotland empfohlen.*

*Einen guten Blick auf den Schlossberg und die darunterliegende Altstadt hat man vom Café Elephant House (s. S. 32) auf der George IV. Bridge.*

*Vom Ocean Terminal in Leith ㊲ und der Royal Yacht Britannia ㊳ überblickt man das Flussdelta des Firth of Forth mit dem gegenüberliegenden Ufer der Grafschaft Fife.*

*▽ Vom Arthur's Seat eröffnen sich weite Perspektiven auf die Stadt*

Calton Hill verlaufen die zwei Straßen Regent Terrace und Royal Terrace, die ebenfalls auf William Henry Playfair zurückgehen. Hier lebten reiche Kaufleute und Aristokraten. Von der Regent Road, die etwas unterhalb der Terrace verläuft, hat man einen guten Ausblick auf die darunterliegende Siedlung Canongate mit der Canongate Kirk und dem Friedhof sowie Arthur's Seat im Hintergrund.

Am Waterloo Place befindet sich der **Calton Hill Burial Ground**, wo unter anderem der Philosoph David Hume und der Architekt Robert Adam begraben liegen. An den Hügel schmiegt sich die **Old Royal High School**, die zwischen 1826 und 1829 nach Entwürfen des Architekten Thomas Hamilton entstand. Die Schule ist nun ausgelagert, aber das Gebäude wird von der Stadt Edinburgh genutzt.

### ㉛ Picardy Place, Broughton Street und Leith Street ★ [G7]

Westlich von Calton Hill liegt das Dreieck von Picardy Place, Broughton Street und Leith Street. Die Broughton Street ist ein hübsches Sträßchen mit vielen netten Cafés, Galerien und Geschäften, durch die man in Ruhe bummeln kann. Nachts verwandelt sich dieses Gebiet in das sogenannte *Pink Triangle*, da es hier eine hohe Konzentration von Schwulenbars und -klubs gibt. Am Picardy Place hat das **Playhouse** (s. S. 38) seinen Sitz, das vor allem Musicalproduktionen zeigt. Das **Omni Centre** ist ein großer verglaster Komplex direkt neben dem Playhouse, in dem sich das Vue Multiplexkino sowie Bars und Restaurants befinden, in die man vor und nach dem Theater- und Kinobesuch einkehren kann.

# Stockbridge, Dean und Inverleith

*Stockbridge und Dean galten in den vergangenen Jahrzehnten als Heimat der Bohemiens, der alternativen Szene und der Künstler. Inzwischen sind die Häuserpreise so gestiegen, dass man gut verdienen muss, wenn man sich eine Wohnung in einer der georgianischen Häuserreihen leisten will. Unweit der Neustadt gelegen, ist Stockbridge ein sehr entspannter Stadtteil mit den Hauptstraßen Raeburn Place, Deanhaugh Street und Henderson Row. Im angrenzenden Stadtteil Inverleith befindet sich ein großer Park ebenso wie die riesige Grünfläche des Botanischen Gartens. Dean Village ist eine kleine Ansiedlung am Water of Leith, wo sich früher verschiedene Mühlen befanden. Von hier aus kann man gut zur Gallery of Modern Art und der Dean Gallery wandern*

### ㉜ Fettes College ★★ [A5]

Das Fettes College ist eine Privatschule und wurde im Jahr 1870 gegründet. Das College wurde von dem Architekten David Bryce im Scots Baronial Style (Neugotik) entworfen. Das Gebäude ist fantasievoll mit mittelalterlich anmutenden Schlosstürmchen und Figuren dekoriert. Es ist nicht verwunderlich, dass dieses Gebäude der Autorin J. K. Rowling als Vorlage für das College Hogwarts in den Harry-Potter-Romanen gedient haben soll.

Die Gelder für den Bau des Gebäudes wurden von dem Philanthropen Sir William Fettes gespendet, der die Institution für die Erziehung von armen Kindern und Waisen vorsah. Bei ihrer Eröffnung hatte die Schule 53 Schü-

# Edinburgh entdecken
## Stockbridge, Dean und Inverleith

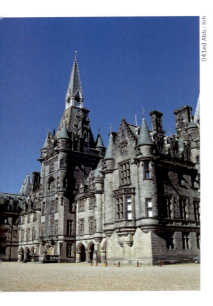

### 33 Botanischer Garten ★★★ [D5]

Der erste botanische Garten Edinburghs wurde 1670 von Robert Sibbald, später erster Professor für Medizin an der Universität von Edinburgh, gegründet. Damals befand sich der Garten in der Nähe des Palace of Holyroodhouse. Sibbald baute zunächst medizinisch wirksame Pflanzen an, an denen er pharmakologische Studien durchführte.

Im Jahr 1820 wurde der Garten an seinen heutigen Platz in Inverleith verlegt. Er ist der zweitälteste botanische Garten in Großbritannien nach dem in Oxford. Das Gelände hat mehrere Eingänge und der Eintritt ist frei. Auf der Ostseite befinden sich zehn Gewächshäuser (für die allerdings eine Eintrittsgebühr verlangt wird), darunter auch das 1850 entstandene elegante Palmenhaus. Es gibt einen chinesischen Garten mit der größten Sammlung chinesischer Pflanzen außerhalb Chinas. In der Nordwestecke wurde eine Landschaft aus den schottischen Hochlandmooren nachempfunden. Hier wachsen mehrere Baumriesen der Art American Redwood. Mitten im Garten befindet sich das **Inverleith House**, in dem Ausstellungen zeitgenössischer schottischer Künstler gezeigt werden. Es gibt auch geführte Touren durch den botanischen Garten, die auf seltene Pflanzen aufmerksam machen. Diese Spaziergänge *(Garden Walks)* finden vom 29. März bis 30. September jeweils um 11 Uhr und 14 Uhr statt. Sie dauern etwa eine Stunde und kosten 3 £.

ler. Heute ist das College eine der renommiertesten und teuersten Privatschulen des Landes und den Söhnen und Töchtern von begüterten Schotten vorbehalten. Die Schule hat sich auch den Beinamen „Eton des Nordens" erworben, in Anspielung auf die exklusive private Lehranstalt in England.

Rowling ist übrigens nicht die einzige Autorin, die sich von dem Gebäude inspirieren ließ. Der Schriftsteller Ian Fleming ließ seinen Helden James Bond hier die Schule absolvieren.

› **Fettes College und Prep School,** East Fettes Avenue, Inverleith, Tel. 0131 3322976, www.fettes.com

*Fettes College diente J. K. Rowling angeblich als Inspiration für ihre Harry-Potter-Romane*

*Gartenlandschaft vor der Scottish National Gallery of Modern Art*

› Botanischer Garten, 20 Inverleith Row, Stockbridge/Inverleith, EH3 5LR, Tel. 0131 5527171, www.rbge.org.uk, März–Sept. tägl. 10–18 Uhr, Nov.–Jan. tägl. 10–16 Uhr, Feb./Okt. 10–18

# Edinburgh entdecken

## Stockbridge, Dean und Inverleith

Uhr, Eintritt: Garten frei, Gewächshäuser Erwachsene 5 £, ermäßigt 4 £, Kinder unter 15 Jahren frei. In der Mitte des Gartens befindet sich das Terrace Café (s. S. 33).

### 34 Dean Bridge, Dean Village ★★ [B8]

Die **Dean Bridge**, die das Tal des Water of Leith (s. S. 43) auf etwa 100 Metern Höhe überspannt, ähnelt einem Viadukt. Von hier aus hat man bei gutem Wetter einen fantastischen Blick über das Flusstal bis hin zum Firth of Forth.

**Dean Village** war einst ein Dörfchen mit verschiedenen Mühlen, die von dem Fluss betrieben wurden. Wenn man die steil absteigende Miller Row hinunterwandert, gelangt man in das ruhige Flusstal. Die alten Mühlengebäude, teils aus Fachwerk, wurden inzwischen in Wohnhäuser umgewandelt. Das ganze Ensemble wirkt idyllisch, weit entfernt von der Hektik und dem Verkehrschaos der Innenstadt. Nach etwa 700 Metern von der Miller Row entlang des Flussufers überquert man auf einer kleinen Brücke das Water of Leith und läuft auf der rechten Flussseite weiter. Man gelangt bald an ein Wehr, wo Angler ihr Glück versuchen.

Nicht weit von dort führen steile Treppen hinauf zur Scottish National Gallery of Modern Art und der Dean Gallery 35, die einen Besuch wert sind.

### 35 Scottish National Gallery of Modern Art und Dean Gallery ★★★ [A8]

*Diese beiden Museen für moderne Kunst gehören zusammen und befinden sich in einer aufwendig gestalteten Gartenlandschaft, die einen Skulpturenpark beherbergt. Die Museen sind nur einen kurzen Spaziergang voneinander entfernt und so kann man in kurzer Zeit relativ viel besichtigen.*

Die **Scottish National Gallery of Modern Art** ist ein kleines, aber feines Museum und zeigt Werke aus dem 20. und 21. Jahrhundert u. a. von Francis Bacon, Andy Warhol und

# Edinburghs literarische Verbindungen

*Edinburgh sieht sich selbst als eine literarische Stadt und ist stolz auf seine Schriftsteller, die ihren Teil zum Ruhm der Stadt beigetragen haben und noch beitragen. Im Jahr 2004 wurde Edinburgh von der UNESCO zur Literaturhauptstadt ernannt. Überall in der Stadt begegnet man Spuren von Edinburghs Denkern, Dichtern und literarischen Größen. Seit dem Jahr 1983 findet das Edinburgh International Book Festival (s. S. 13) im Sommer am Charlotte Square* ㉕ *statt.*

*Die Romantik des 18. Jahrhundert brachte verschiedene Dichter wie z. B.* **Robert Fergusson** *(1750–1774) und* **Robert Burns** *(1759–1796) hervor. Fergusson ist eine Statue außerhalb der Canongate Kirk auf der Canongate gewidmet. Im Sinne ihrer Zeit, die ein Erstarken des schottischen Nationalismus sah, schrieben beide in dem Dialekt Scots und Burns sogar einige Werke in Gaelic (Gälisch). Fergussons bekanntestes Gedicht ist eine lange Abhandlung über „Auld Reekie", sein geliebtes Edinburgh.*

**Robert Burns** *ist als der Nationalbarde Schottlands bekannt und beliebt. Wie schon Fergusson vor ihm, wurde er eine der Schlüsselfiguren der romantischen Nationalbewegung. Sein bekanntestes Werk ist der Gedichtband „Poems chiefly in the Scottish Dialect" aus dem Jahr 1786. In der Scotch Whisky Experience* ❸ *auf der Royal Mile grüßt den Besucher eine Pappmascheefigur von Burns. In der einen Hand hält er ein Whiskyglas, in der anderen ein Gedichtblatt. Auch im Writer's Museum ist ihm eine Etage gewidmet. Sein Liedtext „Auld Lang Syne" ist auf der ganzen Welt bekannt und wird in Großbritannien traditionellerweise gesungen,*

*um das neue Jahr einzuläuten sowie um offizielle Veranstaltungen zu beenden. Von Schotten im In- und Ausland wird die Kultfigur Burns jedes Jahr am 25. Januar während der „Burns Night" gefeiert (s. S. 11).*

*Ein weiterer Autor, der sich um die schottische Sache verdient machte, war* **Sir Walter Scott** *(1771–1832). Scott war von Haus aus Jurist, seine wahre Liebe galt jedoch der Schreiberei. Er begann zunächst Poesie zu verfassen und später Romane, die zu ihrer Zeit sehr populär waren wie z. B. „Waverley" und „Rob Roy". Seine Romane romantisierten die Zeit der Jakobiterrebellionen (s. S. 68) und Highlander wie „Rob Roy" wurden zu noblen, bewundernswerten Kämpfern. Als Vorsitzender der Celtic Society of Edinburgh war Scott maßgeblich an der touristischen Vermarktung dieses romantischen Schottlandbildes beteiligt. Er erwarb sich Ruhm durch die Wiederentdeckung der schottischen Krönungsinsignien, der Honours of Scotland, und erreichte durch seinen Einsatz den Besuch König Georgs IV. in Edinburgh. Nach seinem Tod im Jahr 1832 wurde Scott von den Edinburghern auf der Princes Street ein gebührendes Denkmal gesetzt* ㉓.

**Robert Louis Stevenson** *(1850–1894) war einer der populärsten Schriftsteller seiner Zeit. Er wurde 1850 in Edinburgh geboren und kämpfte seit frühester Kindheit mit einem Lungenleiden. Stevenson kam aus einer Familie von Ingenieuren, rebellierte jedoch gegen den bürgerlichen, presbyterianischen Lebensstil seiner Eltern und verbrachte einen Großteil seiner Zeit in den Kneipen und zweifelhaften Etablissements Edinburghs, die* ihm Stoff und Eindrücke für seine späteren Romane lieferten. Für Stevenson verkörperte Edinburgh zwei Seiten einer gespaltenen Persönlichkeit, wie auch die von ihm geschaffene literarische Figur des Dr. Jekyll und Mr. Hyde: klassizistische Geradlinigkeit, romantische Ansichten auf der einen Seite und eine zwielichtige Unterwelt in dunklen Gassen auf der anderen. Zu Stevensons bekanntesten Werken gehören „Treasure Island" (Die Schatzinsel) sowie „Dr. Jekyll and Mr. Hyde".

Auch die Autoren Ian Rankin und Irvine Welsh beschäftigen sich mit den weniger schönen Seiten des Lebens in der Stadt. **Ian Rankin** (geb. 1960) ist der meistgelesene Krimiautor in Großbritannien. Seine Serie „Inspektor Rebus" spielt in Edinburgh und die Geschichten sind immer sehr aktuell und greifen Geschehnisse in der Stadt auf und verarbeiten sie. Viele Fans der Bücher pilgern nach Edinburgh, um die verschiedenen Schauplätze zu besuchen. Besonders beliebt ist die Oxford Bar (s. S. 35). Rankin kehrt hier selbst hin und wieder ein, weshalb die Fans hoffen, ihm hier einmal persönlich zu begegnen. Rankin hat viele Preise gewonnen, unter anderem auch den Deutschen Krimipreis. Wer die Rebus-Tour bucht, kann auf den Spuren des Inspektors durch die Stadt wandern.

**Irvine Welsh** wurde 1958 in Edinburghs Stadtteil Leith geboren. Er wurde durch seinen Roman „Trainspotting" (1993) bekannt, der vom britischen Regisseur Danny Boyle im Jahr 1996 verfilmt wurde. Welsh ist sicher einer der zeitgemäßesten, aber auch kontroversesten schottischen Autoren. Er wuchs selbst in sozial schwachen Verhältnissen in Edinburgh auf und bringt auch heute noch einen guten Blick dafür mit, wo die dunkleren Seiten der Stadt verborgen sind. Welsh geriet in die Edinburgher Unterwelt, war Teil der Punkszene, eine Zeit lang heroinabhängig und später Teil der Acid-House-Szene. Die Beschreibung des Alltags der Edinburgher Heroinabhängigen aus der Arbeiterklasse in „Trainspotting" ist zum Teil autobiografisch.

Die Wahl-Edinburgherin **J. K. Rowling**, die seit 1993 in der Stadt lebt, beendete hier das Manuskript für das erste Buch ihrer Harry-Potter-Reihe. Edinburgh bot ihr die richtige Kulisse für einen Fantasieroman und verschiedene Ansichten der Stadt sollen ihr als direkte Inspiration gedient haben, wie z. B. der Ausblick aus dem Fenster des Elephant House Cafés (s. S. 32) und das Fettes College **32**, das fast als Modell für Hogwarts dienen könnte.

›**Writer's Museum.** Im Wesentlichen ist dieses Museum Burns, Scott und Stevenson gewidmet (s. S. 41).

›**Literary Pub Tour,** The Scottish Literary Tour Trust, EH6 7EQ, www.edinburghliterarypubtour.co.uk, Tel. 0800 1697410, Online-Preis Erw. 12 £, erm. 9 £ einfache Variante, inkl. Abendessen ab 30 £. Hier werden die Teilnehmer von zwei Schauspielern auf eine Tour durch die Stadt mitgenommen, bei der verschiedene historische Pubs besucht werden.

›**Rebus Tours,** EH6 7EQ, Tel. 0131 5537473, www.rebustours.com, Preis: 10£, ermäßigt 9£. Jeden Samstag findet beim Pub Royal Oak die Tour „Hidden Edinburgh" von 12 bis 14 Uhr statt. Die Tour „Secret Edinburgh" startet um 15 Uhr, nur ab 10 Personen. Die Touren dauern jeweils 2 Stunden und führen an verschiedene Romanschauplätze, außerdem wird aus den Werken Ian Rankins gelesen.

Damien Hirst. Es finden auch Wechselausstellungen zu bestimmten Epochen und Themen statt. Das Museum hat ein angenehmes Café mit Gartenterrasse und im Garten sind u. a. Skulpturen von Henry Moore und Barbara Hepworth aufgestellt.

Gleich gegenüber auf der anderen Straßenseite liegt die **Dean Gallery**, die sich auf Dadaismus und Surrealismus spezialisiert hat und Werke u. a. von Joan Miro, Salvador Dalí, Pablo Picasso, Man Ray und Eduardo Paolozzi beherbergt. Im ersten Stock werden Wechselausstellungen gezeigt.

❯ Scottish National Gallery of Modern Art and Dean Gallery, 72 und 75 Belford Road, EH4 3DR, Tel. 0131 6246200, www.nationalgalleries.org, tägl. 10 – 17 Uhr, im Aug. 10 – 18 Uhr, Eintritt: frei (außer Sonderausstellungen), Anreise: Bus Nr. 13 von George Street

# Entdeckungen außerhalb des Zentrums

*Edinburgh liegt inmitten einer Landschaft, die sich für Ausflüge anbietet. Von den Aussichtsplattformen der Stadt gewinnt man einen Eindruck von dem attraktiven Umland: die Berge und Seen der Highlands im Norden, Abteien und Schlösser in den Lowlands im Süden, die Nordseeküste mit Badesträndern im Osten und Glasgow im Westen. Alle umliegenden Gegenden sind in ein oder zwei Autostunden zu erreichen. Entlang der Ufer des Firth of Forth befinden sich allerdings auch einige sehenswerte Orte und Monumente, die sogar mit öffentlichen Verkehrsmitteln zu erreichen sind, da sie quasi noch zum Edinburgher Stadtgebiet gehören.*

## Leith

*Die wenigsten Besucher wissen, dass Edinburgh ganz nah am Meer bzw. am Delta des Firth of Forth liegt, dem Fluss, der in die Nordsee mündet. Von der George Street hat man einen Blick auf den Firth, aber erst, wenn man in den ehemaligen Docks in Leith am Ufer steht, wird deutlich, wie breit der Fluss hier wirklich ist und wie nah die offene See.*

Leith, der Hafen Edinburghs und ca. 4 km vom Stadtzentrum entfernt, war bereits im 12. Jahrhundert ein Fischerdörfchen. Während der viktorianischen Zeit galt der Ort als wichtiges Seehandelszentrum und wurde erst 1920 von Edinburgh eingemeindet. Mit dem Niedergang des Seehandels in den 1970er-Jahren verkam die Hafengegend, wird jedoch seit den 1980er-Jahren regeneriert. In einen der Neubauten zog die schottische Polizeibehörde ein. Heute sieht man im Hafen vor allem Kreuzfahrtschiffe und Jachten – die Docks haben keine wirtschaftliche Bedeutung mehr. Eine der wichtigsten Sehenswürdigkeiten ist das Museumsschiff Royal Yacht Britannia **38**, das hier im Hafen liegt.

❯ **Anreise:** Lothian Bus Nr. 11 vom St. Andrew Square, Bus Nr. 1 und 34 Leith Street, Bus Nr. 35 und 36 von Holyrood Palace (www.lothianbusses.com)

### **36** Shore of Leith ★★ [I2]

Der Stadtteil Leith erstreckt sich nördlich und südlich des Flusses Water of Leith, der in den Firth of Forth mündet. Zum Teil herrscht hier noch die etwas graue Architektur der ehemaligen „Docklands" vor. Entlang der Uferpromenade, genannt *Shore* (Ufer), hat man jedoch in den vergangenen Jahren die ehemaligen Lagerhäuser restauriert und schicke Apartment-

## Edinburgh entdecken 101
### Entdeckungen außerhalb des Zentrums

blocks gebaut. Es gibt viele trendige Bistros und Restaurants, vor allem einige sehr gute Fischrestaurants. Einen Michelin-Stern kann das Restaurant The Kitchin (s. S. 28) vorweisen, das schottisch-französische Küche bietet.

**37 Ocean Terminal** ★     [H2]

Das Ocean Terminal ist ein moderner mehrstöckiger Komplex von Geschäften und Restaurants, in den auch der Zugang zur Royal Yacht Britannia **38** eingebettet ist. Dies mag zwar etwas pietätlos gegenüber einem so historischen Objekt wie der Jacht wirken, allerdings verbinden die meisten Besucher ihre Besichtigung mit einem Einkaufsbummel oder einer Pause in einem der Restaurants und Cafés, die verglast sind und Ausblicke auf das Meer bieten. Hier gibt es auch Parkhäuser für diejenigen, die mit dem Auto anreisen.

❯ **Ocean Terminal,** Leith, EH6 6JJ, Tel. 0131 5558888, www.oceanterminal. com, Mo.–Fr. 10–20 Uhr, Sa. 10–19 Uhr, So. 11–18 Uhr. Das größte Einkaufszentrum in Edinburgh, einschließlich Kino, Spa und Indoor Skate Park sowie Zugang zur Royal Yacht Britannia.

**38 Royal Yacht Britannia** ★★★ [H1]

*Die Royal Yacht Britannia, die ehemalige, nun zu einem Museum umfunktioniert Privatyacht der amtierenden Queen Elizabeth, sollte man auf jeden Fall besuchen. Das Interessante an der Besichtigungstour ist der Einblick, den man in das private Leben der königlichen Familie gewinnt.*

Die Queen sagte über ihre Jacht, dass dies der einzige Platz sei, an dem sie richtig ausspannen konnte. Hier war sie manchmal wochenlang auf Seereisen unterwegs, die sie zu den Zielen ihrer diplomatischen Tätigkeit auf der ganzen Welt führten.

Im Wesentlichen hatte die Crew den Auftrag, der Familie an Bord so weit wie möglich aus dem Weg zu gehen (Arbeiten auf Deck mussten z. B. bis 9 Uhr morgens beendet sein).

Interessant sind die getrennten Schlafzimmer der Queen und ihres Ehemannes, des Dukes of Edinburgh. Ebenso besichtigen kann man die Honeymoonsuite – in der sogar Prinz Charles und Lady Diana im Jahr 1981 ihre Flitterwochen verbrachten – mit dem recht klein geratenen Doppelbett. Der **Einrichtungsstil** entspricht dem persönlichen Geschmack der Queen und man sieht viele private Fotografien der Familie. Der Speisesaal an Bord gilt als einer der exklusivsten der Welt. Hier speisten unter anderem Winston Churchill, Ronald Reagan und Nelson Mandela.

Auch vom Leben der Crew an Bord kann man sich ein Bild machen – selbst die Offiziere lebten unter sehr beengten Verhältnissen. Das Schiff wurde 1953 gebaut und strahlt bis heute das Flair der 1950er-Jahre aus, selbst die Maschinen im Maschinenraum ähneln Museumsstücken. Sogar die Wäscherei kann man besichtigen, wo die königliche Wäsche an anderen Tagen gewaschen werden musste als die der Crew. Dies und andere interessante Hintergründe erfährt man durch eine Audiotour, die es auch in deutscher Sprache gibt.

1997 wurde die **Jacht von der Labour-Regierung außer Dienst gestellt,** da man nicht die für die kostspielige Restaurierung notwendigen 50 £ Millionen aufbringen wollte. (Die Jacht wurde von der Queen für die Ausübung ihrer diplomatischen Tätigkeit genutzt und die Kosten fielen daher unter Staatsausgaben). Dies war keine unumstrittene Tat, denn nicht nur Royalisten sahen dies als sym-

## Edinburgh entdecken
## Entdeckungen außerhalb des Zentrums

bolischen Schlag gegen die britische Monarchie und eine alternde Königin, der man trotz ihrer intensiven diplomatischen Tätigkeit ihr Stückchen Privatsphäre nicht lassen wollte. Außerdem hatte die Jacht, mit der die Queen als Botschafterin für Großbritannien im Ausland fungierte, für die Nation und auch die Wirtschaft eine große Bedeutung.

Auf der Jacht gibt es ein **Café**, in dem man von weißbehandschuhten Kellnern bedient wird und eine gepflegte Tasse Tee zu sich nehmen kann. Von hier aus hat man einen guten Blick auf das Flussdelta mit seinen Inseln und dem gegenüberliegenden Ufer der Grafschaft Fife. Für die Besichtigung einschließlich Teepause sollte man 2–3 Stunden einplanen. Der Eingang zum Museum der Jacht befindet sich im zweiten Stock des Ocean Terminals ③⑦.

> **The Royal Yacht Britannia**, Ocean Terminal, Leith, EH6 6JJ, Tel. 0131 5555566, www.royalyachtbritannia.co.uk, Jan.–März 10–15.30 Uhr, April–Sept. 9.30–16.30, Okt. 9.30–16, Nov.–Dez. 10–15.30 Uhr, geschl.: 25.12. und 1.1., Eintritt: Erw. 14 £, Kinder 8,50 £, erm. 12,50 £, Familie (2 Erw., 2 Kinder) 40 £

## ③⑨ South Queensferry und Forth Rail Bridge ★ ★ ★ [S. 142]

*Etwa 10 km vom Stadtzentrum entfernt erhebt sich eine der bekanntesten Sehenswürdigkeiten Schottlands. Die Forth Rail Bridge ist die Eisenbahnbrücke, die den Firth of Forth auf dem Weg in die Grafschaft Fife auf der Nordseite überbrückt.*

Die **Forth Rail Bridge** gilt als eines der Bauwunder aus der viktorianischen Zeit. Die Brücke wurde von 1883 bis 1890 von den Ingenieuren Sir John Fowler und Benjamin Baker

konstruiert. Zur Herstellung wurden ungefähr 50.000 Tonnen Stahl verarbeitet. Die vielen Querverstrebungen der Stahlkonstruktion machen dieses Bauwerk so sehenswert – man muss nur diejenigen bedauern, die die 50 Meter hohe und 2,5 km lange Brücke regelmäßig warten und lackieren müssen. Im Jahr 2011 wurde die Brücke nun mit einer Spezialfarbe gestrichen, die mehrere Jahrzehnte halten soll. Die rote Farbe der Brücke sorgt dafür, dass sie die Aussicht dominiert, fast sollte man meinen, sie sei als Fotoobjekt gebaut worden.

Den besten Blick auf die Brücke hat man von dem Örtchen **South Queensferry**. Es hat eine hübsche High Street mit einigen historischen Häusern, z. B. das Black Castle aus dem Jahr 1626, die St. Mary's Church aus dem Jahr 1441 und das Zollhaus Tollbooth aus dem Jahr 1600. Der Name des Ortes geht auf Queen Margaret zurück, die Frau von König Malcolm III. Margaret reiste oft nach Dunfermline auf der anderen Seite des Forth und auf ihre Bitte hin wurde ein permanenter Fährservice *(Ferry)* eingerichtet. Dieser blieb noch bis ins Jahr 1964 bestehen, bis eine Hängebrücke für den Autoverkehr, die **Forth Road Bridge**, etwas weiter westlich entstand. Das Dörfchen lebte jahrhundertelang vom Fischfang und es existiert noch die alte Steinmauer am Hafen, mit Blick auf den Forth und die beiden Brücken.

🏛 **121 Queensferry Museum**, 53 High Street, South Queensferry, EH30 9HP, Tel. 0131 3315545, www.edinburgh museums.org.uk/venues/queensferry-museum, Mo., Do.–Sa. 10–13 Uhr, 14.15–17 Uhr, So. 12–17 Uhr, Eintritt frei

> **Anreise:** Zug von Waverley Station, ca. 15 Min. nach Dalmeny, von dort aus etwa 15 Min. zu Fuß; oder First Bus

# Edinburgh entdecken
## Entdeckungen außerhalb des Zentrums

Nr. 43 von Princes Street. Man kann die Fahrt nach South Queensferry auch mit einer Bootsfahrt kombinieren: von der Waverley Station mit dem Bus nach South Queensferry und von dort mit dem Ausflugsboot, das auf dem Forth kreuzt. Dabei kann man die Brücke gut fotografieren. Infos: www.forthtours.com, Tel. 0870 1181866, ca. 13 £.

### ⑩ Crammond ★  [S. 142]

Zwischen South Queensferry und Leith liegt Crammond, zu beiden Seiten eingerahmt von Golfplätzen. Wer an einem Sommertag die Beine im Firth of Forth abkühlen möchte, kann dies an dem kleinen **Strand** in Crammond tun. Hier mündet der Fluss Almond in den Forth und auf seiner Ostseite liegt der malerische alte Kern des Dörfchens, der nur aus wenigen Häusern besteht. Bereits von den Römern wurde hier im Jahr 142 n. Chr. ein Fort angelegt, auf dessen Überresten im 17. Jh. die **Crammond Kirk** entstand. Von der steilen Hauptstraße, die in den Stadtkern hinunterführt, zweigt eine Zufahrt zum einzigen Parkplatz ab. In dem Park hinter dem Parkplatz befindet sich die Kirk. Hier steht auch der **Crammond Tower**, der um 1400 erbaut wurde. Mitte des 18. Jahrhunderts entstanden entlang des Flusses verschiedene Mühlen und eine Eisenschmiede. Hier wurde von 1752 bis 1860 eine Reihe von Werkzeugen wie Schaufeln und Nägel hergestellt, für die während der Industrialisierung eine große Nachfrage bestand. Die Produkte wurden direkt von hier verschifft und der Hafen gewann an Bedeutung.

Bei Ebbe kann man über einen kleinen Damm auf eine dem Ufer vorgelagerte Insel wandern. Allerdings sollte man sich informieren, wie die Tidenzeiten sind, denn bei Flut wird die Insel vom Festland abgeschnitten.

› **Infos:** www.undiscoveredscotland.co.uk
› **Anreise:** über die Queensferry Road (A90) oder mit dem Lothian Busses 41 von der George Street

*Der alte Hafen von South Queensferry mit der Forth Rail Bridge (rechts) und der Forth Road Bridge (links im Hintergrund)*

## Dunbar und North Berwick

Wer Seeluft schnuppern und das Umland Edinburghs noch etwas erkunden möchte, der findet an der schottischen Ostküste die historischen Städtchen Dunbar und North Berwick. Nach Dunbar entführte Lord Bothwell **Mary, Queen of Scots** (s. S. 74) im Jahr 1567, um sie zur Heirat zu zwingen. Schon allein der **historische Hafen** mit seinem Innen- und Außenhafen, dem Kopfsteinpflaster und der alten Steinmauer ist eine Sehenswürdigkeit, die ihresgleichen sucht. Man fühlt sich förmlich ins 17. Jahrhundert zurückversetzt. Das ehemalige **Schloss von Dunbar,** in dem Maria festgehalten wurde, stand direkt auf den Klippen, die den Eingang zum Außenhafen bildeten. Heute sind vom Schloss nur noch einige Mauern übrig, auf denen die Möwen nisten. Angeblich wurde die Zerstörung des Schlosses angeordnet, nachdem Maria zur Abdankung gezwungen wurde. Dunbar ist ein Fischereihafen und die Kais sind voll von Netzen und Fangkörben für die begehrten Meeresfrüchte und Langusten.

> **Dunbar Information Centre,** 143a High Street, EH42 1ES, April–Okt., www.visitsouthernscotland.co.uk
> **Anreise:** Zug von der Waverley Station, Fahrplaninformationen: www.eastcoast.co.uk

**North Berwick** liegt nur wenige Kilometer weiter westlich von Dunbar und blickt ebenfalls auf eine lange Geschichte zurück. Erste Siedler gab es hier bereits im 7. Jahrhundert. Im 11.

Jahrhundert fuhr die Fähre von hier nach St. Andrews am gegenüberliegenden Ufer der Grafschaft Fife. 1715 und 1745 landeten hier die Highlander, die an den Rebellionen der Jakobiter (s. S. 68) beteiligt waren. Der **Bell Rock Leuchtturm** wurde von der Stevenson-Familie gebaut und Robert Louis Stevenson (s. S. 98) verbrachte mehrere Sommer hier mit seiner Familie. Die Stadt hat eine perfekte Lage mit zwei Stränden und Ausblicken auf die Felseninseln im Forth, wie den **Bass Rock,** der von Vogelkolonien bevölkert ist.

Das **Seabird Center** ist eine der bekanntesten touristischen Attraktionen der Stadt. Hier kann man alles über das Leben von Seevögeln erfahren und sogar per Livecam Vögel, Robben und Delphine beobachten. Das **Café** hat eine Terrasse auf dem Pier mit einem fantastischen Ausblick.

> *www.north-berwick.co.uk*
> **Anreise:** Züge nach North Berwick mit First Rail fahren von der Haymarket Station in regelmäßigen Abständen ab. Die Fahrt dauert eine halbe Stunde. Mit dem Auto folgt man der A1 in Richtung Osten.
> **The Scottish Seabird Center,** The Harbour, North Berwick, EH39 4SS, www.seabird.org, Tel. 06120 890202, Eintritt: Erw. 8,95 £, ermäßigt 6,95 £, Kinder 4–15 Jahre 4,95 £, Nov.–Jan. Mo.–Fr. 10–16 Uhr, Sa./So. 10–17 Uhr, Febr./März u. Sept./Okt. Mo.–Fr. 10–17 Uhr, Sa./So. 10–17.30 Uhr, April–Aug. Mo.–So. 10–18 Uhr

# Praktische Reisetipps 105

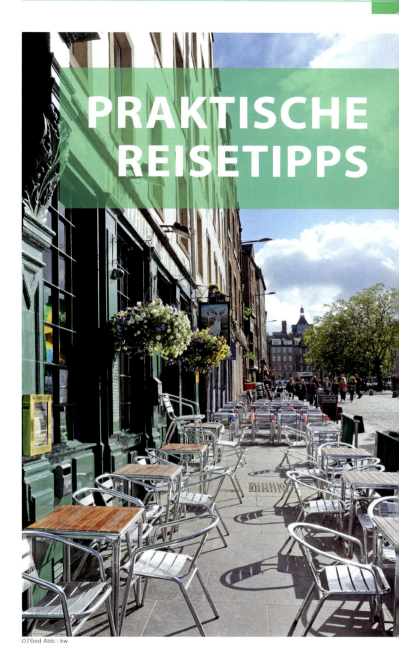

# An- und Rückreise

Am schnellsten und wahrscheinlich auch preiswertesten reist man mit dem Flugzeug nach Edinburgh. Von vielen Flughäfen in Deutschland, Österreich und der Schweiz wird die Stadt regelmäßig angeflogen. Wahlweise kann man auch einen Flug beispielsweise nach London oder eine Fähre nach Newcastle oder Hull mit einer anschließenden Bahn- oder Busfahrt bzw. auch einem Mietauto kombinieren (Edinburgh ist von London ca. 588 km entfernt). Wer früh bucht, kann hier einige Schnäppchen ergattern. Zu bedenken ist, dass bei britischen Airlines und Fähren die Preise an den gesetzlichen Feiertagen *(Bank Holidays)* nach oben schnellen. Die Anfahrt vom Ausland mit dem Auto lohnt sich aufgrund der Entfernung nur dann, wenn man auch noch andere Teile Großbritanniens bzw. Schottlands erkunden möchte oder wenn man einen Campingurlaub plant.

## Auto

Für eine Anreise mit dem Auto aus Deutschland, Österreich oder der Schweiz muss man auf jeden Fall unterwegs eine Übernachtung einplanen. Man kann entweder bei Calais mit der **Fähre** oder mit dem **Autozug durch den Eurotunnel** auf die Insel fahren (Fahrtzeit eineinhalb Stunden). Nachtfähren gibt es von Holland oder Belgien nach Nordengland (Fahrtzeit beträgt etwa 20 Stunden). An Feiertagen können die britischen Autobahnen recht voll werden und besonders um London gibt es dann kilometerlange Staus.

> Eurotunnel,
>   www.eurotunnel.com

## Bahn

**Von London** gibt es regelmäßige Zugverbindungen. Es kann etwas dauern, bis man die preiswerteste Route aus dem Angebot herausgefiltert hat. Es ist empfehlenswert, die Fahrkarte bereits zu Hause zu kaufen, da Tickets in Deutschland wesentlich billiger sein können, wenn man Sonderangebote für Fernreisen bzw. Europa-Spartickets der Deutschen Bahn mit einschließt. Nach England geht es von Köln über Brüssel mit dem ICE und dann weiter von Brüssel mit dem Eurostar nach London. Man fährt von Köln bis London ca. 6 Stunden, von London nach Edinburgh sind es weitere 5 Stunden. Die East Coast Line bietet die schnellste Verbindung und fährt von London King's Cross über Newcastle zu den Bahnhöfen Waverley und Haymarket.

> **National Rail**, www.nationalrail.co.uk,
>   Tel. innerhalb Großbritanniens: 08457
>   484950, vom Ausland: 0044 (0) 20
>   72785240, Textphone (SMS Service
>   für Passagiere mit Hörbehinderung):
>   Tel. 0845 6050600
> **East Coast Trains**, www.eastcoast.
>   co.uk, Tel. 0845 7225111, SMS Service
>   1800108457225111
> **Scot Rail**, www.scotrail.co.uk,
>   Tel. 0845 7550033

## Bus

Die Busse der Firma Eurolines (Deutsche Touring GmbH) fahren von Kontinentaleuropa bis London. Diese Busse sind recht preiswert im Vergleich zu anderen Transportmitteln (z. B. ab ca. 60 € von München nach London und zurück). Innerhalb Großbritanniens fährt der National Express von der Victoria Station in London ab und erreicht 10 Stunden spä-

## Praktische Reisetipps
### An- und Rückreise

ter Edinburgh (je nach Abfahrtszeit und Datum Hin- und Rückfahrt von ca. 19 £ bis 70 £). Insgesamt ist man mit den Bussen über 24 Stunden unterwegs und kommt kaum zum Schlafen. Der Busbahnhof Edinburghs befindet sich am St. Andrew Square.

› **Eurolines,** Deutsche Touring GmbH, Tel. 069 7903501, www.touring.de
› **National Express,** www.nationalexpress.com, Tel. 0044 (0) 8717818178, Servicetel. für barrierefreies Reisen 0044 (0) 8717 818181, Textphone SMS 0044 (0) 1214550086 (bei Hörbehinderung)

### Flugzeug

Der **Edinburgher Flughafen** liegt im Westen der Stadt, etwa 13 km vom Stadtzentrum entfernt. Von hier fährt der Shuttlebus Airlink 100 entlang der Ausfallstraße A8 tagsüber etwa alle 15 Minuten und der Nachtbus N22 abends und nachts alle 30 Minuten bis zum Waverley Bahnhof (Preis ca. 3 £). Wahlweise kann man auch ein Taxi nehmen, was ca. 15 £ kostet. Wer sich hier ein Auto mieten möchte, findet alle gängigen Mietwagenfirmen wie Hertz, Europcar, Avis, etc. Eine Fahrt mit der Straßenbahn in die Innenstadt kostet 5 £.

●**122 Edinburgh Airport,**
  www.edinburghairport.com

Der Flughafen wird von zahlreichen **Billigfluglinien** wie Easyjet, Germanwings, Flybe, Ryanair und KLM angeflogen, aber auch von British Airways und Lufthansa. Flüge gibt es von fast allen großen Flughäfen in Deutschland, der Schweiz und Österreich (Preis im Durchschnitt 100–350 € pro Person je nach Abflugort).

› **British Airways,** www.britishairways.com
› **Easyjet,** www.easyjet.de
› **Flybe,** www.flybe.com
› **Germanwings,** www.germanwings.de
› **KLM,** www.klm.com
› **Lufthansa,** www.lufthansa.de
› **Ryanair,** www.ryanair.de
› **Jet2,** www.jet2.com

◁ *Seite 105: Morgendliche Ruhe an der Pubfront des Grassmarket* ⓲

◸ *Kontraste: Die Glasdächer des Bahnhofs Waverly vor der mittelalterlichen Häuserfront der Altstadt*

## Schiff

Wer über die Nordsee anreisen möchte, für den empfehlen sich besonders die Strecken Zeebrügge/Rotterdam nach Hull (P&O Ferries) und Ijmuiden nach Newcastle (DFDS Seaways). Direkt bis Edinburgh, und zwar in den Hafen Rosyth auf der Nordseite des Firth of Forth, fahren North Sea Ferries. Diese Fähren sind jedoch für zwei Personen inklusive Auto recht teuer (ca. 250–400 €), da man hier eine Kabine buchen muss. Wesentlich preiswerter reist man von Calais nach Dover, hier gibt es Spezialangebote ab ca. 35 € für ein Auto und zwei Personen pro Strecke, und zwar bei den Fährlinien P&O oder MyFerryLink (Fahrzeit eineinhalb Stunden). Die Preise variieren je nach Tageszeit und Saison, frühes Buchen zahlt sich aus.

> ❯ **DFDS Seaways,** www.dfdsseaways.co.uk
> ❯ **P&O Ferries,** www.poferries.com
> ❯ **North Sea Ferries,**
>   www.northseaferries.net
> ❯ **MyFerryLink,** www.myferrylink.com

## Ausrüstung und Kleidung

Das Wetter in Schottland wird vom nordwestlichen Atlantik beeinflusst, daher ist es oft windig und die Wetterlage kann schnell umschlagen. Man sollte immer **Regenschutz** mit sich tragen, am besten sind Regenjacken, die sich klein zusammenfalten lassen und die man in der Tasche mitnehmen kann. Hilfreich ist auch eine **Kopfbedeckung.** Schirme nützen oft wenig, da der starke Wind ein Aufspannen verhindert. Auch ein Fleecepullover kann hilfreich sein, falls es unerwarteterweise kälter wird. Es ist empfehlenswert sich in mehrere Lagen zu kleiden, so dass man je nach Temperatur Kleidungsstücke hinzu- oder wegnehmen kann. In der Altstadt gibt es viel Kopfsteinpflaster. Wer viel zu Fuß unterwegs ist, sollte auf gutes Schuhwerk achten.

## Autofahren

Um Edinburgh herum führt die **Ring Road.** Von ihr zweigen sternförmig Ausfallstraßen in die Stadtmitte ab, A7, A701, A702 im Süden, A8 und A90 im Westen und A1 im Osten, was die Orientierung recht einfach macht. Allerdings ist Autofahren im Stadtzentrum eher nicht empfehlenswert.

Innerhalb des Zentrums von Edinburgh ist **Parken** teuer, auf Straßen wie der George Street muss man mit 2,60 £ pro Std. rechnen, Tagesraten liegen bei ca. 19 £. Parkhäuser sind nur wenig günstiger (4 Std. ca. 6–7 £). Zu den Sehenswürdigkeiten auf dem oberen Teil der Royal Mile gibt es keinen direkten Zugang mit dem Auto, da dies eine Fußgängerzone ist. Das bedeutet, dass man entweder unterhalb des Schlossberges parken muss oder weiter außerhalb. Eine **Geschwindigkeitsbegrenzung** von 32 km ist für die gesamte Innenstadt geplant.

> ❯ www.en.parkopedia.co.uk/parking/
>   edinburgh (Infos über Parkmöglichkeiten)
> 🅿**123** [F7] **Parkhaus,** St. James Centre,
>   Leith Walk, EH1 3SS, Neustadt, 314
>   Plätze, 24 Std. geöffnet (5 Std. 8,60 £)
> 🅿**124** [D9] **Parkplatz,** 20 Castle Terrace,
>   EH1 2EW, 650 Plätze, 24 Std. geöffnet
>   (4 Std. 12 £)

Es herrscht **Linksverkehr,** an den man sich erst gewöhnen muss, wenn man noch nicht selbst in Großbritannien gefahren ist. Beim Autofahren muss man beachten, dass es auf allen Straßen eine **Geschwindigkeitsbegrenzung** gibt. Auf Autobahnen und zweispurigen Landstraßen beträgt diese 70 mph (112 km), auf einspurigen Landstraßen 60 mph (96 km). In Ortschaften und in der Stadt reduziert sich das Limit auf 30 mph (48 km). Es gilt jeweils die Angabe auf den Straßenschildern. Verkehrskameras blitzen insbesondere auch auf Landstraßen. Am Steuer sind **0,8 Promille** erlaubt, die Handybenutzung am Steuer ist verboten. Doppelte gelbe Linien am Straßenrand weisen auf ein absolutes **Parkverbot** hin. Falschparkern droht das *Clamping,* d. h. die Parkkralle, was sehr teuer werden kann.

Für einen Liter unverbleites **Superbenzin** *(unleaded)* zahlt man etwa 1,10 £ und für Diesel ca. 1,17 £.

Man sollte sich rechtzeitig um einen **Auslandsschutzbrief** kümmern. Der englische Verkehrsverein AA kooperiert mit dem deutschen ADAC und hier besteht für Mitglieder ein Abkommen über Pannenhilfe. Ein weiterer Verkehrsverein ist der RAC.

> **AA,** www.theAA.com, Pannenhilfe Tel. 0800 887766

> **RAC,** www.rac.co.uk, Pannenhilfe Tel. 08001977815 (bitte angeben WJ0003)

# Barrierefreies Reisen

Die meisten Einrichtungen in Großbritannien sind heutzutage sehr gut auf die speziellen Bedürfnisse von Rollstuhlfahrern, Menschen mit Sehbehinderungen oder Gehörschäden oder Menschen mit anderen speziellen Anforderungen eingestellt. Infos über Zugänglichkeit von Einrichtungen und Transportmitteln für Men-

schen mit speziellen Anforderungen oder Behinderungen werden auf den Websites unter dem Stichwort *Accessibility* oder *Disabilities* geführt. Alle größeren Museen, Theater etc. geben auf ihren Informationsseiten hierzu Auskunft. In Edinburgh gibt es moderne Stadtbusse, die Zugang für Rollstühle bieten. Rollstuhlfahrer, die mit dem Zug reisen, müssen dies vorher bei der Bahn anmelden (empfohlen wird 24 h vorher), damit eine Rampe bereitgestellt werden kann. Alle Züge sind mit Toiletten ausgestattet, die für Rollstuhlfahrer geeignet sind. Wer einen motorisierten Rollstuhl oder ein Elektromobil mitnehmen möchte, muss vorher bei der jeweiligen Zuggesellschaft die Maße abstimmen.

Auf der Website der Bahn gibt es allgemeine Auskünfte über die **Einrichtungen in den Bahnhöfen.** Wer detailliertere Infos wünscht, wird auf die Websites der jeweiligen Streckenbetreiber verwiesen. Auch auf der **Website des Flughafens** finden sich viele Infos über Mietwagen für Behinderte sowie Auskünfte über Firmen, die Touren mit speziellen Bussen organisieren. **National Express** bietet auf seiner Website und per Telefon ebenfalls einen Service für Behinderte an.

> **VisitScotland Edinburgh Office,** www.edinburgh.org

> **DisabledGo,** www.disabledgo.com

> **Advice Service Capability Scotland (ASCS),** www.capability-scotland.org.uk, 11 Ellersly Road, EH12 6HY, Tel. 0131 3379876 – für Smartphones mit Auswahlfeld für Übersetzung, Schriftgröße und Sprachumwandlung, Textphone SMS: 0131 3462529 (bei Hörbehinderung). Dies ist die größte Behindertenorganisation in Schottland und hier erhält man Informationen aller Art.

> **National Rail,** Tel. innerhalb Großbritanniens: 08457 484950, vom Ausland:

0044 (0) 20 72785240, Textphone
(SMS Service für Passagiere mit
Hörbehinderung): 08456050600,
www.nationalrail.co.uk
> **Edinburgh Airport,**
www.edinburghairport.com
> **Nat. Express,** www.nationalexpress.com

# Diplomatische Vertretungen

- ●**125** [B8] **Deutsches Generalkonsulat,**
  16 Eglinton Crescent, EH12 5DG,
  www.edinburgh.diplo.de, Tel. 0044 (0)
  131 3372323
- > **Botschaft der Bundesrepublik**
  **Deutschland,** 23 Belgrave Square, SW1
  8PZ, London, www.london.diplo.de,
  Tel. 0044 (0) 20 78241300
- ●**126** [E5] **Österreichisches Honorarkonsu-**
  **lat,** 9 Howard Place, EH3 5JZ, Edinburgh,
  austrianconsulate@focusscotland.co.uk,
  Tel. 0044 (0) 131 5581955
- > **Österreichische Botschaft,**
  18 Belgrave Mews West, London,
  SW1X 8HU, www.bmeia.gv.at,
  Tel. 0044 (0) 20 73443250
- ●**127 Schweizer Generalkonsulat,** 58/2
  Manor Place, Edinburgh, EH3 7EH, Tel.
  0044 (0) 1312259313, edinburgh@
  honrep.ch
- > **Embassy of Switzerland,** 66 Wilson
  Street, London EC2A 2JX, www.vfsglobal.
  ch/switzerland/uk, Tel. 0203 2143725

---

**EXTRAINFO**

**Ausweis für Kinder**
Seit Juni 2012 benötigen auch
Kinder von 0 bis 16 Jahren für eine
Auslandsreise **eigene Ausweispa-**
**piere** (Kinderreisepass/Reisepass)
mit einem aktuellen Foto. Der Eintrag
im Pass der Eltern ist nicht länger
gültig.

---

# Ein- und Ausreise-bestimmungen

Deutsche, Österreicher und Schweizer können **ohne Visum mit ihrem**
**Reisepass oder Personalausweis**
nach Großbritannien einreisen und
sich dort auch ohne weitere Geneh-
migung länger aufhalten oder arbeiten. Wer länger bleiben bzw. in Großbritannien arbeiten möchte, muss
jedoch eine Versicherungsnummer
*(National Insurance Number)* beantragen. Besucher aus Nicht-EU-Staa-
ten benötigen unter Umständen ein
Visum zur Einreise in das Vereinigte
Königreich. Die Auswärtigen Ämter
der jeweiligen Länder können hierüber genaue Auskunft geben. Ein
Schengen-Visum berechtigt nicht zur
Einreise in das Vereinigte Königreich,
da dieses nicht zu den Schengener
Staaten gehört (Stand der Einreise-
und Visabestimmungen März 2015).

## Mitnahme von Tieren

Hunde, Katzen und Frettchen dürfen
unter bestimmten Bedingungen nach
Schottland eingeführt werden. Da es
in Großbritannien keine Tollwut gibt,
benötigen alle Tiere bestimmte Imp-
fungen, die zum Teil bereits 6 Monate
vor der Reise vorgenommen werden
müssen. Für die Einreise nach Großbritannien ist ein **Mikrochip** nötig, auf
dem alle medizinischen Daten gespeichert sind. Ebenso benötigt das
Tier einen **Pass** oder eine **Bescheini-**
**gung vom Tierarzt.** Nähere Informationen über die Reisevorbereitung erhält man auf der Website des DEFRA
(Department for Rural Affairs) oder
beim Tierarzt.
> **DEFRA,** www.gov.uk/defra,
Tel. 0044 (0) 207 2386951

## Elektrizität

Die Netzspannung in Großbritannien beträgt **240 V**. In Deutschland liegt die Spannung um 230 V mit einer Toleranz nach oben und unten. Daher funktionieren alle elektrischen deutschen Geräte hier einwandfrei. Allerdings bestehen die britischen Stecker aus zwei parallelen Flachkontakten und einem Rechteckkontakt. Demzufolge muss man vor der Reise einen Adapter besorgen. Diese gibt es in jedem Elektrogeschäft oder am Flughafen. In Großbritannien sind solche Adapter nur in der umgekehrten Version erhältlich, d. h. von englischen Steckern auf deutsche Stecker.

## Film und Foto

Außer in einigen Museen ist Fotografieren überall erlaubt. Wo dies nicht der Fall ist, wird man darauf hingewiesen. Allerdings ist es im Rahmen der Anti-Terrorgesetzgebung nicht mehr erlaubt, Polizisten und andere Ordnungshüter zu fotografieren. Kameras werden sonst unter Umständen konfisziert. In den großen Drogerieketten wie z. B. Boots gibt es Maschinen für die Entwicklung von digitalen Fotos, die man mit SD-Karte oder Memorystick auch selbst bedienen kann.

## Geldfragen

### Währung

Die britische Währung ist das **Pfund Sterling** *(Pound Sterling)*. Ein Pfund entspricht 100 Pence. Als Noten sind verfügbar 50 £, 20 £, 10 £, 5 £, als Münzen 2 £, 1 £, 50 p, 20 p, 10 p, 5 p, 2 p, 1 p.

## Edinburgh preiswert

*Wer bereits vor der Reise verbilligte Tickets online kaufen möchte, wird auf der Seite von Visit Scotland (http://www.visitbritainshop.com/world/attractions/attractions-in-scotland/product/royal-edinburgh-ticket.html) fündig. Dort kann man z. B. ein* **Kombiticket Royal Edinburgh** *kaufen (48 £), mit dem man Edinburgh Castle ❶, Palace of Holyroodhouse ⓫ und die Royal Yacht Britannia ㊳ besichtigen kann. Wer noch andere Gegenden in Schottland besuchen möchte, erhält mit dem* **Historic Scotland Pass** *(www.historic-scotland.gov.uk) Eintritt zu 78 Sehenswürdigkeiten.*

*Freien Eintritt haben Besucher in staatlichen Museen wie z. B. im National Museum ⓰ und der National Gallery ㉑.*

*Viele Restaurants bieten zu verschiedenen Tageszeiten* **preiswerte Menüs** *an. Man sollte sich nicht täuschen lassen und erwarten, dass es in Ketten wie Pizza Hut oder Bella Pasta sehr viel preiswerter zugeht als in feineren Restaurants. Für zwei Gänge und ein Getränk zahlt man zwar in etwa dasselbe, allerdings erhält man in den Restaurants eine wesentlich höhere Qualität (z. B. zwei Gänge und ein Glas Champagner im Tower Restaurant (s. S. 28) für 20 £ im Vergleich zu einem Minisalat, einer kleinen Pizza und einem Mineralwasser bei Pizza Hut). Eine* **Happy Hour** *gibt es in den meisten Pubs und vielen Café-Bars von 17– 19 Uhr.*

*Während des Festivals gibt es eine Flut von* **kostenfreien Veranstaltungen** *von Theater über Comedy bis*

# Praktische Reisetipps
## Edinburgh preiswert

Livemusik. Auf der Straße werden den Passanten die Flugblätter praktisch aufgedrängt. Außerdem ist der Besuch in allen von der Stadt geführten Museen das ganze Jahr über frei.

**Unterkünfte** in Edinburgh sind **außerhalb der Hochsaison** sehr viel billiger als in der Hochsaison. Maßgeblich für den Preisanstieg sind oft die Schulferien, d. h. Ostern (Anfang April), Sommerferien (Mitte Juli–Ende August) und Herbstferien (Mitte Oktober). Auch die Fährgesellschaften und britischen Fluglinien erhöhen dann ihre Preise. Wer kann, sollte sich daher vorher über die aktuellen Feriendaten informieren und dann gezielt außerhalb der Saison buchen. Selbst wenn man in der Hochsaison bucht, kann man jedoch hin und wieder Schnäppchen ergattern, wenn man sehr früh bucht.

Hotels und Guest Houses sind in den **Außenbezirken Edinburghs** billiger als in der Innenstadt. Einen örtlichen Preisunterschied bemerkt man jedoch auch bei anderen Serviceleistungen, Restaurants etc. Oft ist es in einem Pub außerhalb der City um ein Drittel billiger als im Zentrum. Dies gilt auch für Preise in Lebensmittelgeschäften. Wenn man z. B. eine Ferienwohnung gebucht hat, lohnt es sich, seine Einkäufe in einem der großen Einkaufszentren am Rande der Stadt (z. B. in Corstophine) zu erledigen.

Wer im Stadtzentrum wohnt, kann die meisten Ziele zu Fuß erwandern. Einen **Buspass** für 7 Tage innerhalb der Stadtgrenzen von Edinburgh erhält man unter www.one-ticket.co.uk für 20,30 £.

Bei der Bahn gibt es ein sogenanntes **Central Scotland Rover Ticket,** mit dem man an drei von 7 Tagen unlimitiert auf den Strecken zwischen Edinburgh und Glasgow verkehren kann, für nur 36,30 £.

› www.britrail.com,
www.scotrail.com,
Tel. 08457 550033

*Sollte man nutzen: Einladungen für kostenfreie Vorstellungen während des Festivals*

## Praktische Reisetipps
### Geldfragen

In den meisten Geschäften gibt es das **Chip and Pin System**, d.h., man kann nur dann mit Geldkarte einkaufen, wenn man seine PIN kennt. Das gilt auch für Kreditkarten, es sei denn, das Terminal hat einen Drucker und auf der Kreditkarte ist vom ausgebenden Institut die Bezahloption per Unterschrift gespeichert. An jedem **Bankautomaten** kann man mithilfe der Maestro-(EC-)Karte und der PIN Geld abheben, dies verursacht allerdings Auslandsgebühren. Es ist zwar preiswerter, wenn man bereits zu Hause Geld umtauscht, wer jedoch keine großen Mengen an Bargeld mit sich herumtragen möchte, kann auch bei seiner Bank oder der Reise **Travellerschecks** besorgen. Auch mit der Kreditkarte kann man in fast allen Etablissements bezahlen.

Hinweis: Die **schottischen Banknoten** sehen anders aus als die englischen Banknoten, haben aber denselben Wert. Wer in Schottland den Bankautomat benutzt, erhält automatisch die schottischen Noten. Englische Banknoten werden weitgehend in Geschäften akzeptiert (Probleme kann es in kleineren Läden oder im Umland geben). Natürlich kann man die Noten auf jeder Bank in schottische Noten umtauschen. Je nach Umtauschkurs variiert der genaue Gegenwert, den man für seine Euros in Schottland erhält.

In den Cafés und Restaurants der Innenstadt sind die Preise recht hoch. Eine Tasse Kaffee mit Kuchen kostet im Vergleich mehr als in Deutschland. Dasselbe gilt für alkoholische Getränke.

### Wechselkurse

› 1 € = 0,72 £, 1 £ = 1,39 €
› 1 SFr = 0,67 £, 1 £ = 1,49 SFr
(Stand: März 2015)

*Hier landet das schöne Geld: Souvenirshop an der Royal Mile*

Den tagesaktuellen Wechselkurs findet man unter:
› www.oanda.com

# Informationsquellen

## Infostellen zu Hause

Das britische Fremdenverkehrsamt **VisitBritain** und die angeschlossene Filiale **VisitScotland** beschränken ihr Tätigkeitsfeld mittlerweile fast gänzlich auf das Internet. Dort gibt es Prospekte, Reisetipps und Beratung und man kann den Edinburgh Pass, Sightseeingtouren oder sogar Restaurants im Voraus buchen. Allgemeine Informationen über Großbritannien erhält man bei den Niederlassungen des **British Council** in Deutschland, Österreich und der Schweiz.

> ❯ **Fremdenverkehrsamt VisitScotland,** www.visitscotland.com
> ❯ **Deutschland:** British Council, Alexanderplatz 1, 10178 Berlin,

Tel. 030 3110990, Fax 030 31109920, www.visitbritain.com/de, www.visitscotland.com/de-de, www.britishcouncil.de

> ❯ **Österreich:** British Council, Siebensterngasse 21, 1070 Wien, Tel. 0043 (0) 15332616, Fax 1553261665, www.britishcouncil.at
> ❯ **Schweiz:** British Council, Sennweg 2, PO Box 532, 3000 Bern 9, Tel. 0041 (0) 31 3014935, www.visitbritain.com/de/ch, www.britishcouncil.ch (beim British Council in der Schweiz sind allgemeine Infos über die Website erhältlich)

## Infostellen in der Stadt

> ❶ **128** [F8] **Edinburgh Information Centre,** Princes Mall, 3 Princes Street, Edinburgh, EH2 2QP, Tel. +44 (0) 131 4733868
> ❶ **129 Visitor and Airport Information Centre,** Edinburgh International Airport, EH12 9DN, Tel. +44 (0) 131 3443120
> ❶ **130** [H1] **VisitScotland,** Ocean Point One, 94 Ocean Drive, Edinburgh, EH6 6JH, Tel. +44 (0) 845 8591006, www.visitscotland.com

## Edinburgh im Internet

> ❯ **www.edinburgh.org:** Die offizielle Website des Edinburgher Fremdenverkehrsamtes mit wichtigen Adressen von Sehenswürdigkeiten und Einrichtungen.
> ❯ **http://citygateways.visitscotland.com:** Link, der auf die deutschsprachige Website des schottischen Fremdenverkehrsamtes zu Edinburgh verweist. Die Website enthält praktische Informationen und Sightseeingtipps.
> ❯ **www.viewedinburgh.co.uk:** Die Site listet und kommentiert Hotels, Restaurants und Veranstaltungsorte in Edinburgh.
> ❯ **www.list.co.uk:** Veranstaltungskalender für ganz Großbritannien, die Edinburgher Termine kann man extra aufrufen. Diese

## ▍Unsere Literaturtipps

> ❯ Als Einführung in die Stadt empfiehlt sich z. B. **Ian Rankins** Krimi „The Falls" (deutscher Titel: „Puppenspiel"). In allen seinen Romanen werden verschiedene Orte der Stadt atmosphärisch in Szene gesetzt.
> ❯ **Irvine Welshs** Roman „Trainspotting" ermöglicht einen Einblick in die Edinburgher Drogen- und Jugendszene der 1990er-Jahre.
> ❯ Wer es gruselig mag, sollte sich **Robert L. Stevensons** „Dr. Jekyll & Mr. Hyde" zu Gemüte führen.
> ❯ In das Edinburgh der 1930er-Jahre führt der gesellschaftskritische **Muriel-Sparks-Roman** „The Prime of Miss Jean Brodie" (deutscher Titel: „Die Blütezeit der Miss Jean Brodie").

## Praktische Reisetipps
### Informationsquellen

Website ist besonders während des Edinburgher Festivals als Überblick über die Veranstaltungen und zum Lesen von Kritiken hilfreich.

❯ www.Edinburgh.org/events: Link auf der offiziellen Internetseite des Edinburgher Fremdenverkehrsamtes, wo man Auskünfte über die Veranstaltungen während des Festivals erhalten kann.

❯ www.Edinburghguide.com: Unabhängige Website, die Edinburgh als Touristendestination bewirbt. Hier findet man Informationen und Tipps ebenso wie Zugang zu Foren, die Hotels, Restaurants und Veranstaltungsorte bewerten.

## Publikationen und Medien

### Landkarten

Die besten Karten für Fußgänger sind die aus der A–Z-Serie, da sie auf jeder Seite Ausschnitte bestimmter Stadtteile zeigen und man jede Straße finden kann. Zum Wandern oder Radfahren empfehlen sich die Karten des Ordnance Survey (Landranger).

❯ www.a-zmaps.co.uk
❯ www.ordnancesurvey.co.uk

### Zeitungen

Das wichtigste Blatt ist der „Scotsman". Die großen nationalen Zeitungen wie „Times" und „Guardian" produzieren eine schottische Ausgabe. Weitere, die v. a. während des Festivals Informationen liefern, sind „Edinburgh Evening News" und „The Herald".

❯ www.scotsman.com
❯ www.edinburghnews.scotsman.com
❯ www.heraldscotland.com

### Smartphone-Apps

❯ **Transport for Edinburgh** (http://lothianbuses.com/apps, iPhone: Transport for Edinburgh M-Tickets, Android: Transport for Edinburgh): Mit dieser kostenlosen

## Konfektionsgrößen

Deutschland – Großbritannien

| Damen | | Herren | |
|---|---|---|---|
| 36 | 10 | 46 | 36 |
| 38 | 12 | 48 | 38 |
| 40 | 14 | 50 | 40 |
| 42 | 16 | 52 | 42 |
| 44 | 18 | 54 | 44 |
| 46 | 20 | 56 | 46 |
| 48 | 22 | | |
| 50 | 24 | | |

| Schuhe | |
|---|---|
| 36 | 3–3,5 |
| 37 | 4–4,5 |
| 38 | 5–5,5 |
| 39 | 5,5–6 |
| 40 | 6,5–7 |
| 41 | 7–7,5 |
| 42 | 7,5–8 |
| 43 | 8,5–9 |
| 44 | 9,5–10 |
| 45 | 10–10,5 |
| 46 | 11–11,5 |

App kann man sogenannte m-Tickets (mobile tickets) für alle Verkehrsmittel auf das Handy laden. Zudem verfügt die App über einen Bus- und Reiseplaner, mit dem man Routen und Abfahrtszeiten genau berechnen kann.

❯ **Ian Rankin's Edinburgh** (iPhone und Android, gratis): Der bekannte Krimischriftsteller aus Edinburgh nimmt Besucher mit auf vier Spaziergänge durch die Stadt, den Spuren seines fiktiven Detektivs Rebus folgen. Man besucht bekannte Sehenswürdigkeiten, aber auch ungewohntere Orte, wie z.B. Schauplätze von Verbrechen, die in den Krimis beschrieben werden.

❯ **City Cycling Edinburgh** (http://edinburgh.cyclestreets.net/mobile/, iPhone und

Android): Diese kostenlose App ist sehr hilfreich, wenn man sich mit dem Fahrrad in Edinburgh bewegt. Sie bietet aktuelle Infos über Straßenverhältnisse und Routen mit Längen- und Zeitangabe (Entfernungen in Meilen).

# Internet und Internetcafés

Internetzugang durch WLAN (WIFI) gibt es inzwischen in den meisten Cafés und Restaurants. Für den Sommer 2015 ist die Bereitstellung eines freien WLAN-Netzes im Stadtbereich geplant. In der Bibliothek (Central Library) hat man freien Internetzugang, wenn man sich eine Besucherkarte ausstellen lässt. Ansonsten gibt es Internetcafés in Altstadt und Neustadt.

@131 [F8] Central Library,
George IV. Bridge, südl. Altstadt,
EH1 1EG, Tel. 0131 2428020,
www.edinburgh.gov.uk

# Maße und Gewichte

In Großbritannien ist zwar vor längerer Zeit das metrische System eingeführt worden, allerdings halten viele Briten an den alten Maßen fest und man wird z.B. beim Einkaufen mit den imperialen Maßen und Gewichten wie *Inches* (1 inch = 2,54 cm) oder *Ounces* (1 ounce = 28,35 g) konfrontiert. Im Pub wird das Bier in Pint-Gläsern (1 pint = 0,57 Liter) serviert und Entfernungen werden fast immer in Meilen (*miles*, 1 Meile = 1,61 km) angegeben.
Kleider- und Schuhgrößen sind in den internationalen Maßen sowie den britischen Maßen angegeben (z.B. entspricht Kleidergröße 10 der

Größe 38, 12 der Größe 40 etc.; bei Schuhen entspricht die Größe 5 der Größe 38, 6 der Größe 39 etc.). Eine schnelle Orientierung ermöglicht die folgende Maßtabelle:

# Medizinische Versorgung

Bei medizinischen Notfällen kann man sich entweder direkt in ein Krankenhaus begeben, das eine 24-Stunden-Notfallambulanz hat, oder die **Notfallnummer 999** anrufen. Die **Nummer 111** wählt man, wenn keine Lebensgefahr besteht.

Die Gesundheitsfürsorge erfolgt in Großbritannien durch den NHS, den **National Health Service**. Medizinische Behandlungen sind für alle Ausländer kostenfrei. Untersuchungen werden in der Regel in der Notfallambulanz des Krankenhauses vorgenommen. Andernfalls muss man einen Privatarzt in Anspruch nehmen.

Einen **zahnärztlichen Notdienst** gibt es nicht in jeder Stadt. Oft werden nur Medikamente verschrieben oder man muss einen Privatarzt aufsuchen. Daher ist es auf jeden Fall ratsam, eine **Auslandsreisekrankenversicherung** abzuschließen, die anfallende Kosten einer Privatbehandlung und ggf. den Rücktransport übernimmt.

▷ *Unterhalb des Melville Monuments auf dem St. Andrew Square* ❷ *kühlen Kinder wie Erwachsene ihre Füße*

## Praktische Reisetipps
### Mit Kindern unterwegs

Nachtapotheken gibt es in der Form nicht, aber viele *Corner Shops* verkaufen Schmerzmittel und andere Medikamente, die nicht verschreibungspflichtig sind. Tagsüber gibt es in Drogerien wie Boots eine Beratung und Verkauf von Medikamenten, die nicht verschreibungspflichtig sind.

### Krankenhäuser mit Notdienst

- 132 **Royal Infirmary of Edinburgh,** 51 Little France Crescent, Old Dalkeith Road, Edmonstone, EH16 4SA, Tel. 0131 5361000, www.nhslothian.scot.nhs.uk
- 133 [F11] **Royal Hospital for Sick Children,** 9 Sciennes Road, Marchmont, EH9 1LF, www.nhslothian.scot.nhs.uk, Tel. 0131 536000. Kinderkrankenhaus mit Notdienst.
- 134 [E9] **Edinburgh Dental Hospital,** 39 Lauriston Place, westl. Altstadt, EH3 9YW, Tel. 0131 5364900. Zahnärztlicher Notdienst tagsüber. Sonstige Infos unter Tel. 0131 5364800.

› **NHS 24, Telefonische Notfallberatung,** Tel. 111. Dieser telefonische Notdienst kann zu jeder Tages- und Nachtzeit ärztliche Notdienste vermitteln.

## Mit Kindern unterwegs

Schottland ist ein kinderfreundliches Land und die meisten Einrichtungen nehmen Rücksicht auf Eltern mit Kindern. So bekommt man in vielen Restaurants ein spezielles Kindermenü. In familienfreundlichen Pubs gibt es oft einen abgetrennten Spielbereich oder Garten. Viele Restaurants (und sogar Autobahnraststätten) stellen eine Mikrowelle zur Verfügung, in der man kostenlos Kindernahrung aufwärmen kann. Die Websites vieler Museen und Einrichtungen bieten außerdem einen „Parents' Survival Guide", eine „Überlebensberatung für Eltern", in der hilfreiche Informationen vermittelt werden. Dennoch können Großstädte für Kinder unter Umstän-

## Praktische Reisetipps
### Notfälle

den etwas anstrengend werden, da man auch in einer kompakten Stadt wie Edinburgh bei Besichtigungen viel auf den Beinen ist. Damit keine Langeweile aufkommt, bieten sich vor allem Museen mit interaktiven Einrichtungen an, wo Kinder spielend auf ihre Kosten kommen. Hierzu gehört zum Beispiel der **Outlook Tower mit der Camera obscura** ❹ auf der Royal Mile oder auch das **National Museum of Scotland** ⓰.

Ein Museum speziell für Kinder ist das **Museum of Childhood** (s. S. 40), hier wird Spielzeug aus verschiedenen Jahrhunderten gezeigt. Die Ausstellung **Our dynamic Earth** ist ebenfalls für Kinder geeignet. Sie befindet sich in der Nähe des Holyrood Parks (s. S. 43) und ist in einem modernen Zeltbau untergebracht. Interaktive Installationen informieren über Ozeane und Vulkane, den Regenwald und das ewige Eis. Außerdem gibt es einen Dinosaurierklub für 4- bis 14-Jährige.

Im Westen der Stadt liegt der **Edinburgher Zoo**. Zwei Besonderheiten hier sind die Pinguinparade, die jeden Tag (Apr.–Sept.) während der Fütterung stattfindet, sowie der Safaribus und der Wanderweg durch die afrikanische Buschlandschaft.

Das Edinburgh Festival hat eine eigene Sparte für Kindertheater und im Mai findet das Kindertheaterfestival statt (www.imaginate.org.uk). Workshops und Geschichtenerzählen gibt es im **Scottish Storytelling Centre** ❽. Etwas ältere Kinder haben sicher Spaß an einer der Stadttouren wie der Secret City Tour von City of the Dead Tours (s. S. 18), die auf den Spuren von Harry Potter und Greyfriars Bobby wandert. Das Ocean Terminal ㉟ hat einen **Indoor Skate Park**, wo man ältere Kinder spielen lassen kann, während man einkauft.

●**135** Edinburgh Zoo,
Corstophine Road, Westen, Murrayfield, Anreise: Bus Nr. 12, 26 und 31 von der Princes Street, www.edinburghzoo.org.uk, Tel. 0131 3349171, Apr.–Sept. tägl. 9–18 Uhr, Okt./März, tägl. 9–17 Uhr, Nov.–Feb. tägl. 9–16.30 Uhr, Eintritt: Erwachsene 17 £, erm. 14,50 £, Kinder 3–15 Jahre 12,50 £, Kinder unter 3 Jahren frei. Es sind außerdem günstige Familientickets erhältlich.

🏛**136** [H8] Our dynamic Earth,
112–116 Holyrood Road, Royal Mile, Holyrood, EH8 8AS, Tel. 0131 5507800, www.dynamicearth.co.uk, Nov.–März Mi.–So. 10–17.30 Uhr, April–Juni/Sept.–Okt. tägl. 10–17.30 Uhr, Juli–Aug. tägl. 10–18 Uhr, Eintritt: Erwachsene 12,50 £, erm. 10,50 £, Kinder 3–15 Jahre 7,95 £, Kinder unter 3 Jahren frei.

## Notfälle

Die **kostenlose Notrufnummer ist 999**, diese verbindet entweder mit der Notfallstation im Krankenhaus, der Polizei oder der Feuerwehr.

### Polizeidienststellen

➤**137** [A6] **Edinburgh Police Headquarters**, Fettes Avenue, Tel. 0131 3113131 (allgem. Anfragen), 999 (Notruf)

❯ Weitere Informationen über die zahlreichen Polizeidienststellen in Edinburgh findet man auf der website der Lothian and Border Police: **www.scotland. police.uk/your-community/ the-lothians-and-scottish-borders**

### Fundbüros

❯ **Edinburgh Airport** (s. S. 107), Tel. 0131 3443486, es fällt eine Gebühr von

7,50 £ an. Wahlweise kann man auf der Webseite ein Formular ausfüllen: www. airport-lostproperty.com.

- ●138 [F8] **Lost Property Office,** Waverley Station, Platform 2, Tel. 0131 5502333, Mo.–Fr. 9–17 Uhr
- ●139 [E8] **Lothian Regional Transport,** 27 Hannover Street, EH2 2DL, Tel. 0131 4750652, www.lothianbuses.com/customer-services, Mo.–Fr. 9.30–17.30 (geschl. 13.30–14) Uhr

### Kartensperrung

Bei **Verlust der Debit-(EC-)** oder der **Kreditkarte** gibt es für Kartensperrungen eine **deutsche Zentralnummer** (unbedingt vor der Reise klären, ob die eigene Bank diesem Notrufsystem angeschlossen ist). **Aber Achtung:** Mit der telefonischen Sperrung sind die Karten zwar für die Bezahlung/Geldabhebung mit der PIN gesperrt, nicht jedoch für das **Lastschriftverfahren mit Unterschrift.** Man sollte daher auf jeden Fall den Verlust zusätzlich **bei der Polizei zur Anzeige bringen,** um gegebenenfalls auftretende Ansprüche zurückweisen zu können.

In **Österreich** und der **Schweiz** gibt es keine zentrale Sperrnummer, daher sollten sich Besitzer von in diesen Ländern ausgestellten Debit-(EC-) oder Kreditkarten vor der Abreise bei ihrem Kreditinstitut über den zuständigen Sperrnotruf informieren.

Generell sollte man sich immer die **wichtigsten Daten** wie Kartennummer und Ausstellungsdatum **separat notieren,** da diese unter Umständen abgefragt werden.

- ❭ **Deutscher Sperrnotruf:** Tel. +49 116116 oder Tel. +49 3040504050
- ❭ **Weitere Infos:** www.kartensicherheit.de, www.sperr-notruf.de

# Öffnungszeiten

- ❭ **Geschäfte:** Mo.–Fr. 9–17.30 Uhr (Kernzeit), Sa. 9–17 Uhr, So. 11–16 Uhr. Donnerstags haben die größeren Geschäfte bis 19 oder 20 Uhr geöffnet. Die großen Lebensmittelläden in den Einkaufszentren am Stadtrand haben in der Regel bis mindestens 23 Uhr geöffnet bzw. sogar 24 Stunden. *Corner Shops,* d. h. Ecklädchen, bleiben bis 22/23 Uhr geöffnet.
- ❭ **Banken:** Mo.–Fr. 9–17 Uhr, Sa. 9–12.30 Uhr (einzelne Filialen). Geschlossen sind die Banken an *Bank Holidays,* d. h. öffentlichen Feiertagen.

# Post

Die meisten Postämter in Edinburgh befinden sich inzwischen in Geschäften und haben sich an deren Öffnungszeiten angepasst. Normalerweise schließen sie jedoch samstags bereits um die Mittagszeit. Für Postkarten gilt eine First Class Stamp zu 0,62 £. Briefe werden nach Gewicht und Größe berechnet (max. 100 g, bis 5 mm Dicke), z. B. 10 g = 0,97 £ (International Standard).

- ✉ **140** [F7] **Hauptpostamt** (Post Office): 8–10 James Craig Walk, St. James Centre, EH1 3SR, Tel. 0845 7223344, Mo–Sa. 9–17.30 Uhr

# Radfahren

Radfahren wird in Großbritannien seit der Olympiade 2012 landesweit gefördert. Auch in Edinburgh werden mehr und mehr Radwege gebaut, die sichere Achsen quer durch die Stadt bieten (Bike Corridors). Mehr Infos erhält man z. B. über: www.edinburgh. gov.uk oder www.sustrans.org.uk. In

## Praktische Reisetipps
### Schwule und Lesben, Sicherheit

Edinburgh bietet sich Radfahren vor allem am Water of Leith (s. S. 43), am Union Canal (s. S. 115) oder im Holyrood Park (s. S. 43) an. Nützliche Funktionen für Radfahrer bietet die App City Cycling Edinburgh (s. S. 115).

🚲141 [D10] **Biketrax**, www.biketrax.co.uk, 7–11 Lochrin Place, Tollcross, EH3 9QX, Tel. 0131 2286633. Fahrradverleih im südwestlichen Edinburgh.

# Schwule und Lesben

Die Schwulen- und Lesbenszene ist relativ kompakt und konzentriert sich auf wenige Etablissements im sogenannten **Pink Triangle** in der Gegend zwischen Broughton Street, Leith Walk und Picardy Place❸. Hier ist die Atmosphäre freundlich und familiär, da man sich zum großen Teil bereits kennt. Die Nachtklubs und Bars erleben während des Festivals einen starken Zulauf und dann geht es aufgrund der hohen Besucherzahlen sehr viel lebhafter zu.

## Informationen

❯ www.edinburghgayscene.com. Auf dieser Website sind die wichtigsten Informationen über die Edinburgher Schwulen- und Lesbenszene zusammengefasst. Es gibt Hinweise auf Veranstaltungen, bestimmte Interessengruppen, Empfehlungen für Unterkünfte und man findet sogar Hinweise auf die touristischen Highlights von Edinburgh.

## Bars und Klubs

🎵142 [G7] **CC Blooms**, 23 Greenside Place, Picardy Place, EH1 3AF, Tel. 0131 5569331, www.ccbloomsedinburgh. com, Mo.–Sa. 18–3 Uhr, So. 16–3 Uhr.

Der Eintritt in diesen bekannten Edinburgher Klub ist frei und das Publikum ist gemischt, alle Altersklassen.

🎵143 [G7] **Outhouse**, 12a Broughton Street Lane, Broughton, EH1 3LY, Tel. 0131 5576668, www.outhouse-edinburgh.co.uk, Mo.–Sa. 18–3 Uhr, So. 16–3 Uhr. Eines der wenigen Etablissements mit Biergarten. Auch die Speisekarte kann sich sehen lassen.

🎵144 [G7] **Planet Out**, 6 Baxter's Place, Leith Walk, Broughton, EH1 3SB, Tel. 0131 5565551, www.viewedinburgh. co.uk, tägl. 16–1 Uhr. Ein belebter Pub, in dem verschiedene DJs auflegen.

# Sicherheit

Das Edinburgher Zentrum und die in diesem Führer beschriebenen Stadtteile gelten als sicher und der Besucher muss sich weder bei Tag noch bei Nacht fürchten. Insgesamt ist die Rate an Gewaltverbrechen in Edinburgh niedriger als in anderen Städten Schottlands. Allerdings gibt es auch hier kriminelle Elemente wie Diebe, die es besonders auf Touristen abgesehen haben. Besonders während des Festivals sollte man daher auf seine Handtasche achten. Ebenfalls sollte man keine Wertgegenstände im Auto liegen lassen. Geldautomaten benutzt man abends oder nachts besser an belebten Plätzen anstatt in einsamen Gassen.

Die offizielle **Notrufnummer lautet Tel. 999.** Wer in einem Transportmittel Probleme erlebt, kann kostenlos die British Transport Police unter Tel. 0800 405040, per SMS 61016 oder auf www.btp.police.uk erreichen.

▷ *Hop-on-Hop-off-Busse bieten sich für Sightseeingtouren an*

## Praktische Reisetipps
### Sprache, Stadttouren

## Sprache

Edinburgh ist eine touristenfreundliche Stadt. Niemand wird den Besucher plötzlich unverhofft in *Scots* oder *Gaelic* ansprechen. Allerdings haben sich einige Ausdrücke dieser Dialekte in die Alltagssprache eingeschlichen wie z. B. der Begriff *wee* (klein) oder *dram* (ein Glas Whisky). Das schottische Englisch hat viele gutturale Laute und ist für deutschsprachige Besucher im Allgemeinen gut zu verstehen. Allerdings sollte man nicht damit rechnen, dass Deutsch gesprochen wird. Die **Kauderwelsch Sprachführer** „Englisch – Wort für Wort", „Schottisch-Gälisch – Wort für Wort" und „Scots – die Sprache der Schotten" aus dem REISE KNOW-HOW Verlag helfen bei der Verständigung, wenn es auch mit Händen und Füßen nicht mehr weiter geht. Im Anhang findet sich eine kleine Sprachhilfe für die wichtigsten schottischen Fragen und Ausdrücke.

## Stadttouren

Sightseeingtouren durch die Stadt kann man z. B. mit dem Bus unternehmen, am besten mit einem der **Hop-on-Hop-off-Busse**, in die man an verschiedenen Stellen in der Stadt zusteigen kann. Zu den empfehlenswerten geführte Touren zählen z. B. die **Literary Pub Tour**, die Edinburghs Literaten zum Thema hat (s. S. 99).

Von schaurigen Begebenheiten aus der Vergangenheit der Stadt erfährt man während einer **Gruseltour** (s. S. 16). Ebenfalls interessant ist eine **Bootsfahrt** auf dem Forth.

› **Edinburgh Bus Tours**, Tel. 0131 220770, www.edinburghtour.com. Diese Hop-on-Hop-off City Sighseeing Tour gibt es auch in deutscher Sprache. Die Tour beginnt alle 30 Minuten an der Waverley Bridge.

› **Forth Boat Tours**, Tel. 0870 1181866, www.forthtours.com. Diese Firma organisiert Bootstouren auf dem Firth of Forth. Zustieg ist am Hawes Quay in South

Queensferry. Man kann aber auch auf der Waverley Bridge in den Bus steigen. Dann erhält man eine Sightseeingtour nach South Queenferry, wo man schließlich auf das Ausflugsboot umsteigt.

› **Heart of Scotland Tours,** Tel. 01828 627799, www.heartofscotlandtours.co.uk. Wer möchte, kann mit diesem Veranstalter eine Tagestour in die Highlands unternehmen. Es werden verschiedene Routen angeboten und die Abfahrt ist vom Waterloo Place, Bushalteplatz E. Zu buchen entweder direkt über den Veranstalter oder in der Touristeninformation im Waverley Bahnhof.

## Telefonieren

In Großbritannien gibt es kaum noch **öffentliche Fernsprechapparate**. Die wenigen, die man findet, sind jedoch recht modern, man kann dort auch mit der eigenen Kreditkarte telefonieren. Ansonsten benötigt man Münzen im Wert zwischen 20 und 50 Pence.

Einfacher ist es, sein eigenes **Handy** (auf Englisch: *mobile phone*) zu benutzen. Wer einen Roamingvertrag mit seinem Telefonanbieter hat, sollte sich bereits zu Hause über die anfallenden Gebühren im Ausland informieren. Dank eines EU-Beschlusses gelten für das Telefonieren mit Handy im EU-Ausland seit 2007 maximale Preisobergrenzen, die 2014 nochmals gesenkt wurden. Wahlweise kann man eine SIM-Karte in Großbritannien kaufen, hierfür kann man dann am Kiosk und in vielen Geschäften eine „Pay as you go"-Karte zum Aufladen kaufen.

Um ins Ausland telefonieren zu können, muss man die **Vorwahl** 0049 (Deutschland), 0043 (Österreich), 0041 (Schweiz) und daran anschließend die gewünschte Ortsnetzkennzahl ohne die Null wählen. Aus dem Ausland muss man für Großbritannien 0044 eingeben und die nachfolgende 0 der Vorwahl entfällt dann ebenfalls.

Die **Edinburgher Vorwahl** lautet 0131 und muss innerhalb des Stadtgebietes von Festnetzanschlüssen aus nicht mitgewählt werden.

Praktische Reisetipps **123**
Uhrzeit, Unterkunft

## Uhrzeit

In Großbritannien gilt die **GMT** (Greenwich Mean Time). Diese liegt eine Stunde vor der MEZ (Mitteleuropäischen Zeit). Von Ende März bis Ende Oktober gilt die BST (British Summer Time), d. h., die Uhren werden eine Stunde vorgestellt. Die Tageszeiten werden in **12-Stunden-Zählung** angegeben: von 0 Uhr bis 12 Uhr spricht man von *a.m.* (*ante meridiem,* „vor dem Mittag", umgangssprachlich als *after midnight* bezeichnet) und von 13–24 Uhr von 1–12 *p.m.* (*post meridiem,* „nach dem Mittag", umgangssprachlich als *post midday* bezeichnet).

△ *Die markante Uhr am Canongate Tolbooth* ❾, *einem der ältesten Gebäude der Stadt*

## Unterkunft

Edinburgh ist bestens auf Touristen eingestellt, da es das ganze Jahr über gut besucht ist. Unterkünfte gibt es **für jeden Geldbeutel und jeden Geschmack.** Wer etwas mehr ausgeben möchte, findet traditionelle Eleganz und Klasse in gediegenen Hotels wie dem Balmoral. Modernes Design findet man in den sogenannten Townhouse Hotels wie z. B. Channings, die

### Preiskategorien

| | |
|---|---|
| £ | 15 bis 45 £ |
| ££ | 45 bis 110 £ |
| £££ | ab 120 bis 350 £ |

(Preistendenz für ein Doppelzimmer/ Schlafsaal im Hostel pro Nacht und pro Person, nicht alle Preise schließen das Frühstück mit ein)

## Praktische Reisetipps
## Unterkunft

*Das Radisson Hotel befindet sich direkt an der Royal Mile*

in georgianischen Stadthäusern untergebracht sind. Verschiedene Ketten sogenannter Budgethotels wie z. B. das Premier Inn sind modern eingerichtet und bieten einen guten Standard an Komfort zu erschwinglichen Preisen.

Edinburgh hat zudem unzählige **Bed and Breakfast Pensionen** (B&Bs) und **Gasthäuser** *(Guest Houses)*. Wer länger als eine Nacht bleibt, für den lohnt sich unter Umständen die Anmietung einer **Ferienwohnung** (ab zwei Nächten). Besonders zu Festivalzeiten, wenn andere Unterkünfte knapp werden, ist dies eine gute Alternative. Geschäftstüchtige Edinburgher haben hier eine Marktlücke entdeckt und es gibt eine große Spannbreite an Wohnungen unterschiedlicher Qualität, von einfachster Einrichtung bis zum Apartmenthaus mit eigenem Swimmingpool. Preiswertere Unterkünfte sind oft in den Vororten gelegen. Liegen sie in der Nähe der großen Ausfallachsen wie der A8, A90, A71 oder A1, gibt es jedoch gute Busverbindungen in die Innenstadt.

Gute und preiswerte Unterkünfte sind in den meisten Fällen lange im Voraus ausgebucht. Besonders für die Zeit der Festivals, Ostern oder *Hogmanay* (Silvester) sind Unterkünfte schwer zu bekommen. Es empfiehlt sich daher, mindestens zwei bis drei Monate vorher zu reservieren, wenn man nicht zu weit außerhalb wohnen möchte. Wer sich erst in letzter Minute entscheidet, kann auf die **Zimmervermittlung des schottischen Fremdenverkehrsamtes Visit-Scotland** zurückgreifen.

*Das B+B Hotel befindet sich in Fußnähe zur Neustadt*

## Praktische Reisetipps
### Unterkunft

Die **Preise** für die Unterkünfte hängen von der Saison ab. Ostern oder während des Festivals gehen sie drastisch nach oben, während man außerhalb der Saison viele Schnäppchen finden kann. Für ein B&B muss man mit mindestens 29 £ pro Person rechnen. Ferienwohnungen rechnen sich, wenn man mit mehreren Personen reist. Allerdings kann man diese nicht tageweise mieten, sondern man ist oft an einen Mindestaufenthalt von einer Woche gebunden.

In der Innenstadt finden sich mehrere Jugendhotels (Hostels) bzw. Backpackerquartiere, die alle modernisiert sind und einen annehmbaren Komfort bieten.

> **Buchungsservice des schottischen Fremdenverkehrsamtes**, Tel. 0044 (0) 1506832222, www.visitscotland.com

**EXTRAINFO**

### Buchungsportale

Neben Buchungsportalen für **Hotels** (z. B. www.booking.com, www.hrs.de oder www.trivago.de) bzw. für **Hostels** (z. B. www.hostelworld.de oder www.hostelbookers.de) gibt es auch Anbieter, bei denen man **Privatunterkünfte** buchen kann. Portale wie www.airbnb.de, www.wimdu.de oder www9flats.com vermitteln Wohnungen, Zimmer oder auch nur einen Schlafplatz auf einer Couch. Diese oft recht günstigen Übernachtungsmöglichkeiten sind nicht unumstritten, weil manchmal normale Wohnungen gewerblich missbraucht werden. Wenn die Stadt regulierend eingreift, kann das zu kurzfristigen Schließungen führen. Eine Buchung unterliegt also einem gewissen Restrisiko.

## Gehobene Preiskategorie

🏨 **145** [E9] **Apex International Hotel** £££, 31–35 Grassmarket, südl. Altstadt, EH1 2HS, Tel. 0131 3003456, www.apexhotels.co.uk, ab 90 £ pro Person mit Frühstück. Modernes Hotel in schickem Design am Grassmarket, mitten im Herzen der Altstadt. Das Hotel hat auch eine Filiale am Waterloo Place, Tel. 0131 3650000.

🏨 **146** [F8] **Balmoral Hotel** £££, 1 Princes Street, von Deutschland aus kostenlos unter Tel. 00800 76666667, EH2 2EQ, www.thebalmoralhotel.com. Eines der herausragenden Luxushotels der Stadt, zentral zwischen Altstadt und Neustadt gelegen, mit exzellentem Restaurant.

🏨 **147** [I2] **Malmaison** £££, 1 Tower Place, Leith, EH6 7BZ, Tel. 084469 30652, www.mailmaison.com/locations/edinburgh. Direkt am Shore in Leith gelegenes modernes Hotel. Für Internetbucher gibt es manchmal preiswerte Pauschalangebote.

## Mittlere Preiskategorie

🏨 **148** [C8] **Bonham Hotel** ££, 35 Drumsheugh Gardens, West End, EH3 7RN, Tel. 0131 2747400, www.thebonham.com. Ein gediegenes Hotel in einer der schönen georgianischen Wohngegenden, nicht weit von der Neustadt. Angeschlossen ist ein elegantes Restaurant.

🏨 **149** [B8] **B+B Hotel** ££, 3 Rothesay Terrace, Calton, EH2 7RY, Tel. 0131 2255084, www.bb-edinburgh.com. Modern und freundliche eingerichtetes B+B Hotel, neu eröffnet 2011.

🏨 **150** [B7] **Channings** ££, 12–16 South Learmont Gardens, Stockbridge, EH4 1EZ, www.channings.co.uk, Tel. 0131 3152226. Ein angenehmes modernes Hotel in ruhiger Lage im Stadtteil Stockbridge. Angeschlossen ist ein Bistro-Restaurant gleichen Namens (s. S. 29).

🏨 **151** [G8] **Radisson** ££, 80 High Street, Altstadt, EH1 1TH, Tel. 1315579797, www.radissonblu.co.uk. Mitten auf der Royal Mile ist dieses moderne Hotel mit Swimmingpool und Sportstudio angesiedelt.

☎**152** [D7] **22 Royal Circus** ££, 22 Royal Circus, Stockbridge, EH6 3SS, Tel. 0131 2261303, www.22royalcircus.co.uk. Modernes B+B im Townhouse, ganz in der Nähe zum Zentrum von Stockbridge.

## Niedrige Preiskategorie

❯ **Edinburgh Holiday Apartments,** Tel. 0131 6616060, www.edinburgh-holiday-accommodation.co.uk. Hier findet man unterschiedlich große Ferienwohnungen.

☎**153** [H7] **Abbey Hotel** £, 9 Royal Terrace, Calton, EH7 5AB, Tel. 0131 5570022, www.townhousehotels.co.uk. Zentral und schön gelegene Unterkunft.

☎**154** [H7] **Edinburgh Terrace Hotel** £, 37 Royal Terrace, Calton, EH7 5AH, www.terracehotel.co.uk, Tel. 0131 5563423. Auf der schönen Royal Terrace gelegenes einfaches Gasthaus, mit WLAN-Zugang in allen Zimmern.

☎**155** [E7] **Frederick House Hotel** £, 42 Frederick Street, Neustadt, EH2 1EX, www.frederickhousehotel.com, Tel. 0131 2261999. Ein einfaches, aber zentral gelegenes Hotel mitten in der Neustadt.

🏨**156** [E9] **Premier Inn** £, 82 Lauriston Place, westl. Altstadt, EH3 9DG, Tel. 0871 5278366, www.premierinn.com. Modernes, freundliches Budgethotel. Für 22 £ pro Person kann man Frühstück und Abendessen hinzubuchen.

●**157** [C10] **The Townhouse Apartment** £, 65 Gilmore Place, Bruntsfield, EH3 9NV, www.thetownhouseapartment.com, Tel. 0131 2261999. Ferienwohnung für bis zu vier Personen mit gehobenem Standard.

☎**158** [A8] **11 Belford Place** £, 11 Belford Place, Dean, EH4 3DH, Tel. 0131 3329704, www.belfordplace.co.uk. Im Tal des Water of Leith gelegenes B&B. Immer schnell ausgebucht.

## Jugendherberge

🏨**159** [E9] **Edinburgh Castle Rock Hostel** £, 15 Johnston Terrace, Altstadt, EH1 1NE, Tel. 0131 2259666, www.castlerockedinburgh.com. Doppelzimmer oder Schlafsaal, direkt unterhalb des Schlosses.

🏨**160** [G8] **Edinburgh High Street Hostel** £, 8 Blackfriars Street, Altstadt, EH1 2PW, http://highstreethostel.com, Tel. 0131 5573984. Hier schläft man im Doppelzimmer oder Schlafsaal – und mitten in der Altstadt.

🏨**161** [G8] **Smart City Hostel** £, 50 Blackfriars Street, Altstadt, EH1 1NE, Tel. 0800 8405500, www.smartcityhostels.com. Modernes Hostel, das fast wie ein Budgethotel anmutet. Jedes Zimmer hat ein eigenes Bad, man kann allerdings auch im preiswerteren Schlafsaal übernachten.

# Verkehrsmittel

Edinburgher verlassen sich bisher vor allem auf **Busse** als Transportmittel. Diese binden alle Stadtteile gut an und fahren sehr regelmäßig. Außerdem gibt es ein gutes Angebot an **Nachtbussen.**

Im Mai 2014 wurde die **Edinburgh Tram** mit drei Jahren Verspätung und fast 231 Mio. £ Mehrkosten in Betrieb genommen. Allerdings wurde die Strecke stark eingegrenzt und führt vom Flughafen im Westen nur bis zum York Place in der Neustadt.

Die meisten **Stadtbusse** fahren ab von der Princes Street, der George Street bzw. vom St. Andrew Square. Für die Lothian Buses und die Edin-

## Praktische Reisetipps
### Verkehrsmittel

burgh Trams kann man dieselben Tickets benutzen. Eine einfache Fahrt kostet für Erwachsene 1,50 £, für Kinder 70 Pence. Es gibt auch Tagestickets (Erw. 3,50 £, Kinder 2 £) oder das Wochenticket „Ridacart" (Erw. 17 £, Studenten 13 £, Kinder 9 £). In den Lothian Buses muss man das passende Kleingeld parat haben, da Busfahrer kein Wechselgeld herausgeben können. Wer dies vermeiden will, kann sich die Mobileticket App für sein Smartphone besorgen (s. S. 115).

Edinburgh hat zwei **Bahnhöfe**, Waverley Station (im Zentrum) und Haymarket (im Osten). Den Zug muss man eigentlich nur benutzen, wenn man Ausflüge in Orte außerhalb des Stadtgebietes plant. Infos zu den Bahngesellschaften s. S. 106.

› **Edinburgh Trams,** www.edinburghtrams.com, Tel. 0131 5556363
› **Lothian Buses,** www.lothianbuses.com, Tel. 0131 5556363, 0131 5544494
› **First Buses,** www.firstgroup.com, Tel. 08708 727271, 0132 4602200

**Taxistände** findet man am Flughafen sowie auf vielen größeren Straßen der Innenstadt, z. B. am Lawnmarket, Grassmarket, St. Andrew Square oder auf der George Street. Wenn das Schild „For Hire" gelb erleuchtet ist, ist das Taxi frei und kann auch per Handzeichen angehalten werden. Innerhalb der Stadt gelten festgelegte Tarife, Mo.–Fr. 6–18 Uhr liegt der Starttarif bei 2,10 £ (eine Fahrt von 5 km kostet ca. 12 £). Wer sich außerhalb der Stadtgrenzen begibt, muss vor Beginn der Fahrt einen Tarif mit dem Fahrer aushandeln.

› **Central Taxis,** Tel. 0131 229 2468, www.taxis-edinburgh.co.uk
› **City Cabs,** Tel. 0131 228 1211, www.citycabs.co.uk

*Und wenn es mal bequem und schnell gehen soll, stehen Cabs bereit*

# Praktische Reisetipps
## Wetter und Reisezeit, Zuschauersport

## Wetter und Reisezeit

Die Insel Großbritannien ist den Wettereinflüssen unterworfen, die vom Nordwesten über den Atlantik herüberziehen. Schottland liegt auf dem 56. Breitengrad (etwa auf derselben Höhe wie Moskau) und daher sind die Temperaturen dort etwas niedriger als in England und Wales (Südengland liegt auf dem 52. Breitengrad, d. h. etwa auf der Höhe von Köln). Edinburgh ist nur etwa 60 km vom offenen Nordatlantik entfernt.

Die höchste **Niederschlagsmenge** ergießt sich über den Westen Schottlands (ca. 4000 mm), während die Ostküste und das Gebiet um Edinburgh zu den trockensten Bereichen des Landes gehören (1000 mm).

Dennoch kann das Wetter sehr wechselhaft sein, denn es gibt **starke Winde**, die über das schmale Band am Firth of Forth ziehen. An ein und demselben Tag kann es daher sonnig und bewölkt sein und auch regnen. Oft besteht der Regen nur aus kurzen Schauern, auf die man vorbereitet sein sollte. Wer zum Beispiel morgens bei sonnigem Wetter einen Spaziergang auf den Arthur's Seat plant, kann dort oben plötzlich von Regen und eiskaltem Wind überrascht werden.

Die **Durchschnittstemperatur** im Sommer liegt bei 20 °C. Aber bei Nordwind kann es auch wesentlich kälter werden. Im Winter gibt es in der Regel Schnee, wodurch der Straßenverkehr und auch der Bahnverkehr in Mitleidenschaft gezogen werden.

Die **beste Reisezeit** ist von April bis Oktober. Wetterinformationen vom britischen Wetteramt geben genaue Auskunft über die einzelnen Regionen und Städte.

> **Met Office,** www.metoffice.gov.uk, Wetteramt

## Zuschauersport

Die Stadt hat zwei Fußballklubs, **Heart of Midlothian** und **Hibernian FC.** Im alltäglichen Sprachgebrauch kürzt man die Namen mit Hearts und Hibs ab. Die Hearts spielen seit 1886 im Tynecastle Stadium im Westen der Stadt und finden ihre Fans vor allem unter der protestantischen Bevölkerung. Ihre Rivalen, die Hibs, wurden 1875 von katholischen Einwanderern aus Irland gegründet. Das irisch-katholische Erbe der Hibs zeigt sich in ihren Farben Grün und Weiß und sie spielen im Stadion Easter Road in Leith.

**S162 Heart of Midlothian,** Tynecastle Stadium, Gorgie Road, Gorgie, EH11 2NL, Tel. 0871 6631874, www.heartsfc.co.uk

**S163 [J6] Hibernian FC,** Easter Road Stadium, 12 Albion Place, Leith, EH7 5QG, Tel. 0131 6612159, www.hibernianfc.co.uk

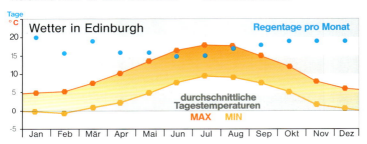

# ANHANG

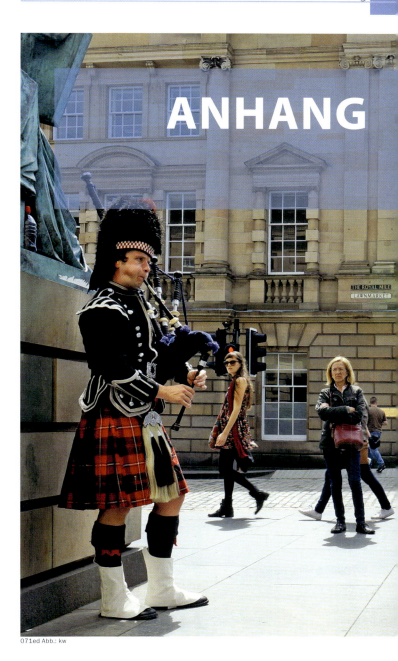

# Kleine Sprachhilfe

Die folgenden Wörter und Redewendungen wurden dem Reisesprachführer „Englisch – Wort für Wort" (Kauderwelsch-Band 64) aus dem REISE KNOW-HOW Verlag entnommen.

## Häufig gebrauchte Wörter und Redewendungen

### Zahlen

| | | |
|---|---|---|
| 1 | (wann) | one |
| 2 | (tuh) | two |
| 3 | (ðrih) | three |
| 4 | (fohr) | four |
| 5 | (feiw) | five |
| 6 | (ßikß) | six |
| 7 | (ßäwèn) | seven |
| 8 | (äit) | eight |
| 9 | (nein) | nine |
| 10 | (tänn) | ten |
| 11 | (ihläwèn) | eleven |
| 12 | (twälw) | twelve |
| 13 | (ðörtihn) | thirteen |
| 14 | (fohrtihn) | fourteen |
| 15 | (fifftihn) | fifteen |
| 16 | (ßikßtihn) | sixteen |
| 17 | (ßäwèntihn) | seventeen |
| 18 | (äitihn) | eighteen |
| 19 | (neintihn) | nineteen |
| 20 | (twänntih) | twenty |
| 30 | (ðörtih) | thirty |
| 40 | (fohrtih) | forty |
| 50 | (fifftih) | fifty |
| 60 | (ßikßtih) | sixty |
| 70 | (ßäwèntih) | seventy |
| 80 | (äitih) | eighty |
| 90 | (neintih) | ninety |
| 100 | (hanndrid) | hundred |

### Die wichtigsten Zeitangaben

| | | |
|---|---|---|
| yesterday | (jäßtèrdäi) | gestern |
| today | (tuhdäi) | heute |
| tomorrow | (tuhmohrrou) | morgen |
| last week | (lahßt wihk) | letzte Woche |
| every day | (äwwrih dä) | täglich |

| | | |
|---|---|---|
| in the morning | (in ðè mohrning) | morgens |
| in the afternoon | (in ðih_ ahftèrnuhn) | nachmittags |
| in the evening | (in ðih_ ihwèning) | abends |
| early | (öhrlih) | früh |
| late | (läit) | spät |
| on time | (on teim) | pünktlich |
| now | (nau) | jetzt |
| soon | (suhn) | bald |
| never | (näwwèr) | nie |

### Die wichtigsten Fragewörter

| | | |
|---|---|---|
| who? | (huh) | wer? |
| what? | (wott) | was? |
| where? | (wäèr) | wo?/wohin? |
| why? | (wei) | warum? |
| how? | (hau) | wie? |
| how much? | (hau matsch) | wie viel? (Menge) |
| how many? | (hau männih) | wie viele? (Anzahl) |
| when? | (wänn) | wann? |
| how long? | (hau long) | wie lange? |

### Die wichtigsten Richtungsangaben

| | | |
|---|---|---|
| on the right | (on ðè reit) | rechts |
| on the left | (on ðè läfft) | links |
| to the right | (tuh ðè reit) | nach rechts |
| to the left | (tuh ðè läfft) | nach links |
| turn right | (törn reit) | rechts abbiegen |
| turn left | (törn läfft) | links abbiegen |
| straight on | (ßträjt on) | geradeaus |
| in front of | (in front_off) | gegenüber |
| outside | (autseid) | außerhalb |
| inside | (inseid) | innerhalb |
| here | (hi-èr) | hier |
| there | (ðäèr) | dort |
| up there | (ap ðäèr) | da oben |
| down there | (daun ðäèr) | da unten |
| nearby | (nihrbei) | nah, in der Nähe |
| far away | (fahr èwäi) | weit weg |
| round the corner | (raund ðè kohrnèr) | um die Ecke |

+++ NEU: Die wichtigsten Wörter mit dem Bonus-Audiotrack des Kauderwelsch-

# Anhang 131

## Kleine Sprachhilfe

### Die wichtigsten Floskeln und Redewendungen

| | | |
|---|---|---|
| *yes* | (jäß) | ja |
| *no* | (nou) | nein |
| *thank you* | (ðänk_juh) | danke |
| *please* | (plihs) | bitte |
| *Good morning!* | (gudd mohrning) | Guten Morgen! |
| *Good evening!* | (gudd ihwèning) | Guten Abend! |
| *Hello!/Hi!* | (hällou/hei) | Hallo! |
| *How are you?* | (hau ah juh) | Wie geht es Ihnen/dir? |
| *Fine, thank you.* | (fein ðänk_juh) | Danke, gut. |
| *Good bye!* | (gudd bei) | Auf Wiedersehen! |
| *Have a good day!* | (häw_è gudd däi) | Einen schönen Tag! |
| *I don't know.* | (ei dount nou) | Ich weiß nicht. |
| *Cheerio!* | (tschihrio) | Prost! |
| *The bill, please!* | (ðè bill plihs) | Die Rechnung, bitte! |
| *Congratulations!* | (kongrätuläischènß) | Glückwunsch! |
| *Excuse me!* | (ikßkjuhs mih) | Entschuldigung! |
| *I'm sorry.* | (eim ßorrih) | Tut mir Leid. |
| *It doesn't matter.* | (itt dahsnt mättèr) | Das macht nichts. |
| *What a pity!* | (wott_è pittih) | Wie schade! |

### Die wichtigsten Fragen

| | | |
|---|---|---|
| *Is there a/an ...?* | (is ðäèr è/ènn ...) | Gibt es ...? |
| *Do you have ...?* | (duh juh häw ...) | Haben Sie ...? |
| *Where is/are ...?* | (wäèr is/ah ...) | Wo ist/sind ...? |
| *Where can I ...?* | (wäèr kähn_ei) | Wo kann ich ...? |
| *How much is it?* | (hau matsch is_itt) | Wie viel kostet das? |
| *At what time?* | (wott teim) | Um wie viel Uhr? |
| *Can you help me?* | (kähn juh hällp mih) | Können Sie mir helfen? |
| *Is there a bus to ...?* | (is ðäèr è_baß tuh ...) | Gibt es einen Bus nach ...? |
| *How are you?* | (hau ah juh) | Wie geht es dir/Ihnen? |
| *What's your name?* | (wotts juhr näim) | Wie heißt du/heißen Sie? |
| *How old are you?* | (hau ould ah juh) | Wie alt bist du/sind Sie? |
| *Where do you come from?* | (wär duh juh kamm fromm) | Woher kommen Sie? |
| *Excuse me?* | (ikßkjuhs mih) | Wie bitte? |

### Nichts verstanden? – Weiterlernen!

| | | |
|---|---|---|
| *I don't speak English.* | (ei dount spihk in-glisch) | Ich spreche kein Englisch. |
| *Pardon?* | (pahdèn?) | Wie bitte? |
| *I don't understand.* | (ei dount andèrständ) | Ich habe nicht verstanden. |
| *Do you speak German?* | (duh juh spihk dschörmèn?) | Sprechen Sie Deutsch? |
| *How do you say* | (hau duh juh säi | Wie heißt das |
| *that in English?* | ðät in in-glisch?) | auf Englisch? |
| *What does it mean?* | (wott dahs_itt mihn?) | Was bedeutet das? |

**AusspracheTrainers auf PC oder Smartphone lernen (siehe Umschlag hinten) +++**

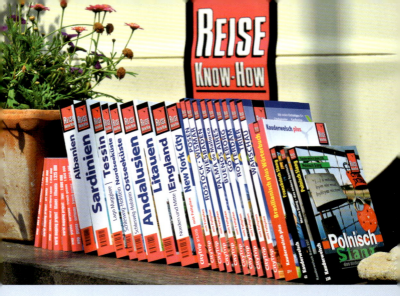

## Das komplette Programm zum Reisen und Entdecken von
## REISE KNOW-HOW

- **Reiseführer** – alle praktischen Reisetipps von kompetenten Landeskennern
- **CityTrip** – kompakte Informationen für Städtekurztrips
- **CityTrip**[PLUS] – umfangreiche Informationen für ausgedehnte Städtetouren
- **InselTrip** – kompakte Informationen für den Kurztrip auf beliebte Urlaubsinseln
- **Wohnmobil-Tourguides** – alle praktischen Reisetipps für Wohnmobil-Reisende
- **Wanderführer** – exakte Tourenbeschreibungen mit Karten und Anforderungsprofilen
- **KulturSchock** – Orientierungshilfe im Reisealltag
- **Kauderwelsch Sprachführer** – vermitteln schnell und einfach die Landessprache
- **Kauderwelsch plus** – Sprachführer mit umfangreichem Wörterbuch
- **world mapping project**™ – aktuelle Landkarten, wasserfest und unzerreißbar
- **Edition REISE KNOW-HOW** – Geschichten, Reportagen und Abenteuerberichte

# Register

## A

Abbey of Holyrood 74
Abendessen 27
Adam Smith 79
Admiral Lord Nelson 92
Altstadt 62
Altstadt, südliche 78
Anreise 106
Apotheken 117
Apps 115
Arzt 116
Ausflüge 100
Ausgehviertel 33
Auslandsreisekrankenversicherung 116
Ausrüstung 108
Aussichtspunkte 94
Autofahren 108
Autonomie 53

## B

Bahn 106
Bahnhöfe 127
Balmoral Hotel 85
Bankautomaten 113
Bank Holidays 12
Barrierefreiheit 109
Bars 34
Bed and Breakfast 123
Behinderte 109
Beltane Fire Festival 12
Botanischer Garten 44, 96
Britisches Pfund 111
Broughton 92
Broughton Street 95
Burke, William 16
Burns Night 11
Burns, Robert 98
Bus 106, 126
Bute House 90

## C

Café-Bars 29
Cafe Hub 66
Cafés 32
Calton Hill 92

Camera obscura 65
Canongate Tolbooth 72
Castle Esplanade 64
Charlotte Square 90
Christmas (Weihnachten) 14
Crammond 103

## D

Deacon Brodie 17
Dean 95
Dean Bridge 97
Dean Gallery 97
Dean Village 97
Delikatessen 23
Diplomatische Vertretungen 110

## E

Edinburgh Art Festival 12
Edinburgh Castle 62
Edinburgh Ceilidh Culture 12
Edinburgher 54
Edinburgh Festival 11, 13, 56, 57
Edinburgh Festival Fringe 13
Edinburgh International Book Festival 13
Edinburgh International Film Festival 12
Edinburgh International Science
    Festival 12
Edinburgh Jazz and Blues Festival 13
Edinburgh Mela 13
Edinburgh Museum of Childhood 40
Edinburgh University 79
Einkaufen 19
Einkaufspassagen 22
Einkaufsstraßen 19
Ein- und Ausreisebestimmungen 110
Einwohner 54
Elektrizität 111
Essen und Trinken 25
Events 11

## F

Feiertage 12
Ferienwohnung 124
Festival, Edinburgher 57
Festival of Politics 13

# Anhang

## Register

Festival of Spirituality and Peace 13
Festivals 11
Festival Theatre 81
Fettes College 95
Fliegen 107
Flughafen 107
Forth Rail Bridge 102
Fotografieren 111
Fremdenverkehrsbüro 114
Fringe Festival 57
Frühstück 26
Fundbüros 118
Fußball 128

### G

Galerien 41
Gässchen 14
Gastronomie 28
Geldfragen 111
George Street 85
Georgian House 91
Geschichte 48
Geschwindigkeitsbegrenzung 109
Gewichtseinheiten 116
Gladstone's Land 40
Glasgow 53
GPS-Daten 140
Grassmarket 84
Greyfriars Bobby 83
Greyfriars Friedhof 83
Grünanlagen 43
Gruseltouren, Edinburgher 16
Guest Houses 124

### H

Hafen 100
Haggis 25
Half Moon Battery 64
Handy 122
Hare, William 16
Heart of Midlothian 128
Hibernian FC 128
Hogmanay, Edinburgh's (Silvester) 14
Holyrood Abbey 74
Holyrood Park 43
Homosexuelle 120
Hop-on-Hop-off-Busse 121

Hostels 126
Hotels 123
Hume, David 79

### I

Imaginate Festival – Bank of Scotland
    Children's International Theatre
    Festival 12
Imbissbuden 27
Informationsquellen 114
Infostellen 114
Inspektor Rebus 99
International Storytelling Festival 14
Internet 116
Internetcafés 116
Internettipps 114
Inverleith 95

### J

Jakobiteraufstand 68
Jenners 22
John Knox House 72
Jugendherbergen 126

### K

Kaffeehauskultur 26
Kaufhäuser 22
Kilt 21
Kinder 117
King's Theatre 81
Kleidung 108
Klima 128
Kneipen 34
Knox, John 68
Konfektionsgrößen 115
Konzerte 37
Krankenhäuser 117
Kreditkarte 113, 119
Krönungsinsignien 63
Küche, schottische 25
Kulinarischer Tagesablauf 26
Kunst und Kultur 39

### L

Lage der Stadt 46
Landkarten 115
Lebensmittel 21

Leith 100
Leith Festival 12
Leith Street 95
Linksverkehr 108
Literaturtipps 114
Livemusik 36
Lokale 28

## M

Maestro-(EC-)Karte 113
Maria Stuart 74
Märkte 24
Mary Queen of Scots 74
Maße 116
Medizinische Versorgung 116
Military Tattoo, Edinburgh 13
Mittagessen 28
Mobile tickets 115
Modegeschäfte 23
Museen 39
Museum für Pathologie 80
Museum of Edinburgh 40
Musikgeschäfte 23

## N

Nachmittagstee 26
Nachtklubs 37
Nachtleben 33
Nationalbibliothek 82
National Library 82
National Monument 92
National Museum of Scotland 82
Nationalstolz 88
Nelson Monument 92
Neustadt 47, 84
New Town 47, 84
Nichols, Harvey 20
North Berwick 104
North Bridge 86
Notdienst, medizinischer 117
Notfälle, Notruf 118
Notfall, medizinischer 116

## O

Ocean Terminal 101
Öffnungszeiten 119
Old Town 62

One O'Clock Gun 62
Outlook Tower 65

## P

Palace of Holyroodhouse 74
Panoramen 94
Parken 108
Parks 43
Parlamentsgebäude 73
Parliament House 71
Parliament Square 71
People's Story Museum 72
Pfund Sterling 111
Picardy Place 95
Politik 52
Polizeidienststellen 118
Post 119
Princes Street 85
Princes Street Gardens 43, 86
Pubs 34

# Anhang

## Register

**Q**

Queen's Gallery 77
Queen Street 85

**R**

Radfahren 119
Rankin, Ian 99
Rauchen 25
Regent Terrace 93
Register House 90
Reisezeit 128
Restaurants 28
Rowling, J. K. 99
Royal Mile 14, 62
Royal Palace 63
Royal Scottish Academy 87
Royal Terrace 93
Royal Yacht Britannia 101
Rundgang 8

**S**

Schloss, Edinburgher 62
Schottenkaro 88
Schottenrock 21, 65
Schriftsteller 98
Scottish National Gallery 86
Scottish National Gallery of Modern Art 97
Scottish National Portrait Gallery 91
Scottish Parliament 73
Scottish Storytelling Centre 72
Scott Monument 87
Seabird Center 104
Shopping 19
Shore of Leith 100
Sicherheit 120
Single Malt Whisky 66
Sir Walter Scott 87, 98
Six Nations Rugby Cup 11
Smartphone 115, 140
Smith, Adam 79
Snowdrop Festival 11
South Queensferry 102
Souvenirs 23
Soziale Probleme 55
Spartipps 111
Spaziergänger 14
Sprache 121

Sprachhilfe 130
Stadtbusse 126
Stadtgeschichte 49
Stadtspaziergang 8
Stadttouren 121
St. Andrew's Church 90
St. Andrew Square 89
Stevenson, Robert Louis 98
St. Giles Church 67
St. James Shopping Centre 20
Stockbridge 95
Stone of Destiny 63
Straßenbahn 48, 126
Südliche Altstadt 78
Surgeons' Hall Museum 80

**T**

Taxi 127
Tee 26
Telefonieren 122
Termine 11
Theater 37
The Edinburgh Old Town Weaving Company 65
The Hub 66
The Meadows 43
The Real Mary King's Close 41
The Scotch Whisky Experience 65
Tiere 110
Tourismus 56
Touristeninformation 114
Tram 126
Traverse Theatre 38

**U**

Uhrzeit 123
Union Canal 44
Universitäten 55
Universitätsviertel 15
Universität von Edinburgh 79
Unterkunft 123
Unterwelt-Touren 16

**V**

Vegetarische Restaurants 30
Veranstaltungen 11
Veranstaltungskalender 34

# Edinburgh mit PC, Smartphone & Co.

QR-Code auf dem Umschlag scannen oder **www.reise-know-how.de/citytrip/edinburgh15** eingeben und die **kostenlose Web-App** aufrufen (Internetverbindung zur Nutzung nötig)!

- ★ **Anzeige der Lage und Satellitenansicht aller** beschriebenen Sehenswürdigkeiten und touristisch wichtigen Orte
- ★ **Routenführung** vom aktuellen Standort zum gewünschten Ziel
- ★ **Exakter Verlauf** der empfohlenen Stadtspaziergänge
- ★ **Audiotrainer** der wichtigsten Wörter und Redewendungen
- ★ **Updates** nach Redaktionsschluss

## GPS-Daten zum Download
Auf der Produktseite dieses Titels unter www.reise-know-how.de stehen die GPS-Daten aller Ortsmarken als KML-Dateien zum Download zur Verfügung.

## Stadtplan für mobile Geräte
Um den Stadtplan auf Smartphones und Tablets nutzen zu können, empfehlen wir die App „PDF Maps" der Firma Avenza™. Der Stadtplan wird aus der App heraus geladen und kann dann mit vielen Zusatzfunktionen genutzt werden.

## Smartphone-Apps
Eine Auswahl an **empfehlenswerten Edinburgh-Apps** finden Sie auf Seite 115.

---

Verkehrsmittel 126
Victoria Street 84
Volksbefragung 53
Vorwahlen 122

## W
Währung 111
Wechselkurse 113
Welsh, Irvine 99
Wetter 128
Whiskykunde 66

WLAN 32, 116
Wochenendtrip 8
Writer's Museum 41

## Z
Zeitungen 115
Zugverbindungen 106

# Liste der Karteneinträge

❶ [E9] Edinburgh Castle S. 62
❷ [E8] The Edinburgh Old Town Weaving Company S. 65
❸ [E8] The Scotch Whisky Experience S. 65
❹ [E8] Outlook Tower mit Camera obscura S. 65
❺ [F8] The Hub S. 66
❻ [F8] St. Giles Church S. 67
❼ [F8] Parliament Square mit Parliament House S. 71
❽ [G8] Scottish Storytelling Centre/John Knox House S. 72
❾ [H8] Canongate Tolbooth – People's Story Museum S. 72
❿ [H8] Scottish Parliament S. 73
⓫ [I8] Palace of Holyroodhouse und Holyrood Abbey S. 74
⓬ [G9] Edinburgh University S. 79
⓭ [G9] Surgeons' Hall Museum S. 80
⓮ [G9] Festival Theatre S. 81
⓯ [F8] National Library S. 82
⓰ [F9] National Museum of Scotland S. 82
⓱ [F9] Greyfriars Kirche, Greyfriars Friedhof und Greyfriars Bobby S. 83
⓲ [E9] Grassmarket S. 84
⓳ [F9] Victoria Street S. 84
⓴ [E7/8] Princes Street, George Street und Queen Street S. 85
㉑ [E8] Scottish National Gallery S. 86
㉒ [E8] Royal Scottish Academy S. 87
㉓ [F8] Scott Monument S. 87
㉔ [F7] St. Andrew Square S. 89
㉕ [D8] Charlotte Square S. 90
㉖ [D8] Georgian House S. 91
㉗ [F7] Scottish National Portrait Gallery S. 91
㉘ [G7] Nelson Monument S. 92
㉙ [G7] National Monument S. 92
㉚ [H7] Regent Terrace/Royal Terrace S. 93
㉛ [G7] Picardy Place, Broughton Street und Leith Street S. 95
㉜ [A5] Fettes College S. 95

㉝ [D5] Botanischer Garten S. 96
㉞ [B8] Dean Bridge, Dean Village S. 97
㉟ [A8] Scottish National Gallery of Modern Art und Dean Gallery S. 97
㊱ [I2] Shore of Leith S. 100
㊲ [H2] Ocean Terminal S. 101
㊳ [H1] Royal Yacht Britannia S. 101
㊴ [S. 142] South Queensferry und Forth Rail Bridge S. 102
㊵ [S. 142] Crammond S. 103

●1 [G8] Auld Reekie Tours S. 18
●2 [G8] City of Edinburgh Tours S. 18
●3 [F8] City of the Dead Tours S. 18
●4 [F9] Historic Edinburgh Tours S. 18
●5 [G8] Mercat Tours Ltd S. 18
●6 [F9] The Cadies and Witchery Tours S. 18
🛍7 [F7] Harvey Nichols S. 22
🛍8 [F8] Jenners S. 22
🛍9 [F7] St. James Shopping Centre S. 22
🛍10 [F6] Coco S. 23
🛍11 [I3] Flux S. 23
🛍12 [G8] Present S. 23
🛍13 [F8] The Red Door Gallery S. 23
🛍14 [D6] I J Mellis Cheesemongers S. 23
🛍15 [F8] Royal Mile Whiskies S. 23
🛍16 [E9] Avalanche Records S. 23
🛍17 [B9] Bagpipes Galore S. 23
🛍18 [F9] Armstrong's Vintage Emporium S. 23
🛍19 [G8] Corniche S. 23
🛍20 [F9] Fabhatrix Hat Shop S. 24
🛍21 [E7] Hobbs S. 24
🛍22 [E7] Kakao by K S. 24
🛍23 [F8] Ness S. 24
🛍24 [C6] The Stockbridge Boutique S. 24
🛍25 [E7] 21st Century Kilts S. 24
🛍26 [D9] Edinburgh Farmer's Market S. 24

# Anhang 139

## Liste der Karteneinträge

- 🛍27 [F9] The GrassMarkets S. 24
- 🍴28 [D9] Castle Terrace S. 28
- 🍴29 [F8] Grain Store S. 28
- 🍴30 [D7] The Honours S. 28
- 🍴31 [I2] The Kitchin S. 28
- 🍴32 [F9] Tower Restaurant S. 28
- 🍴33 [E8] Witchery by the Castle S. 29
- 🍴34 [D10] The Blackbird S. 29
- 🍴35 [G8] Blackfriars S. 29
- 🍴36 [F7] Café Royal S. 29
- 🍴37 [B7] Channings S. 29
- 🍴38 [G8] Dubh Prais S. 29
- 🍴39 [I2] Fisher's Bistro S. 30
- 🍴40 [H7] The Gardener's Cottage S. 30
- 🍴41 [G7] Howies S. 30
- 🍴42 [E6] L'Alba d'Oro S. 30
- 🍴43 [E7] Rick's S. 30
- 🍴44 [G8] David Bann S. 30
- 🍴45 [E7] Henderson's Restaurant S. 30
- 🍴46 [G10] Kalpna S. 30
- 🍴47 [E7] Café Rouge S. 31
- 🍴48 [E7] Café St. Honore S. 31
- 🍴49 [D8] Chaopraya S. 31
- 🍴50 [D8] Contini Ristorante S. 31
- 🍴51 [G9] The City Restaurant S. 31
- 🍴52 [G9] Suruchi S. 32
- 🍴53 [G9] Brew Lab/Artisan Coffee Bar S. 32
- 🍴54 [F8] Cafe Hub S. 32
- 🍴55 [F8] Caffè Nero S. 32
- 🍴56 [F9] Elephant House S. 32
- 🍴57 [E8] Fredericks Coffee House S. 32
- 🍴58 [G8] Mimi's Picnic Parlour S. 32
- 🍴59 [G9] Spoon S. 33
- 🍴60 [C5] Terrace Café S. 33
- 🍴61 [D9] Two Thin Laddies S. 33
- 🍴62 [D10] Bennets Bar S. 34
- 🍴63 [F9] Bow Bar S. 34
- 🍴64 [D8] Candy Kitchen & Bar S. 34
- 🍴65 [F8] City Café S. 34
- 🍴66 [D10] Cloisters S. 35
- 🍴67 [E7] Dome S. 35
- 🍴68 [F7] Guildford Arms S. 35
- 🍴69 [C6] Hector's S. 35
- 🍴70 [G6] Joseph Pearce's Bar S. 35

- 🍴71 [D8] Oxford Bar S. 35
- 🍴72 [G9] Pear Tree House S. 35
- 🍴73 [C8] Sygn S. 35
- 🍴74 [E7] The Bon Vivant S. 35
- 🍴75 [D8] Tigerlily S. 35
- 🍴76 [D9] Traverse Theatre Bar S. 36
- 🍴77 [G8] The Tron S. 36
- 🍴78 [G8] Bannermans S. 36
- 🍴79 [G9] Royal Oak S. 36
- 🍴80 [I2] The Shore S. 36
- 🍴81 [D8] Whighams Wine Cellar S. 36
- 🍴82 [G8] Whistlebinkies S. 36
- 🍴83 [G8] Cabaret Voltaire S. 37
- 🍴84 [F8] Espionage S. 37
- 🍴85 [E7] Opal Lounge S. 37
- 🍴86 [F9] Opium S. 37
- 🍴87 [H8] The Bongo Club S. 37
- 🍴88 [F7] Vodoo Rooms S. 37
- 🍴89 [E9] Dance Base S. 38
- 🍴90 [G7] Edinburgh Playhouse S. 38
- 🍴91 [G10] Queens Hall S. 38
- 🍴92 [D9] Royal Lyceum Theatre S. 38
- 🍴93 [D9] Traverse Theatre S. 38
- 🍴94 [D9] Usher Hall S. 38
- 🏛95 [G8] Edinburgh Museum of Childhood S. 40
- 🏛96 [F8] Gladstone's Land S. 40
- 🏛97 [H8] Museum of Edinburgh S. 40
- 🏛98 [F8] Museum on the Mound S. 40
- 🏛99 [F8] The Real Mary King's Close S. 41
- 🏛100 [F8] Writer's Museum S. 41
- 🎨101 [G9] Dovecot Studios S. 41
- 🎨102 [E9] Edinburgh College of Art S. 42
- 🎨103 [G6] Edinburgh Printmakers S. 42
- 🎨104 [F8] Fruitmarket Gallery S. 42
- 🎨105 [G9] Talbot Rice Gallery S. 42
- 🎨106 [I8] The Queen's Gallery S. 42
- ●107 [J8] Holyrood Park S. 44
- ●108 [C5] Inverleith Park S. 44
- ●109 [E8] Princes Street Gardens S. 44
- ●110 [F10] The Meadows S. 44
- ●111 [D10] Union Canal S. 44
- ●114 [F8] Edinburgh Festival Fringe S. 60
- 🎭115 [E8] Assembly Theatre S. 60
- 🎭116 [F9] Gilded Balloon S. 60

# 140 Anhang

## Zeichenerklärung

⟳117 [G9] Pleasance Courtyard Edinburgh S. 60
⟳118 [F9] Udderbelly S. 60
⟳120 [D10] King's Theatre S. 81
🄿123 [F7] Parkhaus S. 108
🄿124 [D9] Parkplatz S. 108
●125 [B8] Deutsches Generalkonsulat S. 110
●126 [E5] Österreichisches Honorarkonsulat S. 110
❶128 [F8] Edinburgh Information Centre S. 114
❶130 [H1] VisitScotland S. 114
@131 [F8] Central Library S. 116
✚133 [F11] Royal Hospital for Sick Children S. 117
✚134 [E9] Edinburgh Dental Hospital S. 117
🏛136 [H8] Our dynamic Earth S. 118
➤137 [A6] Edinburgh Police Headquarters S. 118
●138 [F8] Lost Property Office S. 119
●139 [E8] Lothian Regional Transport S. 119
✉140 [F7] Hauptpostamt S. 119
🅂141 [D10] Biketrax S. 120
❶142 [G7] CC Blooms S. 120
❶143 [G7] Outhouse S. 120
❶144 [G7] Planet Out S. 120
🏨145 [E9] Apex International Hotel S. 125
🏨146 [F8] Balmoral Hotel S. 125
🏨147 [I2] Malmaison S. 125
🏨148 [C8] Bonham Hotel S. 125
🏨149 [B8] B+B Hotel S. 125
🏨150 [B7] Channings S. 125
🏨151 [G8] Radisson S. 125
🏠152 [D7] 22 Royal Circus S. 126
🏠153 [H7] Abbey Hotel S. 126
🏠154 [H7] Edinburgh Terrace Hotel S. 126
🏠155 [E7] Frederick House Hotel S. 126
🏨156 [E9] Premier Inn S. 126
●157 [C10] The Townhouse Apartment S. 126
🏠158 [A8] 11 Belford Place S. 126
🏨159 [E9] Edinburgh Castle Rock Hostel S. 126
🏨160 [G8] Edinburgh High Street Hostel S. 126
🏨161 [G8] Smart City Hostel S. 126
🅂163 [J6] Hibernian FC S. 128

## Zeichenerklärung

| | |
|---|---|
| ⓫ | Hauptsehenswürdigkeit |
| [L6] | Verweis auf Planquadrat |
| | |
| ❶ | Bar, Treffpunkt |
| 🏠 | Bed and Breakfast, Pension |
| 🕮 | Bibliothek |
| ☕ | Café, Eiscafé |
| 🎨 | Galerie |
| 🛍 | Geschäft, Kaufhaus, Markt |
| 🐟 | Fischrestaurant |
| 🏨 | Hotel, Unterkunft |
| ❶ | Informationsstelle |
| @ | Internetcafé |
| 🏨 | Jugendherberge, Hostel |
| ⇧ | Kirche |
| ✚ ✚ | Krankenhaus |
| ☾ | Moschee |
| 🏛 | Museum |
| ♬ | Musikszene, Disco |
| 🄿 🅿 | Parkplatz/-haus |
| ➤ ⚙ | Polizei |
| ✉ ☎ | Postamt |
| ☕ | Pub, Kneipe |
| ⓫ | Restaurant |
| ● | Sonstiges |
| 🅂 | Sport, Wellness |
| ○ | Straßenbahn-Halt |
| ✡ | Synagoge |
| ⟳🎭 | Theater, Zirkus |
| ❷ | vegetarisches Restaurant |
| ▬▬ | Stadtspaziergänge (s. S. 8) |
| | Shoppingareal |
| | Gastro- und Nightlife-Areale |

Hier nicht aufgeführte Nummern liegen außerhalb der Karten. Ihre Lage kann aber wie die von allen Ortsmarken im Buch mithilfe der Web-App angezeigt werden (s. S. 137).

# Die Autoren

**Lilly Nielitz-Hart** studierte Amerikanistik und Kulturwissenschaft in Frankfurt/Main und arbeitete dort mehrere Jahre für eine namhafte Kulturinstitution. Sie ist als freie Journalistin, Autorin und Übersetzerin u. a. für Reisebuchverlage und Touristikunternehmen in Großbritannien und Deutschland tätig.

**Simon Hart,** geboren in Leeds, studierte Geschichte und Archäologie. Er lehrte Archäologie u. a. an der University of British Columbia und ist Lehrer für Geschichte und Politik.

Beide hegen eine besondere Liebe für Schottland, das sie ausgiebig bereist haben. Nach Edinburgh zieht es sie besonders wegen des Theaterfestivals.

Weitere Publikationen der Autoren umfassen u. a. Stadtführer zu London sowie den „KulturSchock Großbritannien" aus dem REISE KNOW-HOW Verlag.

# Schreiben Sie uns

Dieses Buch ist gespickt mit Adressen, Preisen, Tipps und Daten. Unsere Autoren recherchieren unentwegt und erstellen alle zwei Jahre eine komplette Aktualisierung, aber auf die Mithilfe von Reisenden können sie nicht verzichten. Darum: Teilen Sie uns bitte mit, was sich geändert hat oder was Sie neu entdeckt haben. Gut verwertbare Informationen belohnt der Verlag mit einem Sprachführer Ihrer Wahl aus der Reihe „Kauderwelsch".

Kommentare übermitteln Sie am einfachsten, indem Sie die Web-App zum Buch aufrufen (siehe Umschlag hinten) und die Kommentarfunktion bei den einzelnen auf der Karte angezeigten Örtlichkeiten oder den Link zu generellen Kommentaren nutzen. Wenn sich Ihre Informationen auf eine konkrete Stelle im Buch beziehen, würde die Seitenangabe uns die Arbeit sehr erleichtern. Unsere Kontaktdaten entnehmen Sie bitte dem Impressum.

## Impressum

Lilly Nielitz-Hart, Simon Hart

### CityTrip Edinburgh

© REISE KNOW-HOW Verlag
Peter Rump GmbH 2010, 2012, 2013
**4., neu bearbeitete und
komplett aktualisierte Auflage 2015**

Alle Rechte vorbehalten.

**ISBN 978-3-8317-2650-9**
PRINTED IN GERMANY

**Druck und Bindung:**
Media-Print, Paderborn

**Herausgeber:** Klaus Werner
**Layout:** amundo media GmbH (Umschlag, Inhalt), Peter Rump (Umschlag)
**Lektorat:** amundo media GmbH
**Karten:** Ingenieurbüro B. Spachmüller, amundo media GmbH
**Anzeigenvertrieb:** KV Kommunalverlag GmbH & Co. KG, Alte Landstraße 23, 85521 Ottobrunn, Tel. 089 928096-0, info@kommunal-verlag.de
**Kontakt:** Osnabrücker Str. 79, 33649 Bielefeld, info@reise-know-how.de

Alle Angaben in diesem Buch sind gewissenhaft geprüft. Preise, Öffnungszeiten usw. können sich jedoch schnell ändern. Für eventuelle Fehler übernehmen Verlag wie Autoren keine Haftung.

### Bildnachweis
Umschlagvorderseite und Umschlagklappe rechts: Klaus Werner
Soweit ihre Namen nicht vollständig am Bild vermerkt sind, stehen die Kürzel an den Abbildungen
für die folgenden Fotografen. Simon Hart: sh | Lilly Nielitz-Hart: lnh | Klaus Werner: kw

# Edinburgh, Umgebung

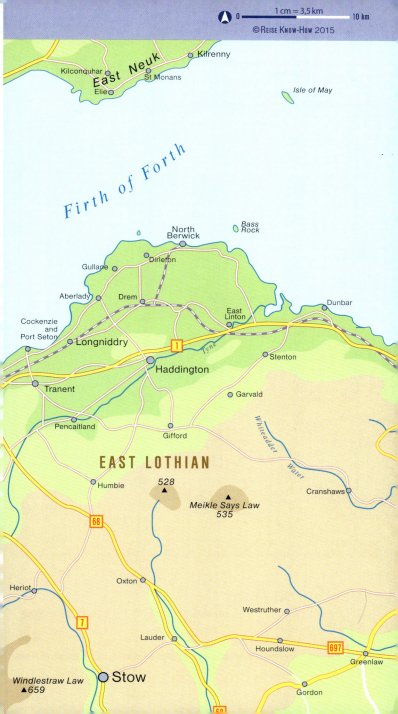

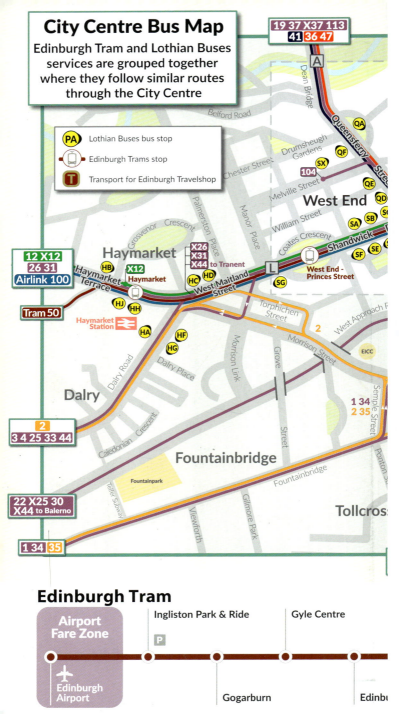